融然の探検

——フィールドサイエンスの思潮と可能性——

川喜田二郎記念編集委員会 編

永延幹男　丸山 晋　笹瀬雅史
川井田 聰　國藤 進　岡部 聰

本書を、川喜田二郎先生の学恩に感謝し、その志と魂へ捧げる。

ヒマラヤのチベット人村から帰る日、テントの前に立つ川喜田二郎（1958 高山龍三撮影）

目　次

融然の探検——フィールドサイエンスの思潮と可能性 …………………………… 4

第Ⅰ部　川喜田思想哲学・FS-KJ 法史と未来展望 …………… 9

「偉大なる凡人」我が恩師　川喜田二郎 ………………………………………10
　岡部　聰

「野外科学研究の方法論」から「発想の技法」へ ……………………………20
　米山喜久冶

Field Science KJ 法から観るちきゅう素朴探球と可能性 …………………58
　永延幹男

ミニ移動大学から未来移動大学へ…………………………………… 102
　國藤　進　三村　修　三浦元喜

第Ⅱ部　野と人と社会とちきゅうの融然生態への展開と未来展望 151

Ⅱ−① 原初意識回帰へ

本然回帰をめざす KJ 法 ……………………………………………… 152
　桑原　進

移大原人論 ——メディアからみた移動大学—— …………………………… 164
　川井田　聰

FS-KJ 法と絵・イメージ ——非言語的 KJ 法の可能性—— ……………… 178
　井上敬康

FS-KJ 法と仏教 ——その共通する思想的普遍性が意味するもの—— ……… 190
　桐谷征一

Ⅱ−② 身心生態へ

看護する場の FS-KJ 法 ………………………………………………… 202
　小島通代

創造性の追求—— KJ 法 ………………………………………… 212
　笠松卓爾

精神生態学の提唱………………………………………………………… 226
　丸山　晋

Ⅱ-③ 生涯全人教育へ

いま、ここ「幼稚園」から「老稚園」までどう生きるか ………… 238
浅井孝順

高校・大学教育の連携………………………………………………… 252
水谷忠資

日本人熟年海外旅行者の傾向と背景（考え方、行動）そして未来 ………… 268
近藤喜十郎

Ⅱ-④ 地域生態場へ

地域社会の活性化とKJ法 ──山形県庄内における実践── ………… 282
笹瀬雅史　佐藤光治　青天目利幸

農村フィールドワーク……………………………………………… 300
高橋芳子

内発的地域生成論 ──集団・組織の創造性の開発による解と合意の創造── 310
山浦晴男

Ⅱ-⑤ 国際人類生態へ

発想法（KJ法）と人類学的フィールドワーク ………………………… 322
関根康正

ヒマラヤ技術協力とKJ法──フィールドワークからアクションリサーチへ── 332
田野倉達弘

チベット二郎先生の思い出………………………………………… 342
ペマ・ギャルポ

Ⅱ-⑥ ちきゅう文明へ

パリ発黒姫経由ロンドン行の旅……………………………………… 348
野村俊夫

探検から文明論へ…………………………………………………… 358
高山龍三

第Ⅲ部　考察 ──分岐と多様性そして融然へ── ………………… 369

考察 ──分岐と多様性そして融然へ── ………………………… 370
永延幹男・丸山　晋

編集後記……………………………………………………………… 381
執筆者一覧…………………………………………………………… 382

融然の探検――フィールドサイエンスの思潮と可能性
川喜田二郎記念編集委員会
(永延幹男・丸山 晋・笹瀬雅史・川井田 聰・國藤 進・岡部 聰)

1. はじめに

「融然の探検――フィールドサイエンスの思潮と可能性――」のタイトルをもつ本書は、共同執筆者のそれぞれが、川喜田より教えをうけた野外科学・KJ法 (Field Science KJ法; 略称FS-KJ法) を核として、各人の独自性ある実績・思惟および将来展望に基づいて構成する。

本書を刊行する趣旨の要点は、第一に川喜田による新大陸探検への提唱、第二に川喜田から長年にわたり直接に教示をうけた執筆陣の配置、および第三には、第一と第二を踏まえた未来展望への新しい概念による融然たる探検ルートの開拓である。くわえて第四には、探検論につき補足説明する。

独創性をもつ各執筆者によるグループKJ法ともいうべき共同作品である本書を刊行することは、現在の社会においてはもちろんのこと、100年後の未来においても高く評価されうる意義ある挑みであると信じる。川喜田への学恩にたいする追悼の心をこめて、「広く江湖へ問う」こととする。

2. 刊行趣旨

本出版のコンセプトを、つぎの四つの観点からのべる。

2.1. 川喜田二郎への追悼

第一に、故川喜田二郎 (1920 – 2009) を追悼する記念論集である。川喜田は、地理学者・文化人類学者に加え、移動大学リーダー・野外科学的方法 (広義のKJ法) の提唱者・KJ法の創始者として広く深い足跡を遺した。

川喜田は、とくに野外科学・KJ法をとりまく状況を、「ひょっこりと緑の新大

陸をひとつ発見したような幸運な事態にさしかかった」と捉えた。かつ、本質をトコトン追求するために、「その新大陸をすべからく雄大な探検をせよ！」と鼓舞する[1]。川喜田の遺したぎりぎりの思いは、このように凝縮できるのではないか。それに応える探検ルートの可能性を探る。

2.2. パイオニアルートの相承

　第二に、執筆者を、移動大学参画からKJ法研鑽まで、長年にわたり川喜田思潮・技法とともにパイオニア活動を行い、直接・間接的に薫陶を受け、これらを自らの社会的仕事に深く活かしておられる方々とした。

　執筆者の多くは、2010年11月開催（東京工業大学）の第33回KJ法学会・川喜田二郎先生追悼記念大会での招待講演者である。執筆可能者はもっと幅広く考えられる。しかし、主旨の焦点をあわせるため、かつ紙面制約上、参画者を限定せざるをえない。今回の刊行をベースとして、今後こうした刊行が継続していくことに期待する。

　ただし、今回の限定でも執筆総数22題目におよぶ。個々の執筆者は、それぞれの社会的活動・専門領域における観点からの切り込みとなっている。これらを総観すると、執筆者の全体範囲は人文・自然に区別することなく広がっている。課題数が多い分、個々の執筆文量はすくない。エッセンス版の苗木ともいえる。今後、この苗木が大きく育成していくことを期待する。

2.3. 融然の探検へ

　第三に、刊行本のタイトルを「融然の探検」とする。本タイトルのキーワードは、「融然」と「探検」だ。KJ法的発想からみると、もはや統合とか総合さらには融合といった言語の用法を超えた、「融然」という言語表現が望ましくないか。

　執筆題目の構成は、要素還元主義的アプローチが主流の現代にあっても、通念的に使われる統合や総合といった概念を超えているのではないか。それは、野外科学的・KJ法アプローチが、「ヒトがもつ探求心・思考力」を普遍的に支援するからだと考える。

　また累積KJ法は、問題提起、現状把握、本質追求、構想、具体策、手順化、実践、評価の一仕事の流れとなる。この一連の流れには、実感と論理との融合（さらには融然）をともなう。加えて野外科学・KJ法は、理屈でわかっただけでなく、あ

---

[1] 川喜田二郎（1976）「巻頭言 日本創造学会の日を待ちつつ――創造性とKJ法と――」（東京創造生懇話会編「創造性研究」創刊号より）『創造性研究のあゆみ――日本創造学会30年誌――』日本創造学会30年誌編集委員会編・発行　2008年刊　14-20頁

えて「心の筋肉」ともいうべき全人的経験を通して技化・血肉化していく要素が大きく含まれている。これらの総合性には、情念・知性・意志が融然せざるをえないのではないか。

2.4. 新探検論

　第四に、タイトルに「探検」を使う。川喜田はよく「探検」という言葉を使っている。川喜田は、今西錦司をリーダーとする京都探検学派の中心メンバーであった。元来、野外科学・KJ法そのものが、探検的フィールドワークの方法として形成されてきた。野外科学・KJ法は探検的方法論とさえいえるだろう。こうした史的展開にあって、「探検」という用語を用いる。
　本書のタイトルでは、現代用語の汎用性、検索性からみて「探検」を使う。けれども、ここで新たな探検論をすこし展開しておきたい。「たんけん」に当てる漢字は、時代とともに変態すべきではないかと考える。新たな「たんけん」の用法として、経験を重視する「探験論」の考えだ。
　「たんけん」の用語は当初、未知のちきゅう地理空間への身体的な危険性をともなった冒険・探険として「険」が当てられていた。未知空間がほぼ明らかになってくると、今度は頭脳的な知性を加味した探検として「検」が当てられるようになった。現代通念も探検のままだ。
　ところが、現代のちきゅう（地球）は、自然科学的な地理面積に変化はないが、ヒト活動・観念視点からみると相対的に狭まっている。16世紀のマゼラン隊は、「ちきゅうが丸い」ことを3年かけた航海で実証した。19世紀のジュール・ヴェルヌの冒険小説「八十日間世界一周」では、「ちきゅう一周に最短80日」を賭けた。現代は宇宙圏のスペースシャトルなら、ちきゅう一周するにはわずか1.5時間だ。
　他方、電子情報はユビキタス（ubiquitous）・コンピューティングにより、量的には天文学的情報がそれこそ指先キーボードから容易に入手できる。超高密度情報化の時代となった。これはいっそう膨張するに違いない。さらに現在進行形の地球温暖化や世界人口増加は避けて通ることができない人類史的な深刻な問題として、丸ごとにちきゅうへ影響する。
　要するに、ヒトとちきゅうとの歴史的な関係性において、相対的に狭まった超高密度空間での様々な要素が凝縮した連関生態系だ。こうした現在の情況は、「ちきゅうは盆栽である」というアナロジーさえ浮かんでくる。これらの時代にあってはより内部への探究がより実感的に深くならざるをえない。つまり、外部環境と内部思惟との相互浸透が深まる。
　比較すれば、〈探険→探検→探験〉の〈「険」→「検」→「験」〉という流れの

言語ニュアンスから次のことが読み取れる。外部環境と身心との関係において、外部環境への身体的に危険な挑みとしての「険」、次には知的な調査がともなう「検」、そしてより全人的な心的感性となる「験」だ。

「験」には、「険」と「検」の元の概念も芯として包括している。言語の意味からしても、そこには外部環境と身心との相互関係の遷移が感じられる。ちきゅう時代の野外科学・KJ法の活用にとっては、「探験」という概念用語が有効であるといえるのではないか。そこで、過去の探険・探検の身体的・頭脳的観点が止揚された身心的融合の観念用語として、「験」を当てた探験論が大事だと考えるわけだ。

ただし前述したようにタイトルでは実務上「探検」を使う。

3. 理念の可能性

以上の観点から「融然の探検」とした。そしてサブタイトルに、「――フィールドサイエンスの思潮と可能性――」とつけた。これは、川喜田への追悼であるとともに、われわれ執筆者の志である。

川喜田は「KJ法の理念」をつぎのよう掲げている。

1. 状況の声に素直にしたがって、創造的産物を生み出し、この世界に貢献する。
2. その体験を通して、人間本来の姿を洞察する。
3. ひいて、独自性尊重のいのちある世界を創り、文明を解体から創造へと転化し、人類に貢献する。

「生む → 覚る → 拓く」

この理念をあらためて感受し、川喜田から受けた恩恵に報いるために、刊行本はわれわれの論考と未来展望を込めている。Ⅰ部に基調論考4編、Ⅱ部にエッセンス論考18編、およびⅢ部に総括論考として考察1編を配置している。

執筆者一同、川喜田二郎先生の学恩に深く感謝し、本書を先生の志と魂へ謹んで捧げる。

※各論考のKJ法図解は細部が見えづらいものがあります。手書きの図解もそのまま掲載しました。論考完成までの過程全体を知る見取り図としてご了承ください。
※各論考は執筆者の個性と素朴さを活かすため、全体を通しての用語・文字・形式統一を最低限にとどめてあります。

第 I 部

川喜田思想哲学・FS-KJ法史と未来展望

「偉大なる凡人」我が恩師　川喜田二郎
岡部 聰

1.野外科学の生みの親

　川喜田二郎が生涯をかけて、その重要性を世に訴えてきた「野外科学」。
　私はこの言葉のかもし出すイメージが大好きである。
　産業革命以降、科学は大きな進歩を遂げてきた。高度な生産性とその利便性およびそれに対応した社会システムにより、私達の生活レベルは急速に向上してきた。しかしながら、その一方で、成長による社会的矛盾も現れてきた。公害から始まった環境問題。夢をもてず、精神的に弱体化した社会。制度面の精緻化により一段と創造性が欠如しつつある管理官僚社会。民族問題やテロ……。
　川喜田二郎は驚くべきことに、日本が高度成長を謳歌している1960年代に、既にこれらの社会問題に警鐘を鳴らしていた。既に待ったなしの切羽詰まった状況にあることを真剣に訴えていた。
　現代の科学は、自然科学の原理の探求が主題であり、仮説による論理と、それを実証するための実験を柱としている。すなわち、"1 + 1 = 2"という数式の論理を見出したら、それに基づく条件を正確に設定し、限りなく"2"に近い結果を出して、仮説が正しいことを実証することである。それを川喜田二郎は「書斎科学と実験科学」と位置づけていた。
　これに対し、世の中で起こっていることは実験室の中のように、モノゴトをきちんと整理できない。人間の混沌としたあらゆる現象、森羅万象には、多種多様の要素が複雑に絡み合っている。それをパターン化して特定のカテゴリーに分類してしまうことは上から目線の官僚的発想であり、真の問題を見えなくさせてしまう危険性が高い。
　川喜田二郎は文化人類学者として、数多くのフィールドを歩き、人間社会の多様性に理解を深めていくにつれて、野外科学の重要性とその手法の欠如を痛感し

ていた。現場で何が起こり、何が問題となり、その解決はどうしたらいいのか。その強い好奇心から問題点を見過ごしにできず、現場の中に入り込み、行動を起こすユニークな学者として知られていた。常にポジティブに物事に接する、人類愛に満ちたロマンチストであった。

1967年に出版されたKJ法の原典ともいえる『発想法』（中公新書）で「……野外科学の方法を一言でいうと、現場の科学であり、あるいは現場の問題を処理する工学でもある。われわれは実験室のなかで生きているのではない。現場を相手にして毎日生活している。ここに焦点をあわせた方法は、今日痛切に要求されている。ことに現代の生活様式は雪ダルマ式に複雑になり、しかもたえず流動性をおびている。そのなかにさまざまな社会生活のひずみがあり、また夢もある。このような状況のなかでは、現場的対象の処理ができなければ、科学はこれ以上多くの悩みを解決し、あるいは夢を作りだすことはむずかしいのである。その意味でも現場の科学は重要である」と述べている。

高度な、あるいは特別なテーマを対象としたハイテク研究室での活動でなく、我々の平時の社会、あるがままの現場を対象に調査分析し、問題解決までにも取り組もうというのである。このような観点から「野外科学」というのは、私にとっては「書斎科学と実験科学」に比べ、日常的に身の回りにあるとても親しみやすい人間味のある印象を与えてくれる。

ただし、この野外科学という概念は一般的にはけっして定着してはいない。しかも野外科学的アプローチの欠如により、各方面で多くの問題を引き起こしている。

例えば、国内でのダムや原子力発電所の建設などでは、賛成派・反対派の軋轢が強まってきている。海外への大型ODA援助も同様の問題を抱えている。現地政府からの要望によるインフラ整備援助であっても、それが必ずしも現地住民の真のニーズによるものとは限らない。それがため、各国でODAが問題となっていて日本政府もその活動に消極的にならざるを得ない。これらの主な原因は地元住民の意見の集約や、ニーズに合った対応策がなされておらず、しかも問題点や対策に対する理解の共有化が不十分なことによるものといわれている。

川喜田二郎は、これらの問題はとりもなおさず、野外科学の考え方とその方法論が欠如していることに尽きると強調した。しかもこの指摘は、大規模事業や海外援助のみならず、地域コミュニティーや会社組織の諸問題にもあてはまるという。すなわち、人間社会の諸活動における問題解決のためのニーズの発掘と問題点の把握、情況把握と対応策の合意形成などについての基本的課題に関わる方法論なのである。彼はネパールの山村への技術援助で己から現地住民の中に入り込

み、そのライフスタイルや価値観から経済構造、歴史的背景までをも把握した上で、現地住民とのひざを交えた炉端会議を行った。そこで山村の自立化のための課題や現状の問題点を共有化し、その対策について話し合った。それを出発点に、貧困にあえぐヒマラヤの山村の自立化、人材育成、コミュニティーの活性化のための具体的活動を展開していったのである。1970年に、私を含め、東京工大山岳部を母体としてスタートしたその活動は、現在もNGO組織に受け継がれている。

　この事例のように問題解決という仕事のプロセスを川喜田二郎はW型の図解で体系化した。(図1参照)

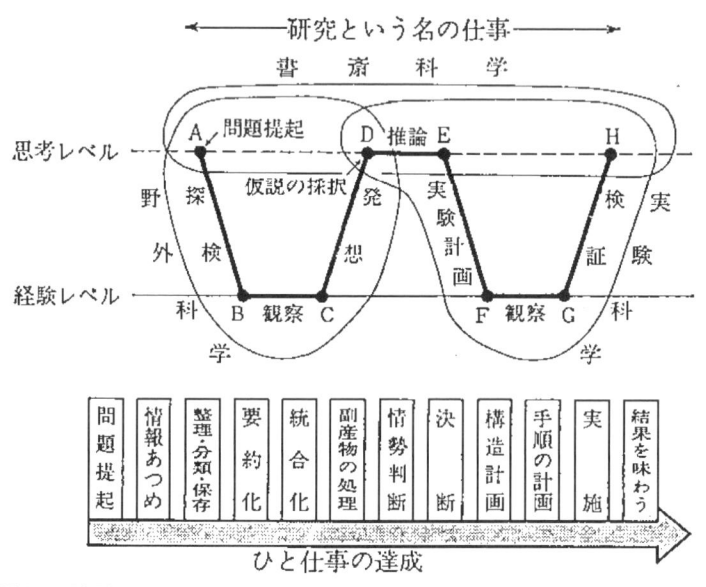

図1　W型図解（川喜田二郎（1967）『発想法』中公新書）

……書斎科学は問題提起を頭の中で行い、次いで推論過程に重きを置いて結論に達するのであるから、それはA→D→E→Hという過程となる。これに対して実験科学の重点は仮説検証型であるから、もちろん問題提起（A点）からスタートするとしても、主としてD→E→F→G→Hなのである。これらに対して野外科学の重点は仮説発想型であり、A→B→C→Dの部分となるであろう。完全な科学の全過程としては、前記の三方法が関連的に首尾一貫して必要だ……（略）……科学がほとんど威力を振いえていない現実は、その責めを政治家などに帰して、自分たちは悲憤慷慨とか自暴自棄とか唱えながら高みの見物をしていてよい問題ではないのである。それを、ぬきさし

のならないところまで追いつめてゆくと、今日の科学の方法のなかに野外科学的方法が抜けていないかということになってゆく。すくなくともその方法が自覚的に行使されていないところに、問題の大きな一因があるのだ。もしも野外科学的方法が開拓され、確立されるならば、いままでの書斎科学、実験科学の方法とあいまって、ここにはじめて科学というものが、バランスをもった姿を呈してくるのではないかと考える。(『発想法』より)

このＷ型図解を念頭において、川喜田二郎は野外科学を多方面に展開・実践した訳であるが、その実践にあたり我々が陥りやすい注意点を繰り返し主張した。

すなわち野外科学の実践では、事実に対する謙虚な姿勢で、データをもって語らしめる。他と異なる少数意見(一匹狼)は、キラリと光る事実を教えてくれるので、無視してはいけない。そして世の中の異質なものが統合すると新たな発想やエネルギーが生まれる。等々、データの事実が主役となって、フィールド調査から分析・企画まで行うことが野外科学のポイントであることを我々に叩き込んだ。

往々にして人というものは、高等教育を受け、知識が増えれば増えるほど、物事を自分の概念に合った形で分類、セグメンテーションしがちである。しかし、世の中はそれ程単純ではない。多様性ある人間社会を分類学の一つひとつの枠組みに押し込んで性格を決めつけてしまうのは、事実と大きくかけ離れたものとなるだろうし、問題解決の方法もニーズに適格かどうかは疑わしいものになることを、我々に警鐘を鳴らし続けたのである。

2.移動大学の設立

高度成長を続ける日本。その技術力を支える人材育成の場として、東京工大では各研究室が最先端の研究をしていた。しかしながら、隣同士の研究室の連携が弱い縦割りの研究体制の中で、研究活動そのものが社会ニーズとの関連について充分に対応したものか否かという疑問も出てきた。権威ある教授が学生から"専門バカ"とレッテルを貼られる。そんな中で、東大安田講堂に続き、東京工大にも1968年に学園闘争が起こった。川喜田二郎は学生とも大学当局とも、正面から討論を闘わせた。

その主題はもちろん教育のあり方についてである。圧倒的な数の力で暴力的な討論を迫る学生の行動や社会の動向に感性が鈍くなっている教授達の対応を目の当たりにして、川喜田二郎は大いに失望する。

現代の大学という教育機関の存在に根底から疑問を投げかけた。知識を詰め込

むことを目的とした一方通行の教育プログラム。多様なことが起こっている人間社会と個々の研究室の活動とのギャップ。分類・分析の手法の向上に比べ、統合化・創造性手法の立ち遅れ。排他的批判力が高まる一方、人間味のある参画的な意識の共有化が欠如。

　これらの問題意識は川喜田二郎に強烈な危機感を呼び起こした。従来の教育体系は既に限界に来ている。

　知識を頭いっぱいに詰め込むだけでなく、世の中のフィールドに入り込み、情報をしっかりと収集し、問題点を構造的に把握し問題解決し得る人材の育成が強く求められる。医師の行為の診断と処方箋にたとえるならば、処方箋のみ進歩して、診断に関する教育体系、ノウハウの確立が伴っていない。問題の本質を見抜くことなく対策ばかりを検討することは無意味である以上に危険である。特に年々深刻化している近代文明のひずみを解消し得る人材育成が急務と認識したのである。

　待ったなしの状況に川喜田二郎は行動を起こした。それが「移動大学の設立」である。

> ……問題はその危機を、どのような深さと幅でとらえているかである。そしてその危機に、どのような姿勢で対処しようとしているかである。他人ごとと思わず、自分とのかかわりあいで、どのように受けとめようとしているかである。私たちはこの危機を、一方では人類の悠久五千年の文明史の中においてとらえつつ、他方においては「今日われわれは何をなすべきか」という身がまえの中に持ちこんだのである。また、一方においては人類全体の危機を強く意識しつつ、他方では自分自身の人生の危機として受けとめた。一方では公害に始まる人類の未曾有の環境破壊の危機としてとらえつつ、他方では人間の生きがいの喪失という恐るべき精神的危機の到来として受けとめたのである。しかし、その行動が移動大学という具体的な姿をとって立ちあがることになった。(『雲と水と』(講談社) より)

　それは、従来型の一方通行的な知識詰め込み方式でなく、課題を抱える現場にキャンパスを構え、フィールドでの情報収集から、問題解決策の検討までをワンサイクルのカリキュラムとして、二週間をかけ、集中的に行う野外科学の実践の場である。フィールドは情報、知識の宝庫である。そこでの教育は、フィールドそのものが先生であり、我々はそれを検証・分析してまたフィールドに戻るという、繰り返しを行う相互研鑽の教育の場である。学生は教育を受身でなく主導的にとらえ、教え・教えられるのである。問題解決を目指したその行動を通して、充実

感・達成感が湧いてくる。これを川喜田二郎は創造性教育と定義づけ、学生のみならず、全ての人々に必要な生涯教育、全人格教育の基本であると確信していた。

「移動大学」という、これまで存在していない教育実践の場を創り上げることは並大抵のものではなかった。キャンパスはテントを基本としたキャンピングスタイルで二週間にわたり、100人以上が収容できるよう企画した。これは、大規模なキャンプ村をゼロから創り上げることなので大変なエネルギーが必要であったが、イメージははっきりしており、限られた資金と時間の中で、それなりのものができた。

問題は、野外科学の教育プログラムであった。これこそ川喜田二郎の問題意識を具体的アクションとして体系化するものである。まず初めに、川喜田二郎は野外科学の実践の場として移動大学に求める問題意識を八つのスローガンにまとめた。

1. 創造性開発と人間性解放
   人間は、みずからの創造性を開発すべきだし、それを行いえたときにのみ人間らしさをかち得てそれをつちかっていくことができる。
2. 相互研鑽
   教師対生徒という旧来の両極分解的な考え方をしりぞけ、互いに教師であり生徒だという相互研鑽をすること。
3. 研究即教育、教育即研究
   この両者を、別々で時には矛盾するものとするような旧来の考え方を捨て、両者を相互補足的な関係でとらえていく。
4. 頭から手までの全人教育
   考えることと行動することが乖離した旧来の教育を捨て、頭から手までつながった全人教育を行うこと。
5. 異質の交流
   旧来のセクショナリズムを捨て、異質の交流を目指す。これが創造性を育てていく。
6. 生涯教育、生涯研究
   旧来のように学校のみを教育の場と考えず、生涯教育をめざす。また旧来のように学者のみを研究者と考えるのでなく、万人の生涯研究の姿勢を必要とする。
7. 地平線を開拓する
   常に人類の第一線的な課題にいどむ。そしてこういう第一線的な課題は、気をつければ誰の手にもとどくところにころがっている。

8. 雲と水と
   文明の未熟なおごりを捨て、何ものにもとらわれず、自然の子として大自然に親しみ、雲の流れるように水の流れるように流れてゆく。

　これらの問題意識をもとに二週間の具体的カリキュラムが編成される訳だが、それは単に概念論からの発想ではない。川喜田二郎は既に野外科学の手法を確立し、実践し、数々の成果を挙げていた。
　その野外科学の手法こそは、とりもなおさず「KJ法」である。

3. 偉大なる凡人ゆえのKJ法

　KJ法の思想的意義とその手法は、本書のコンセプトの中核となるもので、その解説は同僚諸氏の論文に委ねたい。川喜田二郎はKJ法を野外科学の中核となる手法として世に広く普及させることに努力した。それと共にKJ法は会社組織や地域社会、さらには民族、国家が抱える問題解決の手法として活用されるべきだと熱く語っていた。すなわち、KJ法は収集されたあらゆる情報を1つとして無視することなく取りまとめ、データが語るがままに組立て、それらを全体像としてまとめ、関係者と共有化する。これは単に野外科学だけでなく、民主主義的コンセンサス作りにも有効な手法であるはずだ。
　ロマンチストの川喜田二郎は、個々の個性を大切にすること、そして少数派の意見が尊重される社会の実現にKJ法を活用すべきという信念をもっていた。
　民主主義という概念のもと、多くの事柄が多数決で決められるが、時代を先取りした少数意見や、人口に差のある民族問題などは、多数決でコンセンサスを取ることが不可能であり、少数派のストレスがテロや非社会的行動に走らせることになる。
　川喜田二郎は従来型の学者に留まることなく、野外科学の重要性と社会への問題提起、そしてその問題解決に向けた手法としてKJ法を位置づけ、そのための人材育成の実践の場として移動大学を立ち上げたといえよう。
　川喜田二郎は、人文地理学者からスタートし、文化人類学者として大興安嶺、ネパールでの探検、フィールド調査、それらの経験をもとにKJ法の創造と普及、並びに移動大学の設立と全国的展開。更には、貧困に苦しむヒマラヤ山村への自立化技術援助。その一つひとつがパイオニア的業績で、高く評価されるものである。しかし一方で、その根底にある川喜田二郎の人間としての生き様にこそ、その非凡性を感じたい。事実を大切にしながら体系化する野外科学とKJ法は、極

めて自然な、ある意味当たり前の考え方の集大成ともいえる。その発想法は、教育問題、社会問題、さらには人間の幸福観に至るまで同様であり、誰もが素直に納得できる当たり前の考え方を妥協することなく、生涯を通じて押し通したのである。人は教養や知識が増えたり、社会的地位が向上すると、往々にして己になじまない事実や考え方をねじ曲げたくなり、当たり前のことが意図的に当たり前でなくなってしまう。やや飛躍するが、それが社会の問題や犯罪など、多様な社会悪のもとにもなる訳です。川喜田二郎は「素人の良さ」を常々強調していた。玄人は玄人なりの強さがあるが、素人も素人なりの良さがある。素人の良さを発揮し、上手く活かせるチームワークは良い仕事をこなせる。その素人の良さとは事実をあるがままに、当たり前の考え方をそのまま実行できることである。

　それを川喜田二郎は最後の最後まで、忠実に実行し行動を通して世に訴えてきた。発想の一つひとつは当たり前の凡人が考え得るものかもしれぬが、あそこまで当たり前のことを徹底して押し通してきたその生き様は「偉大な凡人」といえる。そのような信念を貫き通すことができたのは、野外科学という考え方とKJ法という手法があったからである。

　この章を結ぶにあたり、川喜田二郎のお別れの会で述べさせていただいた弔辞を披露してみたい。

　「……私は東京工業大学時代、先生のご指導を受け、野外科学の考え方、移動大学の設立、ネパール技術協力の実践など多くの経験をさせてもらいました。大学の5年が過ぎ、社会人になるとき先生は私に『君は、小集団でやることは十分に体験した。これからは大きな組織の中で君に教えたことを実践しなさい』といわれ、私はトヨタ自動車に入社し、以来40年近くが経ちました。これから改めて人生を見つめなおそうと思っていた矢先、先生にお別れせざるをえないことになり、大変残念でなりません。

　思い起こしてみると1960年代後半、東京工大にも学園紛争が起こり、先生は常々大学教育の在り方に問題意識をもち、我々と日夜議論を交わしたものでありました。すなわち、一方通行の押し込み教育ではなく、相互研鑽による学びの精神、実験科学では世の中の問題解決に限界があり、フィールドをベースとした野外科学の重要性を力説され、その手法と思想性を集大成したKJ法の必要性を説かれました。

　そして、異なるものであっても誰もが参画できる社会の実現を目指していました。それを実践すべく、東京工業大学の教授の肩書きを捨て、移動大学の設立に専念されました。先生は移動大学のコンセプト・カリキュラム体系作りに集中し、

具体的事業展開は何の経験も無い私にすべてを任せてくれました。先生が常々ご指導してくれた"人を信じて任せる"というリーダーシップを自ら実践されました。その結果、私および事務局のみならず参加者さえも皆で一緒になって移動大学を作り上げるという素晴らしい野外科学キャンパスが作り出されました。
　その後、私は先生の長年の夢であったネパールの技術援助の実践に取り掛かりました。先生は、移動大学とヒマラヤ援助の二足の草鞋は履けないので、私にネパール援助の件は全面的に任せて頂きました。その時先生はネパールを何も知らない我々東工大山岳部がやることに内心では大変心配されていたことを後で知り、我々若者に100％以上の能力を発揮させてくれる教育者としての川喜田二郎先生に強い感銘を受けたものでありました。
　他民族が入り混じったヒマラヤ山村で数ヶ月生活する中で先生がいつも我々にいわれていたこと、すなわち物事は多数決ですべてが決まるのでなく少数意見を如何に尊重しながら社会形成をすべきか、それぞれ異なったもの同士を如何に融和統合させるかという、現代社会にとっての重要テーマのヒントが貧しいヒマラヤの山村生活の中にあったように感じました。……（略）……異文化が尊重される人間社会を目指し、異質の統合をチームワークの手本とし、人を信じて任せるリーダーシップを信条とし、おおらかな人類愛にロマンを求めて地平線を開拓してきた人生。川喜田先生、我が恩師。人間として素晴らしい生き方を手ほどき頂き誠にありがとうございました。心からご冥福をお祈り申し上げます」

「野外科学研究の方法論」から「発想の技法」へ

米山喜久治

はじめに

　本稿は、2010年11月東京工業大学で開かれた川喜田二郎先生追悼記念研究集会における報告に基づくものです[1]。ここに元東京工業大学川喜田二郎教授と元京都文教大学高山龍三教授の学恩に深く感謝いたします。また多くのすばらしい友人たちの友情と対話により与えられた刺激的なヒントに感謝します。文中敬称を、略させて頂きます。

1. 今西錦司とベンゼン核

　今西錦司(1902-1992)は、ユーラシア大陸の東側に位置する日本列島の気候風土、伝統文化、そして京都という都市が生んだ独創的な自然学者である。今西は独立独行の人である。頭だけではなく身体的諸能力のすべてを使って自然のただ中に入り込んで、五感、直観により受け止めたものを素直に論理に表現し自らの学問を開拓していった[2]。中学以来の親友であるフランス文学者桑原武夫は、「今西は

---

[1] 米山喜久治（1996）「パーティー学：生命論的宇宙観のパラダイム」を踏まえて報告した（『川喜田二郎の仕事と自画像』（2010、ミネルヴァ書房）所収）。川喜田の初期の論考では、「紙キレ法」後に「紙きれ法」と表記されている。同一の方法を指している。

[2] 今西は、勘に導かれて徹底集中して読書にいそしむ大教養人であった。（梅棹）
「今西さんは、フィールドワークを非常によくやった人だけれども、同時に大変な読書家なんです」「本も読み、フィールドワーク、探検、登山と行動もしながら、ものごとを考え抜くということに執念深かった」p.162, 166（川喜田）川喜田二郎監修（1989）『今西錦司――その人と思想』（ぺりかん社）。
今西は読書家であったが西田幾多郎の講義を一度も聴いておらず、『善の研究』も通読していない。「何か西田哲学というものを、もっと直観的に把握している」「上山春平は、私の仕事と西田哲学のかかわりあいを、しばしばもち出されるけれども、これはちょっと困るのです。ただ東洋的な哲学というのは理屈ではなしに、もっと身に滲みついた自然観とか人

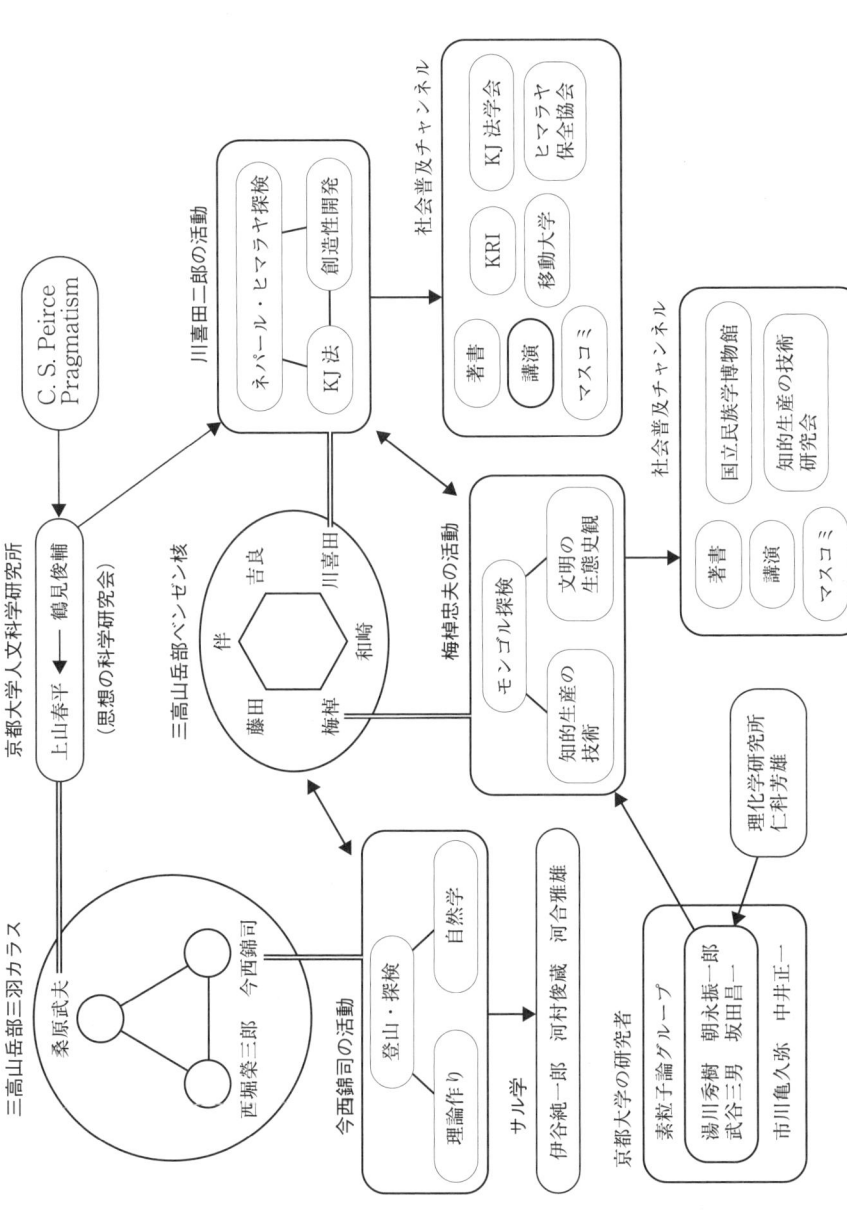

図1　日本の野外科学学派（Japanese School of Field Science）

出来が違う」といってその能力が生来のものであると評価している。

今西は、京都一中時代から京都の北方にある北山（丹波高原）登山を開始。1928年京都大学農学部農林生物学科卒。1940年カゲロウ幼虫の分類と分布の研究で「すみわけ理論」を構築して、理学博士の学位取得。1941年自画像としての『生物の世界』(弘文堂)を出版。1950年には、京都大学人文科学研究所研究員となった。

この間京都一中時代からの親友であり三羽カラスと称される西堀栄三郎、桑原武夫とともに日本山岳界のパイオニアとしての足跡を残した。1931年京都大学学士山岳会（AACK）を設立し、爾来長年にわたりリーダーの役割を担った。1932年南カラフト東北山脈の踏査。36年白頭山冬季遠征。41年ポナペ島生態調査。42年北部大興安嶺探検。44年内蒙古草原調査。敗戦後国内に閉じ込められた時期である49年にはニホンザルの研究に着手して霊長類研究のパイオニア・ワークを達成した[3]。

海外渡航が可能になった52年カラコルム・ヒンズークシー学術探検。58年アフリカにおけるゴリラ、チンパンジーの生態調査などを推進した。このように今西は、登山と学術探検と理論づくりを、連関させながら進めていく独自の研究スタイルでパイオニア・ワークに挑戦し続けたのであった。

川喜田二郎は、京都一中の先輩今西錦司・西堀栄三郎らの母校での海外登山に関する講演に大きな刺激を受けた。その後近くに住む今西とのバスの中で出会いがあって、山に同行するようになった。「私は旧制中学5年生の終わり頃から、志願して今西さんの弟子になった人間である」「三高山岳部で登山より探検のほうに脱線しはじめた数名のほか、京一中の山仲間も尾を引いていた」第三高等学校（三高）の学生グループが形成され、その名を「ベンゼン核」と称した。三高山岳部の同級生を中心に、山のパイオニア・ワークを目指す学生が、今西錦司をリーダーとしていただく「ベンゼン核」と称する集団を形成した。六角形のベンゼン核は、川喜田二郎、梅棹忠夫、吉良竜夫、藤田和夫、伴豊、和崎洋一の6人であった[4]。

今西はベンゼン核グループを「まだ十分な学問的貢献の能力がない青年学徒に対しても、事情の許す限り、探検に参加する機会が与えられなければならない。将来ひとかどの探検家として活躍するためには、若いうちに、やはりある程度の

生観とか、あるいはまた死生観といったものと、結びつきがあるのではないか」(『今西錦司全集第9巻』1975, pp.453-454)
[3] 今西錦司編（1988）『ヒマラヤへの道――京都大学学士山岳会の50年』中央公論社
[4] 本田靖春（1995）「第三章　ベンゼン核」『評伝今西錦司』講談社文庫
　　川喜田二郎（1998）「ある小集団の発生――梅棹忠夫君との交友から―」『川喜田二郎著作集』中央公論社　別巻 p.27, 64-67

経験と訓練とを経ておくことが、必要とされる」と考えて指導したのであった[5]。
　メンバーの吉良竜夫は、1940年「中国東北、白頭山」探検に向けて今西錦司の若い学生たちに行った指導について次のように述べている。
　「これが京都の先輩のきたえかたというものであった。後輩は無情につっぱなされ、その圧力をはねかえして、実力と熱意がみとめられたとき、はじめて仲間入りが許される。友情はあるけれども、ひとりひとりは競争相手であり、かなり徹底した個人主義が支配する。だからこのグループは、徒党や閥にはなれない。気がそろえばたいした実力を発揮するが、目的がくいちがえば、さっとわかれ、めいめい勝手なことをする。これは長所だろうか、短所だろうか」[6]
　さらに梅棹忠夫は、グループ内の議論がフィールドワークと京都において展開され「それはまるで知的格闘術の道場であった。この知的格闘において、つねに自分の目でたしかめた事実とみずからの独創的な見解が尊重された。だれがどういっているなどという他人からの借りものの言説はもっとも軽蔑された。この気風は、今西を中心とするわれわれ仲間のあいだで、のちのちまでもながく保持されているものである。自分の目でみて、自分の頭でかんがえよ、というのが今西の青年たちに対する指導方針であった」と述べている[7]。集団内において長く厳しい相互研鑽が行われていたのである。
　今西は戦前かげろう研究のフィールドワークから「すみわけ理論」を創案し、その思想と方法を『生物の世界』(1941)[8]に結実させた。戦後国内の農村調査、御崎馬の社会調査に続き日本ザル、ゴリラ、チンパンジーのフィールドワークとダーウィン進化論の研究を行い『私の進化論』(1970)を著した[9]。「始終一貫して、私は自然とはなにかという問題を、問いつづけてきた」「自然は物質ではなくて、生きものであり、われわれさえ、かつてはその中にあるもろもろの生物とともに育まれていた巨大な母体であり、巨人であり、怪物である」「自然学の探求には、自然科学的方法を用いるだけでは、到達できない一面がある。自然学は、自然科学系列からはみ出した学問なのであろう。自然学には直観の世界も、無意識の世界も、取りこまれなければならないからである」「いま筆をとっているのは、生態学者でも人類学者でもなくて、自然学者の今西錦司である」と述べて「自然学」を提唱するに至った[10]。

---

[5]「探検の前夜」(1942)『今西錦司全集』第1巻所収
[6] 吉良竜夫 (1974)「山と探検と京都大学」『生態学の窓から』河出書房　p. 287
[7] 梅棹忠夫 (1992)「ひとつの時代のおわり——今西錦司追悼」『中央公論』8月号
[8] 今西錦司 (1971)『生物の世界』講談社文庫
[9] 今西錦司 (1970)『私の進化論』思索社
[10] 今西錦司 (1984)『自然学の提唱』講談社　pp.82-89

23

このような今西の学についてSF作家小松左京は、「まず瑣末な「体系」としての学問があって、それをつかって自然を及び腰に切りとるのではなく、最初に先生と自然の間に直接的な深い了解と交感があり、その了解の内容を、きちんと整った形で語ることが、おのずと学問になるといった所がある。先生御自身は、学問的な悟性や理性でさえ、"自然"の一部とお感じになっているのかも知れない」と述べている[11]。

日本を代表する都市である京都の町民の暮らしの中にあった日本の自然・気候風土から立ちこめてくるものを「東洋思想」というならば、その体現者が今西錦司であった。

川喜田二郎が中学時代から師事した今西錦司をリーダーとする登山と学術探検の経験、集中的な討論によって修得した思想と方法がKJ法の形成の基盤となったのである[12]。

2. 京都大学人文科学研究所における共同研究

桑原武夫は、三羽ガラスの今西錦司、西堀榮三郎らとともに若き日々登山に打ち込んだ人である。デューイの影響もあったとされるが、登山の経験から自らの思考を発展させた自称プラグマティストである[13]。東北大学から母校の京都大学人文科学研究所教授に就任するにあたり再編された人文科学研究所の革新を志して京都大学出身者以外から助教授の選任を行なう方針を固めていた。鶴見俊輔は、戦前にアメリカ・ハーバード大学に留学しプラグマティズムを研究して日米開戦により交換船で帰国した。敗戦後の1946年に姉の鶴見和子がリーダーシップを発揮した「思想の科学」創刊に参加し、民間にあって盛んな執筆活動を続けていた。「大学を出ている人間には創造性なんかない。独創的なものは大学の外から来るのだ」という信念をもつ桑原は、1949年鶴見俊輔を京都大学人文科学研究所の助教授に迎えたのである。研究所の共同研究のテーマには、フランス啓蒙期

---

[11] 『今西錦司全集第9巻』帯　講談社　1975
　　小松左京「今西学の示唆するもの」川喜田二郎監修（1989）『今西錦司――その人と思想』ぺりかん社　pp.485-487
[12] 「今西グループの関係は、きわめてドライであり、まことにさわやかである。わかいメンバーのあいだでは、しばしば"団結は鉄よりも固く、人情は、紙よりもうすし"ということわざが、流行した」「1つの時代のおわり」（梅棹忠夫）
[13] 桑原武夫（1954年5月）「プラグマティストの感想」"わたしは生まれつきプラグマティクな傾向ないし好みをもっていたようにおもわれ、また当人はそれを一そう強めたいと希望している"と語っている。桑原武夫（1968）『桑原武夫全集』第7巻所収

のアカデミー出身ではないルソーが選ばれた[14]。新任の鶴見は、カードシステムを紹介して共同研究に新機軸をもたらしたのである[15]。

また理学部大学院生であった梅棹忠夫は、京都大学士山岳会での文献資料整理の経験を基に戦前のモンゴル族の調査フィールド・ノートと資料の整理のためにカード化を独自に進めていた。この経験もまた同時に人文科学研究所に新しい研究方法として紹介されたのであった[16]。今西錦司をリーダーとするベンゼン核グループの登山と探検の経験をベースにした梅棹忠夫のカード化とファイリングが、共同研究の方法に大きなヒントを与えたのである。

人文科学研究所助手であった多田道太郎は、人文研の共同研究にカードシステムを導入したのは、鶴見なのか梅棹なのか定かではないと述べている[17]。いずれにせよプラグマティストを自称する桑原武夫のリーダーシップと鶴見と梅棹の2人が、新しい研究方法論の導入と展開に重要な役割を果たしたのは歴史的な事実である。

鶴見は梅棹と喫茶店で何時間も議論する交流を続けていた。鶴見が東京工業大学に転出した1954年梅棹は、『思想の科学』に「アマチュア思想家宣言」を発表した[18]。この論文は1946年創刊号の武谷三男「哲学は如何にして有効性を取り戻すか」と同じく『思想の科学』が、草学問の場であることをテーゼとして書きのこしたものである[19]。鶴見は、「自分の体験からプラグマティズムに行った人、技

[14] 桑原武夫（1990）「京都大学人文科学研究の共同研究」『桑原武夫全集』第7巻
斉藤清明（1987）『京大人文研』創隆社
[15] 鶴見俊輔（2008）『期待と回想——語り下ろし伝』朝日文庫 p.279
[16] 京都大学旅行部山岳班は、当時の日本では例を見ない高い水準の登山関係文献の蔵書をもち、地図も備えていた。部員には図書の自由閲覧が、可能であった。今西錦司編（1988）『ヒマラヤへの道』講談社 pp.49-52
梅棹は、戦前モンゴル遊牧民の研究をしていた。数10冊のフィールド・ノートを前に思いついたのが、項目ごとのカード化するアイデアであった。京大式カードは、この発展型であり、コザネ法を含む「知的生産の技術」が生み出されることになった。梅棹忠夫（1969）『知的生産の技術』岩波新書
[17] 多田道太郎「共同研究の手法と取組み—京都大学人文科学研究所の場合」多田・武者小路・赤木（1994）『共同研究の知恵』信山社
[18] 梅棹忠夫（1954）「アマチュア思想家宣言」『思想の科学』1954年5月号
大工仕事やフィールドワークによる具体的なものや自然との直接の交流経験をもつ梅棹は、「思想は生活という体系の中の"要素"である」、「職業的思想家は"思想を論ずる"のが商売である」として「日本の土民が、いかに「思想つかい」になるのか」が課題であるとしている。
社会学者加藤秀俊は、梅棹忠夫を「思想つかい」と評している。加藤秀俊（2010）「追悼梅棹忠夫——"思想つかい"の思想」『中央公論』2010年9月号
[19] 鶴見俊輔（2008）『期待と回想——語り下ろし伝』朝日文庫 p.334
「1949年梅棹忠夫と接した。かれはまだ大学院生であった」鶴見俊輔（1989）「梅棹忠夫頌」『梅棹忠夫著作集　第5巻』月報

術の中で育った人として西堀榮三郎、梅棹忠夫、川喜田二郎ら」をあげている[20]。京都大学学士山岳会には、外国文献を読むことなく日本土着の方法論が独自に開拓継承されていたのであり、それがプラグマティズムと同じベクトルをもっていたのである。

　1953年一橋大学を卒業した加藤秀俊は研究所に助手として赴任した。彼が初めて研究報告をした時の教授今西錦司とのやりとりは、社会人類学研究班の研究活動の雰囲気をよく伝えるものである。明治以来の欧米文献の翻訳と解釈を中心とした伝統的な文献研究を行う加藤とあくまでもフィールドワークのオリジナルな経験とデータに基づき自分の頭で考えることを第1とする今西流野外研究の見事なまでの対峙である。加藤は、この歴史的場面を、次のように記録に残している。

　すなわち「わたし（加藤）は、E. フロムの『自由からの逃走』を材料にして、「国民性」研究の動向をのべ、日本人もまたフロムのいう「サド・マゾヒズム的傾向」をもっているのではないか、うんぬん、といったようなことを述べた。いくつかの小さな論点について、先生方や先輩たちからコメントや質問があり、わたしはそれに答え、やれやれこれでおわった、と心中ほっとしたのだが、そのときこれまでずっと口をへの字にむすんでおられた今西先生が、おまえは物事の順序を逆転している、とおっしゃった。

　フロムはフロムでよろしい。サド・マゾヒズムも結構だ。しかし何を根拠にそういうことを口走るのか。フロムは、どれだけの実証的事実をもっているのか、ましてや、日本人をそれに対比させるにあたって、おまえはひとつもその根拠になる事実をのべていないではないか、というのが今西先生からのコメントだったのである。入所したばかりの助手に対してであったから、今西先生の語調はやわらかく、やさしかったが、わたしはどう答えていいか、立ちすくんでしまった。今西先生は、つづけて、おまえには、まず他人の学説に基づく結論があり、その結論を飾りたてているだけである。

　揺るぎなき具体的事実の把握から結論とおぼしきものを模索してゆくのが学問というものである。場合によっては、結論なんかなくてもよろしい、これからは事実だけを語れ——そういって、今西先生はたばこに火をつけて、プイと横を向いてしまわれた。要するに、わたしの発表したことすべてについての全面否定なのである。わたしは、ただ首をうなだれるのみであった」[21]

　文献研究による推論を学問と心得ていた加藤秀俊にとっては、今西錦司の批判

---

[20] 鶴見俊輔（2008）『期待と回想』朝日文庫 p.70
[21] 加藤秀俊（1982）「社会人類学研究班——今西流学問のすさまじさ」『わが師わが友：ある同時代史』中央公論社 pp.86-89

は根底的であった。大事なのは「揺るぎなき具体的事実の把握」である。そのために野外研究、野外調査、フィールドワークを行うのである。具体的世界と経験が、ことば（概念、理論）に先行するのである。この自覚の有無が学問研究への基本的姿勢を決定付けるといえよう。

上山春平は海軍の人間魚雷の部隊から復員して母校の京都大学文学部に戻った後1949年人文科学研究所に加わり、カントのカテゴリー論研究から自らの哲学研究をスタートさせていた。上山は鶴見俊輔の『アメリカ哲学』（1950）とジェイムスの『プラグマティズム』を通してC.S.パースを知り、1955年「思想の科学」研究会倫理学研究グループに参加して本格的なパース研究を進めたのである[22]。

他方川喜田二郎にとっては、長年にわたり蓄積したフィールドワークのデータと資料の整理が大きな課題となっていた。戦後すぐに「データをまとめ、ファイルし分類する」ことを試みていたが、「戦時中にモンゴルに行っていた友人の梅棹忠夫君が、現地でつくったデータカードとそのファイリングを見せてくれたことは、私の試みにとってよい刺激となった」と述べている。これは後に徹底したHRAFの事項分類項目によるファイリング・システムの実施を経て「紙きれ法」に至る道程の一歩を踏み出す契機となった出来事である[23]。

またその後人文科学研究所のプラグマティズム研究のトライアド（桑原－鶴見－上山）の1人である上山春平が、川喜田二郎の「データをまとめる方法」の位置づけについてパースの「アブダクション」に対応するとのヒントを与えた。このヒントを得て川喜田の「データをまとめる方法」としての「紙きれ法」は、「KJ法」へと大きく飛躍することになった。

3. カード化、HRAFファイリング・システム

川喜田二郎は敗戦を三重県で陸軍軍曹として迎えた後、鳥取県大山原野開拓農場の現場監督を経験した。1946年には東海大学予科教授に着任した。この頃旧友梅棹忠夫が、戦時中モンゴルの現地調査のデータと資料のデータカード化とファイリングを実施しているのを見せてもらい大きな刺激を受けたのである。

その後1950年大阪市立大学地理学教室村松繁樹教授の下に講師として赴任し

---

[22] 上山春平（1968）『パース・ジェイムス・デューイ』中央公論社 p.39
鶴見俊輔（1950）『アメリカ哲学』世界評論社（1986）『新装版アメリカ哲学』講談社学術文庫
上山は、昭和24年ごろ鶴見の部屋を訪れてパース全集の借用を申し込んだ。鶴見が売却した後で保持していなかった。だが当のパース全集は京都大学付属図書館に蔵書されていた。『期待と回想』p.347
[23] 川喜田二郎（1996）『川喜田二郎著作集』第6巻 pp.359-360

た。川喜田は、奈良県二階堂村や富山県礪波平野農村の膨大に蓄積された資料とデータカードの整理には普遍的な事項分類表が必要であると考えていた。そうした折京都大学織田武雄教授が、アメリカ訪問した時の話を聞きHRAF（Human Relations Area Files）の存在を知った。教授がもちかえったMurdockの資料を借用して、その分類項約700を全部覚えることにした。どのような調査データでも適切な分類項目に整理するための努力であった[24]。

全ての調査データをこの分類項目が上縁に印刷されたパンチカードに転記し、通し番号を付けたファイリングを行った。そしてカードにパンチで穴を開けてソーティングによって必要な項目のカードを検索が可能になるまで整備を進めたのである。1952年に奈良県や富山県の農村調査でカード記録による共同調査を実施した。しかし「分類がいかほど整い好きなときに好きなDC（データカード）を拾いあげられても」、「データを"まとめる"うえで、ひじょうに大切な何かが欠けている」ことに気づいたのである。

「1951年夏奈良県都介野村調査では調査データが、それほど多くはなかった。机の上に2、30枚ごとに拡げて並べていろいろ動かして並べていると、データがまとまり、おもしろい味のあることがいくつもわかってきた、立体感をもって都介野村が浮かんできた」[25]これがKJ法開発の前奏曲となった。

こうしてフィールド・ノートのカード化すなわち「情報の単位化」が行われた。さらに使用したカードが図書カードと同じぐらいで小さかったことが幸いして机の上に2–30枚ごとに拡げ並べることができたのである。これを基にスムーズに論文を仕上げた経験が「KJ法へのハッキリした初動となった」。取り扱いやすい枚数のデータカードは、後に基本的発想データ群（BDA）と呼ぶ「アイデアの出発を促すような基礎的な1チームのデータ群」をイメージする原体験となったものといえよう[26]。

4. ネパール・ヒマラヤ探検と方法論

川喜田は1953年第1次マナスル登山隊に科学班として参加した。研究方法論の検討は1954年「野外調査法への序説——ネパールの経験から」としてまとめられた。

---

[24] Human Relations Area Files (HRAF)は、Yale大学Institute of Human RelationsのG. P. Murdock教授の指導のもとに1937年に構築されはじめたデータベース。1965年当時、事項別分類表は888項目。地域別分類表は250項目である。
京都大学付属図書館刊行パンフレット"HRAF"1965年 p. 20
[25] 『川喜田二郎著作集』第6巻 pp. 365, 367, 369
[26] 川喜田二郎（1967）『発想法』中公新書 p.105

さらにその紀行は1956年『ネパール王国探検記』として出版されて多くの読者を得た。データをまとめる方法論とモノグラフを書いた経験が検討されて最終章「ネパール探検から得たもの」として発表された[27]。モノグラフ「チベット文化の生態学」の中の図解「農耕チベット人の文化構造」は、KJ法Ａ型図解の歴史的な第1号となったものである。

1958年西北ネパール学術探検隊を組織して隊長をつとめた。この探検ではフィールド・ノートとデータカードの共同管理が実施された。紀行は『鳥葬の国』として出版され前著と同じく多くの人々に読まれた。すでに京都大学人文科学研究所から東京工業大学に転じていた鶴見俊輔の示唆で「パーティー学の提唱――探検隊の教訓から」を発表して、学術探検隊が切り開いた可能性の全体像を描いたのである[28]。川喜田は1960年４月大阪市立大学から東京工業大学助教授に転じた。雑誌『群像』に連載したエッセーの中で「カンの良い国民」である日本人について考察を加えている。「カンの独壇場」と「カンが効かない領域」の間に「スキ間」が存在しておりカンを科学に近づける「手段や技術」の工夫の必要性を指摘している。自らこの課題に４年後公表した「KJ法」で答えたのであった[29]。

5. 紙キレ法

奈良県都介野村調査のデータをまとめる過程でたどり着いた方法が、1953年、1958年のネパール・ヒマラヤ探検によって鍛え上げられていった。鶴見俊輔の示唆で1962年「思想の科学」研究会６月例会で報告された内容が「衆知を集める法」として発表された[30]。ここではこれまでの方法的検討と実施が、自覚化されいっそうその体系化が進められた。自分の考えとか資料とか多数の人の意見をまとめる方法、問題

(1) 紙キレ法……1964年『パーティー学』
(2) KJ法……1967年『発想法』
　「思考レベル」と「認識レベル」のＷ型モデル
　３つの科学「書斎科学」、「野外科学」、「実験科学」のパラダイム
　研究という仕事の12段階モデル　（第６段階に「副産物の処理」あり）
(3) Ｗ型問題解決
　累積KJ法……1970年『続発想法』
　BS (MBS)　→　KJ法　→　PERT
　問題解決学……1970年『問題解決学－KJ法ワークブック』

表1　紙キレ法からKJ法、累積KJ法、問題解決学へ

---

[27] 川喜田二郎（1973）『野外科学の方法』中公新書 pp.39-78
　　川喜田二郎（1956）『ネパール王国探検記』光文社
[28] 川喜田二郎（1959）「パーティー学の提唱――探検隊の教訓から」『思想の科学』1959年第７号
[29] 川喜田二郎（1961）『日本文化探検』講談社　後に（1973）講談社文庫 pp.136-147
[30] 川喜田二郎（1962）「衆知を集める法」『思想の科学』第５号

の地図をつくるための方法として「紙きれ法」が提示された。さらにこのマッピングに基づく論文作成法である「モノグラフ法」も提示された。これは後のKJ法A型図解とB型文章化の原型となるものであった。論考「パーティー学の提唱」にこの「紙キレ法」と「モノグラフ法」の具体的方法論が加えられて1964年『パーティー学：人間の創造性を開発する法』として全面的に展開され出版された[31]。その第3章「発想法」においてこれまで登山と野外調査、学術探検の方法論として検討されてきた「データのまとめ方」が、一挙に体系化されて提示されることになった。

6. アブダクション、発想法、KJ法

　川喜田は、フィールドワーク（野外研究、野外観察）に始まり、そこで作成したデータをまとめる一連の手作業の過程を「紙きれ法」と名づけた。そしてこの独創的な方法である「紙きれ法」の哲学、認識論上の位置づけを確認するために親友の哲学者上山春平を京都大学人文科学研究所に訪ねることにした。

　他方訪問を受けることになった上山春平は、1957年にはプラグマティズム研究の一環であるC.S.パース研究の成果として次のような結論を得ていた。すなわち、パースの論理思想の基本的特徴は、「アブダクションは、仮説を形成する過程であり、……ディダクションは、ヒントに基づいて予見をひきだし、インダクションは、この予見をテストする」に要約されている[32]。またパースによれば、「《アブダクション》とは、現象の観察を出発点として、仮説の発見をへて、仮説の定立にいたる仮説形成（新しい着想、新しい理論の発見）の過程、《ディダクション》とは、《アブダクション》の提供する仮説を論理的推論の前提命題に組みかえ、そこから論理的に可能な結論をひきだす過程、《インダクション》とは、《ディダクション》によってひきだされた論理的結論を、事実とつきあわせることによって《アブダクション》によって提供された仮説の真偽（真理性）を」検証する過程をさす、と[33]。

　この間の経緯について川喜田は、次のように語っている。

　「野外研究で、私は全く多種多様なデータを、断片的に集める。そのデータの

---

[31] 川喜田二郎（1964）『パーティー学：人間の創造性を開発する法』社会思想社　現代教養文庫
[32] 『パース全集』第5巻　第171節
[33] 上山春平（1957）「演繹法・帰納法・弁証法」『哲学研究』第449号（1963）『第二版　弁証法の諸問題』未來社所収

ほとんどは、数量化の不能なデータ、つまり定性的データである。いったい私は、どういう方法で取材ネットを打ち、野外観察をし、得られたデータをどのように加工処理して、結論に辿り着けばよいのだろうか」「さて実質的にKJ法の原型になるようなやり方が、学問の永い歴史の中で、どういう位置を占め、何と呼ばれるべきかを、知りたくなった。そこで京都大学人文科学研究所に親友で哲学者の上山春平教授を訪れた」、「私がくりかえし説明したデータのまとめ方は、演繹法にも帰納法にも属さないというのである。それは仮説の発生以前の段階であり、データをして語らせて仮説を発想するステップである。それは昔アリストテレスが、演繹法と帰納法と共に提案した三つの方法のひとつで、哲学者パースの名づけたアブダクション（abduction）である。日本語に訳すなら「発想法」とでも呼ぶべきだろうということになった」[34]

　他方上山春平は、このやり取りについて次のように記している。「川喜田さんが、ネパールから帰ってきて調査をまとめていたときに、研究所のストーヴを囲みながらKJ法の原型になるような話を、何時間も喋り合ったんです。それからしばらくたってからだったか、彼が、俺のやっている方法は、帰納法かと聞くから、いや帰納法でも演繹法でもなくて君のは、仮説構成のプロセスで、その仮説を立証していく構造になっているのだといったら、彼がえらく乗り出してきてね。そこで、あの本にも載せてある事実のレヴェルと思考のレヴェルの往復図式をその場で僕がザラ紙に書いたりしたんです。非常になつかしい図です」[35]。上山の書いた原型とおもわれる図は、『パーティー学』p.159に「発想法、演繹法、帰納法の相互関係」として掲載されている。この図は、『KJ法』(1987) p.32においては、「演繹」が、思考レベルに限定されて、事実レベルに向かう過程は「仮説のテスト」といっそう明確化されている。

　また上山は「KJ法で、データをいっぱいもりこんで、凡人でも相手の身になれるという方法を開発した。これは親切な方法だ。紙の切れはしに観察記録を書いているうちにだんだんイメージが、総合的に、正確になっていく」[36]とフィールドワークにおける対象とのやり取りを明確に技術化したKJ法の特徴を指摘している。

　上山によって「紙きれ法」の手順がパースのアブダクションに対応していると指摘された川喜田は、このアブダクションに「発想法」という日本語をあてたのである。

---

[34] 川喜田二郎 (1986)『KJ法——混沌をして語らしめる』中央公論社 pp.32-34
[35] 竹内均・上山春平 (1977)『第三世代の学問』中公新書 p.7
[36] 川喜田二郎監修 (1989)『今西錦司——その人と思想』ぺりかん社 p.174

「アブダクション。これは、日本語におそらく訳語が、ないでしょう。あえて私がこれを名づければ、発想法であります」[37]「発想法という言葉は、英語でかりにそれをあてはめるとアブダクション（abduction）が、よいと思う」[38]

フィールドワークの全身体的行動とデータをまとめる一連の手作業の過程「紙きれ法」に対してパースの「アブダクション」を対応させたのであった。この時身体に保存されている現場感覚やイメージから離れてデータとして書かれた文字や図形をたよりに一挙に抽象化が進み、理性の世界への飛躍が始まったのである。データをまとめる手作業によりフィールドでは気がつかなかった事象をもっとリアルで立体的に把握することができる。これは紙に書かれたデータを触る手の感触を通して現場で直接経験した具体的な事象をもう一度自分の頭と心と身体の中に再現することを意味している。それは抽象ではなく手で触れているデータすなわち断片から身体感覚を通して全体像をよみがえらせる道である。アブダクションとW型問題解決モデルにとらわれてしまうと非言語と身体感覚によって直接フィールドの具体的世界に戻っていくパスが、忘れられてしまうのである。モノに直接触れてやり取りをしながら絶えず工夫改善を加えて仕事をする職人技の世界は、言葉やデータにするところは極めて限られている。「ローカルの知」や「臨床の知」に至る道筋は、アブダクション、発想法は違ったベクトルをもつ思考であるといえよう[39]。

日本語の「発想」は、「広辞苑」第1版（1955年）に「思想を発しあらわすこと」、「音楽用語としては、曲想、曲の緩急強弱などを表現すること」と説明されている。しかし「発想法」は説明がない。次の『哲学・論理用語辞典』（1959年刊行）には、「発想法」は、「アブダクション」を見よとされている。カタカナの「アブダクション」（abduction）の項では

① パース：「発想法」、「仮説形成」などと訳される
② 《アリストテレス論理学》アパゴーゲapagogeの英訳。三段論法の一種[40]

と説明されている。「思想の科学」研究会との交流のあった川喜田の訳語を編者が採用したものであろうが、辞典にパースのアブダクションが「発想法」と記載されており訳語として確定したものと思われる。

---

[37]『パーティー学』(1964) 社会教養文庫 p.159
[38]『発想法』(1967) 中公新書 p.4
[39] クリフォード・ギアツ／梶尾他訳 (1991)『ローカル・ノレッジ』岩波書店
　　中村雄二郎 (1992)『臨床の知とは何か』岩波新書
[40] 思想の科学研究会編 (1959)『哲学・論理用語辞典』三一書房 p.7

もう一つ注目すべきは、上山が指摘した「思考レベルと経験レベルの往復運動」によって問題解決が推進されるプロセスを川喜田はＷ型問題解決モデルとして明確に位置づけたことである。さらに思考レベルの「問題提起」から経験レベルの「観察」にいたる過程に、ネパール・ヒマラヤの学術探検の経験を踏まえて「探検」（Expedition）という言葉を学術用語に採用したことである。

7. KJ法の普及・伝播

　KJ法の原型はフィールドワークで得たデータを個人でまとめる方法論である。しかし『発想法』（1967）、『続発想法』（1970）の出版と研修システムの整備および1969年8月以降の移動大学の実験も加わり、社会への普及・伝播過程で多様な「応用方式」が開発された。1970年代初頭にＴ－KJ法（トランプ）やグループKJ法といわれる応用方式が開発された。集団で1セットのデータをまとめて一つの図解を作成する方式である[41]。

　戦後GHQを通してアメリカから産業教育訓練プログラムであるTWI、MTPが導入された。このプログラムは、日本の精神主義「一生懸命」に対して産業界の教育訓練にも「科学的方法」が存在することを教えた。他方アメリカでは1953年A.F.オズボーンの著書"Applied Imagination"で創造性開発の方法として紹介されたブレーンストーミング（Brainstorming）が一大ブームとなった。この方法は広告代理業BBDO社の副社長であったオズボーンがリードして1939年以来長年にわたり同社内で使用されていた方法である[42]。

---

[41] 松尾隆編著（1973）『実践グループKJ法入門』日本能率協会
[42] ブレーンストーミングの開発者A. オズボーン（1888-1966）は、アメリカの1928年創設広告代理業BBDO社の副社長であった。小規模のリベラルアーツカレッジHamilton Collegeの卒業生が中心的創業者となった。創業者の1人Barttonは、1924年に聖書を引いてキリストが現代のビジネスの創始者であるとする著書を出版してベストセラーになった。こうした雰囲気の中で、オズボーンは、会議が他人の意見をつぶす「ノー、ノー空気」に支配されていることに気づいて1939年「Brainstorming会議」方式を始めた。広範なアメリカの大衆に新製品を売り込むために心に訴え、購買意欲をそそるような広告文の作成が仕事であった。それには柔軟な思考と既成概念を打ち破ることが必要とされた。
戦後1947年に"Your Creative Power" Scribnerを出版してBrainstormingの原型を公開した。（林愛作訳（1950）『想像力を生かす』創元社）この翻訳書は敗戦の困窮にあった日本では、あまり注目されなかった。
Alex F. Osborn (1953) "Applied Imagination" Scribner Doubleday & Company の著書によってBrainstormingの定式化が行われた。
Charles Clark(1958) "Brainstorming: The dynamic New way to create successful ideas" pp.51-65　С・Н・クラーク（1961）『アイデア開発法』小林達夫訳 ダイヤモンド社 p.33
「BBDO社においても会議は、必要欠くべからざるものでした。しかし会議は、消極的なも

上野一郎によりブレーンストーミングが翻訳紹介されて、1957年産業能率短大に「独創力訓練コース」が開設された[43]。ブレーンストーミングは、臨時のメンバーの集団思考による多様な「発言」（アイデア）を得る格好の方法として注目されたのである[44]。

　こうして「経験」や「事実」（データ）よりも「言葉」（アイデア）が重視されるようになった。特に製造業では手の技で直接素材に触れて実現するアプローチは、年功的な職場の「非科学的な」古い因習として退けられたのである。マーケティングでは消費者に巧みな言葉で製品のイメージを訴えることが重要である。市場での販売促進を目指す企業では「新しい」、「科学的な」言葉が評価されたのである。

　戦後日本の創造性開発に関する研究と実践は、ブレーンストーミングの導入により大きく転換した。それは個人の資質と長年の経験に基づく「カン」の練成よりも集団思考でアイデアを創る方法への重心移動であった[45]。『発想法』（1967）によってKJ法が「創造性開発の方法」として公開される以前に産業界では既にブレーンストーミングがアメリカから導入された新しい創造性開発の方法として広く知られていたのである[46]。

　KJ法研修会では臨時の参加者を相手にするためフィールドワークによるオリジナルデータではなく、参加メンバーのその場における「発言」（言葉）が素材として利用される。

　産業界は短期の研修効果を重視して研修に必要とされる最小限の時間、エネルギー、作業、コストを求めている。「野外科学の研究方法論」としてスタートしたKJ法は、産業界のニーズに応えた研修を実施する過程で「野外科学」フィー

のでした。けれども広告業においては、新しいアイデアしかもたくさんのアイデアが続出してくることが生命です。ブレーンストーミングは、この要請から消極的な会議を強力に打破すべくオズボーン氏によって考案された」
　ダニエル・ベル／林雄二郎訳（1976）『資本主義の文化的矛盾』（上）p.211-212 講談社学術文庫

[43] A・オズボーン（1958）『独創力を伸ばせ』上野一郎訳 ダイヤモンド社
[44] 商品開発やマーケティングにブレーンストーミングが使用されるのは、BBDO社の主要事業で行われてきた最もオーソドックスな活用法である。
[45] 米山喜久冶（2005）「戦後日本におけるブレーンストーミングの導入と伝播」日本労務学会論集
　黒田亮（1967）『勘の研究』講談社学術文庫
[46] 日本共産党を中心とする日本の左翼は、このブレーンストーミングをブレーンウォッシング（Brainwashing,洗脳）と混同していた。ブレーンストーミングをアメリカ独占資本主義の人民を洗脳して管理、支配する方法として批判した。中国共産党が保守反動分子の思想改造に徹底的な洗脳を実施した。アメリカ企業は、資本主義体制を守るためにこれを推進すると考えたのであろう。［社会主義＝進歩］のイデオロギーに囚われたイメージの貧困がなせるところである。

ルドワークの側面が弱められてしまったといえよう。『発想法』で明確に定義されたBAD（基本的発想データ群）は、原典『KJ法』(1989)においては記述されていない。直接現場（フィールド）に出て何を「データ」として記録し「データバンク」に保存するかについては、何も触れられていない。データバンクの事項分類の作り方と検索（多段階ピックアップ）が述べられている[47]。

　高度経済成長期の日本企業は現場の会議や研修会においても問題解決が最優先されていた。KJ法は組織効率を高めて生産性を向上させて企業業績に貢献するアイデアをまとめる方法として位置づけられ、受容されたのである[48]。ここでは従業員個人の創造性開発は、名目に過ぎなかったといえよう。初めて学ぶ者にとってはKJ法研修システムの「問題提起ラウンド」で使用されるブレーンストーミングの印象は、強いものがある。TWI、MTPを超えて工夫改善、研究開発のアイデアをまとめる方法としてのKJ法が、企業現場のニーズと融合したのである。やがてKJ法は必ずブレーンストーミングから始まるものであるとの「認識」が一般化して、「BS＋KJ法」方式が普及・定着していったといえよう。

　急速な産業界における普及で注目すべきは、1960年代三菱樹脂㈱研究総合部長青木貞巳のMBS（三菱樹脂式ブレーンストーミング）の開発と連動させたKJ法の活用による新製品開発と組織開発である。および同じく1960年代岡田潔の経営コンサルタント業務への応用である。

　青木貞巳はオズボーンのブレーンストーミングを学び、その研究開発への活用を進める過程でこの方法の欠点を発見した。それはブレーンストーミング（BS）で出された発言の内容が不明確であり、そのまま使うことができないことである。このため「BSの内容の不明確さをチェックするステップを入れた修正BS法」＝MBSを開発した。BSのメンバーには必ず現場の生産担当者が加えられているのも重要な点である。アイデアが単なる思い付きではなく、具体的製品や生産工程との関連性を確保するためである。この方法とKJ法の組合せによって多数の新製品開発が成功した。また研究所運営には、工程管理の方法であるPERT法を組合せて（MBS－KJ－PERT）として活用して、多くの新構想を打ち出すことに成功したのである[49]。

　次に経営コンサルタント岡田潔は、「KJ法は、情念と理念が組み合わされた統

---

[47]『KJ法』(1989) 中央公論社 pp.272-282
[48] 日本能率協会編（1971）『経営のためのKJ法入門』日本能率協会
[49] 米山喜久冶（2005）「戦後日本におけるブレーン・ストーミングの導入と伝播」
　　二宮欣也（1970）「MBS－KJ方式で創造力開発の実績をあげる〔三菱樹脂〕」『近代経営』7月号
　　三菱樹種株式会社（1996）『三菱樹脂五十年史』pp.193-194

合の方法である。KJ法は五体五感を総動員して創造する手作りの喜びと魅力の技法である」と理解していた。1960年代西本願寺宗門全体の経営調査を担当して全国の末寺を4ヶ月にわたり行脚して回り、「親鸞聖人大遠忌法要」の運営に具体的提案を行った[50]。

　西本願寺で入門修行後自宅に仏壇を作り一信徒として朝のお勤めを行い瞑想にふける。その後全国の末寺を行脚してフィールドワークを行う方法は、M. ヴェーバーの客観的、理性的認識を第一とする宗教社会学研究を遥かに越えるものである。岡田の方法は、自己をその場において内面の深い省察を通して組織を生き物として捉え、そこに流れる精神性を身体感覚とともに把握しようとするものである[51]。

　こうして『発想法』、『続発想法』が多くの人々に読まれまた研修会も本格的に開かれるようになってKJ法は1970年代に産業界から他の社会的分野へと普及・伝播した[52]。

　次に異専門の研究者は、どのように受け止めたのであろうか。

　経営工学領域では並木高矣玉川大学教授によって「KJ法」は「これもブレーン・ストーミングと同様に集団によってアイデアを引き出すという創造性開発の手法で川喜田二郎氏の発想に基づいて、企業における問題解決の手法として開発されたものである」と解説されている。　産業界で普及しているブレーンストーミングの印象が強く刻印されて、現実に普及している集団思考の方法として紹介されている。

　経営学領域では、小島三郎教授が、「創造性開発」の項目で「シネクティックス、等価変換理論、NM法、KJ法などがある。しかしこれらはいずれも単発的であり、創造性のメカニズムについては明らかにしなかった」と紹介している。創造性開発の1方法として位置づけられている[53]。

---

[50] 日本能率協会（1982）『経営とともに』日本能率協会 pp.406-407
　　岡田潔（1986）『独創的経営づくり──経営調査35年』日本能率協会
[51] 1972年産業能率短期大学創造性開発グループ「創造性開発調査」活用技法としてKJ法75.4％、ブレーンストーミング71.3％、NM法36.3％等になっている。
　　『マネジメントガイド』「企業の創造性開発の現状」1974年7月号掲載
　　2004年3月現在『発想法』、『続発想法』は版を重ね、約130万部が出版された（朝日新聞2004年3月12日号「風韻」欄）。
　　また梅棹忠夫『知的生産の技術』（岩波新書）は1969年の初版以来1993年1月までに53刷となり、累計部数は113万部である。梅棹忠夫（1993）『梅棹忠夫著作集第11巻』中央公論社 p.173
[52] オリジナルの『発想法』、『続発想法』ではなく解説書である松尾隆（1973）『グループKJ法』日本能率協会が、基本的参考文献としてあげられている。
　　並木高矣「KJ法」日本経営工学会（1975）『経営工学便覧』丸善 p.62
[53] 小島三郎編著（1978）『現代経営学事典』税務経理協会 p.247

心理学領域では、長尾勲教授によって「KJ法」の項目で「社会人類学者・川喜田二郎が探検調査の際の資料整理の方法を基にして考案した問題解決の技法。この方法は、発想・推理の思考過程を順次に行うのに有効であり、問題解決の集団討議法として大いに活用されている」として、その手順をブレーンストーミングを例にとって説明している。

また社会学領域では尾嶋史章教授によって「KJ法」は「ブレーン・ストーミングを援用し、経験的事実から概念化、理論化するための方法」と解説されている[54]。ここでもフィールドワークで得られたデータをまとめる「野外科学の方法」としての理解はなされておらず、新しい発想を生み出すブレーンストーミングとの組み合わせで位置づけられている。

また集団思考の方法として理解されていることも明らかである。

教育界への普及についてみるとその典型は、社会学者上野千鶴子東大教授が学生に教えているKJ法である。それは「アイデアをまとめる方法としてのKJ法」であり、自らオリジナルなデータを作り出すフィールドワークよりも新しいアイデアを作り出すブレーンストーミングとの連結にウエイトが置かれている[55]。このように大学にも「野外科学研究の方法」ではなく産業界で普及したKJ法応用方式の「集団思考」と「アイデアをまとめる発想の技法」の伝播を確認することができる。

次にKJ法は1967年『発想法』で紹介されて以来40余年を経て日本国内では多くの変容と批判が行われている。これには次のような事例をあげることができる。

日本科学技術連盟は、一度KJ法を導入した。しかし登録商標等の問題を回避するために「親和図法」と名称を変更して「新QC七つ道具」の1つに加えている。「バラバラな情報から問題点を確定させる手法」として位置づけられている[56]。

武蔵大学助教授林義樹は、KJ法を「ラベル法」、「移動大学」を「参画大学」と名称変更して全てを自らが生み出したオリジナルとして議論を展開している[57]。

---

[54] 日本社会心理学会編（2009）『社会心理学事典』丸善、日本社会学会編（2010）『社会学事典』丸善 p.365、参考文献は、『KJ法』（1986）があげられている。
[55] 上野千鶴子（2008）『サヨナラ学校化社会』ちくま文庫
[56] 徳丸壮也（1999）『日本的経営の興亡——TQCはわれわれに何をもたらしたか』ダイヤモンド社
二見良治（2008）『演習新QC七つ道具』日本科学技術連盟
[57] 林義樹（1994）『学生参画授業論』学文社
文献注に『発想法』や『移動大学』関連の文献はあげられていない。文献研究の基本的ルールも守れない者が、学生の創造性について議論をしている。人間的・知的退廃は、ここに極まりである。
川喜田先生はこの明らかな盗作に憤慨。1995年2月5日「林に書き直して来いと厳重に申し付けた」と私に話された。日本の教育学者は明治以来欧米崇拝それに続く天皇崇拝、戦後に

「失敗学」の畑村洋太郎東大教授は、「括り図」の方法を提唱している。カード化されたデータの同じ内容を示すものを「グループにまとめていき"括り図"、さらにそれをグループにまとめる"括り図"の"括り図"となる」と説明している[58]。この「括り図」の作成過程は、KJ法A型図解と同一の手順であると思われる。

次にKJ法に対する批判の代表的なものとしてジャーナリスト立花隆と経済学者野口悠紀夫のものを検討してみよう。

立花隆は、著書『知のソフトウエア』(1984)において「KJ法は役に立たない。(中略)KJ法の場合は、実際に試みてみようという気持ちも起こらなかった。KJ法の原理は、非常に重要だとは、わかっていた。しかし川喜田二郎に教えられるまでもなく、昔から多くの人が頭の中で実践してきたことなのである。KJ法のユニークなところは、これまで個々人の頭の中ですすめられていた意識内のプロセスを意識の外に出して一種の物理的操作に変えてしまったことにある。(中略)意識の中で行われる無形の作業を物理的作業に置きかえると、能率がガタ落ちする」「万人向けの方法論の確立などというのも、意味がない。本来個人的になされるべき作業なのに、万人向けの作業などに従う必要などまったくない。(中略)個人的最適手順に従うのが最も能率があがるのに、それを捨てて万人向けの作業手順に従えなどというのは、オーダーメイドの服を捨てて、つるしの洋服を着ろというに等しい愚かな忠告である」と批判している[59]。

立花は、「田中角栄研究」でロッキード事件の疑惑を暴き、田中首相を退陣に追い込んだほどの筆力をもつジャーナリストである。当然独自の「知のソフトウエア」を開発して身に付けている。「田中角栄研究」を成功に導いた方法は、言葉や文字になった既存の「情報」を分類、整理、図示して効率的にまとめることに核心がある。自らの名人芸を駆使してマスコミに「既存の情報」を基に原稿を書けばよいのである。わざわざKJ法を使用することもまた批判する必要性もな

は反動としてのアメリカ礼賛はたまた社会主義礼賛。これらはみな土着文化と民衆の生活から遊離した観念論であり、自らの経験の深刻な反省から発したものではない。いつも時流に乗った言説で世を欺き官僚組織における自らの立身出世と保身を第一とするものである。学問研究が真理の探究であることを全く理解せず、盗作が創造性を根底から否定する犯罪行為であることの自覚がないのである。

これは根拠なき「安全神話」を弄して2011年3月の東電福島第一原発炉心溶融(メルトダウン)を擁護して日本国民と人類を欺く利権に生きる原子力村の「専門家」と同じ体質である。行動原理は、「立身出世」と「保身」である。チェルノブイリ以上の大事故に対して何の責任も取らない「専門家」である。

[58] 畑村洋太郎 (2008)『だから失敗は起こる』NHK出版協会 pp.110-111
参考文献に『発想法』等はあげられていない。
[59] 立花隆 (1984)『知のソフトウエア』講談社現代新書 pp.150, 152
立花隆 (1982)『田中角栄研究——全記録』(上・下) 講談社文庫

いであろう。ここでは「自分の方がよく解っているのだ。腕は上だ」と自己顕示をしているだけではないか。立花は、自らの名人芸で核となる現場調査とオリジナル・データの作成方法さらにそのまとめ方を具体的に展開すべきであろう。プロではなく一般大衆であるアマチュアが、腕を磨き知的生産力を高めて自己を含む社会の諸問題の解決に貢献しうる具体策を提示すべきであろう。

　既存情報の整理と分類には、ファイリング・システムがポイントである。立花の方法は、アメリカ・シンクタンクSRIのファイリング・システムのアドホックなミニチュア版に過ぎないであろう。

　ジャーナリスト本多勝一は『ニューギニア高地人』、『カナダ・エスキモー』、『アラビア遊牧民』など多くの優れたルポルタージュを書いている。これらは現地の長期フィールドワークに基づくものである。本多には固有のフィールドワーク論とその方法があり、立花が採用している既存の「情報」に基づく文章づくりとは、本質的な違いがある[60]。

　次に経済学者野口悠紀夫も［KJ法は、役に立つか？］として

① 発想を一定の手続きに従って進めようとする「マニュアル的発想法」である。
② カードの並べ替えで発想を行おうとするKJ法は、「無用の組み合わせは試みない」というポアンカレの考えに反する。頭の中で行うべき組み合わせを紙に書き出すと、発想の能率は下がる。「データをして語らしめる」というKJ法的方法論にこだわっていたら、近代科学は生まれなかっただろう。
③ マニュアル的発想法が有効なのは、落穂拾いであり、モデルなき分野だ。

誰もが頭の中でやっていることを、カード化する能率の悪いマニュアル思考であると批判している[61]。

　フィールドワークを行い自らの五感・身体感覚によってまるごとある全体を受止める。そしてオリジナル・データを作成してそのまとめに全力投球で取り組む。現場にあった時には気がつかなかったことを体感とともに把握する。これがオーソドックスな野外科学的研究のプロセスである。東大卒の大蔵省キャリア組から

---

[60] 本多勝一（1983）『ルポルタージュの方法』朝日文庫
[61] 野口悠紀夫（2006）『"超"発想法』講談社文庫 pp.123-135
　　書名が川喜田二郎の『発想法』を超えるものとしてつけられている。これは2番煎じでありオリジナリティに欠けるものである。批判している「発想法」ではなく、自らの方法論を語るにふさわしい独自の書名とすべきであろう。

アメリカ留学を経て東大教授に転じた野口は、この経験をもたないのであろう。「書斎科学」にシステム工学的アプローチを加えた効率的な情報処理を議論しているのである。決められたカテゴリーに基づき大量のデータを整理、分類するには、コンピュータを活用すればよい。さらに数式モデルを活用すれば仮説検証も可能であろう[62]。

システム工学的アプローチは、全体から「部分」を切断してその最適解を求める思考である。予定調和に基づき都合の悪いことは「想定外」とする。イメージと洞察力が欠如した貧困なる精神をもつ者が、単なる思い付きを「専門的知識」を駆使して「一般的真理」として語るのである。その結果については解釈と説明するばかりであり、何も責任を取らない。

この視野狭窄の知的退廃と「専門家」の傲慢さがもたらした現実は、福島原発の炉心メルトダウンによる広範な国土と海域の放射能汚染である。住民は、生活の基盤を全て奪われ生命と健康の危険にさらされている。政府により強制退去を命じられ、「棄民」とされたままである。ここに現代日本の深い危機が存在している。

我々に必要なのは、教科書に書かれた［問題－方法－解決策］のセットを記憶して具体的事例に適用することではない。現場に出てその場に固有の問題を発見してその解決の糸口を見つけることである。そのためには渾沌たる現場から作成された多様な質的データを、組立て統合しなければならない。それを可能にするものは（言語－非言語）、（意識－無意識）、（情念－理性）の往復を繰り返す手作業である。

万能の方法などどこにも存在しない。方法は問題（課題）と目的に応じて臨機応変に使い分ければよいのである。我々は今「人間もいきもの」、「人間は直立二足歩行のサル」という自覚をもって、自然に対して畏敬の念をもってのぞみ近代産業文明を再点検すべき時点に立たされているのである。

21世紀人類史の大転換期において、モデルなき分野に独創的なモデルを構築することこそが我々の生き残る道というべきである。

8. 教養改革、大学紛争、参画会そして移動大学

1966年東京工業大学に社会工学科が創設された。その後理工学部から複数学部制度への再編成が検討されることになった。これを契機に社会工学科の充実を基礎にして新しい学部創設が議論された。川喜田二郎教授は、教授会の議論と中

---

[62] 科学技術政策研究所科学技術動向研究センター（2007.3）『サイエンスマップ2004』NISTEP Report No.100

心的な教官の意見を素材に、KJ法を駆使した報告書作成に取り組んだ。1968年5月にまとめられた「東京工業大学社会工学部構想」の報告書の概要は、次のとおりであった。

まず学問が、専門、分化する傾向を強める中で「綜合（総合）」の重要性を指摘している。研究と教育の「綜合性」の基軸を、次のものによるべきとしている。

イ）生産と社会的価値を綜合的に捉えよ
ロ）計画の科学として綜合化せよ
ハ）野外科学的・現場科学的方法に綜合性を求めよ
ニ）社会病理の臨床的処置を焦点とせよ―行動科学的
ホ）本質原理の追求を綜合の基軸とせよ

社会工学部構想は、次のような学科編成を行う。

1) 地域開発的〔(i) 建築学科 (ii) 土木工学科 (iii)（社会工学科）〕
2) 行動科学的〔(i) 経営工学科 (ii) 情報工学科 (iii) 人間工学科 (iv) 行動工学科 (v) 教育工学科 (vi) 政策科学科〕
3) 経済的〔経済工学科、経営工学科〕
4) 科学教養的〔(i) 科学技術哲学科 (ii) 科学史、技術史学科〕
5) 文化交流的（かつ地域研究的）〔(i) 文化交流学科 (ii) 文化人類学科〕

分析ばかりで「綜合」を疎かにする傾向を克服して「綜合」の方法論を提起し、他方フィールドに焦点を合わせる新しい学問の「構想」を明確に打ち出している。この構想は今なお輝きを失っていない[63]。21世紀初頭日本の大学の混迷と退廃を回避する可能性は、すでに1960年代の「構想」に示されていることに注目すべきであろう。

このような大学学部の再編成構想に対応して、教養教育の改革が必然的に次の課題となった。川喜田教授は67年秋アメリカ視察旅行を実施[64]。この経験も踏まえて1968年秋ごろから、1年生を対象とする教養教育の改革案として「テント村構想」を温めていた[65]。こうするうちに1968年5月東京工業大学キャンパス内の

---

[63] 米山喜久冶 (2003)「イメージの形成と職業選択」『経済学研究』Vol.53 No.3 北海道大学
[64] 川喜田二郎 (1973)『野外科学の方法』中公新書 pp.195-207
[65] 川喜田二郎 (1996)『川喜田二郎著作集』第8巻 あとがき p.568
　「1963年インド・ヒマラヤに持っていったテントが、快適であった」「この居住性のよいテン

学生寮が、漏電による火災で全焼した。文部省方針による「○○大学学生寮管理運営規則」に従い、新学生寮が学外に建設された。この新寮の管理方針をめぐって大学当局は「秩序と管理」を重視し、寮生は「自治」を求めて鋭く対立していた。五寮委員会は全国の学生運動と連携し全学的問題にエスカレートさせる活動を展開し、69年1月23日には全学ストに突入した。混迷を深める大学にあって2月中旬川喜田教授を、リーダーとして参画会（7名）が発足した。私はこれに加わった。教官や学生の立場を超えて大学問題の本質を研究する活動が、スタートした。紛争の深刻化により、既に考案されていた改革案「テント村」の実現可能性は失われてしまった。大学を内部から改革する道は空虚なイデオロギー論争と激情、管理と運動の激しい抗争の中に閉ざされてしまったのである。

　参画会での討論を累積的KJ図解にまとめながら大学問題の本質と解決策について研究が進められた。この過程で次のことが明らかになった。すなわち問題は単に大学の硬直的な管理体制にあるのではないこと。日本の大学における研究、教育、組織運営が、「書斎科学」と「実験科学」的方法にのみ依存していること。野外観察・現場観察から得られるオリジナル・データを組み立てて仮説を発想する「野外科学・現場の科学」的方法が欠落していることである。既存の権威と理論に盲従しその説明に都合のよいデータだけを収集あるいは実験で得ようとする思考と行動に根本的な問題が存在しているのである。

　こうして「野外科学」を本格的に教育、研究する場の設営が、大学問題解決のキーとなるとの認識に到達したのであった。東京大学では紛争の結果入学試験が中止されて、その波紋は全国の大学に及んでいた。機動隊の導入で抗議する学生を排除する形での紛争の終結は、自立的な交流と知的生産の場であるべき大学が機能不全に陥っていることを示していた[66]。教授たちは、自らの責任で研究・教育特に教育の具体的改善に着手することなくいたずらに議論ばかりを続けていた。また大学当局も新しい理念を掲げて具体的方策を実現するためのリーダーシップを発揮することはなかったのである。このように日本の大学にはもはや内発的な改革を期待することはできなかったのである[67]。

　　トを使っているうちに、私はテントを使った臨時のキャンパスで、東工大の学生諸君に、私の野外科学的問題解決学の教育をしてやろうという考えをおこした。ひとつに、企業向けのKJ法研修会が非常に好成績だったからでもある」

[66] 島泰三（2005）『安田講堂1968－1969』中公新書
[67] 会田雄次外（1969）『私の大学再建案』新潮社
　　高坂正顕・吉田富三編（1969）『大学教育のための提案20条』創文社
　　著名な大学教授の提案はよしとしても、その後具体的解決策の実施は報告されていない。1969年8月川喜田二郎の私塾「移動大学」は、唯一独創的で具体的解決策の実践であった。戦後日本の大学改革には、「移動大学」以前に2つの銘記すべき具体的実践がある。第1は、

5月「移動大学計画」が策定された[68]。そこには次のような8つの目標がかかげられた。①創造性開発と人間性解放　②相互研鑽　③研究即教育、教育即研究　④頭から手までの全人教育　⑤異質の交流　⑥生涯教育、生涯研究　⑦地平線を開拓する　⑧雲と水と。

具体的には、2週間のテント生活方式。キャンパスは、108人（3×6×6）の学生により構成される。キャンパスは、3ユニット、1ユニットは、6チーム。1チームは、6名のメンバーによって編成されるシステムとする。

こうして東京工業大学の教養教育改革案であった「テント村構想」は、「移動大学」へと大きく飛躍したのであった。それは、川喜田二郎個人が主宰する私塾としての「野外科学の学校」であった[69]。7月川喜田教授は東工大に辞表を提出して、8月下旬に開催することを公表した第1回黒姫移動大学に向けて背水の陣を敷いた。この計画の実現には、企業経営者の経済的支援が大きく寄与したことを忘れてはならない。

川喜田の志に賛同した経営者が、装備等の準備への寄付と事務局オフィスを提供してくれたのである[70]。移動大学は、社会的支援と多様なボランティアなくしては成立しなかったのである。

　　1946年に始まり50年には消滅した「寺子屋大学のはしり」とされる『鎌倉アカデミア』である。第2は、飯田宗一郎が、1959年1月に提唱して東京八王子に建設された『大学セミナーハウス』である。
　　高瀬善夫（1980）『鎌倉アカデミア断章――野散の大学』毎日新聞社
　　飯田宗一郎編（1974）『大学を開く――大学セミナーハウス創立十年史・開館七年史』大学セミナーハウス
[68]　川喜田二郎（1969.5）『移動大学設立計画』パンフレット
[69]　奈良本辰也（1974）『日本の私塾』角川文庫
[70]　川喜田二郎編著（1971）『雲と水と：移動大学奮戦記』講談社 pp.55-59
　　大崎仁（2000）『大学改革1945－1999』有斐閣
　　戦後の大学改革が、概観されているが、1960年代末の大学紛争の検討は、なされていない。歴史的な現実は、文部省の大学管理と大学による学生管理が、強化されただけである。また2004年（H16）国立大学の独立行政法人化は、文部科学省の予算統制による大学の支配を、強化するものとなった。断片的情報の洪水の巨大な流れの中にあって精神と肉体の健康を回復するには、具体的経験を五感で把握し1つ1つ自らの言葉で表現してゆくしか道はないであろう。IT機器による既成の情報への依存の強まりは自然災害、社会的混乱に際して身を守る行動を阻害するのである。
　　吉見俊哉（2011）『大学とは何か』岩波新書
　　吉見は大学の情報流通業、「大学メディア論」を展開している。新しい価値創造のための情報生産を明確に位置付けていない。20世紀から未解決のまま山積する諸問題と21世紀の世界と日本が直面する困難な諸問題の解決に向けた大学の社会的責任と構成員たる教授の責任倫理について語っていない。

9. 川喜田二郎教授との出会いと対話

(i) 出会い

　統計学では、正規分布と「仮説の検定」を学ぶ。だがある事象の構成要因の相関関係についての「仮説」を、どこで思いつくのであろうか。こうしたことを疑問に思っていた頃『パーティー学』(1964) に出会った。そこに「データの統計的処理」についての記述を発見した。また「データからアイデアを生む技術」として「紙キレ法」が紹介されていた。しかし私には、具体的な進め方を、理解できなかった。『チームワーク』(1966) では「仕事には12段階がある」ことが、提示されていた。戦後アメリカから本格的に導入された経営工学（IE）は、近代産業と熟練工の作業研究を中心的テーマとしていた。F. W. テイラーに始まる作業の標準化は「仕事の分割可能性」をはるかに超えて進みF. B. ギルブレスの動作経済の最小単位（サーブリック）が考案されていたのである[71]。与えられた環境と条件の下での課題の達成には細分化された仕事を、1つのまとまりのある単位に統合していく職務権限が不可欠である。もっと基本となるのは統合に向けた主体性の基盤となる問題意識（アイデア）と方法論であると思われる。与えられた単純労働を指示通り何の疑問も感じないまま遂行する人は、創造性発揮のスタートラインに立つことはできないであろう。

　ホワイトカラーの頭脳労働は、多様性と複雑性に加えて外部からの観察ではその内実を把握できない。このため研究が、あまり進んでこなかった。その後ホワイトカラー労働のワークフロー（事務処理工程）の分析が進んだ。そして電卓による手計算の計算業務（需要予測、給与計算等）が、コンピュータで置き換えられつつあった。しかし頭脳労働の核心部分である企画立案、研究開発等の創造的思考の分析は進まず、高い能力と意欲をもつ専門家に委ねられていたのである。

　新しい頭脳労働のモデルが、産業研究ではなく文化人類学から提示さている。特に「副産物の処理」が第6段階目に位置づけられているのに、私は衝撃を受けた。

　『ネパール王国探検記』、『鳥葬の国』、『パーティー学』、『チームワーク』、『組織と人間』などを読んで文化人類学と創造的な研究を進める方法として「紙キレ法」を知り、1967年度（昭和42年）社会工学科の科目「比較文化論」を受講した。講義中に先生から直接説明されるのを、期待したのであった。同年6月には、『発想法』（中公新書）が、出版されて「紙キレ法」は、大きく進化、体系化されて「KJ法」となった。この『発想法』を読んで形だけまねても、「創造性」とは程遠い

---

[71] Von H. H. Hilf (1968) Frank Bunker GILBRETH (1968-1924) "Arbeit und Leistung" Juli/August, pp.117-121

稚拙な図表ができただけであった。

　白衣をまとって颯爽と教室に現れた川喜田教授は、既に出版した著書のアウトラインを具体的な事例を挙げながら講義を進められた[72]。まだ読んでいなかった『日本文化探検』以外は著書のどの部分を踏まえたものであるのかを、おおよそ知ることができた。だが期待していた「KJ法」についてはほとんど説明がなく、"今度出版した『発想法』に書いておいたのでよく読んで自分でやってみるように"といわれるだけであった。レポートの課題は、ポケット版英書の任意の1章を選んでKJ法A型図解を作成し、コメントを書いて提出することであった[73]。

(ii) 川喜田二郎教授との対話

　経営工学はアメリカF.W. テイラーの科学的管理法に始まり、近代産業の生産性向上のため「熟練の研究」、「作業の標準化」等を中心的課題としてきた。敗戦後の日本は、資金不足で荒廃した設備の更新はできず、経済復興のためにはまず労働生産性向上が枢要の課題であった。こうして戦後本格的に導入された経営工学（IE）は、生産工程と作業研究による経営合理化を追求してきた。

　1960年代経営工学（IE）を学ぶ一学生であった私には、日本企業の技術革新、経営革新、技術移転、生産性向上が中心的関心であった。

　一方すでに経済成長のマイナスの側面である「公害問題」が、大きな社会的問題となって立ち現れてきた。アメリカ型「豊かな社会」はエネルギーと資源を大量に消費しているが、環境への負荷は経済と企業収益の観点から考慮されていなかった。大量生産、大量流通・大量消費・大量廃棄の産業システムは、根本的矛盾を内包していたのである。そもそも「公害」は、生産工程から「経済的に無価値」として未処理のまま廃棄される「副産物」によって引き起こされる環境（水、空気、土壌、海洋、湖沼、河川等）、動植物、人体などの汚染と破壊問題である。経済的価値を生む新製品開発（主産物）の研究開発だけが進められて、「副産物の処理」という認識が欠落していたのである。「副産物の処理」の研究開発は、公害予防技術の開発と等価であった。

　ここでは明治以来続けられてきた欧米先進諸国からの技術導入と現場への定着

---

[72] 米山喜久治（1993）『探究学序説』あとがき 文眞堂
[73] Margaret Mead Ed. (1953) "Cultural Patterns and Technical Change"（UNESCO）。任意の1章を選んでパラグラフを日本語で要約。それを素材にして、KJ法A型図解を作成。コメントを書いて提出。私は、夏季経営工学工場実習のため時間がなく、レポート提出を果たせなかった。夏季工場実習のレポートのまとめにも『発想法』を活用しようとしたが、従来のシステム図が描けたに止まった。こうして日本の土着文化と現場に関心をもつ私は、工場調査の際はいつも『発想法』と柳田國男の『遠野物語』をもち歩くことになった。

のための既存の知識、技術の理解・習熟を越えた能力が求められている。生産現場に生起する複雑な問題の本質を解明し、具体的解決策を考案して実施しうる能力である。それは研究開発担当の科学・技術者と操業担当の作業者の「創造性」と「協働」である。

　IEは外部からの観察、観測が可能な作業者の手の技や熟練の研究にとどまり、頭脳労働の過程の研究は未開拓であった。管理・技術、事務などの職務は、年功賃金合理化のために職務分析と職務評価が実施されたに止まっていた。ホワイトカラー労働は相変わらず「○○に関する業務」と記されるだけであり、その内実はブラックボックスのままであった。仕事の構造とフロー特に新しいアイデアの発想から企画立案、実施と成果の検証に至るプロセスは、多様性と複雑性に加えて外部からの観察だけでは解明できなかったのである。組織としては稟議制度でボトムアップの意思決定を行っているが、経営環境の現状把握、状況判断、意志決定、具体的問題解決のためのアイデアづくりなどは何も解明されていない。ビッグビジネスは「専門化」を組織原理として、ゼネラリストよりもスペシャリストが重用されるようになった。困難な課題は、高い能力と意欲をもつ組織内専門家に委ねられたのである。

　しかしスペシャリストは分析してその結果を報告するだけである。経営者の意思決定には、経験に基づく「総合」力が求められている。世界観が基盤となり情熱、イメージ、美的感覚、直観やアイデアなど無意識で言語化、計量化されていないものが「総合」の推進力となっている。ワークフロー（事務工程）の分析が進められて、計算機といわれる大型コンピュータが導入された。しかし計算機は需要予測、経営計画作成、生産管理、給与計算等の大量のデータを、数学モデル（OR）で高速計算処理するだけであった。

　かろうじて創造的思考を活性化する手法として、ブレーンストーミングが、アメリカから翻訳紹介されて導入が進んでいたのである[74]。

　このようなことを考えていた頃『パーティー学』と『チームワーク』さらに『発想法』を読んで、「一仕事の12段階」モデルと「副産物の処理」を知った。しかし川喜田教授の「ネパール・ヒマラヤの文化人類学研究」と「発想法」を単に「教養」の「基礎知識」とするだけでは、日本の産業を学習・研究する異専門の学生である私とは接点が見つからないのである。フィールドをネパール・ヒマラヤから日本の産業現場に変換し、「発想法」を「現場の科学」として受け止める必要があった。自分はどのようにして日本の現場から研究を進めればいいのか？　これが最

---

[74] 米山喜久治（2005）「戦後日本におけるブレーン・ストーミングの導入と伝播」『日本労務学会研究報告論集』（第35回全国大会）

も切実な課題であった。また一般的な「創造性の問題」ではなく企業における「技術革新」、「生産性向上」、「公害克服」の実現が具体的課題である。一般的日本人ではなく、科学・技術者、管理者、作業者さらには彼らの担当する新しい「仕事の構造」の設計と「能力開発」と「評価」が問題である。卒業後各分野で社会に貢献しうる有能な人材育成を果たすべき大学教育が問題なのである。

　1960年代には経営の近代化を担う組織人は、「ゼネラリスト」、「スペシャリスト」であるのかをめぐる議論が盛んであった。だが創造的な仕事を達成した人は、こうした枠組みを越える存在であった。幕末南部藩大島高任は、日本の鉄鋼産業の父としてオールラウンドの技術者であった[75]。本田技研の創業者本田宗一郎は、知的好奇心に溢れた技術者であり企業家である[76]。第1次南極越冬隊長西堀栄三郎は、10年ごとに研究テーマを変えながらパイオニア・ワークを達成する技術者である[77]。さらに遠くイタリアルネサンス期には科学者、技術者、芸術家を一身に体現したレオナルド・ダヴィンチも活躍した。

　こうした「組織人」の枠を超えたオールラウンダー育成の全人教育が、イノベーションのためには不可欠である。明治以来欧米先進諸国に追いつき追い越せを目標にしてきた日本の「学校教育」は、子供たちの遊びと道草を奪い、素質と知的好奇心に基づく自由な活動を抑制し人間部品を養成しているのが現状である。西欧モデルの近代化、産業化も既に1世紀を経て、現代日本社会では「創造性」の基盤そのものが劣化しつつある。

　また急激な都市化、社会変動によって人間関係の希薄化が進行している。受験指導の学校の教師ばかりが目立っている。他方その人の素質と潜在能力を見抜いて励まし活躍の場を与える「伯楽」の姿を見ることはできないのである。

　さらに仕事の成果（作品）の評価にも問題がある。企業の人事考課に典型的にみられる基準の客観化と評価要素の計数化による「評価」は、果たして「客観的」で「公正」であるのだろうか。「客観性」の美名の下に評価者の人間性と価値観が後ろに隠れると同時に「責任」も回避されているのではないか。評価される仕事（作品）と評価者の密度の高いやり取りが「評価」ではないのだろうか。そのやり取りを通して評価される「作品」の作り手が大いに学べる仕組みが重要ではないのか。

　私はいろいろ思い悩みながら、大学問題研究会（参画会）に加わって行った。

---

[75] 米山喜久治（1998）「日本の技術者——技術の移転と伝承」『日本労務学会研究報告論集』（第27回全国大会）
[76] 本田宗一郎（1980）「私の履歴書」『経済人』日本経済新聞社（2004）所収
[77] 西堀榮三郎（1958）『南極越冬記』岩波新書

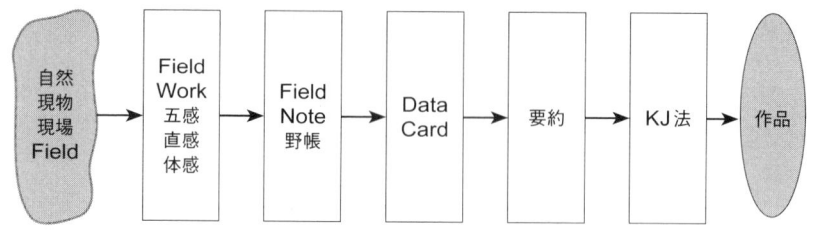

図3 野外科学研究のフルコース

自然現物現場 Field → Field Work 五感 直感 体感 → Field Note 野帳 → Data Card → 要約 → KJ法 → 作品

1969年3月参画会主催のKJ法研修会が八王子大学セミナーハウスで開かれた。8月下旬黒姫移動大学開催の準備が開始される頃までに、研究室で川喜田二郎教授に日頃考えている疑問点について質問する機会に巡り合った。

質問点は、3つであった。
(1) 「一仕事の12段階」モデルと「副産物の処理」
(2) 「データをして語らしめる」と「ザッハリッヒカイト」
(3) 方法論、ノウハウ公開と盗作、イミテーション

まず第1点の「一仕事の12段階」については、『チームワーク』(1966)においてすでに「仕事には12段階がある」(第1段階"問題提起"から第12段階"結果を味わう"に至る)が明確にされている。(p.33-38)

また第6段階に位置付けた「副産物の処理」に関しては、「このような情報をまとめていく過程で、しばしば意外なそして関心をそそられる事実の発見がなされることがある。しかしこういった発見の内容は、かならずしもはじめにとりあげた問題の提起と関係がないかもしれない。さりとて、捨てるには惜しい。こういう事態のために第6の「副産物の処理」の段階を認めなければならないのである」と、説明されている。

続いて1年後に出版された『発想法』(1967)では、「研究という名の仕事」として、思考レベルと経験レベルを往復するW型問題解決モデルの中に「書斎科学」、「野外科学」、「実験科学」が位置付けられている。それに対応する「一仕事の達成」として、「12段階」がいっそう明確に位置付けられている。(p.22)

さらに仕事の構造とフローについては、「われわれが「研究」という名の一仕事をなすにあたって、いったいどういう過程が必要なのか。このことについて、私は、私なりに自分の具体的な仕事のあれこれを素材として、一般的な図式を作ってみたことがある」(p.21-22)と記されている。

私はこのような著書の記述を踏まえて、教授に質問をすることになった。

「先生の『仕事の12段階モデル』は、実に画期的なものと思います。現代日

本の企業における仕事の管理は、戦後アメリカから輸入された計画⇒実施⇒統制（Plan⇒Do⇒See）というモデルで行われています。日本の仕事に対する伝統は、鎌倉武士の「一所懸命」に始まる「一生懸命」に象徴されているように思います。「滅私奉公」、「がんばる」などというように仕事に取り組む精神面ばかりが強調されています。"段取り七分"などといわれますが、仕事の内容の構造とフローが分析されておりません。仕事は先輩熟練者を見よう見まねで実行するだけであり、「人の腕を盗んで」上達の道を探りだすしかありませんでした。

アメリカのF.W.テイラーに始まる経営工学（IE）は熟練者の作業分析を行い、これをベースに最も合理的であると思われる方法（One best way）として標準作業（Work standard）を設定します。生産工程はその組み合わせで設計されて、生産管理はこれが基準となっています。戦後導入されたＩＥは、熟練工の心身に宿っている秘伝的技を分析して、標準化しました。これは未熟練工にとっては朗報でした。しかし熟練工が、従来のやり方を越えていく新しい方法を自分で工夫改善する自由度がほとんどなくなってしまいます[78]。

ともあれホワイトカラー労働の解明に先生の提起された12段階モデルは、実に大きな意味をもっていると思います。先生が著書に書かれている"自分の具体的な仕事のあれこれを、素材にして一般的な図式を作成した"とされる具体的な仕事とは、どんな仕事であったのでしょうか?!」と質問した。

これに対して川喜田教授答えて曰く「それは、僕が若い頃からやってきた10以上の登山や探検である。それらの準備、開始から終了までにやったことを、全部書き出して並べてみると12段階あることがわかった」と。

『チームワーク』が出版された1966年までの主要な「登山」や「探検」は、次のようなものである[79]。

1940年　白頭山登山
1941年　マリアナ群島、カロリン諸島学術調査
1942年　隊長今西錦司　大興安嶺探検
1945年　木原生物学研究所　鳥取県大山原野開拓農場現場監督
1946年　リーダー今西錦司　奈良県平野村農村調査
1951年　奈良県都介野村山村調査
1952年　第1次マナスル登山隊　科学班

---

[78] 新設備の導入と管理システムによって年功的熟練が解体されて、「作業標準」＋OJT、Off-JTを基礎とする「近代的熟練」が成立した。
　　米山喜久冶（1978）『技術革新と職場管理』木鐸社
[79]『川喜田二郎著作集別巻』（1998）中央公論社 年譜 pp.316-307

1958年　西北ネパール学術探検隊　隊長
　1962年　日本列島学術調査隊　副隊長
　1963年　第3次東南アジア稲作民族文化総合調査団団長
　確かに10以上の「登山」、「探検」プロジェクトの経験の徹底的な記録と分析そして総合の結果を図示したものであることを、理解することができる。
　川喜田教授は旧制中学時代以来実に30数年にわたる自らの経験を、対象化、客観化して、独自のモデルを考案したのであった。「登山」と「学術探検」のパイオニア・ワークの「副産物」が、KJ法であったといえよう。その強靭でしなやかな思考力をもった日本人は、まさに「自分の経験からプラグマティズムに行った人」（鶴見俊輔）とよぶべきであろう。
　他方、「言葉」を手がかりにして思考過程を心理学的に分析する創造性研究は、説明の論理を構築するばかりである。新しいアイデアを得て具体的な問題解決行動を示唆する有効なモデルが提示できない原因は、ここに存在すると思われる。知的好奇心のおもむくまま夢中になって取り組んだ豊かな経験、原体験、原風景こそが「創造性」の基盤であるといえよう。
　明治の文明開化以来1世紀を経ても、外国の理論やモデルを翻訳して無反省にそのまま日本の現場に適用する思考と行動様式は未だ克服されず、強まる傾向すら見せているのである。
　次の質問は「なぜ6段階目に『副産物の処理』が、位置づけられるのですか」。
　これに対して川喜田教授答えて曰く。「僕がやった仕事の流れが、自然にそうなっているのであり、意図したものではない。特に海外の学術探検では、その日の朝に予想もしていなかったことが次々と起こってくる。今日のフィールドワークの予定はこうだからといって、目の前に起こったことを避けて通っては、「野外調査、野外研究」にならない。「探検」は、何が起こるのか解らないのが特徴である。その場で考え、状況を判断して、行動しなければならない。予定した「計画」が終わってから、途中で出てきた「副産物を処理」するという考えでは、「探検」などやれない。『保存』するだけでは不十分であり、『処理』しなければならない」と。
　また「11段階目に『実施』が置かれています。しっかりとした計画を立てて経験レベルの具体的行動に移すというだけでは、説明できないことがあります。例えば江崎玲於奈博士は、ダイオードの研究で実験中に、全く予想していなかった自然現象である"トンネル効果"を発見しています。関連する領域における先人の研究成果をレビューすることは、いうまでもありません。しかし結局のところ、素材に直接触れる実験や野外調査、フィールドワークで現場に出かけて自分

で経験しないと何も始まらないのではないでしょうか」

川喜田教授答えて曰く「そうなのだ。実験の中にも"探検"的要素があって、それをこれまでの工学とは違って"野外理工学"とよんでいるのだ」、「W型問題解決モデルに"探検"（Expedition）という用語を採用したのは、そういう意図も込めているのだ」と。

そもそも私が第6段階に位置付けられた「副産物の処理」に注目したのは、ここに公害問題を解く重要な鍵が隠されていると考えたからであった。銅の精錬過程で、金が副産物として生成される。銅鉱石の中に微量の金が含まれているからである。鉄鉱石には、鉄（Fe）の他イオウ（S）、リン（P）などが不純物として含まれている。高炉での精錬過程で発生するSO_2（亜硫酸ガス）が希釈されて大気中に放出されるとH_2SO_4（硫酸）に変化して酸性雨の原因となる。しかし脱流装置を整備すれば、純度の高いイオウの回収が可能となり、これは他産業の重要な原料となる。人間は自然界から自分にとって都合のいいものだけを取り出そうとする。しかし、自然は生きた全体であり、複雑性を特徴としている。主要な物質を取り出そうとすると、必ず副産物が生まれて期待する主作用に付随する副作用が発生する。この単純明快なことが認識されていないのである。従来の工学は、分析中心で、主要な物質の生産の効率化、部分最適化を追求している。地域の生態系を含む物質循環、エネルギー循環は、考察の対象から外されている。しかし生産過程は必ず「副産物」を生み出す。この「副産物」を、廃棄物として自然界にそのまま放出してはならない。公害時代の新しい科学、技術教育は、「野外科学」、「現場の科学」に基づく徹底した教育訓練が必要とされているのである。

チッソ水俣工場では、水銀を含む工場廃水が無処理のまま海に投棄されて、食物連鎖を経て有機水銀に変化した。それが魚介類により濃縮され、食べた人間が有機水銀中毒になってしまったのである[80]。

伝統的な実験科学的アプローチによる（水俣病＝有機アミンが原因）を仮説とした実験は失敗した。生産現場の詳しい実態調査を抜きにした思い込みによる実験は、逆に水俣病の原因究明を遅らせる結果となったことを、厳しく反省しなければならない[81]。

さらに続いて「データをして語らしめる」と「ザッハリッヒカイト」について

---

[80] 水俣湾に生きる漁民の命をかけた抗議が、大学の工学者や医学者を動かして、水俣病の全貌が解明された。
　宇井純（1971）『公害原論』I巻「細川博士の展望なきたたかい」亜紀書房
　原田正純（1972）『水俣病』岩波新書
[81] 米山喜久治（1999）「人材開発研究へのアプローチ（3）」『経済学研究』Vol.49 No.2 北海道大学

「『KJ 法ではデータをして語らしめる』といわれますが、ドイツの社会科学者のマック・ヴェーバー（Max Weber）は、『ザッハリッヒカイト』（Sachlichkeit）を強調しています。社会科学研究において重要な認識の客観性のためには、一切の価値判断を科学に混入させてはならない。事実の認識には、価値判断をもち込まずに事柄に即して思考せよといっております[82]。先生はこのザッハリッヒカイトについて、どのように考えておられますか？」この質問に対して川喜田教授答えて曰く「僕は、マックス・ヴェーバーについては、あまり勉強していないので何ともいえない。ただ先日ある会合でお目にかかった西洋経済史研究家でマックス・ヴェーバーに詳しい東大の大塚久雄先生が、"私の研究の方法は川喜田さんの方法に近いやり方をしている" といわれていたのが印象的であった」と[83]。

ヴェーバーが、「ザッハリッヒカイト」を強調したのは、20世紀初頭のドイツのおかれた社会、政治、経済、文化的状況を考える必要があるだろう。ドイツは第1次世界大戦の敗戦によって深刻な社会的危機に陥った。山積する深刻な諸問題の解決をめぐり政策論争は激烈を極め、社会科学研究にも激しい党派性を生み出したのである。研究者が自らの価値判断に基づき現状を把握して、解決策を提示する。このため議論がイデオロギーに支配されてかみ合わず、生産的とはならないのである。危機克服のための合意形成には、研究者は党派性に翻弄されてはならない。ドイツの危機は、おのずから切実な社会的要請を提起したのであった。

ゲーテは雲が厚くたれこめる陰鬱なドイツを脱しアルプスを越え、精神の解放を求めて明るい太陽と輝く海のイタリア紀行に旅立った。ヴェーバーの「ザッハリッヒカイト」は、このようなドイツの社会的状況や気候風土からの説明だけでは不十分ではないだろうか。ドイツ人の内面性すなわち気質や思考様式からも説明される必要があるのではないだろうか。強調される「ザッハリッヒカイト」は、人間の主観的価値判断から離れて事実の方に身を投げ出す姿勢を意味している。この姿勢の対極にあるものは、自己の内的世界に向かう思考様式である。1945年6月作家トーマス・マンはナチス・ドイツの敗戦直後亡命先ワシントンで、「ドイツとドイツ人」と題する講演をおこなった。その中で「ドイツ的心情すなわち内面性（インナーリッヒカイト）は、繊細さ、心の深遠さ、非世俗的なものへの没入、自然への敬虔さ、思想と良心のこの上なく純粋な真剣さ、要するに高度な叙情詩のもつあらゆる本質的特徴がこの中にまじっています」と述べている。続いてこのドイツ的心情と悪霊的な（デーモニッシュ）ものとが密接に結びついて、ナチ

---

[82] マックス・ウェーバー／冨永・立野共訳（1936）『社会科学方法論』岩波文庫
[83] 大塚久雄（1966）『社会科学の方法』岩波新書

ズムのような奇怪なものを生み出したことを指摘している[84]。

ヴェーバーは、健康に優れない人生を送った人である。病気を経験して自己の内面にこもることの危うさを、自覚していた。ドイツの歴史的に困難な状況にあってはインナーリッヒカイトでは現実世界の問題を解決できないことを、痛感していたといえよう。それ故にこそ彼は、いっそう自己の内面から外部に向かって身を投げ出して事柄に即して考えることの重要性を強調したものと考えられる。

次いで方法論、ノウハウの公開と2つの障害についての質問である。

『パーティー学』(1964)の紙キレ法から始まったKJ法は、見事に体系化されて中公新書『発想法』(1967)として広く社会に公開された。高度経済成長期の日本では不勉強な学生と自分の方法に凝り固まった大学教授を除いて、企業の管理者や都市のサラリーマンが『発想法』に敏感に反応したといえよう。『発想法』という新しい言葉と『創造性開発』に魅せられ、それを実現しうる具体的方法論であるKJ法に驚きと大きな期待を抱いたのである。

『発想法』はベストセラーとなり、KJ法に対する社会の関心が一挙に高まっていった。だが学問研究の「方法論」や「ノウハウ」が大学内の講義や演習を越えて社会に広く公開されて普及するには、問題があるように思われたのである。

「川喜田先生が創りだされたKJ法は、京都の今西先生や京大人文研の梅棹先生その他の方々と共に長年にわたりパイオニア・ワークを積み上げてこられた成果が凝集されています。東京工大での講義で学生に少し説明されており、私も受講しました。先生は『発想法』で研究者にとって一番大事な研究上のアイデアづくり、「仮説の作り方」のノウハウを全面的に公開されました。F．W．テイラーの科学的管理法「思考」(計画)と「実施」を分離して管理することを原則としております。アメリカ流の管理方式では、現場の作業者は管理部門が作成した「作業標準」に従って正確に動くことだけが求められています。

『発想法』によって現場の作業者も日々実施している作業を通じて発見し、確認したことを自分のオリジナリティとして提示できる方法が与えられたと思います。管理者と技術者と作業者が協働して仕事をするためにはどうすればいいのかと思い悩んでいる一学生にとっては、これほどすばらしいことはないと思います。

明治以来先進国の輸入・翻訳をやってきた日本の大学では、研究の方法論やノウハウは、教授から直接学ぶ学生以外には伝えられません。門外不出で社会には公開されてきませんでした。

今回先生によって公開された方法論とノウハウが健全な形で普及するには、2

---

[84] トーマス・マン／青木順三訳 (1990)『ドイツとドイツ人』岩波文庫

つの大きな障害があると思います。その一つは、ゼロックス社が開発して普及しつつある複写機です。このマシンによって、オリジナルな著書が無断でどんどんコピーされていきます。かつて外国の出版社に断りなく、洋書の「海賊版」がさかんに出回っておりました。

　もう一つは、後進国日本における知的風土です。一般に他人のオリジナリティを尊重する気風がありません。新しい考えは歓迎されず、出る杭は打たれます。しかし他人のアイデアやノウハウは、タダであると思い勝手に使う人が多くいます。戦後は、マルクスの著書の翻訳、抜書き、解説。最近ではアメリカ経営学書の翻訳、抜書き、解説が、大学教授の研究業績として出版されています。他人の意見のまる写しや要約がなぜ研究業績なのか、私には全く理解できません。特に多くの経営関係の解説本は、出典を明示しないで全てを自分で考えたように書いています。どこがその著者のオリジナルなのか全く不明なのです。『発想法』をまる写しして自分が考え出したように解説する本が、出回ることが十分予想されます。

　ドイツの哲学者ヘーゲルは、「自己疎外」という概念で自らが生み出したものが、自らの対立物に転化するという論理を展開しております。KJ法についても、コピー、盗作が横行する恐れがあります。先生が創られたオリジナルとは全くの別物が、「KJ法」として社会に伝わることになってしまいます。この点について、どのように考えておられるのでしょうか」この質問に対して川喜田教授答えて曰く「『パーティー学』にも書いたように官僚制度が人間性を抑圧しており、それに加えて昨今は、「管理社会化」が恐るべき速さで進んでいる。これは今度の大学紛争を契機に始めた参画会の研究会でも明らかになったことだ。僕の考えは、雑誌『自由』に発表した「参画社会を実現せよ」の通りだ。今は管理社会化の嵐に立ち向かい参画社会を実現するための方法としてKJ法を理解して、使ってもらうことが大事である。そのために移動大学を始めるのである。君のような心の狭いことを考えていない」と[85]。

　この対話を通して疑問が解けて納得した私は、野外科学の学校である「移動大学」の開設準備に取り組んでいったのである[86]。

---

[85] 川喜田二郎 (1969)「参画社会を実現せよ」『自由』5月号
[86] 未知の事柄に満ちた移動大学の1セッションは、「ホーソーン実験の10回分に相当する」との信念をもって1969年8月の黒姫移動大学に取り組んだ。事務局の仕事、ユニット・サブリーダーの役割を担当しながらキャンパスでの記録は限られていた。暫定の報告書はぎりぎり同年内に作成できた。しかしまとめるには10年の時間とエネルギーが必要とされた。
　　米山喜久治編 (1969)『第1回移動大学プリテストに関する報告書』移動大学設立事務局
　　川喜田二郎編 (1971)『雲と水と―移動大学奮戦記』講談社

むすび

　川喜田二郎が学生時代以来続けてきた今西グループを中心とする登山と野外調査、学術探検の経験を凝集させたものが「紙きれ法」である。フィールドワークによって作り出されたオリジナル・データを統合する手作業によって進められる思考過程を、哲学者上山春平は帰納法（インダクション）、演繹法（ディダクション）に次ぐ第三の「アブダクション」であると指摘した。川喜田は、この「アブダクション」に日本語の「発想法」を当てた。さらに上山の「思考レベル」と「経験レベル」の往復によって問題解決が進むというヒントによってW型問題解決モデルを構想した。「KJ法」はこれらを包括する方法論である。

　自然、フィールド、具体の世界で五感、直観を働かせて"ある全体"を丸ごと受け止めた結果がフィールド・ノートに記録されている。この記録を単位化したデータによって形成される「基本的発想データ群」をベースに「仮説」を「発想」する。その過程は、言語それ自体がもつ力で「抽象化」が進むことになる。理性と論理によって仮説は一般化され、「理論」すなわち「システム」にまで組上げられていく。この理論、システムに向かうベクトルは、情報科学と親和力をもっている。発想支援モデルの開発も進み、高性能コンピュータによって効率的な情報処理が行われている。

　他方「言葉以前の世界」は、現場でまるごと体験した、五感、直観を働かせて受け止めた"ある全体"であり「基本的発想データ群」にその片鱗が記録として留められている。この基本的発想データ群を手で操作して得られた仮説をもってもう一度フィールド、「具体の世界」に戻ってゆく思考の回路が存在している。仮説によって自然や具体の世界に寄り添い、最初のフィールドワークでは気がつかなかったその場の構造や成り立ちを広く深く理解して体得する。言葉では表現されないその場の具体的なものとのやり取り、技や所作が重要な役割を果たしているのである[87]。

　都市化された現代日本社会は、断片的情報の洪水が乱反射し、人々の日常生活に大きな影響を与えている。効率を追究するため、具体的事実に1対1対応しない集団思考の思い付きをまとめて問題の解決策とすることに拍車がかかっている。

　　米山喜久治（1979）「集団の問題解決行動──黒姫移動大学集団の事例研究」『KJ法研究』第2号
　　同論文は（1993）『探究学序説』文眞堂に所収
[87]　西岡常一（1988）『木に学べ──法隆寺・薬師寺の美』小学館
　　E・S・ファーガソン／藤原・砂田訳（1995）『技術屋の心眼』平凡社
　　デービス・ベアード／松浦俊輔訳（2005）『物のかたちをした知識』青土社

KJ法に効率的なデータのまとめ方や「発想の技法」としての機能がますます強く求められている。フィールドワークという言葉が多く語られている。逆に現場に出てオリジナル・データを手作りする工程は、非能率といわれ省略されるばかりである。基本的発想データ群を手で操作することに秘められた言語と非言語表現が一体となった「所作」や「技」さらには「ローカルの知」、「臨床の知」に繋がる思考回路の重要性が忘れられている。近代科学は理性と論理と分析でこの地球と自然を支配しそこにある全ての生命を、再生不可能なまでに傷つけて省みることがない。近代科学を超えて色もにおいもある命に溢れる世界と地球を復活させることが、21世紀初頭に生きる者に与えられた歴史的な使命というべきであろう[88]。

[88] 米山喜久冶（2011）「情報のまえにある現場の経験」『日本労務学会第41回全国大会研究報告論集』

Field Science KJ法から観るちきゅう素朴探球と可能性
永延幹男

1.はじめに

　本論考は、川喜田二郎先生に師事し野外科学KJ法（Field Science KJ法：以下略称 FS-KJ法）を学び研鑽してきた私自身の経験・思索に基づくものである。この意味では私個人の経験論である。ただしより普遍的なFS-KJ法学習・技法論として可能な限り練り上げた。FS-KJ法の学習・技化において参考になれば幸いである。
　本論考はつぎの展開で表す。
　まず、「FS-KJ法の実践」として、次の第1と2の観点から示す。
　第1に、私がFS-KJ法を活用した主要リストを示す（注1）。「FS-KJ法を活用」という意味はFS-KJ法図解をきちんと作成して物事を進めたということだ。ここで挙げたリスト分は何らかの形で論文・報告書などで活字化されている。試行レベルの多くの苗木とともに、果実が収穫できるほどに育った樹木も含んでいる。
　第2に、FS-KJ法を活用するためにいかにして技化していったかの経験論である。FS-KJ法は極めて基本的な型として系統づけられている。加えて、型だけでは収まり切れない感性的習得が必要だと思う。こうしたFS-KJ法をどのように習得していくかの私的技化論だ。
　引き続き、「知的探験（検）の方法」として、次の第3と4の観点から示す。
　第3に、ちきゅう探験旅行をとおしてFS-KJ法にたどり着くまでの過程を語る。FS-KJ法と素朴な感性との結びつきの大切さを知る基盤となる。FS-KJ法移動大学のもつ野生的な意義に気づく。またFS-KJ法がちきゅう感覚と密接に繋がっていることも実感する。なお、本論考では「探検」の代わりに「探験」という用語を使うが、これについては後述（第3章）する。
　第4に、W型累積KJ法のフル活用の事例を示す。とくにFS-KJ法の特性である一匹狼ラベルのもつ問題意識ラウンドでの意味が、数十年スケールでいかに強

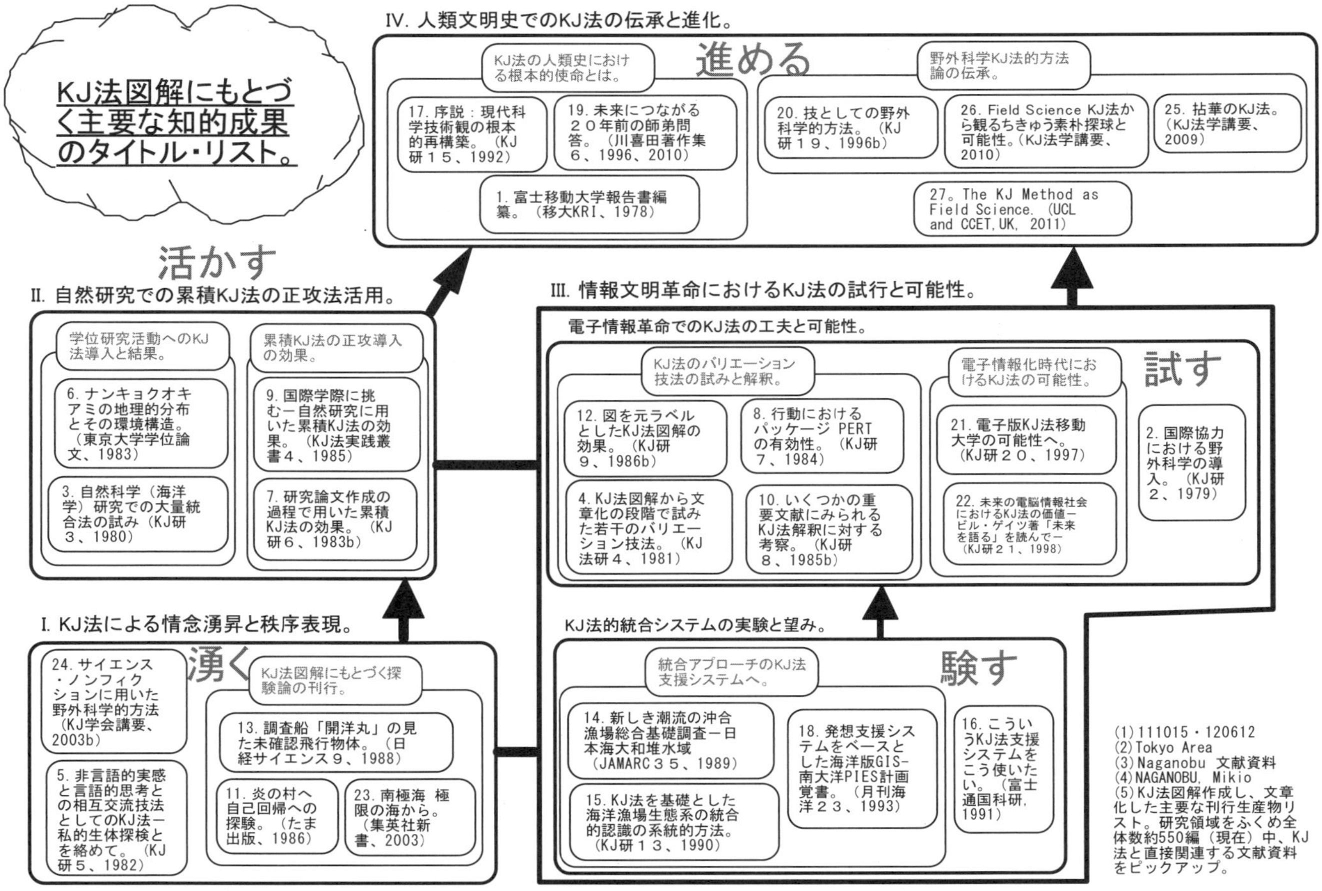

図1 FS-KJ法を活用した主要な事例27つの分類図解

く反映してきたことかを振り返る。KJ法がいかに発想法たる所以かを実感した内容だ。

さらに、「融然の探球」として、次の第5と6の観点を加える。

第5に、KJ法は国際的視野ではどう映るのだろうか。本原稿執筆中の2011年10月に、KJ法を英国で講演する機会があった。その質疑応答をとおしてKJ法に対する国際的な伝承の可能性を探る。英国の経験論哲学とFS-KJ法との親近性を川喜田二郎はすでに語っていた。

第6に、質的発想法としてのFS-KJ法と融量的情報処理システムとしてのコンピュータとの融合技法の展望を示す。超電子情報化にあってこそFS-KJ法はいっそう輝きを増す。それはちきゅう人類史的な方法哲学としての可能性であることを述べる。

2. FS-KJ法の実践論

2.1. FS-KJ法の実戦――多様な芽吹き――

FS-KJ法を、何に、どのように、使ってきたのか？

FS-KJ法図解の作品群を示す（図1）。FS-KJ法という概念は単に図解だけを示すわけではない。KJ手帳記録による探検ネット、フィールドノートの蓄積資料、W型累積図解の背景資料、必要に応じて作成してきた課題の探検ネットや大小の図解群などFS-KJ法関連のさまざまな資料がある。とはいえ、やはり図解が核となる。1976年の移動大学参画以降、今日までに本格的なFS-KJ法図解を数えたことはない。模造紙から大学ノートまでの広さを含めれば、相当な数に達しているはずだ。ただしここでは、オリジナル図解がほぼ手元にあり、かつ何らかの形で公表している27個の作品群を中心に述べる（注1）。なおここでは、FS-KJ法を駆使して得た知的成果物である専門領域での研究論文・論考については取り上げない。ここで取り扱うのは、基盤であるFS-KJ法に密接に関連する作品群である。

元ラベルの先頭に番号を年代順にふっている。例えば、最古の「1. 富士移動大学報告書編集 (1978)」から最新の「27. The KJ Method as Field Science (2011)」となる。図1は、27枚の元ラベルにより分類図解としてまとめたものだ。3段階の表札により、最終の島は4つ。各島の最終表札は、「I. KJ法による情念湧昇と秩序表現」、「II. 自然研究での累積KJ法の正攻法活用」、「III. 情報文明革命におけるKJ法の試行と可能性」および「IV. 人類文明史でのKJ法の伝承と進化」となった。

島I・シンボルマーク「湧く」では、フィールドワークの経験論をベースとし

て情念レベルの発想を言語的理解へつなげる作品群だ。より論理的な理解アプローチとして、島II・「活かす」がくる。学位論文の南極研究はこの島に配置する。島III・「験す」「試す」では、FS-KJ法を統合的方法論としてさらに験し、電子情報化時代での試みとなる。そうして、島IV・「進める」では、人類史レベルでのFS-KJ法の位置づけおよび伝承を探索する。島Iと島IIあたりが個人領域の開拓で、島IIIと島IVで共同社会への展開を試みている。

　言語表現上は幅広くみえる。しかし、作成者本人にとってみれば、情念から、自然研究、情報革命および人類文明史まで実感と論理との繋がりがある。言語表現がどうであれ、本人の身心と知から生じたものだ。手応え感があるFS-KJ法図解と知的成果を産める。タイトルの背景には、大量のフィールドワーク材料とひいてはそれに基づくFS-KJ法図解がある。テーマは多様な広がりをもっている。FS-KJ法を経ることで、秩序だって全体像を捉えることができる。多様な関係を活かした整然さがFS-KJ法によって形成される。このように私個人にとって、FS-KJ法は知的生産の基盤技法となっている。

　タイトルごとのFS-KJ法作品についてこまかく論じる紙面の余裕はない。技法の学習・研鑽にとって参考となるような作品をいくつかあげよう。

　第1に、島I・シンボルマーク「湧く」のグループ内の「5. 非言語的実感と言語的思考との相互交流技法としてのKJ法」（1982・KJ法研究5、川喜田研究所）は、FS-KJ法に関する私的解釈論として思い切った内容で経験論的に踏みこんでいる。FS-KJ法のもつ奥深さからしてスマートな解釈はむずかしい。経験論的な解釈として本稿は有効だ。

　第2に、島II・「活かす」内の「9. 国際・学際に挑む——自然研究に用いた累積KJ法の効果」（1985・KJ法実践叢書、プレジデント社）は、南極海の環境生態をテーマとした学位論文研究に用いたW型累積KJ法の効果についてまとめたものだ。研究プロセスにおけるW型累積KJ法の本格的な応用例として有効だ。

　第3に、島IV・「進める」内の「20. 技としての野外科学的方法」（1996・KJ法研究19）は、野外科学的FS-KJ法を技論の視点から、その技化や活用の方法について具体的に論じている。同島IV内の「19. 未来につながる20年前の師弟問答」（1996・KJ法と未来学、川喜田二郎著作集6、中央公論社）は、川喜田との対話形式で技論の要点を展開している。これら2編は、FS-KJ法を学習・技化しようとするヒトにとって参考になるだろう。

　第4に、島IV内の「27. The KJ Method as Field Science」（2011・英国講演Power Pointスライド編）は、私の南極フィールドサイエンス研究に基づくFS-KJ法の技論に関する国際講演を踏まえた現段階での集約的内容をもつ。英国ロンド

ン大学（UCL）人類学部他講演の機会に総括的に英語でまとめた。「英国の経験論哲学とKJ法は近い関係をもつ」と川喜田はすでに述べている（後述：1967・発想法）。

英国での反響はよく、しかも講演に対する質問群も的を射ていた（後述）。「W型累積KJ法の事例などもっと知りたい」と具体的な要望もあった。英国講演のマイクロソフトのPower Pointスライドは57枚であった。この講演時間に制約された57枚のスライド枚数を、今後、移動大学での現状把握ラウンドの元ラベル枚数の基準108枚位まで増やし、さらに精細な講演内容へ整えておきたい。

電子処理は紙に比べ、こういう点は軽快だ。Power Pointスライドを元ラベルとして、やはり適合する電子ソフトでKJ法図解を作成しておけば、全体像を捉えることができる。電子ラベルでは、紙を媒体とするよりも、はるかに精密なデータカードとして使える。電子処理は、内容の成長につれて可変がきわめて容易である。さまざまな電子ソフトは用途に応じて、FS-KJ法の伝承や進化に活かせる（注2）。

以上、技法の学習・研鑽にとって参考となるような作品をいくつかあげた。この他に図1で示すようさらに多様な観点からも作品群は関連づく。いっけん脈絡のなさそうにみえても、じつは深い情念・思考の水脈で繋がっていることがわかる。一望できる図解の利点だ。素材から築いた構羅針盤付きのチャートである。実感と論理が融けあって理解し納得できる。

2.2. FS-KJ法の技化論――技を固めることで知が躍動する――

FS-KJ法は、どのようにして、技化したらよいだろうか？

FS-KJ法作業では、初心と現在心とに区別はない思いがする。過去も現在も未来が無分別化し、時間概念が融けあった思考力を求められる感触をたびたびもつ。学びに終わりはない。FS-KJ法のようなソフトな方法論はとくにそうだと感じる。FS-KJ法をひとつの技ととらえることだ。技化する過程を意識的に進展させる必要がある。さらに「FS-KJ法は思想と技法とが切り離せない」という。そうだと思う。ただし、FS-KJ法の技法そのものを技化することに具体的な目標をおいた方が思想の感得へも近づくと思う。

私がFS-KJ法を自覚的に知ったのは、丸一年をかけたちきゅう一周探験旅行から帰国して数ヵ月後だ。それ以前に名前はどこかで聞いていたが、FS-KJ法という言葉そのものを自覚的に意識したことはなかった。「見れども観えず」だ。ところが、ちきゅう探験旅行での経験がFS-KJ法を強く自覚した。ちきゅう探験の経験がもたらす頭脳内のイメージはつぎからつぎへと溢れでてくる。このイメー

ジの噴出をなんとか整えたいという切実な思いがあった。イメージが言語に先行する感覚である。

　ちきゅう探験以前では比較的よく文字を書いていた。大学ノートに日記めいたものを大学ノートに長く書き記していた。ただし探験にでかけるさいには、メモや記録をとることを止めた。カメラ撮影も原則なし。ミニフイルムによるタバコ箱サイズ位のミニカメラを装備したがほとんど撮影していない。

　ちきゅう探験は身心の体験を重視することで出発したのだ。つまり言語感覚をできるだけ使わない。「何でも見てやろう」から、さらに「何でも体験してやろう」という思いであった。事実そのとおりに言語やへたな解釈を捨てて、身心の趣くままに、東回りでちきゅう大地を体験しつづけた。この身心の体験が帰国後のイメージの噴出に繋がっていた。この体験的な感性的イメージを、言語的論理で何とか整えたい。その衝動的要望がFS-KJ法を希求した。

　さて、〈1. ちきゅう探験からFS-KJ法へ〉を含めて実感レベルの感性イメージを強調してきた。これには十分な訳がある。FS-KJ法の細部の技論へ入る前にどうしても必要だと考えるからだ。FS-KJ法は技法論以前に、どうしても踏まえておくべきことがある。それは感性レベルの問題意識のもちようだ。ここの段階をFS-KJ法先達者の間では、W型累積KJ法のラウンド表現で〈0（ゼロ）ラウンド〉と呼称することがあるくらいだ。

　創始者の川喜田自身がそうだったように、FS-KJ法の理解、技化には「探検」という用語で表される概念を踏まえておくべきなのだ。大興安嶺探検やヒマラヤネパール学術探検調査などをみればわかるように、川喜田はたいへんなフィールドワーカーであり、探検的学究派なのである。つまり強い問題意識とそれに基づく行動の過程において、混沌たる情況において、より探検的に未知を探求し開拓、進化していくうえで、FS-KJ法を必然的に使わざる（川喜田の場合は創らざる）を得なかったのだ。と私は思う。

　川喜田の個体発生史を概略化すると、登山・探検→地理学・人類学的フィールドワーカー→野外科学的方法の系統化→海外技術協力・FS-KJ法移動大学の研鑽普及→思想としての野外科学・FS-KJ法の啓蒙となろう。この根底に流れるのは、学究的な本然を求めて止まない根源的な探検心なのである。FS-KJ法の根底は、こうした探検心の水脈に通じているのだ。この水脈の基盤を踏まえたうえで、つぎの細部の技化へ移ろう。

　「心の筋肉を働かせる」FS-KJ法の作業にあたって川喜田がよく語ったアナロジーである。納得できる言葉だ。FS-KJ法は理解すれば、すぐにでもできるようになるわけにはいかない。スポーツで筋肉を鍛えるように、目的に応じた筋肉の

働きまで高める必要がある。技化そして血肉化する必要がある。

「心の筋肉」は自動的に技化できるわけではない。技化する過程を意識的に進展させる必要がある。FS-KJ法をひとつの技と捉えることだ。武道の技とのアナロジーで考えた。例えば私は、ちきゅう探険旅行での護身術として合気道を黒帯有段者まで鍛錬した。合気道の前には強豪のクラブ活動で空手道の基礎をみっちり1年間鍛錬していた。さらに道場武術だけでは野外での護身術としては物足りない。空手と合気道との基本技を組み合わせて応用が効くように工夫をくわえた。空手鍛錬用の巻藁を何千、何万回と叩いて拳を強固に鍛えた。足技の前蹴りは道場試合の寸止めではなく確実な効果を狙って鍛錬した。いざとなったら真剣勝負の護身に相当使えるまで技化していた。

技を身につける立体構造

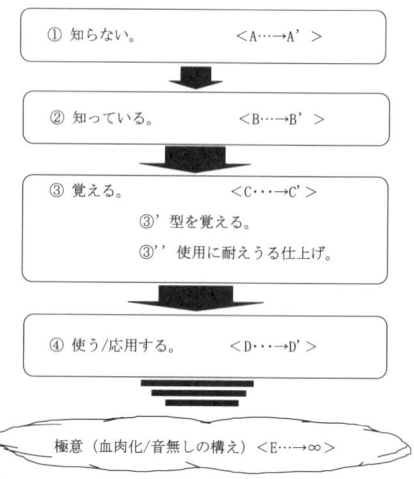

① 知らない。　　　　　〈A…→A'〉
② 知っている。　　　　〈B…→B'〉
③ 覚える。　　　　　　〈C…→C'〉
　③' 型を覚える。
　③'' 使用に耐えうる仕上げ。
④ 使う/応用する。　　　〈D…→D'〉

極意（血肉化/音無しの構え）〈E…→∞〉

図2　FS-KJ法を技化するための構造の考え。ソフト・ソフト的なKJ法を技法として捉え、血肉化するうえでの段階的姿勢を示す。〈①知らない〉→〈②知っている〉→〈③覚える〉→〈④使う/応用する〉のステップごとに説明。

しかし今度は肉体派ではない。FS-KJ法の技法を知的武術ととらえた。武術という用語からディベートのニュアンスが浮かぶ。だが、FS-KJ法は対立論争の戦いではない。むしろ知的探険法とでもいうべきだろう。「知的探険の方法としてのFS-KJ法」だ。「FS-KJ法の技法を身につける立体構造」を考えた（図2）。この構造を整えるうえでかなり思索をした。FS-KJ法を単なる知識習得ではなく、技化あるいは血肉化することを意図した。武道やスポーツの技化の理論書などからも学んだ。ここから技修得を構造化するヒントを得た。さらに、登山やちきゅう探険の経験知を意識的に組みこんだ。

登山にはそれに応じた装備が必要なように、特定の人間活動を支援する媒介道具は必要だ。KJ法作業の道具立てはいたって簡便である。ごく普通の文具で充分だ。紙レベルだと、筆記具・ラベル・輪ゴム・クリップ・ノート・模造紙などだ（写真1）。広く伝承しようとするならば、小学校あたりで使う絵具箱や習字道具箱あるいは裁縫箱を見習って実用的なKJ法道具箱があれば効果的だろう。

もちろん電子媒体は必須の支援システムである。むしろ電子情報文明とKJ法

とが相互浸透し合えば極めて有効な知的方法となるだろう。Apple社のiPadのようなタブレット端末の画面操作によるKJ法作業は高い効率化をもたらすに違いない。クラウドコンピューティングによるネットワーク情報の活用形態は、常識的な想像をはるかに超えて現在進行中だ。まるで知識曼荼羅宇宙のビッグバンだ。クラウド電子環境の超膨張は、紙時代の図書館利用をはるかに飛躍した異次元レベルだ。クラウド電子環境は、KJ法の本然的発想を支援する。

写真1　KJ法の文房具はいたってシンプル。基本として、筆記具・ラベル・輪ゴム・クリップ・ノート・模造紙があれば充分。パソコンでやる場合にはこれらのツールが電子ソフトとなる

　ただしあえていえば、自分の身心へのKJ法の技化・血肉化は、触感的な紙文化による「手で考える」作業の経験的・探究的な研鑽を積むことが基本になると思う。なぜなら身心の個体発生史での新たな技の育成には、極めて効率的ではあるがシステムとして迂回距離が遠い電子媒体手段を使いこなす以前に、身心レベルで感性的に作法化しておくことが基本と考える。システム文明化以前に、可能なかぎり素朴に作法化しておくという、身心レベルでの基盤づくりである。

　図2で示す段階ごとに説明する。その前に、繰り返し強調しておきたいことがある。それは、FS-KJ法を「学ぼう」という姿勢ではなく、「型」を技として身につけることだ。「型」は「作法」という用語で置き換えてもよい。ただし「作法」とは、「型」が身心へ浸透した状態のニュアンスがある。スムーズな「作法」へもちこむには、まず「型」を身心へ技化することだ。

　それには前提として「型」がどういうものか知っておく必要がある。FS-KJ法はヒトの思考をできるだけ自然な流れで秩序づけようとする。しかし、ヒトは誰しも思考する。自分の思考を型にはめるのは不要だと考えるかもしれない。さらには、義務教育や高校・大学で単位が与えられる科目でもない。学び・技化する必要性・緊迫感はない。それは当然な考えで、それはそれで構わない。その場合にはFS-KJ法をわざわざ技化する必要はないだろう。それを超えて、いざFS-KJ法を技化しようと意欲した場合には、この「型」を素直に受け入れる気持ちをもつことが肝要となる。この気持ちが始めにあってこそ、つぎの技化へ進むことができる。

それでは、図2の解説に入る。技化の説明として、まず〈①知らない〉段階から考えてみる。いま自分がもっている能力をさらに拡充してくれるかも知れない「技」があったとする。この技を知らない場合には、自己流の能力の限界内にとどまる。それでも自分なりに創意工夫や経験を積みながら努力すれば、現状（A）が発展（A'）することはありうる〈①知らない（A……→A'）〉。これは普通の学習過程だ。しかし、個人の創意や経験は限られる。AからA'への線上での飛躍は難しい。同一線上での進歩に留まる。

　つぎに、自己の外に系統的な技があり、それを学べるとする。自己の限界を突破できる可能性が高まる。しかし、技はいきなり身にはつかない。まず学習により、技を〈②知っている〉段階だ。最初は「知った」から始まる。そして継続的な学習によって知識はより深まる（B……→B'）。知識を深めることが一般的な学習方法だ。この学習段階は、技化以前の過程として重要だ。FS-KJ法がどういったものか、知識として理解しておく。技化へ向かうために自己の問題意識を探ることだ。

　効率的に「学ぶ」ためには、関連するあるいは関連しそうな書籍から学習するのがよい。自分にとっての未知領域に対しては、量的な蓄積をおこなえば質的にわかる段階があるときにスーッとやってくる。これをちきゅう探験から学んだ。生体に染み込んだこれらの経験知を意識的に学習活動に用いた。FS-KJ法についての初期学習量を具体的に決めた。100以上の書籍・資料を集中して読みこんだ。これで〈知っている〉段階がいっそう深まった。知識の習得ならばこれで済む。これはこれでよい理解の段階だ。知的な方法論では普通の段階である。これだけでも応用が効くだろう。

　しかしながら、さらに「知識」だけでなく「技」が介入すると、質的に異なった段階〈③覚える〉へ転化する必要がある。畳水練になることなく、実際に水に入って泳ぎを覚えることだ。この質的転化の前に肝心なことがある。すなわち、「技」を受け入れるかどうかを〈決断〉をすることである。

　ある技にいったん取り組んだら後戻りがきかない。たとえていえば、同じ武術でも、本格的に柔道を始めたら、同時に空手も技化するという訳にはいかない。同じ球技でも、サッカー競技者を目指せば、同時にラグビー競技者とは成り難い。同じ音楽演奏家でも、ピアノ演奏者を目指せば、同時にバイオリン演奏者とは成り難い。技化する主体である身心が、その技独自の流れに身を委ねる必要があるからだ。

　知は、相対的に自由に振る舞えて開放的である。これに対して、技は、身心の有限性に縛られて相対的に限定的だ。技の有限性に身を投じる覚悟がいる。〈決断〉が必要だ。しかし、このいったん遠回りの有限性は、現状の限界を打破し、より

自由度の高い知の開放性をもたらす基盤となる。

　私は、FS-KJ法に関して〈②知っている〉段階でつぎのことを直感していた。「FS-KJ法の技を固めることで知が躍動する」と。ここではFS-KJ法を個別的な型として表現しているが、実際の感覚は、基礎体力がどのスポーツにとっても必要なように、知的方法の基盤力を系統的に構築するイメージだ。そこで、FS-KJ法を選択し技化することを決断した。

　〈③覚える〉段階が技化の核心である。この段階は、ふたつのサブ段階へ区分する。〈③'型を覚える〉段階と〈③''使用に耐える仕上げ〉だ。

　まず教えられたとおりに、〈③'型を覚える〉ように努力する。ここで（可能なかぎり）私意を働かせてはいけない（当初、これまでの通念教育による思考パターンの薫習によりかなりハードな難行感を覚えるはずだ）。型を習得することに徹する。繰り返し型を覚えこんでいく。理想的な型を目指して、型に自己を合わせていく。自己に型を引きこむのではない。型に自己を合わせる気持ちを通す。納得がゆくまで型を覚えこんでいく。時間はかかってもよい。納得が基準である。ある段階までくると型が判ってくる。自覚できるようになる。型そのものに素直に入れるように感じてくる。

　つぎに、〈③''使用に耐える仕上げ〉へ意識を切り替える。このときのポイントは、実践の視点から型を見るのではなく、型の視点から実践を観ることだ。つまり実践に合わせようとして型を崩さないことだ。型に実践を合わせる試行を繰り返す。型の基本を崩さずに、型を柔軟に仕上げる。

　この〈③覚える〉段階を、つぎの段階〈④使う/応用する〉と混同してはいけない。意識上において、〈③覚える〉段階と〈④使う/応用する〉段階との区別がないままに進むと、型が問題解決をしてくれるという錯覚に拘泥することになる。挙句の果てには、こんな方法は使えないという嘆きに変わる。〈③覚える〉はまだ「型の技化」の段階である。この段階を深めれば型は美しく深まる（C→C'）。しかし〈使う〉ではない。

　型を覚えたつぎに〈④使う/応用する〉段階がくる。ここで、それぞれの問題意識に応じて型を使う、そしてまたは応用する。使う人によって、〈使う/応用する〉の内容は異なる。なぜならば、この段階の主体は型ではない。主体は型を使う人だ。目的は、問題を解決することだ。型に拘泥することではない。時として大胆に型を使うことだ。〈③覚える〉段階で技化した型によって、問題意識を探求していくことを円滑に進める。型の手応えを感じるのが、この〈④使う/応用する〉段階である。

　ただし、この段階で留意すべきことがある。問題解決技法といわれるこの技法

だけで、名目通りに問題が解決される訳でない。だからといって技法を無視することでもない。思考の技法を基盤としながら、問題解決を図っていく。

たとえで考えてみよう。船の航海には海図（チャート）が使われる。東京出港から南極海航海ともなると百枚位のチャートが用意される。南極海では精密なチャートのない海域もまだ残っている。チャートのない航海では座礁の危険度が一気に高まる。チャートは航海にとって不可欠な基本装備だ。とはいえ、チャートのみで安全な航海ができる訳ではない。海気象、衝突物、操船技術などを総合的に運用することで危険を回避できる。それでもチャートが航海にとって核となる。

同様に、FS-KJ法では図解（チャート）が基本である。しかし、FS-KJ法図解だけで問題解決が図れる訳ではない。けれども、FS-KJ法図解を基準にすることで問題解決を効果的に支援する。情報の大海を航海するために、情報を収集し、オリジナルの図解を作成する。大航海になるほど、FS-KJ法図解は欲しい。だが、その宝島の地図はどこにも売られていない。自ら創りだすしかない。自らの問題意識に応じて創られた個性的な地図だ。要するに、FS-KJ法は「知の航海術」である。

〈④使う／応用する〉段階では、技が荒くなったり、適応できなかったりすることがある。そういう場合には、〈③覚える〉段階へ立ち返って、技を磨くか、あるいは新たな型を創りだす。基本型と応用技との相互交流である。こうして、〈④使う／応用する〉段階はしだいに深化する（D→D'）。

技の使用／応用が深まれば、技が無意識的に使われる状態もでてこよう。例えば、ソロバンの上級者は、現物が無くてもイメージでそろばん玉を弾き高度な暗算ができる。将棋の高段者もイメージ将棋を指すことができる。

同様に、FS-KJ法の経験が豊富になれば、FS-KJ法作業過程をたどった思考をとれるようになっているだろう。FS-KJ法流の修験がいつの間にか審美的に顕現する。これは、技が自己の身心に血肉化した状態だ。この状態でさらに研鑽を積めば、昔の剣術でいう全く隙のない状態としての〈音無しの構え〉に近づけよう。これを〈☆極意〉段階と呼ぼう。この段階はエンドレスの高みへ続く（E）だろう。静的な言語表現は難しい。

ただし、〈☆極意〉段階を少しでも奥深く探験するために、ひとつの道標に触れておく。現代の地球科学者／科学雑誌編集長であった故竹内均（東京大学地球物理学教授）によるFS-KJ法に対する高い評価（例えば、竹内均・上山春平（1977）『第三世代の学問――「地球学」の提唱』中公新書、竹内均（1995）『宇宙も終わる』大和書房）である。

68

竹内は、驚くべきことに、また合点がいくことに、「天才の独創プロセスを一般化した発想方法がKJ法である」と要約している。天才は、無数の断片（個別）からいきなり独創的な仮説（普遍）を打ち立てる。手持ちの断片データを使い切って描くイメージの世界観の構築を目指す。これは天才の驚異的な直感があって初めて可能である。しかし、凡人でもFS-KJ法の方法なら独創を産み出せる。断片データから小・中・大グループへ、まとまるところ（特殊）からまとめあげていくプロセスが、FS-KJ法で明確に方法論化されているからである。FS-KJ法でいうラベル集めのキーワードである〈親近感〉は、デカルト『方法論序説』やポアンカレ『科学と方法』でいう〈審美的感受性〉と非常に似た概念という。

　地球科学者の立場で竹内は「自然は縫い目のない織物だ」という。その自然を解明していくために、データ収集段階から始まり、データの分析／実験・演繹の段階へと繋がる。つぎに得られたあらゆる結果を〈総合〉する段階となる。この〈総合〉の段階で威力を発揮するのが〈仮説の提案〉だ。この〈仮説の提案〉が科学をダイナミックに進展させる原動力となる。仮説は〈直感〉から生み出されることが多い。仮説を立てる科学者の精神活動は、詩人や芸術家のそれと似ている。前途には未知の雲が広がり、想像力や空想力が渦巻き、手探りの状態だ。ここでは科学者の美意識や価値観が色濃く反映される。天才と呼ばれる科学者は、この発想プロセスを通じ前人未到の仮説を立て実証された知的業績を生んだ人のことだ。FS-KJ法はこの天才の発想プロセスを一般化したものだというのだ。

　FS-KJ法は主観的で客観性が無いとの俗流批判を聞くことがあるが、竹内によるFS-KJ法の理解と評価はさすがに本質的意義の正鵠を得ていると思う。それでは、FS-KJ法活用者が天才的業績を生み出したかという野次馬的批評はここでは取り上げない。天才的発想プロセスとFS-KJ法とには等価性があるという本質的認識が、技の〈極意〉レベルを憧憬する知的探験にとって深い励みになる（注3）。

3. 知的探験の方法

3.1. ちきゅう探験からFS-KJ法へ——青春の移動大学——

　FS-KJ法は円滑と葛藤が共存する思考の坩堝（るつぼ）である。

　FS-KJ法を、一言でいえば、「ヒトがもつ始原的な探求心・思考力・創造力を支援する基盤の方法だ」と考える。FS-KJ法は円滑な思考を醸す。それがゆえに逆説的に矛盾葛藤の思考に数多く直面することになる。FS-KJ法から得るものは、生体が感じ思考する感性的認識と、客観的解析による論理的認識との統合・融合である。FS-KJ法の技化・血肉化は、感性と論理の融然たる感覚を醸す。

FS-KJ法創始者川喜田二郎（1920－2009）は、KJ法を1951年ころに地理Field Workから考案、以後大きな思想・技法体系へ育成した（注4）。FS-KJ法を、著作、移動大学、研修会、KJ法学会、交流会、講演、対話等をとおして求めて学ぶ者へ積極的に伝授した。縁者とともに自由闊達な啓発的やりとりをとおして参画社会を志向した。川喜田の人生における深遠な尽力に敬意を表する。

　私は、川喜田から長年にわたり直截に学べる薫育の僥倖に恵まれた。深く感謝している。1976年のFS-KJ法能登移動大学に参加した。それ以来、数々のFS-KJ法の研鑽を積んだ。川喜田研究所による取材学、W型累積KJ法および上級研究班までの諸研修を受講した。富士移動大学には主催者側で参画。各種・国内外のFS-KJ法研修・講演および交流会・学会等における諸活動から多くを学んだ。こうした研鑽は積んだものの、川喜田との日頃の謦咳に接して知らず知らずに薫育を受けていることも大きい。KJ法個人作業に取り組むときには、可能な限り川喜田の直前に座って師の作法の感得に努めた。

　FS-KJ法はひとつの方法論である。ただし、手作業として狭義のKJ法のみならず、野外科学的視点がきわめて重要である。フィールドワークに重点をおいた野外科学（Field Science：FS）としてのW型累積KJ法の思想・技法体系（FS-KJ法）が、実感と論理の相互交流をより深める基盤となる。広義のKJ法としてのFS-KJ法を、私自身の研鑽と活用を包括的に検討し、その効果と可能性につき考察する。なお、ここでは普遍的な意味で、狭義と広義をふくんだ用語としておもにFS-KJ法を使う。

　私は当初よりFS-KJ法を学ぶこと自体が目的ではなかった。私自身ある憧憬をもっていた。それに使える登攀道具を探していた。能登移動大学への参加もその道具探しの一環だった。直感的結論は「これは使える。なんとしても技として身につけよう」だった。いや、思考道具としてのプラグマティックな気持ちだけでない。「技化レベルをこえて、血肉化レベルまで、おのれの心身へ浸透させたい」とさえ考えた。ただし同時に、「FS-KJ法は一見やさしそうだが、技として使いこなすにはたいへんな研鑽がいるな」とも感じていた。

　私の憧憬は、「ちきゅう（地球）を実感的にも論理的にも探球（求でなく球）したい」だった。この「ちきゅう感覚の憧憬」は、通念的な抽象論ではなく、私にとっては切実な問題意識であった。「FS-KJ法の技化をめざそう」という方針をたてたとき、私は大学院修士1年生だった。テーマは「南極海の生物資源（オキアミ）の環境生態研究」を構想していた。このテーマは大きい。さらに、大学院へ進学したのは通常のルートではなかった。納得できる科学的方法論を求めていた。

　「ちきゅう感覚の憧憬」をもつまでには長年の探験旅行があった。私にとって

のFS-KJ法を語るうえでこの経験ははずせない。否、むしろちきゅう探験旅行があったがゆえに、FS-KJ法という新たな探験場へ到達したともいえる。FS-KJ法の技論を展開するまえに、私にとってのFS-KJ法の基盤となる探験旅行の概略を述べておく必要がある。

大学時代には、ちきゅう探験（検）的旅行を志していた。1年生時（1970年）には、出身高校の福岡県立八女高校山岳部OB仲間による、「北アメリカ最北端アンカレッジ～南アメリカ最南端フェゴ島間軽自動車縦走・アンデス山脈チンボラソ山登頂探検計画」に最年少者として参画した。この探検計画は、自動車メーカーから軽自動車の提供やいくつかのスポンサー支援が得られ、かなりいい線まで準備できていた。しかし、到達点の南米先端からの帰路の経費などが整わず最終的には実行されなかった。

とはいえ、二十歳前の私にとっては、この北南米縦走探検計画の準備活動をとおして経験的に学ぶところ多大であった。ずっと後に私は、南極海調査航海時に南米プンタアレナス港に寄港したさい、マゼラン海峡を渡りフェゴ島に上陸した。九州の山々を登り世界への探検の夢を語りあった高校山岳部メンバーの探検の夢をすこし果たせた。探検メンバーは、最年少隊員によるフェゴ島への上陸行の歓迎宴会を地元八女で開催した。私はフェゴ島海岸で採集した石をメンバーに配った。地元で農業を営む小田新治隊長は「これはオレの青春の宝ばい」と感激し目を潤まされた。

大学2年次（1971年）の探験行は、前回の経験を活かして金を稼ぎながら外国へ行く手立てをとった。東南アジア航路の材木船の短期雇用の船員（サロンボーイ兼司厨員）だった。横浜港からトラック・ブルドーザーや雑貨などを積んで出航。マレーシアやインドネシアの赤道直下の島々（ボルネオ、アンボン、オビ、テルナテなど）をめぐり、荷物を降ろし、現地のラワン材を満載して、四国の八幡浜港へ帰港。強い船酔いに苦しんだものの、はじめて観る360度水平線の拡がりや、赤道の島々の鬱蒼たる密林やサンゴ礁の海に感動した。

大学3年次（1972年）の探験行は、船酔いをもたらす海の不安定さではない大地の安定をもとめて登山計画をたてた。富士山（3,376m）よりも高い山を目標として、台湾の玉山（3,952m）の登山計画を立てた。単独行では台湾政府から登山許可がおりないために、学友5名と現地ガイドをふくめた日中親善登山隊という仰々しい名称の交流活動となった。

玉山登山では、嘉義駅から阿里山駅まで登山鉄道を利用する。北回帰線の亜熱帯のジャスミンの甘い香りから、標高が上がるごとに気候帯が低温へ変移し、薄い空気の寒冷の天空に達する。変移する植生や花や景観は、すべて水平線という

海の単相な姿とは異なる多様な生態の身体感覚だ。大地を一歩一歩踏みしめて登る感覚は、船酔いの苦しみをゆるやかな泡沫のごとく解放する。自然の多様性とわが心身とが融け合う。

　大地の自然を味わうために玉山へきた。ところが、社会の歴史と現実を身近に感じさせられることになる。玉山の旧日本名は新高山だ。太平洋戦争開戦の真珠湾攻撃のさいの暗号「ニイタカヤマノボレ」もここからきているという。阿里山鉄道は日本統治時代の建設だ。われわれの登山隊は、現地の青年反共教育登山隊と同じ行程となった。台湾は大陸の毛沢東政府との戦争状態だった。在台湾の米軍はベトナム戦争中であり、重要な軍事拠点となっていた。「個人の思惑を超えて世界は複雑だな」と感じざるをえなかった。「世界は広い」と思った。

　青春とは、けっして論理的ではなく、衝動的である。複雑な世界をさらに知りたい。ついに「ちきゅうを丸ごとに探験する」ことを決断した。遺書を書いた。大学4年時（1979年）に休学して、ちきゅう一周の探験へ旅立った。行先をまず米国ロスアンゼルスとした。その先はルートを定めず、ちきゅうを一周することとした。期間は納得ゆくまで、3年くらいかかってもよいと思ったが、実際は1年であった。

　この探験旅行中に、南米アマゾン・ジャングルで野宿するはめになった。満月の深夜、ふとしたきっかけで、アマゾンの密林やこれまで巡ってきたちきゅうとそして何か懐かしい世界と融け合ったようなこれまでに体験したことない異様な身心状態となった。異国のカルチャー・ショックとはまるで異なる。後にアマゾン・ショックと名付けたほどの衝撃であった。

　このアマゾン体験をきっかけとして、地理的放浪心が急速に薄れた。「あまりにもちきゅう空間は狭い」と感じていた。「あのアマゾン体験はいったい何だろう？」論理的思考からすれば、「ちきゅう自然のすべてが融けあっている」感覚だ。しかも感性的実感では「美しく満ちている」感覚だ。

　「ちきゅうとは、自然とは、何だろう？」素朴な疑問をもった。「この素朴な疑問を、感性的にも論理的にも捉えたい。しかもちきゅう自然を丸ごと感じながら」という思いをいだいた。アマゾン川の流れをみつめながら、さまざまな思念が湧いては流れた。自然の流れにまかせた。「…そうだ、ちきゅうにはまだ野生の場が残っている。それは南極だ……」南極へ強い憧憬の念が膨らんだ。

　こうして、ちきゅう一周探験旅行を1年で切りあげて帰国し、南極へ行ける可能性がある調査研究に関連する大学院へ進学した。しかし、私の素朴な自然感性側からみると、大学院は過度に専門分化していると感じた。自然そのものから現象をみるというよりも、教科書や既存知見にあてはめて裁断した自然をみようと

している。こうした専門分化した要素還元主義こそが、正統な精密な科学方法論かも知れないとさえ考えた。

しかしながら私は求めていた。あのアマゾン体験の問題意識に応えるアプローチ方法を探索した。そうして、偶然ながらもFS-KJ法を探りあてた。

探りあてたというよりも、FS-KJ法がもつ本質的な意義に自らが気づいたことだと思う。私にとってのちきゅう探験の実質的な経験からくる気づきだ。FS-KJ法という言葉は、ちきゅう一周探験のすこし前に知っていた。「この本は参考になるのではないか？」と、川喜田二郎（1967）『発想法』（中公新書）を身近な友人が勧めてくれた。パラパラめくってみた。しかし、その本がいわんとすることをまるで理解できなかった。実感としてピンとこなかったのだ。

それよりも、世界旅行へいざなう小田実（1961）『何でも見てやろう』（河出書房）や礒貝浩・松島駿二郎（1971）『単細胞的現代探検論』（自由国民社）に心をひかれていた。とくに『単細胞的現代探検論』は気迫にみちた衝撃的なちきゅう探検論だった。上智大学探検集団"ぐるーぷぱあめ"の活動を踏まえ、漠然として広大な地理空間と想っていたちきゅうを、まるで隣り村からの語りかけのように臨場感あふれて描写している。しかもタイトルどおりに内容は単細胞ではない。生態人類学者の梅棹忠夫（国立民族学博物館館長）はこの探検ぐるーぷの活動に共感し、顧問として支援している。大きくみれば日本国家の鎖国解禁は明治維新だろう。他方、礒貝らの探検論は身銭を切った個人レベルの鎖国解禁の宣言書とさえ感じられた。ちきゅうが身近に迫ってきた。『単細胞的探検論』はちきゅう探験への指針となった。

私個人がFS-KJ法を知り・学び・技化し・活用していく過程は、1970年前後における象徴的な出来事に遡った起源と分岐点が世界的にあるように思う。

FS-KJ法黒姫移動大学の旗揚げが1969年。世界探検旅行へいざなう『単細胞的現代探検論』が1971年。左翼理論で武装しようとした連合赤軍事件（山岳ベース総括事件とあさま山荘事件）が1971-72年。青春の衝動性にはいずれのルート選択もあり得た。ぎりぎりの選択は、『単細胞的現代探検論』に深く心を動かされ、ちきゅう空間への探験行をとった。

ちきゅう探験旅行中の1973年にロスアンゼルスにしばらく滞在した。そのさいにヒッピームーブメントの風を身近に感じた。ヒッピー文化は米国西海岸より1960年代半ばに若者の間に発生した自然・素朴回帰のムーブメントであった。当時発刊されていた全地球カタログ（The Whole Earth Catalog, 1968）はちきゅうを丸ごと感性的に捉えようとした百科全書のような大判印刷物で、ヒッピー文化に大きく影響していた。その後、私も入手し、「なるほど、こういうちきゅう感

覚の捉え方があるのか」とカルチャー・ショックをうけた（注5）。

　パーソナル・コンピュータ技術文化のパイオニアともいうべき Apple II（1977）を皮切りに、斬新なコンセプトの iPad（2010）を世に送り出してきた、アップル社のスティーブ・ジョブスは、自身の発想にこの全地球カタログから受けた影響が大きいことを述べている。この Apple II を1980年代始めに早くも私は自費購入（当時の調査船にコンピュータは一台もなかった）して南極航海へ持参し、それまで大型コンピュータ計算処理まで半年はかかった観測結果の計算を現場でわずか数日へ超短縮した。驚異的であった。未来は飛躍する。そしていまや電子ネットワークが超進化し、Google および Facebook などをとおして現在進行形で実感できるように、ちきゅう情報空間はビックバンのごとく超膨張している（注6）。

　さて、ちきゅう探験行につきすこし長く語った。しかしながら私にとってぎりぎりの選択であったこれらの探験行は、後述するように FS-KJ 法を技化・応用するうえでの下地となった。つまり FS-KJ 法の技化・応用には探験（検）心が重要な基盤となる。逆にいえば、FS-KJ 法を技化・応用するうえで、同時に探験心を深める必要があると考える。

　なお、「探験（たんけん）」という用語を私は使っている。現代の慣用語でいえば、「探検」と同じだ。ただし、探検（たんけん）の用語の漢字表現は、時代とともに変化すべきではないか。マゼランの地球一周大航海、アムンゼンらの南極点初到達、ヒラリーのエベレスト初登頂などの地理的冒険時代には、危険がともなう「探険」用語を使ってもよいだろう。引きつづき冒険度が下がり、知性度が上がる未知な領域への挑みには、地検や検査の意味をもたせた「探検」用語となる。さらに進んで、地球空間が感覚的に狭くなるにつれて、個人の身体感覚による経験を重視した「探験」用語となる。「探険→探検→探験」という用語の使い方の史的展開だ。

　なお一般概念として、英国の経験論哲学でいう経験は、個人的な経験や体験というよりもむしろ客観的で実験的、観察的といった論理で理解されよう。他方、FS-KJ 法においては、個人的経験と客観的経験の両方とも活用できる。個であろうが全であろうが、相対的に区分した無論理的－亜論理的－論理的レベルで思考することができる。

　こうした意味からも、ここでは「探験」という用語がふさわしいと私には思われる。FS-KJ 法は単なる技法論だけでは論じきれない。技法以前に何かを感じとる感性が要求される。逆にその感性が FS-KJ 法の技法を育成する。技法が深まるほどに今度は感性が深まる。感性と技化とは相互浸透しつつ磨かれる関係にある。「感性とは何か？」を語ることはむずかしい。ここでは「探験心」という抽象語で表すことで留めておく。

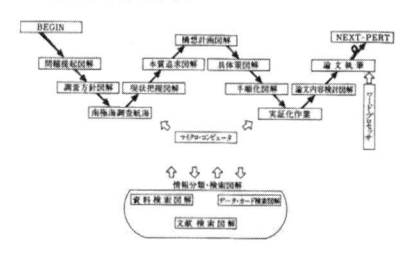

図3 南極海のオキアミ環境生態系研究に用いたW型累積KJ法の流れ。問題提起から南極フィールドワークを経て解析、論文執筆に至る1979〜1983年間に作成した 図解群。当時の先端的なパーソナルコンピュータ（米国製Apple II：ワープロ機能無し）と和文ワードプロセッサを導入。これ以降、この流れを基盤として螺旋的アプローチを継続

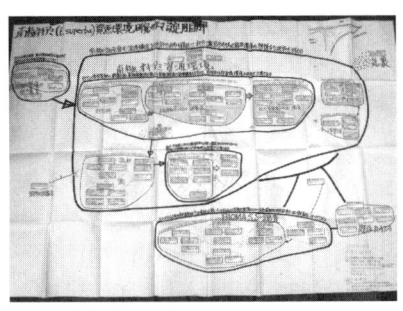

図4 南極海のオキアミ環境生態系研究を始めるにあたってのテーマ設定の問題提起図解。作成年は1979年である。この問題意識は、あらたな発想の啓発もふくめ現在にいたるまで継続し、基本的海図として存在。より精密な海図作成のベースとなっている

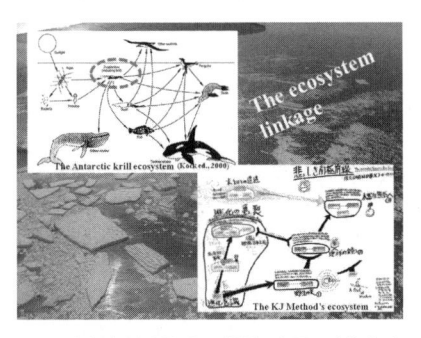

図5 南極海洋生態系の連関概念図と南極海をフィールドとしたKJ法インデックス図解との対比。複雑な連関を絵図や言語で累積化すると似通ったイメージ図解を示す。自然生態系の調査解析およびKJ法図解による理解・納得のどちらも、要素データに基づきながら累積的に積み上げることで成り立つ。要素と全体は相互啓発する。

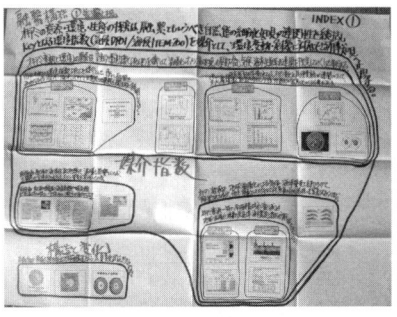

図6 南極オキアミ環境生態系の研究展望に関する元ラベル（233枚）によるKJ法インデックス図解の一枚。近年の地球南極環境の先端的変動知見等を含む視野を広くとったデータ収集に基づく。何度かの経験からみて、こうしたグローバルスケールの問題意識をもって取材する関心事項も、元ラベル情報の多様性は200枚前後で収穫逓減の法則が働くような気がする

3.2. W型累積KJ法の活用——極地法的探験の方法——

　W型累積KJ法はどことなく「極地法」の香りがする。

　「極地法」という探検・登山方式がある。地理的行動が極めて困難な極地や大規模登山などでとられる漸次行動で、ベースキャンプから順に前進のアタックキャンプを設け、目的地に到達する方法だ。近代装備や関連情報が発達した現代では、やや古典的な探検・登山方法ともいえる。しかしながら、地理的探検から

75

知的探験への遷移の視点をとると、W型累積KJ法は極地法の考え方と等価性を覚える。地理的から知的探検の方法へ進化してきた姿だとも思える。

W型累積KJ法の醍醐味は循環ダイナミズムにある。まず審議レベルとして、問題提起に基づき、現状把握を経て、本質追求を探る。ここで情報を評価し、行動へ向けて決断する。執行レベルとして、構想計画から具体策そして手順化へ進め実施する。結果を吟味評価し、つぎの課題に備える。問題意識による課題設定を目標とする思索と行動と評価が連動する。

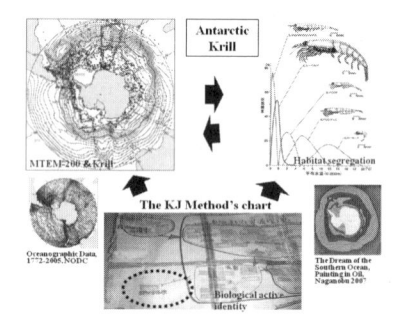

図7 南極海研究の問題提起図解（図4）のうち、数度のフィールドワーク後に、一匹狼ラベル（生物情報）が啓発をもたらして、南極海から南大洋全体スケールにおけるオキアミの環境生態系の研究へ拡張した。そのプロセス統合絵図。わずか一枚のラベルによる発想がのちに膨大なデータ群の解析を啓発し、シンプルな構造・法則を浮き彫りにした事例。

私自身が取り組んだFS-KJ法図解は数百枚になるかも知れない。ただし、それらの多くは、単独かあるいは複数ラウンドの取り組みだ。ここでは、W型累積KJ法の本格的な活用事例を示そう（図3）。この累積事例は、川喜田に直接に薫育を受けながらの駆け出しの私の一仕事「大学院博士課程での学位論文研究」である。このプロセスにおいて、師弟問答をとおしながらFS-KJ法を推進できたことは僥倖であった。

研究課題は「南極オキアミを中心とした海洋環境生態系」。具体的な期間は、問題提起図解（図4）の作成年月の1979年6月から、学位論文の受理年月の1982年3月までの4年間。ただし、その後の調査研究は、現在までの30年間に渡り螺旋的に循環しつつ深まっている（図5）。30年前の問題提起図解は、知識や解析方法が進展している現在においていっそうの真価を発揮する（図6）。現在の視点を加味しながら、W型累積KJ法のプロセスについて要点を示そう。

第1に、問題提起図解についてである（図4）。本図解の元ラベルの総計80枚中に一匹狼ラベルが二枚あった。当時の専門的知見群からみれば、無視されるような元ラベルであった。しかし、FS-KJ法の教えに従ってそれらを拾っておいた。もし、私がFS-KJ法をそのときに使っていなかったら、当然に切り捨てている意味のラベルだ。

この一匹狼ラベルのうち一枚は、生物オキアミと海洋環境との関係についてで、フィールド調査研究を経て、数年後に執筆する学位論文の基本構造のひとつの柱となった。これまでの通常の研究では、オキアミが高密度に分布する場所は、力

学的な海洋流動によって無生物の小物体群のように受動的に集められているという考えが強かった。私も当初はそのように思い込んでいた。ところがオキアミ漁船の操業者からの現場報告であった「夏季の融氷とともにオキアミは季節移動するようだ」という意見を元ラベル化していた。これが一匹狼ラベルであった。

オキアミと海洋環境との関係にのみとらわれることなく、フィールド調査による観測データおよび気づいた観察メモなど、360度の視野で取材し、FS-KJ法の現状把握ラウンドとして素直にまとめていった。この素直なFS-KJ法作業をとおして、現場観察データの語ることが通念的知識といかに異なるかに気づいた。

結果として一匹狼ラベルのもつ意味に沿う内容となった（図7）。浮遊生物たるオキアミはもちろん流動の影響を受けているが、それは分布パターンを説明する主たる要因にはならない。なぜならば、オキアミ以上に遊泳力が無さそうなサルパの群れが、分布域をずらしながらやや暖かい水域に高密度に生息している。オキアミの近縁種であるコオリオキアミは逆にやや冷たい水域に高密度に生息している。つまり種ごとに棲み分けて分布している。

現状把握ラウンドでここらあたりまで気づくと、今度は本質追求ラウンドでの飛躍が生まれてくる。調査海域の地域スケールでなく、南極海全体スケールではどうなっているのだろうか。既存の断片データや資料を調べた。地域の生物種の分布構造が全体スケールではより鮮明になる。つまりオキアミの近縁5種は南北変化する周極構造をとりながら見事な棲み分け配列をとる。わずか数ミリのオキアミ近縁種があの暴風圏の強い流れの中で見事な棲み分け配列している。ここまでくると研究解析というよりも、自然の構造の見事さに美さえ覚える。この美の構造の気づきは本質追求ラウンドから自ずと生まれてきたことになる（注7）。

もう一枚の一匹狼ラベル「気象変動が海洋生態系に及ぼす影響も考慮しておくべきだろう」があった。これは問題提起図解の大多数の主流派からとくに離れていた。しかし20年後に最も重要な観点として蘇った。

7度目の南極海フィールド調査中のことである。スコシア海のシール島沖合で、一面に広がる海氷上に立つペンギンを私は調査船甲板から眺めていた。見慣れた夏の南極海の景観だ。さっそくFS-KJ法手帳を取り出してメモとスケッチをしていた。ところが急に風向きが変わり強風が吹き出した。海氷はみるみるうちに風に運ばれて動き出して、あたり一面が海水面となった。

キッカケはこれで充分だった。さまざまの断片知見や理論が雪崩をうって結びついた。言語で要約表現すればつぎのような仮説になる。「オキアミ海洋生態系の上空を西から東へ吹く偏西風が、地球自転のコリオリ力の働きにより、海氷と南極表層水を力学的に北方向へ運び、その影響により下層より暖かい深層暖水が

77

湧昇し、光合成層に栄養塩類を補給し、植物プランクトンの繁茂を促し、オキアミが繁殖し、ひいては捕食者生態系の繁栄へ繋がる。したがって偏西風の年々変動は、オキアミ生態系の変化をもたらす」

上記の仮説を実証・論文化するには、まず関連ありそうなデータ群（気象－海氷・海洋－植物プランクトン－オキアミ）を集めて、解析して、論証づけて、論文投稿して、受理されて、刊行となる。仮説の狙いが定まっていたので、データ収集から実証まで比較的一気に進んだ。南極半島海域における偏西風と海洋環境とオキアミ繁殖の年々変化との関係につき、日本、米国、ドイツ、英国などの研究者・研究機関からデータ提供を受けて、解析し、仮説通りの結果となった。

偏西風が強い時にはオキアミ生態系が高く繁殖し、逆に弱い時には低くなる。つまり自然サイクルとして、偏西風の数年スケールの周期変動にオキアミ生態系が統計学的に強く影響を受けていたことがわかった。ところが副産物がでた。ドイツと米国の共同研究によると、南極半島海域の調査範囲内のオキアミの生物量が1980年代に約75％減少していた。この現象が偏西風の自然サイクルと一致しなかった。

このオキアミ激減現象については、世界中の研究者が着目しており、さまざまな考えが提示されていた。全体的な意見としては、「近年、南極半島海域の海氷面積が減少したことにより、オキアミ生息環境が悪化し、その生物量が激減したのだろう」であった。しかしこの仮説は実証されていなかった。偏西風変動との関連でさまざまな解析を試みたがやはりわからなかった。

ところが、あるときにふと気づいた。南極オゾンホールの拡大グラフと、オキアミ生物量の激減グラフとの変化パターンがよく似ていたのだ。「まさか」と思ったが、オゾン数値データを気象庁や英国南極研究所から提供を受けて解析した。驚くべきことに、統計学的に高い相関関係を得た。オゾン層破壊がオキアミ生物量へ悪影響を及ぼしている可能性があるということだ。慎重になった。

専門的にいえば私は大気研究者ではない。ましてやオゾン層破壊といった最先端課題に取り組むべきかどうか迷った。しかしここで、FS-KJ法の問題提起図解の一匹狼ラベルに託された意義に深層的に啓発された。私の問題意識は、オキアミ環境生態系に関連することだ。それは私の専門領域ではないとはいえない。自然界の探験的研究として、オゾン層と生物との関係を勉強することにした。関連する研究資料を入手・学習し、結果の再解析・再確認などで1年近く遠回りした。

結果として、オキアミの環境生態系と偏西風の自然変動およびオゾン層破壊の人為的変動と結びつけた論文が国際科学雑誌（*Journal of Geophysical Research*）で受理・刊行された。IPCC（気候変動に関する政府間パネル）の第3次評価報告書(2001)は、

この論文を引用し、南極におけるオキアミ生態系における偏西風変動とオゾン層破壊の重要性につき論述した。2011年現在、このオキアミ生態系、偏西風変動およびオゾン層破壊は重要な環境生態系連関としていっそう重要性を増している。

　現時点での科学的考えでは、オゾン層破壊と偏西風変動とが結びつき、南極の雪氷環境、海洋環境および生物生態系に強く影響を及ぼしていることが次第にわかってきた。ちきゅう温暖化にとって南極環境は極めて重要な役割をもつ。微力ながらこの領域で貢献を続けている。

　いま思うに、ちきゅう南極規模の環境変動に密接な関わり合いをもつに至った基盤はFS-KJ法である。初心で作成した問題提起図解の一匹狼ラベルの存在がある。その問題意識をどこかに抱きつつ、フィールドでのFS-KJ法手帳をフル活用した取材とタッチネッティングで生データをまとめる。さらに本格的なFS-KJ法を活用した現状把握と本質追求。それらの思考・仮説に基づき実証解析へ繋げる。W型累積KJ法のダイナミズムが深層流のごとく活かされてきた。たった一枚ラベルの種子はちきゅう規模の科学探験へおのずと育っている。

　以上、W型累積KJ法について、ラウンド1（R1）の問題提起図解の一匹狼ラベルを中心に述べてきた。R1の元ラベルの語尾は、「～問題だ」「～気にかかる」「～したい」といった情念的発想だ。したがって問題提起は根本的な意味を扱う。ひとつの問題解決は、さらに深い意味の問題意識を耕すことになる。それがゆえに、30年前のR1図解が古ぼけることなく、問題提起図解が宿す意義は増すことに通じる。

　W型累積KJ法における重要な点はラウンドごとの場面転換である。

　第2ラウンドは、現状把握（R2）となる。語尾は「～であった」「～を見た」「～を聞いた」といった事実レベルに基づくR2の現状把握は、時代に応じての調査・解析力が反映する。

　とくに科学的方法論はそうだ。30年前には今のようにコンピュータ技術は発達していなかった。当時は、南極海における数万点の観測点データを一点ごとに手作業で白地図上にプロットした。数ヶ月をかけた根気のいる仕事だった。それがいまや数十万点データといえども、コンピュータプログラムさえあれば一瞬でできる。観測システムもコンピュータ技術により、手作業時代に比べてまさに雲泥の差がある。

　量を大量に捌き、質的結果へ到達する手立てが飛躍化したのだ。その分、現状把握の元ラベルの量は増大し、質は格段に精密になっているはずだ。それは、現状把握の元ラベル群の量と質が飛躍化していることになる。ここに、狭義の意味でのFS-KJ法が得意とする仮説発想ラウンドとしての現状把握図解が活きてくる。

第2の現状把握が量質的に拡充することは、つぎの第3の本質追求ラウンドの展開にとって強い基盤となる。審議レベルの強固なアプローチは、つぎの構想計画ラウンド以降の執行レベルの推進力となる。W型累積KJ法は、問題提起の種子から始まって、ラウンドごとに相対的には区分されてはいるが、まるで生命体の成長のごとく密接に繋がっている。
　W型累積KJ法の活用のコツはラウンドごとの場面転換と連綿性にある。そしてラベル作り、ラベル集め、表札作りおよび図解化の基本技に徹して、円滑と葛藤のプロセスを繰り返し、歩を進める。まさに極地法的な探験ルートの開拓である。

4. 融然の探球へ

4.1. 英国講演からみるFS-KJ法――経験論哲学へ――

　2011年10月に英国のロンドン大学（The University College London）人類学部と創造性センター教育財団（The Creativity Centre Educational Trust, Leeds）において、FS-KJ法の講演をする機会があった。第1回移動大学（黒姫キャンパス）出身の國藤進教授（北陸先端科学技術大学院大学）による創造性科学の国際学術交流の一環として参画した。國藤講演をはじめ計5名が講演。私の講演内容は、自然科学におけるFS-KJ法の意義、活用事例および展望であった。
　私は南極調査研究をとおして、英国の南極研究所や関連機関の人たちと長年交流がある。その経験から、経験論哲学をベースとする英国では、基本的に野外科学的アプローチが理解され馴染みやすいはずだと考えている。しかし国際的に公式の場におけるFS-KJ法に関するまとまった講演である。他の講演者とのバランスを考えつつ、どういった構成にしたらよいか検討し、講演内容を組み立てた。
　講演内容は、具体的にはパワーポイントのスライドに依存する。各スライド（総計57枚）を元ラベルと考え、その全体構成をFS-KJ法図解のつもりで組み立てた。
　第1に、私の講演タイトルを「The KJ Method as Field Science（野外科学としてのFS-KJ法）」とした。野外科学的方法論としてのFS-KJ法を強調した。タイトルはシンプルにふたつの用語の組み合わせだ。すなわち、野外科学とFS-KJ法。FS-KJ法だけでは伝わりにくい。野外科学の用語が必要だ。
　第2に、FS-KJ法創始者の川喜田は、ヒマラヤのフィールドワークおよび技術協力をはじめ、数多くの学術探検研究を実践した。川喜田は、豊富な探検的蓄積からFS-KJ法を具体的な諸様技法として系統化し、探検的アプローチをより洗練化し、普遍性のある方法論へ飛躍させた。そのことを述べた。
　第3に、私の南極環境生態系のフィールド調査研究において、W型累積KJ法

を活用した事例を示した。ちきゅう規模のフィールドワークによる自然系探求アプローチにおいて、FS-KJ法は課題に対して円滑効果をもたらしたことを、具体的事例をあげて解説した。

　第4に、FS-KJ法が社会的に活用されている事例を踏まえながら、その可能性と展望を語った。加えて、日本におけるFS-KJ法は、探検やフィールド経験を重視する英国の経験論哲学と極めて近い関係があることを提示した。

　講演および場外での質疑と対話（Q）に対するその場での応答と、後で考えてみた追加する説明（A）のエッセンスをここで示す。國藤教授をはじめ他の講演者による「質疑応答」のまとめは、別途なんらかの機会で示されるだろう。

　第1に、「Q：論理レベルと感性レベルはどういう組み合わせで使っているのか？」→A：むずかしい質問だ。説明し納得がいく理解には1年くらい必要かも。いま簡略にいえば、FS-KJ法を活用する意義は発想することだ。基本的には、FS-KJ法という媒介手段で考えることで、論理と感性とがどういう融合であろうともおのずと発想できればよいわけだ。加えて、無論理的－亜論理的－論理的レベルの深浅の中でヒトは思考する。厳密な区分けはむずかしい。置かれた情況の中で組み合わせて使っていけばよいはずだ。

　第2に、「Q：FS-KJ法をやっていると事前の予測と事後の結論が変わるのでは？」→A：どこかで閃いた仮説を元に情報整理する方法と質問者がFS-KJ法を捉えている。その段階の質問と感じた。こう応えた。FS-KJ法は、何かの仮説を立てて作業するのではない。事前予測しない立場だ。元ラベル群の意味の啓発によって自ずと決まってくる。

　第3に、「Q：一匹狼ラベルの具体的事例を示してほしい？」→A：問題提起図解をつくったときには、通常ならば無視される現場観察データを一匹狼の元ラベルにしておいた。これが後に深い意味をもち、ひとつの論理構造としてIPCC報告書が引用するほどに大きく発展した。前述した一匹狼ラベルの啓発プロセスの事例を示した。FS-KJ法ははぐれた意見を切り捨てないアプローチだと強調した講演内容へ敏感に反応した質問と感じた。

　第4に、「Q：W型累積KJ法の各ラウンドの具体例を聞きたかった」→A：限られた講演時間に合わせて具体的事例を示さなかった。ラウンド1の問題提起図解の事例をあげ、途中のラウンドを省略し、その結論の知的成果を示すことに限った。時間が許せば、各ラウンドの具体的事例を示し、それらの場面転換と連動性を教示することが大事だ。

　第5に、「Q：ラベル集めはどうすればいいのか？」→A：短時間での実習時のときの質問だ。ラベル間の意味の関係性を議論している。「己を空しうして…」

といった説明の余裕時間はない。映画スターウォーズのヨーダがいう「〈フォースを感じよ！〉の感覚かな…」と助言。案外伝わったらしく、「おおそうか…」といった感じで、そのグループはラベル集めがぐっと進んだ。その助言を意識的に伝えなかった隣のグループは議論を続けており、ラベル集めはほとんど進まなかった。ラフにみれば、直感的把握か、言語的解釈かの象徴的シーンの相違かも知れない。

　第6に、「Q：表札づくりは高次概念へ進めばよいようだな……」→A：川喜田作成による元ラベル2枚のサンプルで表札作りの要点を教えた。伝わるかな？とすこし懸念したが、案外に理解が素早い。キーワードの出し方、表札文の組み立て方が的確と感じた。二、三段目になると、さらに高次概念のキーワードを出していくことも自ずと気づいた様子だ。やはり英語論理力をもつ人は言語要約の底力がある。英国人の実態把握の言語論理力のスマートさに国際会議などの別の機会でも気づかされる。

　第7に、「Q：イメージ絵でのFS-KJ法はできないか？」→A：言語的理解を消して、イメージ実感でまとまることも多いことを教えた。私がつぎに構想している南極油絵画のデッサンを絞りこむために、ちょうどもち合わせていた絵図ラベル群による情念の手間を相当にかけた一切文字無しFS-KJ法図解を見せた。「ああなるほど」という感触で質問者は納得した。事例図解を見せればすばやく理解する能力が高いと感じた。

　第8に、「Q：(パーソナル・コンピュータ（PC）以前の) 情報整理にカード法は使っていたが、そのカード群をFS-KJ法のようにじっくり組み合わせるなど、時間の浪費と考えていた」→A：カードによる整理法はむしろ欧州が起源だろう。知的生産にカード法を使えと教える欧州の書物を参考にしたことがある（ウンベルト・エーコ（1991）『論文作法――調査・研究・執筆の技術と手順』而立書房）。カードシステムはフランス革命前の百科全書派などの知的発想法として使われていたのではないかと推量するが、どうだろうか。どなたか教えて欲しい。カードは知の自由創造にとり伝統的方法だったのだろう。以前に訪れたパリ大学周辺の文房具屋で、本格的なカードとキャビネットが売られており、やはりと思いながら購入したことがある。

　PC以前に、私はカード情報を5,000枚くらい作成した。その中からFS-KJ法の基本データとして使ったものもある。普通はカードのみだけでも役立つ。カードから発想までは難路だ。川喜田はこの難路をFS-KJ法で開拓した。川喜田の独創力は、カードから発想までの知的方法を質的に飛躍させたことだと思う。いまや紙から電子データとなった。電子データの検索は超常的に容易だ。膨大な電子情

報量を扱える。しかし、紙であろうとも電子であろうとも、質的な発想の根本原理は普遍的だ。

第9に、「Q：FS-KJ法図解ができるPCソフトはあるか？」→A：図解をつくるだけならば、いまは多くの市販・フリーソフトで可能だ。エクセルでもできる。お勧めは米国ソフトのインスピレーション。以前訪れたハワイ大学売店では平積みで販売されておりポピュラーなソフトのようだ。ただしソフトはあくまで図の清書であり、FS-KJ法的な発想はしない。

第10に、「Q：FS-KJ法を学ぶのにどういった参考書・文献があるのか？」→A：『発想法』をはじめ川喜田著作は、FS-KJ法を理解していくうえで基本的な参考書・文献だ。FS-KJ法の手順を自学しようとするならば、ウェブサイトで検索すれば、いくつかの大学で座学講義されているようで解説がかなり見つかる。ただし、これらはあくまで畳水練であり、実際の水泳を技化することとは別だ。FS-KJ法の本流とすれば、川喜田を中心に30年以上継続してきているFS-KJ法学会の報告書・資料がある。

第11に、「Q：どういった学習の心構えをとったらよいのか？」→A：西洋の言語的論理思考の理詰めだけではむずかしいと思う。日本でいえば禅的な瞑想の非言語的実感力が基本にある。英国でいえばシャーロック・ホームズの洞察力が近いかも。FS-KJ法は、非言語的実感と言語的論理思考の融合の方法といえる。東洋的感性思考と西洋的論理思考との相互交流の方法になるかも知れない。否、FS-KJ法を媒介することで、融合や交流とかいった対立物の相互浸透ではなく「融然」という言語表現がよいかも知れぬ。ここに、人類史においてFS-KJ法の価値と使命があるかも知れない。こういった視点をもって取り組めば、FS-KJ法が理解しやすいかも知れない。

英国の南極研究の私の仲間のほとんどが、南極でのフィールドワークはもちろんのことだろうが、世界各地での研究打合せや国際会議でも双眼鏡をもち歩いている。バードウオッチングをするためだ。研究会議の合間の昼休み時間でも、英国人仲間は外へ出て双眼鏡を覗く。現地の鳥を観察しては、あれこれ語り合っている。野外へのエクスカーションともなれば、英国人仲間はそろって双眼鏡を覗いては、熱心に鳥類観察する。英国人グループ特有の独特な行動で、「なぜだろう？」と不思議に思わざるをえない。

「なぜ、ブリティッシュは双眼鏡を片時も離さないのか？」私は何度も尋ねた。しかし、みんな笑って答えない。というより、自分たちでも「なぜ」なのかわかっていないほどに慣習化しているのではないか。その双眼鏡の場面に出遭うたびご

とに尋ねた。ある時、スウェーデンでの南極生態系会議のさいに小型船艇でバルト沿海を巡るエクスカーションがあった。英国人グループは当然のごとく双眼鏡観察の一斉行動をとった。その時には私も、カール・ツァイス製双眼鏡をもって仲間入りしていた。逃げ場のない船上のよい機会だ。新参者の弟子が教えを請うように食い下がって尋ねた。

ついに、チャールズ・ダーウィンに容姿が似る教養ある友人がジョーク風に答えた。「われわれ英国人は、水平線の先を常に観ておかないと落ち着かない性分だからね。いつもこうやって双眼鏡を覗く習慣から逃れられないというわけさ」なるほど、英国流のジョークでなく真面目な話として、そうかもしれない。

英国講演の後にあらためて気づいたことだが、川喜田（1967）は、英国人の経験論哲学とFS-KJ法との等価性をとっくの昔に強調しているではないか（中公新書『発想法』145-146頁）。すなわち「KJ法的な発想法は、まさに英国人のこの経験論哲学を実技に移したもののようである。実技に移すことによって、英国人だけの独占的能力と思われたものを、各国民に解放してしまう手法である。…逆にいえば、精神においてKJ法とおなじでありながら、それを名人芸として「いうにいわれぬ」伝統にたよって実行していたにすぎない英国人は、KJ法によってもっともショックをうけるだろう」とさえいい切っているではないか。脱帽だ。

今回の講演先のロンドン大学は、明治維新で活躍した初代内閣総理大臣・伊藤博文らが1863（文久3）年に留学した所であり、大学構内にはその記念碑があった。伊藤は、産業革命真只中の英国の強い国力に学び、帰国後、日本の開国、富国強兵へ邁進する。ロンドン大学では、多くの日本人留学生が伊藤を始めとして学んできている。夏目漱石も1900（明治33）年に留学している。夏目は、英文学研究へ違和感を抱き、帰国後には『我輩は猫である』を始めとする小説を書き、日本を代表する文豪となる。伊藤は西洋から模倣的に学び、夏目は西洋に距離感をおいた東洋回帰といえるかも知れない。素朴な観点でみれば象徴的な史的エピソードである。

今回のFS-KJ法ミッションは、やはり素朴に象徴化すれば、東洋から西洋へ回帰した東洋と西洋の融然の端緒かも知れぬ。ちきゅう時代の要請として、FS-KJ法が英国の伝統的思索性と相互交流し、実り豊かな人類史的野外科学的発想法へ飛翔する転換点かも知れない。いざ知的双眼鏡が必要だ！

4.2. アンデスの地蔵

私が考える時間は、個人レベルでは過去と現在は融然化している。あの頃の過去は懐かしいとか、それは過ぎ去った思い出とかいうのではない。幼児期の経験も、

高校時代の経験も、大学時代の経験も、すべてが現在に融けている。時間は、肉体的には時計として経過しているが、思考・観念においては融然としていると感じる。未来は、過去・現在を孕んではいるが、経験のように実感は伴わない。過去と現在は融然化しているが、未来はその可能性として繋がっているという観点だ。

　時計的時間経過でいえば1974年の時。私は、コロンビアのボゴタからエクアドルのキトへ向かう乗り継ぎバスによるアンデス山中の旅路だった。日本を離れてすでに300日近くを経ていた。ふと気づいた。言語的な思考をしていないのだ。日本語はもちろん英語もほとんど使わず、現地スペイン語は生活サバイバル語のみ。非言語的感性のアンデスの旅は、コンドルが悠然と空を舞うような心地よさだった。

　アンデス高地の峠でバスは止まった。運転手と数名の現地乗客全員がバスから降りた。連られるように私も降りた。広大な裾野が広がる。一望千里の遙か彼方の裾野には、アマゾン川へ注ぐだろう源流の蛇行を遠望できた。

　マリア像があった。一人ひとりが慈母の像に向かって膝まずき頭を垂れて祈りを捧げた。静寂ながら強い場の息遣いがあった。私は祈りの背後に立った。熱心に祈りを捧げる磁場に心が刺激された。そして感じた。「このヒトたちは何に祈っているのだろうか？」しかしマリア像に凝縮した磁場にかすかに戸惑っていた。マリア像の場にとって私は異邦人だ。この磁場に融け込み切れないのだ。

　マリア像の背景をなすアンデスの広大な裾野を眺めた。目前の凝縮と遠方の広がりが交差した。と突然、胸のあたりがひとりでに微動し出した。それに呼応して、あるリアルな像がこの場にありありと目の前に浮き上がった。どこかで幻覚とわかってはいるが、そのあまりの現実一体感に意識が冴え渡った。石造りの「地蔵菩薩」の姿だった。菩薩の微笑と石肌のざらつきとともにその場の感覚が蘇った。その地蔵はすぐにわかった。私が生まれ育った古里村のお地蔵さんだ。村の東側の入口にあったお地蔵さん前の小広場は幼少の頃の遊び場だった。

　「何でこんな場でお地蔵さんが浮き上がってくるのだろうか？」マリア像とお地蔵さん。アンデスの民がマリア像に祈る場が私の生体を感化した。普遍的には共通の素地かも知れない。しかし現象としては、経験的に生体に浸透する深さと質が相対的な区別をしたらしい。マリア像の場に、あまりにもリアルに実感をともなった地蔵空間場の出現に不可思議な思いがした（注8）。

　旅を続けた。アンデス高地からアマゾン川側に標高を下げ、ジャングル地帯に入った。アマゾン・ジャングルで野宿するはめになった。

　一軒家の軒下を借りた。タマネギの入った麻袋に寄りかかり夜を明かすことに

した。満月の光の中で浅い眠りについた。深夜、家の中からがさがさと素っ裸の男児が寝ぼけた様子で出てきた。眼の前でさも気持ちよさそうに放尿した。ぺちゃぺちゃと大地が湿った。尿水に月光が反射した。と突然、胸のあたりの意識がとろりと融けだした。空気が水中のように濃厚になった。意識はますます広がりだした。密林の木々と融け合いだした。密林は静寂どころか木々同士がザワザワと語りあっているさざめきを覚えた。目の前の樹木が私にも語りかけてきた感覚さえした。さらに

写真2　1999／2000年南極海洋生態系開洋丸調査航海時における船室でのKJ法作業。丸窓からは氷山が見える。このときは日英米露の調査船による大規模な国際共同で、ちきゅう一周の長期航海となった。過去7回分の南極海調査記録を元ラベル群として、ダーウィン著『ビーグル号航海記』を座右に置き、腰を据えてじっくりとKJ法に取り組んだ

意識はぐんぐんと広がり、これまで巡ってきたちきゅうの大地や、さらに何かもっととてもなつかしい濃い世界ともつながっている気がした。ちきゅう胎内の羊水で呼吸をする胎児のような深いふかい安らぎを感じていた。アマゾンの融然であった。そのまま東回りのちきゅう一周を続け帰国した。丸一年の放浪であった。ちきゅうが古里のようななつかしさで融け込んだ。

　アマゾン密林での体験はとても不思議だった。この体験がのちにFS-KJ法を発見する縁につながったと思う。

　私はこれまでちきゅうを三周した。いずれも長旅だ。一回目が大学を休学して単独者としての一年間東回り放浪だ。二回目は、大学院修了ポストドクターとしての南極海調査における半年ほど東回り航海だ。三回目は、南極海の国際共同（日本・米国・英国・ロシア）調査の日本側リーダーとして半年ほど西回り航海だ。その他の数多くの南極海洋航海を含めると乗船日数は千日を超えている。航海中はじっくりと腰を据えてKJ法作業ができる（写真2）。私のKJ法作業はちきゅう感覚が融け合っている。表札作りで難渋した場合には、元ラベルのいわんとする志を水平線に置いてみる。発酵するのを待つ。すると水平線の彼方に遠雷をともなったスコール雲のようにキーワードが湧いてくる。こうして私のKJ法作業はちきゅう感覚と融け合う。

　KJ法ラベル群を眺めると遥かな想いがする。KJ法作業に取り組む。個別ラベルのデータは無論理‐亜論理‐論理の相対的なレベルで表される。ただし、通常の思考個別ラベルの細部に因われると、ラベル集めは悲しいほどに進まない。言

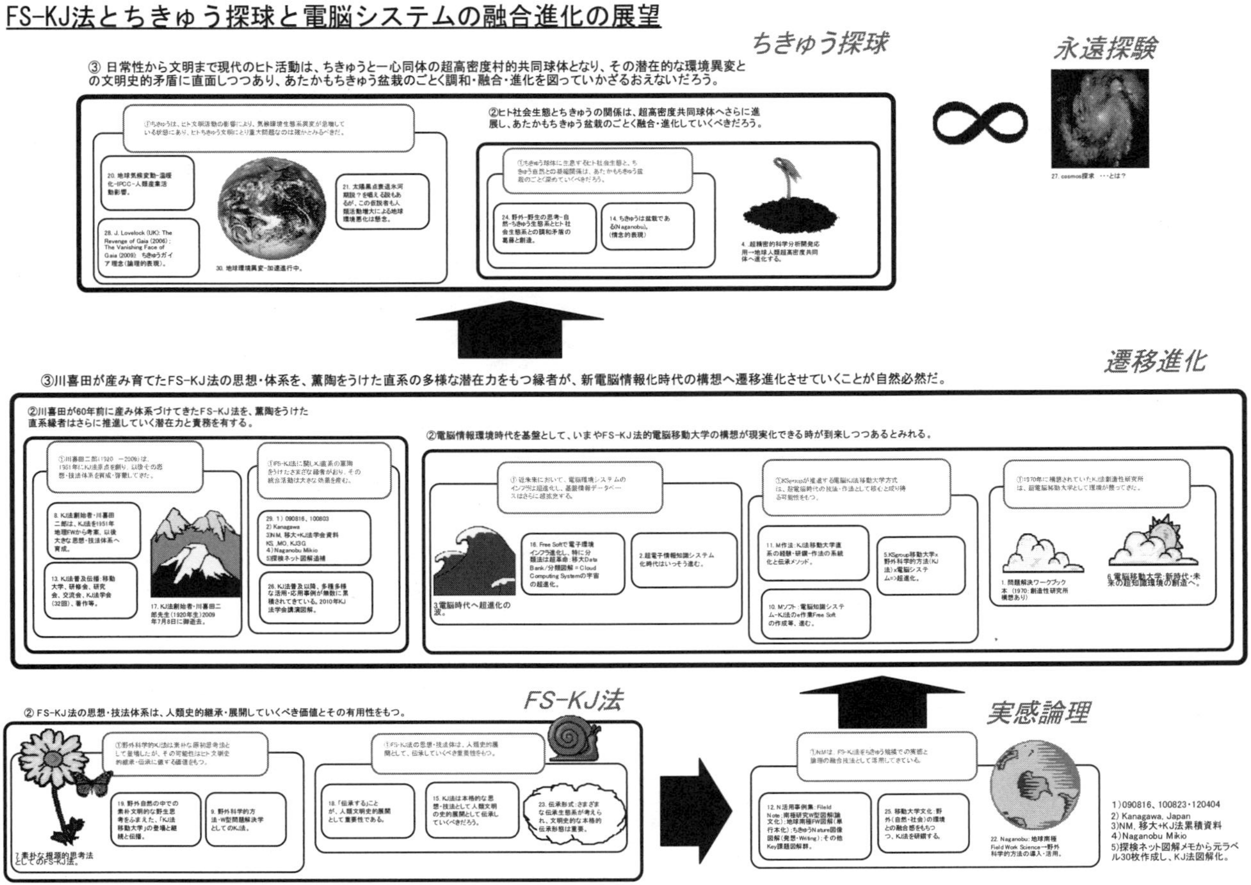

図8 FS-KJ法の展望。KJ法に関する蓄積資料およびKJ法活用者との討論を含めて本質追求的KJ法の姿勢でまとめた。アナロジーとして「ちきゆう」は盆栽である」の視点での探球論と超球論を超膨張する電子文明社会との融合進化を考察した

語を読みつつかつ言語から離れつつ、個別ラベルのいわんとする志を全体ラベル群との無数な交流の渦に身心をまかせきる。このときには言語的論理思考ではない非言語的感性を働かせるような心持ちが肝要だ。身心が整うような感覚がする。胸のあたりに感じる心づかいのゆるやかな胎児のような呼吸をともなって読む。自ずとラベルが集まってくる。

このラベル集めの感覚は、「アンデスの地蔵」、「アマゾンの融然」そして「水平線の彼方」から浮き上がってきた感性と等価性があるような気がする。言語的思考を媒介としているものの、この非言語的感性がラベル集めを円滑に進めてくれる。数百枚のラベル群が遥かな想いの場となる。遊ぶ幼児の素心か。この素心がデータの意味に応じて高次に回帰し、満ちた安らぎを覚えつつKJ法が進む。ここにKJ法のむずかしさがあり、逆に同時に、万人に開かれたやさしさが潜んでいる。

4.3. 文明史におけるFS-KJ法の可能性

前述してきた諸状況を踏まえて、FS-KJ法には、どのような未来展望や可能性が考えられるのだろうか？　この緑の大陸の探験地図は、どのような磁針ルートで創られていくだろうか？　ここでは、未来展望と可能性の羅針盤上に浮かぶ磁針ルートの考えを要約する（図8）。

第1に、「FS-KJ法移動大学」は、素朴文明的な根本思考の育成にとって稀有な伝承力をもつと考える。移動大学に参画する以前のちきゅう探験旅行を通じ、感性的認識の重要性を私は覚えていた。そして移動大学において、元来、ヒトが培ってきた思考形態をフルに活用し、蘇らせる学習効果があると深く実感した。「FS-KJ法移動大学」の展開は基本的に重要となる。

第2に、現代科学技術は最も高度に発達している。超精密的科学分析開発応用の時代だ。ところが、この科学技術によって導かれてきた人類活動影響により、現在のちきゅうは変化し、環境危機が科学予測されている。これまでのように論理客観主義の科学技術のみではなく、第1の感性的認識との相互浸透的連動が必要だろう。

第3に、現在超進化している電子情報知識システム化時代はいっそう進むはずだ。電脳ネットワーク情報化は、宇宙人工衛星による俯瞰と、現場実態・計測リアルタイムと、コンピュータ・シミュレーションモデルとが三位一体となって緻密に加速化するだろう。

以上を総括的に考察すると、「ヒト文明はちきゅう球体において、超高密度共同体へさらに展開しつつある」といえよう。この動態は「ちきゅうは盆栽である」

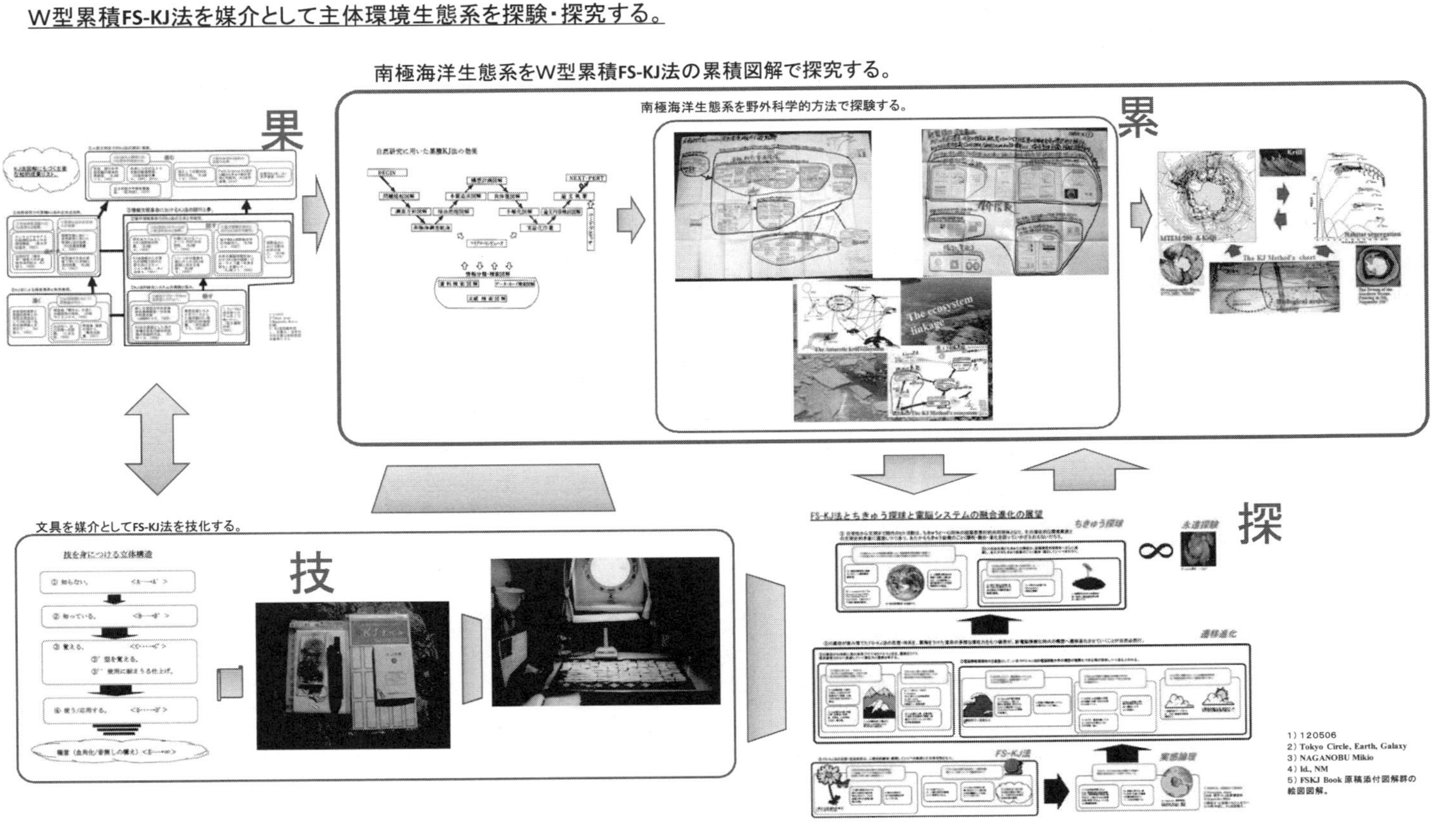

W型累積FS-KJ法を媒介として主体環境生態系を探験・探究する。

南極海洋生態系をW型累積FS-KJ法の累積図解で探究する。

南極海洋生態系を野外科学的方法で探験する。

果

探

果

技

8 本道原稿

1) 120506
2) Tokyo Circle, Earth, Galaxy
3) NAGANOBU Miho
4) id, NN
5) FSKJ Book 書籍添付図解群の絵図解兵。

図9 本論考でもらいた写真2枚と図解8枚を図絵元ラベルとしてKJ法的発想でまとめた図解。このように視点をさらに広めて図解化することで抽象概念が高まる。したがってKJ法的発想を図絵元的にとりつづける意志と材料があれば、さらに抽象度を凝縮していける。あるいは逆に抽象を還元的に掘り下げていく意志と材料があれば、より精密な分化領域へ入り込んでいける。このようにKJ法的発想技法を媒介とすることで、望遠鏡的おおよび顕微鏡的視座から感性的おおよび論理的な重層性をもって探験ルートをより開拓しやすくなるだろう

とでもアナロジーでたとえられるほどに高密度の凝縮化が進んでいる。これからもいっそう進むだろう。第1の素朴文明的根本思考・発想とともに、第2と第3の論理的解析把握との統合・融合が不可避となるだろう。ここに、W型累積KJ法のような統合的作法を基盤とするFS-KJ法の効力と可能性が存在する。加えて、FS-KJ法の研究・普及・応用の諸基盤をどういう運用形態としての「FS-KJ法移動大学」の活動媒体が重要な課題となるだろう。

マゼランは、500年前にスペインの港から、未知の水平線を超え西へ西へと針路をとり、暗黒のちきゅう地理空間に一筋の光明ルートを開いた（注9）。そして今、現在進行形のコンピュータ技術文明は、ちきゅう情報空間に超高密度ネットワークを築いている。ちきゅうヒト文明の生態系は、地理空間場も情報電子場も占有しつつある。うちゅう空間の探験へ向けた極地法だろうか？

FS-KJ法は、ヒト文明の意味空間場において、360度の知的探験の可能性を示唆する（図9）。この可能性の水平線を超えた先に何があるだろうか？　水平線の彼方に焦点をあわせた双眼鏡の視野に感じる微かなものがある。現実体であろうか、蜃気楼であろうか？　探験的針路で確かめよう。いざ帆掲げよう！

5. エピローグ——永遠の青春のたましい——

川喜田二郎先生が黄泉の国へ旅立たれた。とても哀しい。「川喜田二郎が亡くなったとは信じない」というお悔み電文がご親友の方から届いていた。亡くなられたのは「事実」だが、この方のお気持ちには深く共感できる。けれどもこの小文で、わたしが触れた亡くなられる直前の変化のご様子を記しておき追悼の意を顕しておきたい。

2009年7月1日（水）午後12時過ぎ、川喜田喜美子夫人から携帯へ留守電が入っていた。「川喜田の容態がかんばしくない」川喜田先生は、東京都心の渋谷の東邦大学病院へ入院中だった。19時25分に病室を訪れた。医者と看護師らが先生を囲んで緊急治療を施していた。酸素マスクを付けられてはいたが、呼吸がくるしそうだ。「永延君が来てくれたよ。しっかりしてー。わかるー」喜美子夫人が耳元で声をかけられた。「川喜田先生、ナガノブです。しっかりがんばってください」数度声をかけた。「うーん、うーん」と答えられた。右目を動かされて焦点を合わせようとされている様子だ。左目は弱っている様子で瞼はほとんど動かない。手を握った。軽く握り返された。「先生の手はこんなにすっきり美しかったのか。これがKJラベルを積み上げてきた手なのだ」しばらくすると容態も落ち着かれた。しかし担当医師の説明によると「全体の容態はかんばしくない」と

のことだった。
　7月4日（土）19時病室。移動大学の川井田聰さんが同行。3日前に比べかなり弱られていた。ふつうに声掛けても反応がほとんどなくかなり衰弱されていた。酸素マスクをつけながらも荒い呼吸だった。ところが、川井田さんが「これをいえば元気になられるはず」といって、「カワイダです。移動大学をまたやりますよー！」と耳元で叫ばれた。すると荒い呼吸がすーっとおさまり、穏やかな表情となり、右瞼を開かれてみつめられた。移動大学の言葉が先生を元気づけたのだ。川喜田先生は、川井田さんらとともにこれまでの日本国内版の移動大学を国際的な地球移動大学へ展開する構想案を打ち上げられている。移動大学の神通力が通じたのだ。
　ならばKJ法だ。「ナガノブです。がんばってください。KJ法をしっかりやりますよー」「移動大学」と同じように「KJ法」という呼び掛けに反応された。しかも微かながらも数度うなずかれた。さらに「うーっ」と小声をだされた。何かをいおうとされ頬と口元が動いた。声はでなかった。かわりに額が上下に微かに動き、右瞼がひらき微光が輝いた。先生のまなこの焦点が私のまなこを刺した。「大事なアイコンタクトだ」新奥まで澄み切った眼だ。先生は見続けられた。さらに頬と口元と額をかすかに動かされた。声にはならない。代わりに透徹した眼の微光で、うちゅう線のごとくに何かがするどく迫ってきた。とても長い時間を感じた。黙してうなずいた。ふとうちゅうを感じた。うちゅう星雲の渦巻きを覚えた。ことば以前の溢れるばかりの何かが満ちてきた。川喜田先生のあの爽やかな全人格体心そのものだ。それは無限の希望に融け合っているとさえ観じる。「ああ、川喜田先生のたましいは青春そのものだ」手を握り還した。うちゅうに息づく先生のたましいを深く感じた。
　翌7月5日（日）午後には、古くから先生直系の訓育を受けてきた方々が見舞いに来られることになっていた。この日の午後はずっと看病されている喜美子夫人が外せない用件があり不在された。代わりに私はずっと病室に控えていた。先生は酸素マスクを着けたまま荒い呼吸がつづく。しかしその荒い呼吸にじっと耳を澄ますと、それはまるで長距離走者のように身体へ酸素を補給するたくましさを感じる。それでも安らかな呼吸になられるとやはりほっとする。
　先生と無言で対話する時間がゆったりとあった。お痩せになり顔立ちの彫りがいっそう深くなられている。発想豊かで創造力そして行動力ある先生の身体がひと呼吸ごとに枯れていく。枯れていく身体とともにその身体が醸す思考も消滅していくのか。いのちあるすべてのものがたどる根源的無常なのか。いや、だからこそ逆に輝きを増してくるものを痛切に感じていた。先生は、「諸行の無常の流

れにあって、己を空しうしてデータに語らしめ、いのちが生きることを創造的に探求する法として、KJ法を産み育てられてきた」。身体は枯れていくが、先生のまさに伝えようとされた法が純化され、存在し、躍動してくる。眠り続けられるお姿にギリシア哲学者の彫像のような端正さを覚えていた（注10）。

　15時に、高山龍三さんと、ペマ・ギャルポさんが同行してこられた。お二人は先生にむけて声をかけられたが身体的反応はなかった。大阪市立大学以来の長いご縁があり、先生をもっともよく知るひとりである高山さんは何度も声をかけられた。数日前まで声をかければ眼をあけられていたが今日はかなり弱られている。チベットをとおして深いご縁があるペマさんにとって先生はかけがえのない恩師にちがいない。ペマさんは先生のそばに寄り何度も声をかけられた。先生のお姿に深い哀しみに全身がつつまれながらも、チベット精神を満身に漲らせた深い感謝の念が溢れていた。高山さんとペマさんのお二人は最後の深いお別れをされて静かに病室を去られた。

　17時に、岡部聰さんが来室された。岡部さんは、川喜田先生とは東京工業大学学生以来ずっと深いお付き合いのある方だ。黒姫移動大学立ち上げの中心スタッフであり、ヒマラヤ技術協力も同大山岳部メンバーとして核となられ最前線で活動された。岡部さんは、「オカベがきましたよ」と呼び掛けても応えられない先生のご容態をすぐに察せられた。

　しかし岡部さんは、先生の耳元でこれまでの先生との楽しかった思い出を切々と語り続けられた。「先生、移動大学はたのしかったよ。ありがとう。先生、またやろうね。先生、ヒマラヤはよくやったね。すばらしかったよ。先生、いっしょに歌った琵琶湖周航の歌を、またいっしょに歌おうよ……」先生の耳元で語り続けられる岡部さんの姿は恩師に対する深い感謝の念に満ちていた。岡部さんの思いは先生の意識にはきっと通じているはずだ。

　「岡部さん。先生に琵琶湖周航の歌をうたってあげられたらいかがですか」さりげなく提案した。「よし歌おう」「われはうみのこすらいの　たびにしあればしみじみと　のぼるさぎりやさざなみの　しがのみやこよいざさらば……」岡部さんは、川喜田先生といっしょに歌っているかのように、朗々と繰り返し歌われた。奇跡がおきた。先生は右目の瞼の微かな気配で岡部さんの歌に応えられた。幽玄に「琵琶湖周航の歌」を共に歌われていたと信じる。見事なお別れである。この3日後の7月8日早朝に、先生は黄泉の国に旅立たれた。

　川喜田二郎先生のたましいは、青春の、京都の里を、琵琶湖巡りを、大興安嶺を、移動大学の開催地を、ヒマラヤの足跡地を周航し、そして自ら創造してきた思想・方法の人類史的伝承を念じておられると観じる。いのちある身体が消滅し

ても、その身体をとおして生まれた知的遺産は輝きをいっそうに増す。川喜田先生が思索し、実践し、創造されてきた思想・方法は、人類史的大海を耕しながら様々ないのちを育む大海流として場が形成された。この形態場をダイナミックに活かし伝承し進化させていくのは、先生から直接に教えを受ける僥倖に恵まれたわれわれ多くの縁者の責務でもある。

なお黄泉の国がどういうところか知らないが、今西錦司先達が川喜田先生を出迎えておられるかも知れぬ。「おう川喜田きたか。ここはおもろいところやで。どうやつぎの探検計画を練ろうや」「そりゃおもしろそうですな。よしやりましょう」そこへやや遅れて人生の智友である梅棹忠夫さんがやって来られた。いっそうにぎやかになった。永遠の青春のたましいの発想が黄泉の国でも湧きだしているかも知れない。

川喜田先生と同時代に生き、出会え、教えを受けるご縁があったことを誠に幸せに存じる。教えは生き続け人類文明のパイオニアワークとして伝承・貢献する。

注

(注1) 私がFS-KJ法を活用した主要な事例27つのタイトルをリストアップする。ここで示した事例は、論文・報告書などで活字発表しているもので、必要に応じて入手可能なものだ。「FS-KJ法を活用」という意味は、FS-KJ法図解をきちんと作成して物事を進めるということだ。苗木のままの課題も多い。ただし果実を収穫できるまで育ったものもある。個々の課題群が全体として発想を支援してくれている面もある。ささやかながらの育成林だ。微力ながら、FS-KJ法の伝承において参考になれば幸いである。

- 1987.「富士移動大学報告書・データ集・図解集」(川喜田二郎・移動大学報告書編集委員会/川喜田研究所)。：富士山麓で開催した移動大学記録の三部作として、参画者による報告文書、全データカード集および大判図解集を編纂・刊行。W型累積KJ法の図解集はまさに現代版富士講曼荼羅。
- 1979.「国際協力における野外科学の導入」(KJ学会研究報告2/川喜田研究所（以下：KJ研))。：インドネシア派遣の国際技術協力訓練生グループが移動大学方式によって実施した内容。探検取材、花火日報、データカード、KJ法図解をフィールドで活用。
- 1980.「自然科学（海洋学）研究での大量統合法の試み」(KJ研3)。：大学

院での研究スタートにあたってテーマ探索のため、元ラベル846枚により試みた大量統合法。膨大な作業であり、川喜田先生に指導を仰ぎながら、最終的にインデックス図解の模造紙13枚を作成。

- 1980. FS-KJ法図解から文章化の段階で試みた若干のバリエーション技法。(KJ法研4)：〈多次元的意味をもつKJ法図解→二次元的な模造紙上の図解→1.5次元的な書く順序を考慮した探検ネット→一次元的な線としての文章表〉と、図解から文章化までへの段階的工夫を試行。

- 1982. 非言語的実感と言語的思考との相互交流技法としてのKJ法－私的生体探検とを絡めて。(KJ研5)：KJ法を媒介とした実感と論理の亀裂から融合への私的探験記録。身心とKJ法との相互浸透を具体的に語る。個人的には、KJ法の血肉化を意図・解釈した記念すべき論考。

- 1983a.「ナンキョクオキアミの地理的分布とその環境構造」(博士学位論文/東京大学大学院農学系研究科)。：大学院博士課程の研究テーマ「南極オキアミの環境生態」に、南極海フィールド調査を含め、W型累積KJ法を徹底的に応用した。丸4年間をかけた成果としての学位論文。

- 1983b.「研究論文作成の過程で用いた累積KJ法の効果」(KJ研6)。：学位論文作成で用いたW型累積KJ法の解説。問題提起ラウンドから論文執筆までの解説。事例的・実戦的な視点からラウンドごとに語っている。KJ法の導入を考えている研究者の卵には今でも充分に参考になるだろう。

- 1984.「行動におけるパッケージPERTの有効性」(KJ研7)。：KJ法作業者はややもするとW型累積KJ法の前半の審議レベルに留まりがちだ。だが後半の執行レベルに行動のダイナミズムがある。思考から実践へだ。KJ法流のパッケージPERTを狭義のKJ法と同様に使うケーススタディ。

- 1985a.「国際学際に挑む――自然研究に用いた累積KJ法の効果」(KJ法実践叢書4/プレジデント社)。：川喜田二郎監修のKJ法実践叢書単行本。学位論文作成でのW型累積KJ法の活用を一般向けに解説。加えて自然研究の客観性だけでなく、自己思索の主観性に及ぼす効果を包括して述べた。

- 1985b.「いくつかの重要文献にみられるKJ法解釈に対する考察」(KJ研8)。：KJ法の名が社会に広まるにつれて皮相な解釈も登場。KJ法は無意識的思考に反逆するハードシステムだ、逆に主観的過ぎるといった諸々の内容。技化論でいう〈知っている〉レベルでの一面的批評を考察。

- 1986a.『炎の村へ――自己回帰への探験――』(たま出版)。：1979年「な

ぜ私はちきゅう探験旅行をしたのか？」を主題に本質追求的元ラベル91枚でKJ法図解作成。思わぬ内容となった。この図解をベースに7年間さらに思索を重ねた。そこから著したのがルポルタージュとしての本書。

- 1986b.「図を元ラベルとしたKJ法図解の効果」（KJ研9）。：研究発表では大判ポスターをよく使う。そこで研究成果の図を元ラベルに見立ててKJ法図解を作成。これを発表用ポスターとした。意味が凝縮した成果による図解であり、自他とも趣旨・内容を構造的に捉えやすくなった。

- 1988.「調査船「開洋丸」の見た未確認飛行物体」（サイエンス9/日経サイエンス社）。「筆者が語る「未確認飛行物体」（サイエンス11/日経サイエンス社）。南極海調査航海中と太平洋航海中の二度にわたり、私を含む計9人が未確認飛行現象に遭遇した。全員から取材し、異様なデータ群をKJ法で語らしめた。KJ法をとおして得た全体像はいわゆる通称UFO現象であった。再現性を重視する科学的方法および既存知見とははるかに異なる現象であり公表までに難渋したが、結論として科学雑誌Scientific American日本版に記載された。解釈なしの事実データ報告は大きな反響を呼んだ。KJ法をとおして確信を懐かなかったら、オーソライズされている科学雑誌でとうてい刊行できなかっただろう。

- 1989.「新しき潮流の沖合漁場総合基礎調査－日本海大和堆水域」（JAMARC35/海洋水産資源開発センター）。：海洋調査3カ年計画プロジェクトの遂行にW型累積KJ法を導入。日本海の大和堆漁場水域に関わる多様な専門家を結集し、問題提起から構想計画まで実施、効率的成果を得た。

- 1990.「KJ法を基礎とした海洋漁場生態系の統合的認識の系統的方法」（KJ研13）。：KJ法導入による大和堆水域調査成果を踏まえ、より普遍的アプローチを探った。総合的認識を必要とする海洋漁場生態系調査研究において、KJ法による系統的方法の可能性を検討した。

- 1991.「こういうKJ法支援システムをこう使いたい」（国際シンポジウム/富士通国際研究所）。：パーソナル・コンピュータ普及がかなり浸透してきた時代。KJ法を電子ソフトでやりたいという気運が高まっていた。データバンク含めた系統システムの重要性を強調した。

- 1992.「序説：現代科学技術観の根本的再構築」（KJ研15）。：「現代科学技術観を見直す根本的テーマを扱え」と川喜田先生からまるで禅の難問公案のごとく投げかけられた。過大テーマだと感じたが、序説としてとり組んだ。KJ法は生命論的世界観を目指していることをあらためて理解

した。
- 1993.「発想支援システムをベースとした海洋版 GIS- 南大洋 PIES 計画覚書」(『月刊海洋 23』海洋出版)。：コンピュータ技術の進歩により、各専門分野で GIS（地理情報システム）の研究・応用が活発になってきた。そこで、GIS に意味をもたせる KJ 法発想支援システムを提唱。
- 1996a.「未来につながる 20 年前の師弟問答」(川喜田著作集 6『KJ 法と未来学』/ 中央公論社)。：川喜田著作全集への解題文。リアリティと言語との矛盾・葛藤を問いかけ、それを止揚していくルート開拓が KJ 法と自覚するまでの本質追求的な師弟問答。
- 1996b.「技としての野外科学的方法」(KJ 研 19、1996b)。：「KJ 法を身につけたいがどうしたらいいか？」よく問いかけられるようになった。不肖ながら、先達として KJ 法の技化論をまとめた。自己の経験を総括し普遍化をめざしたものだ。技化の構造論は具体的に参考になるだろう。
- 1997.「電子版 KJ 法移動大学の可能性へ」(KJ 研 20)。：時代は超電子ネットワーク時代へ展開しつつある。FS-KJ 法を核とした電子版移動大学の夢を語り始めた。本学会の招待講演は、ジャーナリストの本多勝一氏「パイオニアワークとは」。探検心が未知を開拓する。
- 1998.「未来の電脳情報社会における KJ 法の価値——ビル・ゲイツ著「未来を語る」を読んで——」(KJ 研 21)。：超電子ネットワークの未来は？マイクロソフトのゲイツ著作の読書感想の KJ 法図解を作成。魔法のテクノロジーが支えるのは人類の創造的価値の構築。
- 2003a.『南極海 −極限の海から−』(集英社新書 / 集英社)。：南極海をテーマとした新書刊行。フィールド探検日報から多数を元ラベル化。折からの南極海調査のちきゅう一周航海船上で KJ 法図解作成・文章化。ちきゅう南極環境について臨場感をもって執筆。ちきゅうは盆栽化しつつある。
- 2003b.「サイエンス・ノンフィクションに用いた野外科学的方法」(2003 年 KJ 学会講演要旨集（以下：講要)）。：新書版『南極海』に KJ 法を活用したケーススタディ。KJ 手帳を駆使した南極海フィールドでの探検ネット・ノートから、KJ 法図解作成、文章化。図解は現代の意味チャート。
- 2008.「拈華の KJ 法」(2009 年 KJ 法学会講要)。：KJ 法として伝承すべき意味を探った。紙から電子文化への融合。要素還元主義と総合発想との相互浸透。W 型累積 KJ 法の論理展開。これらを考察した上で、「知る」というヒトの文化史行為において、KJ 法は伝承すべきと結論づけた。
- 2010.「Field Science KJ 法から観るちきゅう素朴探球と可能性」(2010

年 KJ 法学会講要）。：ちきゅう南極海の環境生態調査研究に取り組んできた私の自然生態観を、FS-KJ 法アプローチをとおして包括的に示した。FS-KJ 法によるちきゅう探球アプローチへの可能性を語った。
- 2011. 英国講演「The KJ Method as Field Science.（UCL and CCET,UK, 2011）（野外科学としての KJ 法」（2011 年 KJ 法学会講要）。：FS-KJ 法の英国講演（ロンドン大学人類学部と教育財団創造性センター）により実感した FS-KJ 法の包括的考察。英国の経験論哲学との等価性を強く覚えた。

（注2） FS-KJ 法は、情報処理がコンピュータ以前の紙文化時代に生まれている。FS-KJ 法は、取材手帳、データカード、ラベル、模造紙など、紙文明を基盤としている。いまや電子情報文明は紙時代を人類史レベルで変革した。電子情報文明は、今後いっそう超高速に膨張し新しい情報宇宙構造が形成されていくにちがいない。

コンピュータが一般に普及し始めた時期に、もはや KJ 法はコンピュータにとって代わるといわれた。ところが、ヒトの発想、問題解決、創造活動は、基盤となる情報の量と質に依存するものの、基本的には石器時代だろうが、大航海時代であろうが、現代であろうが、そしてたぶん超未来であろうが、根本的な普遍課題であるはずだ。むしろ電子情報文明を基盤とすることで、この普遍課題に FS-KJ 法は本質的に寄与するだろう。技術科学の進歩と思考活動の本質的な進化は、相互影響するだろうが、相対的に区別して考えたほうがよさそうだ。

（注3） 一般に広まっている KJ 法に対する理解や批評は錯綜している。文化社会系の立場からは、コンピュータプログラムのような固定的思考で柔軟性に欠けるという批判がある。逆に、数理系の立場からは定性的で主観的過ぎるという。他方、もちろん多くの分野で KJ 法を高く評価するヒトたちは数多い。こうした中で、竹内均教授の評価は、知的認識の方法において KJ 法の何たるかをよく捉えられていると思う。

さらに付け加えると、KJ 法には狭義と広義の方法として解釈される必要がある。上記の通念的理解は主として狭義 KJ 法に対する意見だ。KJ 法という場合には、「W 型累積 KJ 法」という概念と系統的な技法の流れを理解しておく必要がある。広義の KJ 法は、本論考でいう FS-KJ 法といった体系的な方法論であり思想だ。川喜田二郎が、構築・体系化し、構想し、あるいは夢みていた思想山脈ははるかに広大で高邁である。

KJ法を技法面からのみで見ようとすると、その思想山脈の全貌は観望できないだろう。

私の考えで要約すれば、「川喜田思想は、フィールドと認識との関係の本然・根本問題に、野外科学的方法で全人格的に具体的に取り組み、W型累積KJ法を基盤とした問題解決学という認識論と実践論と鑑賞論の螺旋的循環のルート開拓による、壮大な文化創造に向けた正々堂々たる登攀である」と評せざるを得ないほどの気宇壮大な山脈だ。

さらに、上記の抽象的な言語表現を、イメージが湧きやすい立体的な建築物になぞらえてみよう。これは、「どうしたらFS-KJ法の全体像を理解し、研鑽し、技化し、伝承していけるか？」について、川喜田を含むKJ法仲間とのKJ法学園（アカデミア）イメージを語り合った中で浮かんできた。私見的な空想だ。

やはり野外科学的方法をめざすには、ちきゅうをフィールドとした移動大学方式のテントキャンパスが理想的だろう。あるいは千年続いている山奥の修行道場のような透徹した研鑽方式からも学べよう。

とはいえ、より普遍性のあるイメージでいけば、FS-KJ法の技法哲学に沿った構築物を造るのもよい。例えば建築物を、W型累積KJ法に合わせてW型に構築するのだ。ラウンドごとに教室を設ける。第1ラウンド：問題提起（芸術家・宗教家の如く）→第2ラウンド：現状把握（探検家・科学者の如く）→第3ラウンド：本質追求（哲学者の如く）→第4ラウンド：構想計画（政治家の如く）→第5ラウンド：具体策（工学者の如く）→第6ラウンド（技術者の如く）→第7ラウンド：実践（実務者の如く）→第8ラウンド：評価（評論家・鑑賞者の如く）といった具合だ。一貫した流れをもちつつも空間的な棲み分け配置によって、W型累積KJ法の特徴であるラウンドごとの心構えが整えやすくなるだろう。

さらに建物は、W型累積KJ法の対象の深みに応じて階層性（無論理的思考——亜論理的思考——論理的思考）をとる。まず1階は、事務・支援階とする。2階は、暗黙知レベルを含む始原的な「無論理的思考」階。3階は、格言レベルを含む中間的な「亜論理的思考」階。そして4階は、科学レベルを含む論理的な「論理的思考」階。そして5階には、これらの統合ともいうべき「問題解決的融合思考」階とする。地下1階は、電子媒体を含む成果物・知識の収納庫・図書庫とする。

屋上には五つの孤独塔があり、単独者によるKJ法の作業場とするのもよい。W型累積KJ法モデルの思考レベルと経験レベルの往復運動をイ

メージできるように、思考レベルの出発点と中間点と最終点に三塔、および経験レベルの観察点と実施点に二塔を備える。

全階をつなぐ階段は累積的探究をイメージした螺旋状がよい。哲学的構築物として意味をもたせた空想ならば、古代メソポタミア文明の山形の聖塔ジッグラト（ピラミッド状の螺旋建築物）をなぞらえることも趣がある。自然と人為の融然環境として、富士山型の自然山岳地形を活かして、螺旋的登山道に沿ってＷ型累積KJ法の哲学堂を配置する夢想も浮かぶ。無重力の宇宙空間での哲学塔も銀河鉄道並みに幻想が浮かぶ。

（注4）FS-KJ法に関する入手しやすい基本文献は、川喜田（1967）『発想法』・（1970）『続発想法』（いずれも中公新書）。まとまった著作集として川喜田二郎(1995－1998)『川喜田二郎著作集(全13巻別巻1)』中央公論社。フィールドワークの学術的成果として英文図書「Kawakita, Jiro (1974) The hill Magars and their neighbours: hill peoples surrounding the Ganges plain, Tokai University Press.」FS-KJ法についてはこれらの著作を参考にするのがよい。

（注5）1968年にスチュアート・ブランドによって『Whole Earth Catalog』が創刊された。表紙は宇宙から撮影された丸ごとのちきゅうであった。パーソナル・コンピュータ以前のカウンター・カルチャーにとってバイブル的存在として大きな影響を与えた。全米で150万部のベストセラーとなり、1972年には全米図書賞を受賞したという。

私もちきゅう一周放浪後に入手し、ちきゅう感覚を再吟味した。『Whole Earth』のパイオニアであるブランド（2011）は、俯瞰的な最新地球論として『地球の論点──現実的な環境主義者のマニフェスト、英治出版』を刊行。超高密度電子情報文明化時代に突入した今、ちきゅうをトータルに観る感性と論理はさらに膨張している。

（注6）FS-KJ法は、1970年前後の世界的なムーブメントの種を宿していると強く感じる。とく移動大学はこれらをシステムとして包括しているのではないか。自然回帰のキャンプ生活。キャッチフレーズの「雲と水」に表される素朴さ。体験・感性を重視したフィールドワークのデータバンクによる情報整理、そしてＷ型累積KJ法による自主的な知的発想をともなった問題解決アプローチである。FS-KJ法移動大学は紙文化のコ

ンセプトだが、むしろ超電子文化時代にこそ応用が効くのではないか。電子情報データバンクでは時空間的制限が技術的に解消される。つぎなるは感性と理性の融然を重視した発想・問題解決アプローチとなるからだ。

(注7) 南極海洋生態系の自然調査研究を行ってきた。調査研究には専門領域の知見や方法が必須である。ただし、いったん得られた知見は意味として言語要約（元ラベル化）できる。そこで通念上の専門分化の範疇に拘ることなく、断片的知見群を元ラベル化してKJ法で組み上げていく。しだいに表札づくりが重なると抽象度が増す。そこで真底に感得したのが南極生態系の周極構造だ。この直感・感性レベルを油絵で描き、「The Dream of the Southern Ocean」と名付けた。この絵画は一般的な科学的論理とは別の観点としての情念的な表現形態だ。南極海洋生物資源保存委員会（CCAMLR）事務局（豪州ホバート）所蔵。

(注8) ジョン・ガイガー（伊豆原弓訳：2010）『奇跡の生還へ導く人——極限状況の「サードマン」現象』新潮社。通常の思考から逸脱せざるをえないとくに極限の自然環境では、ヒトはリアルな異様感覚現象に遭遇するようだ。本書で、南極探検のシャックルトンや高山無酸素登攀のメスナーなどの多くの事例が挙げられている。これらに私の経験から共感できる。これらは、FS-KJ法による思考の探検圏として、ヒトが深く感得し思索する上で重要な働きを示唆する。

他方、思考の源である脳と心の働きについてはそれこそ無数の知的成果がある。例えば最近味読したジャン＝ピエール・シャンジュー、ポール・リクール著作（会田正人他訳：2008）『脳と心』（みすず書房）は、フランスの神経生物学者と哲学者との対話形式で、分子レベルと統合知（美や創造性）との諸関連について論じる。味わいある内容だ。こうした科学的・哲学的な探究をへて将来、FS-KJ法の手順の意味が解明されていくかも知れない。思うに、手作業としてFS-KJ法を使っていくことが、関連知の探究においても役立つだろう。

(注9) ツヴァイク（関楠生・河原忠彦訳：1998）『マゼラン』みすず書房。伝記作家ツヴァイクが描きだす世界探検史上最大級の地球周航（1519 - 1522）を成し遂げたマゼランの人物像と偉業。スペイン船団5隻・総計

265名で出発し、わずかビクトリア号（85トン）1隻・18名生還。「初めに香辛料ありき」で書きだされる。交易の商務的利益が歴史を動かすかも知れぬが、未知を求めて止まぬ衝動としての探求心がヒトの根源にあると思わざるをえない。

マゼランの大航海に比すべき現代的価値をFS-KJ法は秘めているかも知れぬ。南極海航海の寄港でマゼラン海峡を何度も私は訪れた。マゼランを間近に引き寄せて考えた。FS-KJ法はマゼランの大航海に匹敵するのかも知れないという史的可能性を覚えた。

(注10) ギリシア哲学者のアリストテレスの方法論につき、川喜田はまっとうに向き合っていた。川喜田思想の原点ともいわれる『パーティー学――人の創造性を開発する法――』(1964・社会思想社)には、後に核心的キーワードになる「野外科学」とか「KJ法」といった用語はまだ登場していない。しかし、アリストテレス論理学の三方法「発想法・演繹法・帰納法」について思考レベルと事実レベルとのW型累積モデル図を添えて、こう見通している（同書：159-160頁）。

「私の友人であり、哲学と論理学の学者である上山春平氏によると、いまここで私が問題にしていることは、次のようなことだといいます。その昔ギリシアに、アリストテレスという学者がいました。彼が論理学の方法としてあげたものが、三つあります。ひとつは、インダクション、これはすでにのべた帰納法。もうひとつはデダクション、これも先ほどのべました演繹法であります。最後にあげられたものが、アブダクション。これは、日本語にはおそらく訳語がないでしょう。あえて私がこれを名づければ、発想法であります。一群の関連ありげなデータから、なんらかのくみたてのアイデアを発想せしめる方法であります。ところで、アリストテレス以来2000年有余。上山氏の意見では、演繹法と帰納法ばかりが発達し、発想法はアリストテレス以来ほとんど発達せずに今日に至ったそうであります。私がこの本でもっとも力を注いで述べたいと思うのは、創造愛の問題とともに、その実践手段として深く関係してくる、このアブダクション、発想法、の問題なのです」

ミニ移動大学から未来移動大学へ
國藤 進・三村 修・三浦元喜

はじめに

本論考第一章では、北陸先端科学技術大学院大学（JAIST）知識科学研究科で行われたグループ知識創造教育の経験を踏まえ誕生したミニ移動大学（1週間以内の合宿形式のグループ知識創造教育）の試みについて述べる。三村、山浦、國藤らは2008年からの4回のミニ移動大学を、移動大学OBの協力を得て、石川県内3ヶ所で行った。ミニ移動大学は毎年洗練していき、最初の年が院生にフィールドワーク体験を味わわせ、2年目はスワヒリ語のぶらぶら歩きであるテンベアを試みた。3年目は地元七尾市能登島の抱える地域活性の問題に積極的にアタックした。4年目は移動大学OB山浦晴男の協力を得て、地元志賀町西浦地区の抱える限界集落における過疎の解決法を、地元住民を巻き込み提言した。その成功体験の記録をまとめたのが國藤の「ミニ移動大学奮戦記」である。

本論考第二章は三つの節からなる。最初の節は三村の「KJ法における作法の研究」である。三村の修士論文「KJ法における作法の研究」は極めて引用の多い論文であるが、その後の彼の学校教育現場およびミニ移動大学でのグループKJ法教育をまとめた内容になっている。第二節はミニ移動大学でたびたび用いられたグループKJ法システム「GKJ」の開発利用状況をまとめたのが、三浦の「グループKJ法支援システムGKJ」である。最後の第三節はW型問題解決プロセスに基づく「未来地球移動大学」という21世紀型の問題発見・問題解決コミュニティーの夢を、國藤が語った内容である。未来地球移動大学は「意あれば今すぐにでも実現できそうな理想的な地球移動大学」のあるべき姿を描いてみせた。

1. ミニ移動大学奮戦記

1.1. はじめに

　移動大学[1][2]は学生紛争たけなわの頃、故川喜田二郎東京工業大学教授が開始した2週間の合宿テント形式のグループ創造教育である。第1回移動大学は1969年8月29日から9月12日の2週間、長野県黒姫高原で開始され、國藤も東工大学生という縁あってユニット・メンバーとして参加した。

　移動大学は1チーム6人、6チームで1ユニット、3ユニットで1移動大学、すなわち総計108名の有志が、各ユニットごとのテーマで、日本中から参集した。ちなみにAユニットは「開拓村における問題と解決策」、Bユニットは「現在における創造性はいかにあるべきか」、Cユニットは「個人の主体性はいかに確立すべきか」であった。國藤はBユニットに所属し、ユニットリーダーは当時東工大助手の牧島信一氏(現社会技術研究所所長)であった。移動大学のスローガン[旗]は「一、創造性開発と人間性開放；二、相互研鑽；三、研究即教育、教育即研究；四、頭から手までの全人教育；五、異質の交流；六、生涯教育、生涯研究；七、地平線を開拓する；八、雲と水と」であった。川喜田・牧島両氏とはその後23版まで続く名著「問題解決学：KJ法ワークブック」[3]を執筆し、小生も執筆の手伝いをした。またその後、伊良湖移動大学にもリサーチグループとして参画し、「あるじ伝」を執筆した。

　なお黒姫移動大学OBに米山喜久治北海道大学名誉教授、岡部聰トヨタ常務、矢野真和昭和女子大教授、藤井理行国立極地研究所長、林義樹日本教育大学院大学教授、関根康正関西学院大学教授、岩政隆一GKテック社長、野村俊夫京都大学特任教授、坂部正登創造性教室主宰らがいる。國藤にとっても、人生の羅針盤を固める絶好の機会であった。

　移動大学は20世紀中に2週間の本格版18回、縮小版4回の総計22回行われたが、残念ながら1999年以降開催されていない。

1.2. 創造技法教育事始め

　國藤は富士通㈱国際情報社会科学研究所室長等を経て、1992年に新設の北陸先端科学技術大学院大学情報科学研究科教授として着任した。1998年には文理融合の研究科である知識科学研究科の創設に加わり、移籍した。文理融合学科と

---

[1] 川喜田二郎編著（1971）『雲と水と　移動大学奮戦記』講談社
[2] 川喜田二郎編著（1971）『移動大学　日本列島を教科書として』鹿島研究所出版会
[3] 川喜田二郎・牧島信一編著（1970）『問題解決学　KJ法ワークブック』講談社

いうことで、「知識システム論」という講義の一部で、世界の創造性技法のひとつとしてKJ法[4][5]を紹介し続けている。國藤らが研究科で、本格的に創造技法教育を開始したのは2003年8月4～8日の北陸先端科学技術大学院大学で開催されたサマースクール「体験学習」であり、当時院生の三村（移動大学OB、現三村創造技法研究所代表）の指導のもとに行った。高専専攻科の学生2名、学部3年生2名の計4名に対して、4名のティーチングアシスタントを付けて、KJ法によるグループ創造教育を行った。その結果、学部3年生のフレッシュな学生も自分の人生をいかにいきるべきかについて、真剣に考えているのが分かった。彼らに対するアンケート調査でも、「この体験で人生観が変わった」といった意見が寄せられ、その社会的インパクトに自信をもった。

更に國藤・三村コンビで幾多のグループ知識創造教育の実践を行った。社会人学生・大学院生を両者で、大学生・小学生を三村が教育実践し、三村の修士課程修了後、二人による知識創造教育を「知識創造論」という講義形態で立ち上げた。

1.3. ミニ移動大学初年度——フィールドワーク復活[6]

「知識創造論」講義が整備されるなかで、山田雅文君という学生からの強い希望で、移動大学方式のグループ創造技法教育を頼まれた。幸い我々は「グループワークによる知識創造教育」という教育GP予算を獲得していた。この予算の一部を使い、2008年の8月24日（日）から29日（金）まで、温泉付き研修施設「白山里」で、合宿形式の特訓を行ったので、その成果の一部を紹介する。

図1　樽田泰宜氏による「フィールドワークの心得」講演

移動大学OBから筆者らと岩政隆一GKテック社長、サポートに羽山徹彩助教、三浦元喜助教と拙研究室修士2年生2名、修士課程院生は11名参加した。隊長役の三村はグループKJ法[7]教育のベテラン、三浦・羽山や学生も全員が講義やワー

---

[4] 川喜田二郎（1967）『発想法』中公新書
[5] 川喜田二郎（1970）『続発想法』中公新書
[6] 國藤 進、三村 修（2008年10月26日）「グループ創造教育の試み——院生にフィールドワークの体験を——」日本創造学会第30回研究大会論文集，日本教育大学院大学，pp.109-112（日本創造学会第30回研究大会発表賞）
[7] 三村修（2005）『KJ法における作法の研究』北陸先端科学技術大学院大学知識科学研究科修士論文

クショップで三村からKJ法の初等教育は受けている。基本的に修士学生は11名なので、2チーム編成のつもりで行った。

今回の合宿の目的はフィールドワークと累積KJ法の特訓である。そのスケジュールは下記のとおりである。また標準課題として「白山信仰の過去と現在」や「白山麓の魅力発信」を掲げた。

図2 パルス討論奮戦中

初日（24日）：参加者・15名（学生11名、職員4名）

朝10時にJAIST噴水前に集合、車に分乗し出発。12時半には白山里に到着し、昼食。まず國藤が開校式で開講の挨拶をする。昼食後、参加者同士で、部屋割りとチーム編成を相談。各自、部屋に入り、荷物の整理。

図3 フィールドワークでインタビュー

午後2時に三浦が作成ソフトGKJ[8][9][10]の操作を説明。そして、樽田泰宜氏による「フィールドワークの心得」講演（図1）のあと、ただちにR1問題提起ラウンドを開始。すなわちグループ作業にはいる。

午後7時から15名が夕食。夕食後は、R1作業の続きをする。

2日目（25日）：参加者15名（学生11＋2名、職員2名）

午前中はR1のまとめの発表を行う。12時半から昼食（13名）。昼食後は仮の取材を行う。

午後7時から夕食。夕食後、取材記録をデータカードに清書・登録する。ここで7現場取材のありかたをディスカッションする。発散技法としてはKJ法パルス討論を行う（図2）。

---

[8] 三浦元喜・國藤 進・三村 修 (2009)「デジタルペンを用いたグループKJ法システム」『第6回知識創造支援システムシンポジウム論文集』JAIST＆日本創造学会主催

[9] Motoki Miura, Taro Sugihara, Susumu Kunifuji: Augmented Collaborative Card-based Creative Activity with Digital Pens, The HCI International 2009 Conference Proceedings, LNCS 5610, San Diego, CA, pp. 644-651, July 2009.

[10] 三浦元喜・杉原太郎・國藤 進（2009年3月）「付箋の軌跡と構造を記録するインタフェース」『情報処理学会インタラクション2009』東京 pp. 161-162

3日目（26日）：参加者13名（学生11名、職員2名）

午前中は本格的現場取材を行う。12時半に現地で各自昼食。昼食後も現場取材を続ける（図3）。

午後7時に夕食。夕食後、取材記録をデータカードに清書・登録する。

図4　國藤による「黒姫の思い出」講演

4日目（27日）：参加者15名（学生11名、職員3名、招待講演者1名）

午前中は現状把握R2ラウンドをKJ法個人作業として行う。ラベル数は50〜70枚となった。

12時半から昼食。昼食後はR2としてのKJ法個人作業を続行。

午後7時から夕食。夕食後、岩政（お台場日本科学未来館の地球儀型超大型ディスプレイ「Geo-Cosmos」やサミットの「触れる地球」の製作者）による講演および質疑応答を行う。その後、岩政・國藤の移動大学に関する思い出（図4、図5）を中心に自由自在の放談会。

図5　招待講演 岩政隆一氏を囲んで

5日目（28日）：参加者14名（学生11名、職員3名）

午前中はR2 KJ法個人作業を続行する。12時半に昼食。昼食後もR2 KJ法個人作業を続ける。午後7時に夕食（14名）。夕食後もR2 KJ法個人作業を続ける。

最終日（29日）：参加者14名（学生11名、職員3名）

午前中は相変わらずR2個人作業を続行する。12時半に昼食（14名）。

昼食後に完成していない者も含め全員でR2経験発表会を行う。図6に、古川洋章氏が作成した作品「白山信仰の過去と現代」を示す。

午後5時、閉校式で國藤と三村が挨拶。

苦労と喜び

実行にあたって苦労したことを列記する。①まず事前調査が必須である。今回

は三村が学生2～3人の協力で事前調査隊を出して、基礎資料等の収集を行った。②フィールドワークは車4台を使うので、万一の場合を想定して旅行保険に全員加入させた。実際には脱輪が1回あっただけであった。③サポートの学生2人を確保したことは良かった。参加学生の病気・メンタルケアに教官が対応できる余裕が生まれた。④白山麓なので一部携帯電話が通じない地域があった。トランシーバの準備をすべきであった。

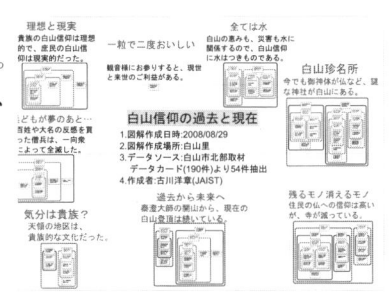

図6　古川洋章氏の作品「白山信仰の過去と現代」（三浦元喜作成ソフトによる）

　学生の成長を見ることは教官の喜びであるが、今回も多くのうれしい発見があった。①最初練習取材を入れたのは成功であった。本番の現場取材に飽きたらず、4日目・5日目も取材に出かけるチームもあった。②インタビューの仕方を事前に教授しておくこと必須である。学生によっては見ず知らずの人にインタビューするのも勇気のいることである。③取材した生データをデータカード化する作業は真剣そのものであった。その一行見出し作りも真剣勝負ということを実感させ得た。④R2の個人作業には時間が不足したが、最後の口頭での感想発表会は極めて有意義であった。⑤移動大学OBの講演も有意義であった。國藤が学生時代に提案したアイデアが「玉虫」として岩政により実現されていたのに感激した。アイデアを実現する技術の習得が大事なことも確認できた。

　本ミニ移動大学で判明した最も興味深い点は、学生にとってフィールドワークは極めて興味深い教育プログラムであるということである。累積KJ法というリベラルアーツ（座標軸的教養）を学生時代に身につけることの重要性を喚起したい。

　移動大学のもう一つの喜びとして「同じ釜のメシを食った同志の連帯は強い」というのがある。今回のような5泊6日の合宿で、最低限R2まで体験させると、自炊とテントを導入するには、やはり2週間かかる。ということで現在の教育プログラムで消化するには、1週間の移動大学が妥当であろう。

1.4. ミニ移動大学二年目——テンベアを試みる[11]
1.4.1. 二年目の狙い
　筆者らによるグループ創造教育はJAISTでは辰口の大学院生には知識創造論

---

[11] 國藤 進・三村 修「ミニ移動大学の試み——院生に野外科学体験を——」『日本創造学会第31回研究大会論文集』学術総合センター　pp.37-42　2009年10月18日

という講義、田町の社会人学生には知識システム論（MOT）という講義で定着しつつあるが、実際のフィールドに出ての野外科学教育は大学の講義の予算的制約があって、なかなか実践できないのが実状である。

　幸いにも我々は今年も「グループワークによる知識創造教育」という教育ＧＰ予算の一部を使い、昨年度から1週間の合宿形式のグループ知識創造教育を行っている。昨年度の温泉付き研修施設「白山里」の合宿（ミニ移動大学と呼ぶ）が好評で、参加学生の教育効果が抜群だったので、今年もこの予算の一部を使い、8月23日（日）から29日（土）まで、「白山里」で、合宿形式のＷ型問題解決学（6ラウンドKJ法）[1,2]特訓を行ったので、その成果の一部を紹介する。

1.4.2. 白山里ミニ移動大学

　移動大学OBから永延幹男博士（水産総合研究センター）、丸山晋淑徳大学特任教授と小生らの4人、デジタルペンKJ法GKJ開発の三浦の参画、サポートに羽山徹彩助教と先輩修士2年生4名、修士1年生は10名、その他特別参加者1名の計21名が参加した。三村が隊長役、学生はほぼ全員がKJ法の初等教育を受けている。チーム編成はくじ引きで決めた。

　今回の合宿の目的は本当のフィールドワークと累積KJ法の特訓である。そのスケジュールは下記のとおりである。昨年と異なり標準課題はテンベアで発見してもらった。

23日：宿泊者数18名（学生13名、教員5名）

　國藤が三浦・永延を小松空港に出迎えに行く。主力メンバーは10時にJAIST噴水前に集合し、6台の車で白山里に移動。11時に到着後、研修室に集合し、部屋割り、荷物整理を行う。昼食後、開校式、講師等の紹介。三村がテンベアの諸注意を行う。テンベアとはスワヒリ語で「ぶらぶら歩き」のことで、現地を肌で感じる中で、テーマや調査項目を発見する目的で行う。「なんだか気になること、もっと知りたいこと、聞いてみたいこと、問題だと感じること……」などを六感でキャッチする。写真、イラスト、メモなどで、思い出せる程度の簡単な記録を残す。フィールドワークは、観察が基本である。留学生5人の参画は、異文化問題意識が活用できるかもしれないとの思いで、筆者が参加を依頼した。

　夕食後、テンベアの体験発表、全員で花火、三浦のデジタルペンで手書き入力ラベルを仮名漢字フォント・ベルに瞬時に変換、「驚きの瞬間」を体験する。就寝は午前3時となる。テンベアデジタル化の最終作品は図12(111頁)を参照されたい。

24日：宿泊者数17名（学生13名、教員4名）

朝食後、フィールドワークに出発する。昼食は現地で取る。帰着後、フィールドワークの記録をデータカードに清書および登録。全員交通事故を起こさず、フィールドワークから帰ってきたのでほっとする。なお安全のため、学生は全員、掛け捨ての旅行保険に入ってもらった。

図7　永延先生、南極海洋の温暖化・オゾン層破壊を語る

夕食後、フィールドワークの体験発表会を行い、その記録をデータカードに清書および登録する。

25日：宿泊者数19名（学生15名、教員4名）

朝食後、再びフィールドワークに出発。昼食は現地で取る。羽山が三浦を空港に見送る。

帰着後、フィールドワークの記録をデータカードに清書および登録。交通事故を起こさず、全員フィールドワークから帰って来る。夕方、國藤も合流する。

夕食後、永延が南極海洋におけるオキアミの変動現象の原因を突き止めるプロセスにW型問題解決学（6ラウンドKJ法）を用い、温暖化・オゾン層破壊を含む環境変動との関係を探求するプロセス[12][13][14]が紹介された（図7）。その発表に対して、大いに質疑が盛り上がった。

26日：宿泊者数14名（学生11名、教員3名）

朝食後、現状把握R2の個人作業を開始。自分の問題意識にしたがって、データを50件以上選ぶ。ここに昨年度のデータカードも利用可能とした。午後も同じ作業を継続する（図8）。データ選びの後、データの内容を読み込み、1行見出しからラベル作りを行う。

---

[12] 永延幹男（2003）『南極海──極限の海から』集英社新書
[13] 永延幹男（1996）「技としての野外科学的方法」『KJ法研究』第19号　p.23-37　川喜田研究所
[14] 永延幹男（1985）「自然研究にもちいた累積KJ法の効果」川喜田二郎編著『KJ法実践叢書4 国際・学際に挑む』プレジデント社

109

27日：宿泊者数17名（学生12名、教員5名）

朝食後、現状把握ラウンドの個人作業を開始。午後も同じ作業を継続する。國藤は丸山を出迎えに小松空港に行く。

夕食後、森田療法学会元会長の丸山が「森田療法とKJ法」という講演を行う。強迫神経症の患者に6ラウンドKJ法をやってもらい、彼女が治るプロセスの報告に参加者がビックリする。

「KJ法は心のCTスキャン」という訴えが聴衆の心を揺さぶる（図9）。

図8　永延先生、KJ法を指導する

28日：宿泊者数16名（学生11名、教員5名）

本日も昨日と同様の現状把握ラウンドの個人作業を続行。ラベル書きを終えた者は徹夜でKJ法図解作業に入る。余裕のある者はデジタル化も同時並行的にする。ほとんどの者が半徹夜状態になる（図10）。

興味深いことに講師の永延、丸山も感想ラベルを元にデジタルKJ法図解を作成する。その作品は本章の最後に示す。

図9　丸山先生、森田療法を語る

29日：最終日

午前中にR2ラウンドKJ法図解作業の仕上げをする。

昼食後、新規参加学生10人のKJ法口頭発表を行った。全員フィールドワークで培った問題意識で、データカードの大海から違った視点でラベルを抽出し、現状把握ラウンドをまとめた。その結果、多様な観点からの発見が垣間見られるす

図10　KJ法はラベルとの格闘である

図11　最終日の集合写真

がすがしい研究発表会であった（図11）。

夕方、國藤は丸山・永延をそれぞれ小松駅、小松空港に送る。他の人は全員総動員で後片づけをし、JAISTに戻る。

1.4.3 白山里ミニ移動大学の総括

今回のミニ移動大学の試みの総括を延べる。①昨年度の経験があり、今回の1週間は順調だった。特に古川、梶本、毛利という昨年度の参加者が応援団であるTAに加わったことで、三村隊長の負担が減った。②フィールドワークは驚きの連続だった。クマに遭遇した人もいたので、来年はクマ除けの鈴の準備が必要である。國藤は移動中、民家から逃げるサルの群れに遭遇した。③サポートの学生3人を確保したことは決定的に良かった。車による調査、デジカメによる記録、各種手配に活躍していただいた。④昨年度話題になった携帯電話が通じない地域の問題はかなり解消されていた。⑤最初、本質追究ラウンドR3までやろうと試みたが、R2ラウンドまでであった。この点が今回最大の反省材料である。

学生の成長を見ることは教官の喜びであるが、今回も多くのうれしい発見が

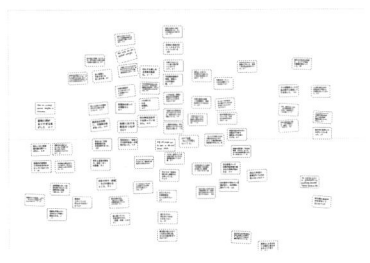

図12　テンベア花火、デジタル化を試みる

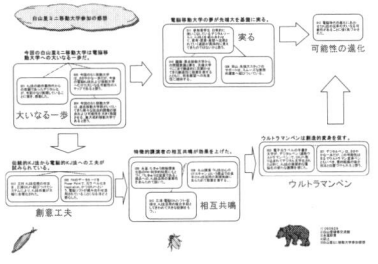

図13　永延先生、感想ラベルをKJ法図解にまとめる

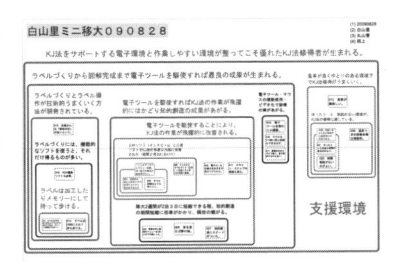

図14　丸山先生、感想ラベルをKJ法図解にまとめる

あった。①後輩のグループワークに先輩を参加させることは、大いにTA効果がある。なお参加した先輩達は「さくら祭」と呼ばれる新入生歓迎会でも活躍したのは特筆される。②1－1期講義「知識創造論」でKJ法をマスターした学生の方が、フィールドワークのまとめにおいても読み込みが鋭い。③留学生、女性の視点でのテンベア、生データ取材は必須である。今回は10名中、5人が留学生、5人が女性なので、多様な観点からの発見があった。特に中国からの留学生は漢字の書体の違いに感度が高く、興味深い発見をした。

今回最初から参加した永延と途中参加の丸山の感想ラベルに基づくKJ法（図

111

13、図14）が全体の雰囲気を最大限に示している。KJ 法をサポートする電子環境と食事・温泉等のゆとりある研修環境の支えが、従来なら 2 週間かかった教育効果を 1 週間に凝縮し得たといえる。

1.5. 七尾ミニ移動大学――現場の問題解決に苦闘する [15]
1.5.1. 七尾ミニ移動大学の狙い

　残念ながら今年度は教育 GP 予算の申請枠がなくなったので、筆者の予算と七尾市の協力を得て、和倉温泉の研修施設「フローイント和倉」のミニ移動大学を、8 月 23 日から 29 日まで行い、合宿形式の W 型問題解決学（6 ラウンド KJ 法）[1] 特訓を行ったので、その成果の一部を紹介する。今年の 1 週間ミニ移動大学では、次のような工夫をした。

① 移動大学 OB から最高の教育者・研究者を招待し、移動大学の熱気を伝承する。
② 三浦の開発したデジタルペン KJ 法 [5,6,7] の活用による電脳移動大学の試み
③ フィールドワークでのぶらぶら歩き（テンベア）からの問題意識の涵養
④ 昨年参加した先輩の知と今年初参加の後輩の知を融合し、チームワーク力の養成
⑤ 七尾市に派生する実際のフィールドで起こっている問題解決のプランニングが本当にできるかの問いかけ

1.5.2. 七尾ミニ移動大学奮戦記
1.5.2.1. 準備期間

　今回は三村を中心に相当の準備を行った。まず七尾を選んだ理由を述べる。平成 22 年 2 月 23 日、北陸先端科学技術大学院大学知識科学研究科主催の北陸 MOT セミナー「北陸 MOT 改革実践セミナー」が金沢市文化ホールで開催された。その中で七尾市の小川幸彦産業部次長が「七尾市経済再生プロジェクト：改革人材の育成から」を発表された。七尾市での 5 年間の活動を振り返り、今後の課題を指摘された。この発表内容に地方の小都市のもつ様々な矛盾を感じ取り、七尾市をフィールドワークの対象に選んだ。

　七尾市側窓口の小川次長に青木晴美専門員を紹介され、彼女を通じて、職員の花火による合意形成指導、武元文平七尾市長への挨拶を行った。同時に三村は何

---

[15] 國藤 進・三村 修「ミニ移動大学の試み――院生に真のフィールドワークの体験を――」『日本創造学会第 32 回研究大会論文集』近畿大学　pp.162-166　2010 年 10 月 17 日．

度も七尾市をフィールドワークし、七尾市の抱える諸問題に関係しそうな事実の収集を360度の角度から行った。その際、三村による職員の本音トークのKJ法図解が周りの人々を引きつけ、インタビュー相手を市の職員に選定してもらうのに大いに役だった。参加学生の役割分担についても、三村からフィードバックがあった。なお事前調査には地元出身の社会人学生中前信也氏も同行した。

図15　パルス討論

1.5.2.2. 本番
　移動大学OBから骨董商の川井田聰と、丸山晋淑徳大学特任教授と小生らの4人、デジタルペンKJ法開発の三浦元喜九州工大准教授の参画、サポートに先輩修士二年生1名、博士一年生1名、修士一年生計6名の参加で計13名が参加した。國藤が隊長役。学生は全員、講義でKJ法の初等教育は受けている。

図16　地元の人々とインタビュー

　今回の合宿の目的は本当のフィールドワークと累積KJ法の特訓である。そのスケジュールは下記のとおりである。昨年と異なり各自がフィールドワークで、テンベアで発見してもらった。

23日：宿泊者数10名（学生8名、教員2名）
　全員がJAISTロータリーに集合。山側環状を通って、約2時間半かけて車で七尾市の食彩市場に移動。ここから9名が遊覧船で能登島に囲まれた七尾湾をテンベア。遊覧船船長の博識スピーチにより、七尾市の全貌が朧気ながら分かる。昼食後、合宿場所であるフローイント和倉に移動する。午後はテンベアを行う。
　夕食後、七尾市職員3人も加わり、問題提起パルス討論を行う（図15）。

24日：宿泊者数8名（学生7名、教員等1名）
　國藤、山口は公務で職場に戻る。午後より能登島住民の皆さんとの懇談方式によるグループ取材を行う（図16）。温かい雰囲気で行え、住民の島を愛する心根

を拝聴し、感涙にむせぶ人あり。

25日：宿泊者数9名（学生8名、教員等1名）

各自、更なるフィールドワークを実施（図17、図18）。自転車で能登島一周を試みたN君が自動車とぶつかりそうになり、左掌等の擦過傷を負う。ただちに能登総合病院で応急処置する。

図17　更なるテンベアで酒屋さん探検

26日：宿泊者数13名（学生8名、教員等5名）

午前中N君は山口さんの付き添いで、能登総合病院に行く。残りのものは「こころ残り取材」を行う。

昼過ぎに、丸山・川井田・三浦らが合流。國藤は午後3時過ぎに戻る。夕食中に恒例の誕生パーティを行う。遅ればせながらの國藤の誕生祝い。ケーキを買って頂いた三村さんに感謝する。

図18　七尾市の地図の確認

夕食後、三浦元喜博士によるデジタルKJ法電子GKJソフトの演習（図19）。

27日：宿泊者数13名（学生8名、教員等5名）

フィールドワークの結果を現状把握ラウンドのためのラベルに書き込む。

図19　三浦氏によるGKJ紹介

午後7時から一人1時間弱で講演会を行う。最初は樽田泰宜氏による「加賀バイオマスタウン構想の理想と現状」講演、次に丸山晋博士による「KJ法による森田療法実践：本質追求のありかた」講演（図20）、更に川井田聰氏による「地球移動大学の構想」講演（図21）、最後に國

図20　丸山先生：森田療法とKJ法

藤による「ミニ移動大学3年間の試み」講演である。

28日：宿泊者数12名（学生8名、教員4名）

黙々とKJ法のR2を行う。追加取材に出かける者も。

29日：最終日

午前中8人の学生が堂々とプレゼンテーションする。山口、高橋、宇佐美の発表が地に足のついたラベルからの発表だった（図22）。七尾市の職員4名、地元住民1名が参加する。

プレゼン終了後、後片づけをし、お昼過ぎに解散する。

1.5.3. 七尾ミニ移動大学の総括

今回のミニ移動大学の試みの総括を述べる。①昨年度と異なり、事前の役場への挨拶、本音トーク指導、そのKJ法による纏め、数度のフィールドワークと準備が大変だった。これらは主として三村の負担で行った。図23も三村がまとめた図解資料である。②フィールドワークは人間を成長させることを確認した。参加学生8名中6名から三村に感謝メールが届いたのは驚きだった。③サポートの学生2人を確保しておいて良かった。車による調査、交通事故対策で役立った。④最初、本質追究ラウンドR3までやろうと試みたが、R2ラウンドまでであった。この点がいつもことながら最大の反省材料である。⑤R3ラウンドおよびR3.5ラウンドのフォローアップを終了後、いかに行うかが今後の課題として残った。

"住民の反響がいまいち"だったので、鶴岡市役所佐藤光治氏、情報工房代表山浦晴男氏を呼んで、来年度の対策を練る。今年度は院生8名がそれぞれ途中ま

図21　川井田氏：地球移動大学の構想

図22　山口さんの発表

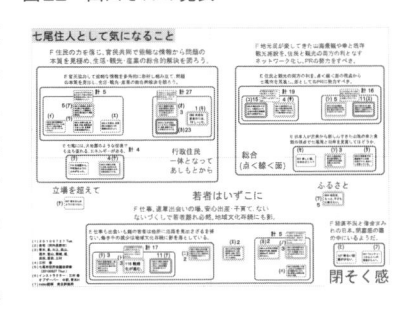

図23　三村：七尾住民として気になること

でやりかけていた現状把握ラウンドのKJ法をやり遂げ、更に七尾活性化プラン
をレポートとして提出してもらった。それをパネルとして纏め、七尾市役所主催
の「七尾元気祭り」で展示することで、七尾市への報告の第一段階とした。中前
氏の努力で「元気祭り」参加住民と市役所職員の衆目評価を行い、"なぜ行政と
住民の声が一致しないか"の分析も行った。

1.6. 西浦ミニ移動大学： 地元住民を巻き込む[16]
1.6.1. なぜ西浦を選んだのか
　筆者らによるフィールドワークを伴うグループ創造教育はJAIST本校大学院
生の有志を集め、2008年8月から開催された。筆者らが学生時代に参画した2週
間の移動大学に敬意を払い、1週間以内の合宿なのでミニ移動大学と呼んでいる。
2008年、2009年は教室の座学から抜け出し学生中心のフィールドワークを白山
麓の白山里で行った。2010年度は多くの問題を抱えている七尾市の能登島の活
性化という現実的問題に取り組み、行政と住民双方のインタビューを行ったが、
何となく消化不良であった。そこで2011年度は地元出身で志賀町西浦地区の地
域再生をライフワークとして行いたい社会人博士前期課程学生中前信也氏を巻き
込んだ。
　また写真分析中心の手法で「猫の島」田代島や和歌山県等の地域再生で著名な
山浦晴男氏を移動大学長に選び、半年の準備をした上で、西浦コミュニティーセ
ンターを宿泊拠点にミニ移動大学を行った。参加者はJAIST博士前期課程学生
7名（中前信也、宇佐美佑介、横尾卓也、下入佐和之、戎直哉、笹谷竜矢、中井貴一）、
慶応大学博士前期課程学生1名（酒部美希）、山浦氏、オブザーバ2名（茅原裕昭、
石戸康弘）と小生らの計12名である。

1.6.2. 西浦地区スケジュール決定
　西浦地区とは、石川県志賀町の赤崎、小窪、鹿頭、笹波、前浜の5区の統合地
区であり、昭和の合弁前は西浦村と呼ばれていた。
　その歴史は、1889年（明治22年）4月1日、町村制施行により、赤崎村、小窪村、
鹿頭村、笹波村、前浜村、深谷村が合併し、羽咋郡西浦村が成立した。当時の世帯・
人口は491世帯、2,497人であった。1954年（昭和29年）11月3日、富来町、福浦村、
熊野村、稗造村、東増穂村、西増穂村、西海村が合併し、富来町となった。
　赤崎（127世帯、305人）、小窪（19世帯、35人）、鹿頭（139世帯、345人）、笹波（126

---
[16] 國藤 進・中前信也・宇佐美佑介・山浦晴男「西浦ミニ移動大学の試み」『日本創造学会第
　　 33回研究大会論文集』東京工科大学蒲田キャンパス　pp.94-99　2011年10月9日

世帯、309人)、前浜 (35世帯、75人) の5区からなり、西浦地区合計でも、446世帯、1,069人の地区である。明治時代は2,497人いた人口が、現在では1,069人に減少し、過疎化が問題である。

地元出身の中前氏が西浦地区の5区長を訪問、説得することから準備がはじまった。宿泊予定の西浦地区には宿泊施設が一つもなかったので、西浦コミュニティーセンターで雑魚寝することにした。結果として女性の院生に声がかけられなくなった。食事はすべて地元の冠婚葬祭の料理屋「金剛」に行き、お昼のみ弁当にしていただいた。交通の便も整備されていない地区なので、移動のために車を5台調達した。センター自体、電話もなくカーナビにも登録されていないので、地図の取り寄せから出発した。

図24　問題意識地図を作成

図25　第1回ワークショップ

山浦氏が多忙なため日時は2011年8月19～22日までの予定となった。ワークショップのプログラム案は表1 (121頁) を見ていただきたいが、3日間で問題提起、フィールドワーク、写真分析、アイデア地図作成、実行計画を住民中心の重点評価で決めていこうという強行日程である。

1.6.3. 西浦ミニ移動大学
19日：宿泊者数11名（学生8名、指導員等3名）

全員が山浦氏の宿泊した施設であるハイテク交流センター前に集まる。山側環状・能登有料道路を通って約2時間半かけて西浦コミュニティーセンターに移動する。

直ぐ開校式を行い、地元の代表に挨拶。昼食後、中前氏先導の下、西浦地区を北部・中部・南部とプレ・フィールドワークする。各地区を事前探検し、徹底的にデジタルカメラで写真取材する。途中、地元新聞の取材もある。3時過ぎから外の目（学生の立場）からみた問題意識地図（図24）を作成した。次いで翌日の取材計画を行った。

夕食後、この地図の発表を聞いた住民代表32名が内の目からみた問題意識地図を作成した。これに対して住民の視点での重点評価を行う。最後に感想ラベルを記入していただく（図25）。この一覧を見ると若干名だが批判的意見もあった。初日はお風呂に入る暇もなかった。

図26　フィールドワークの実際

20日：宿泊者数12名（学生8名、指導員等4名）

各地区代表と相談し、午前中取材の待ち合わせ場所を決める。午前中は北部（前浜、笹波）・中部（鹿頭）・南部（小窪、赤崎）と2-4名程度のチームでフィールドワーク（図26）をする。

車組2チームと徒歩組1チームで構成しフィールドワークには地元住民がわが町の特長はこれだと道案内してくれる。

図27　写真分析（資源写真地図）作成

昼食後ただちにデジカメ写真の印刷を行った。印刷時間が結構かかった。午後3時過ぎから写真分析（図27）を行う。これは一種の写真KJ法であるが、山浦氏のノウハウが凝集されていて、結構楽しい。ただし写真データはいろいろ解釈可能なので時間がかかる。

21日：宿泊者数12名（学生8名、指導員等4名）

この日は午前中、写真データリストを作成し、写真分析を完成させる。写真のそれぞれに何をいわんとする写真か一行見出しをつけるのが難しい。

午後、活性化案を立案する。さらに案を活性化アイデアのイラストアイデアカードに記入していく。夕食後、更にそれらをイラストアイデア地図へと昇華していく。この日が一番日程的に苦しいが、各自深夜12時までに完了した。

22日：宿泊者数3名（指導員等3名）

この日が正念場である。午前中にイラストアイデア地図の作成を終了し、ただちにプレゼンの予行演習を行う。地元民である中前を除く7名全員が役割分担しプレゼンの準備をする。

昼食後、第二回の住民ワークショップを行う。予想に反して37名も参加。半数以上が主婦層であった。今までの全プロセスを一時間強で学生7名が住民にプレゼンする。学生の熱意で西浦地区活性化のアイデアが出されたので、住民も感激していた。プレゼンを受け参加住民が今後の取り組みを相談する。相談後ただちに解決策地図を作成する。

　夕方いったん閉校式を行う。学生7名と石戸の出張はここで終わりの予定であった。しかしながら午後7時からの第

図28　第3回ワークショップ

三回ワークショップに地域代表の人々が来ることを強調すると、全員残ってそこでプレゼンしてからJAISTに戻ると決定する。感激した筆者と山浦は夕食を御馳走する。

　午後7時ワークショップを開始する（図28）。今回は21名の参加となった。昼間の37名と併せると地区の1割弱が参画してくれたことになる。プレゼンを受け、住民が今後の取り組む策を検討する。昼間に作成した解決策地図の山浦氏による講演を聞いた参加住民が今後の西浦地区解決策地図を作成した。最後に住民による実行計画表を作成する。更にアンケート（表2）を取ると、住民からは感謝の言葉のみとなり、主催者側はワークショップ開催の醍醐味を味わった。

1.6.4. 西浦ミニ移動大学総括とその後の動き

　今回の試みでミニ移動大学の方式がある程度確立した。①昨年度と異なり、行政まかせでなく住民を引っ張り出せたことが大きい。これは山浦氏の経験に基づく企画力と、中前氏への人望からくる地元住民の根回しの結果である。②外の目（学生の立場）から見た地元のお宝を発見してもらい、イラストアイデア地図としてプレゼンしてもらった。このプレゼンの熱意に地元住民が打たれた。③学生のプレゼンに地元住民が触発され、自らの活性化するための解決策地図を作成し、実行計画の評価も行った。自分たちの評価なので後に引けなくなった。④日程が相当きついと思っていたが、山浦氏のリードに促され、実行計画という最後までいったのは驚きであった。⑤随所に山浦氏の地域再生経験から来る事例講話があり、地元の人も納得していた。山浦講話は我々も大いに勉強になった。

　驚くべきことに西浦地区では中前氏が中心となり、西浦コミュニティーセンターで11月20日「地域活性化に向けて：よらんかいね、センターへ！」という

お祭りが行われた。50〜60名の参加者があり、2012年度もやろうという機運が盛り上がっている。集まった8人の若者組で地域再生のコアとなるNPOを作ろうとの活気も生まれたということであり、我々の働きかけが成功した事例となった。

1.7. おわりに

　2008年から4回のミニ移動大学を開催し、ミニ移動大学開催成功のノウハウが大体確立した[17]。移動大学の醍醐味は学生にフィールドワークの面白さを体験させたことである。その際に現場観察の仕方、インタビューの仕方、メモの取り方、データカードの作成法などのいわゆる文化人類学的取材学が学べた。2年間の試行でテンベアの重要法を認識し、三年目は問題を抱える七尾市能登島の問題発見・問題解決を試みた。しかしながら準備期間の不足や市役所を通じて住民に働きかけたことで、住民の潜在的要求を充分に吸い上げることができなかった。4年目は地元住民の問題を解決したいという強い熱意をもっている社会人学生中前氏を選んだ。彼が志賀町西浦地区の前区長を訪問し、よそ者である学生の視点で、住民と一体となったフィールドワークを行った。山浦氏の写真KJ法の勧めもあり、4日間の短い調査であったが極めてドラマチックな地元民の心を揺さぶる問題解決地図の提案ができた。問題意識地図、問題解決地図の作成および評価において、地元民に衆目評価法をしていただいたことがポイントである。地元の問題は地元が立ち上がらないと持続的問題解決が行えない。要約すると地域再生の芽をはぐくむには、行政と地元をつなぐ触媒の役割をミニ移動大学が果たしたことになる。ミニ移動大学が終ったあと、秋の収穫祭というイベントがひさしぶりに行われ、多くの地元民が集まった。更に参加者有志8名からなるNPOをたちあげようという機運が盛り上がっている。

[17] 國藤　進・三浦元喜・羽山徹彩「ミニ移動大学方式によるグループ知識創造教育」『情報処理学会マルチメディア, 分散, 協調とモバイル（DICIMO2012）シンポジウムアブストラクト集6A-5』ホテル百万石　2012年7月5日（DICOMO2012シニアリサーチャー賞）

表1　志賀町西浦地区ワークショップ・プログラム案

時刻	8／19（金）	8／20（土）	8／21（日）	8／22（月）
6:30		FW演習： ・5地区代表の取材（朝食）		
8:00		FW演習： ・2人1組になって5地区に分かれて写真取材 ・午前中は、各地区代表の案内でFW（昼食） ・正午以降は、案内なしで自由にFW	朝食	朝食
9:00			WS②演習： ・写真分析（続き、写真データリスト作成）	WS③演習： ・イラストアイデア地図の作成（続き）
10:00	現地入り			
11:00	開講式 プレFW演習： ・5地区代表に挨拶しつつ、全員で5地区を事前探検、写真取材（昼食）			プレゼンの準備
12:00			昼食	昼食
13:00			WS③演習： ・活性化案立案（全員で討議により、本質的な問題の洞察から解決方向のコンセプトづくり）	住民WS②： ・演習で検討した結果のプレゼン ・プレゼンを受け、住民が今後の取り組み策を検討 ・解決策地図の作成 ・実行計画の検討
14:00	導入講義：WSと地域の活性化	写真のプリントアウト		
15:00	WS①演習： ・プレFWで感じたことをもとに問題意識の発掘・共有化、「問題意識地図」作成 ・取材計画立案	WS②演習： ・写真分析（5地区単位で資源写真地図）		
16:00			WS③演習： ・活性化アイデアの発想（イラストアイデアカードの作成）	閉講式
17:00				
18:00	夕食	夕食	夕食	
19:00	住民WS①： ・外の目でみた問題意識地図発表 ・住民の目でみた問題・課題の共有化、住民の問題意識地図作成、重点評価	WS②演習： ・写真分析（続き）	WS③演習： ・イラストアイデア地図の作成	住民WS②：第2部 ・演習で検討した結果のプレゼン ・プレゼンを受け、住民が今後の取り組み策を検討 ・解決策地図の作成 ・実行計画の検討
20:00				
21:00				

FW＝Field Work　WS＝Workshop　（2011.5.27：情報工房・山浦）

表2　最終アンケートの集計結果
1. 地区の住民が集結して何とか現状からの一点突破できればいい。
2. 感想として思っていることが皆同じだということが嬉しく、今後少しでも"故郷"をもり立てていきたいと思いました。みなさん有り難うございました。
3. なかなか西浦を考える機会がなかったので良い研修会でした。出た案のうちひとつでも実現できればいいですね。
4. まずは情報発信・情報周知の結果が出た。同じく本会で村おこしの意欲に気づかされたことを喜ぶ。
5. 西浦地区が一歩前進できることを期待して……。ご指導ありがとう。
6. 軌道に乗れば良いと思います。気持ちは目から鱗が落ちた思いです。有り難うございました

7. ここまで話題が発展するとは考えていませんでした。じっくり考えて次の行動に移していきたい。
8. 4日間本当にご苦労様でした。今回このような機会を通してあらためて自分の住むところについて考えました。今後自分のできることに参加、協力していきたい。
9. 日本全体を良くして下さい。学生と先生に感謝します。
10. 地区民の意識改革をもってもらうために、背中を押してもらった気がします。Many Thanks.
11. 有意義な研修でした。有り難うございました。
12. 今回の取り組みにご協力いただき誠に有り難うございました。これからの西浦地区が少しでも前向きに進んでいくことを願い皆さんに感謝します。
13. この機会を住民皆で協力して一つずつ取り組んでいきたい。有り難うございました。
14. 4日間有り難うございました！　必ず実現します。
15. 個人的な意見ですが富来を描く会が志賀を描く会になってしまい、富来だけのものが欲しいと思います。富来の美しい風景をいかしたい。
16. 暗闇の中にいたような毎日でしたが何か少し先が見えたようで、とても若返ったような気持ちです。ごくろうさま。

2. KJ法の作法と支援システム

2.1. KJ法における作法の研究

本節で引用している川喜田らのことばは、意味の中核を表現している。

2.1.1. そんなことはない……「KJ法における作法の研究」のはじまり

関根康正氏は『フィールドワーカーズ・ハンドブック』で、筆者（三村）の修論「KJ法における作法の研究」について言及している[18]。あらためて読んでみると、論文の体をなしておらず、恥ずかしさだけが込み上げてくる。

論文提出後ほっとしたのか、印刷した論文を手元においたまま居眠ってしまった。目覚めたら同室の若い学生さんが話しかけてきた。「眠っている間に読みました。読みものとしておもしろいですね」。ダウンロード数も多いようだ。お役にたっている部分は、付録（『狭義のKJ法—ラウンド ビジュアル・シミュレーション』スライド）であろう。

KJ法を初めて体験したのは、1971年夏に開催された四国城辺移動大学であった。一泊二日の取材体験がもっとも強烈な体験であった。KJ法に関しては、何をやっているのか皆目わからないまま2週間が過ぎてしまった。

---

[18]日本文化人類学会監修、鏡味治也・関根康正・橋本和也・森山工共編『フィールドワーカーズ・ハンドブック』世界思想社 p.35
　PDFが自由にダウンロードできる（https://dspace.jaist.ac.jp/dspace/handle/10119/537/）。

移大初日、ヘッドランプをピカピカさせながら登場した当時50歳の川喜田は、かっこよかった！　あこがれの川喜田に一目会いたさに、何日かたったある日、アポもなく突然テントの入り口をめくった。KJ法作業の真っ最中だった川喜田は迷惑顔。私の目はKJ法作業中の整然と並べられたラベル群に吸い寄せられた。

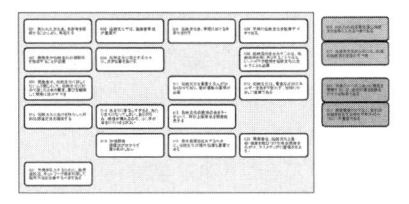

図29　集まったラベルを外に出すように教わった

　「あれっ！　教わったのと違うんですが？　集まったのを外に出すように教わりました（図29）」と私。

　『そんなことはない。初めからこうしているんだ。こうすると、だんだんと小さくなっていく（図30）。概念が凝縮していくのが快感』と川喜田。このとき、KJ法作業手順になにか秘密があるように感じた。

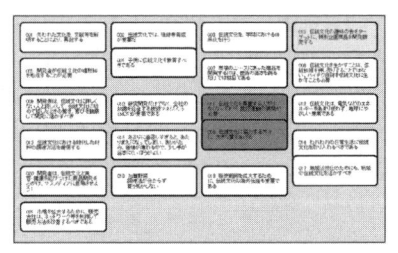

図30　川喜田は最初から枠内でラベルを操作

　この時以来KJ法作業手順が気になり、JAIST修士論文「KJ法における作法の研究」（2005年）に繋がった。40年後の現在は、一年ほど前から学び始めたカウンセリング（日本カウンセラー学院）とその各種理論の視点からKJ法と6ラウンド累積KJ法を見つめ直し、心理的な面からの初心者への指導法の研究をしている。

　川喜田から直接見聞きした多くの印象的な出来事やことばがある。これらのうちから「KJ法における作法の研究」の視点からえらび川喜田の生前を追想し、追悼としたい。

2.1.2. 原始的……情念が発動しやすいように工夫された作業手順

　國藤教授主宰の研修会でのこと。クリップの留めかたが間違っていた方がいた。一本のクリップに全てのラベルを留めていた。「発想法」を読んだが、手順がわからずに40年が過ぎてしまったそうだ。ラベル集めや表札づくりが問題にされるが、まさかクリップの留め方が障害になっていたとは。

　『狭義のKJ法―ラウンドビジュアル・シミュレーション』スライドは、このことがきっかけで、翌日からの二泊三日の研修会のためにもその晩徹夜でつくったものだ。結果は大成功だった。

　素人には、こんなことと思えることが難しいものだ。私も例外ではなく、四国

移動大学ではKJ法を理解できぬまま終わった無念さから、金がたまれば川喜田研究所（KRI）主催の研修会に参加した。わからないので、結局全コースを受講。けっして褒められたものではない。

KJ法友の会の発足にともない会報編集委員会に参加。一番若いという理由で編集長に推された。

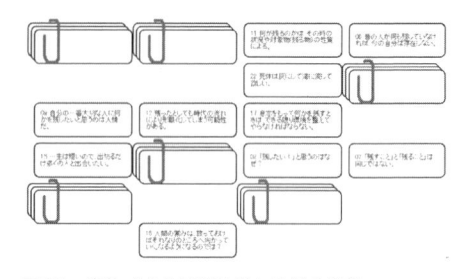

図31　表札づくりに取り掛かる前の準備

KRIに頻繁に出入りするようになり、あこがれの川喜田とも言葉を交わせるようになった。嬉しくて心躍る毎日であった。川喜田の著作を読んでもわからないことが多かったので、質問もできた。懇切丁寧に教えてくださった。著作には触れられていないことも知ることができた。

『狭義のKJ法―ラウンドビジュアル・シミュレーション』スライドは、KRI主催のKJ法研修会や川喜田から直接見聞きして、著作には触れられていないような作業手順も忠実に再現したものである。

KJ法は「原始的」と川喜田から聞かされたことがあるが、そうではない。細かいところに重要な手順があり、情念を発動させやすいように川喜田が工夫してきたのだと感じた。このことを川喜田はあっさりと話すことが常であった。のちに著作を調べると、どこにも書いてないことがらもあった。

例えば、表札づくりにはいる前の手順。ラベル集めが終わったらグループになった各ラベル群を束ね、その上に表札用の白紙のラベルを重ねてクリップ（輪ゴム）で留めてしまう（図31）。こうしてから一束ずつ表札をつけていくのである。この作業を忠実に行っている川喜田を私は傍で目撃した。なぜそうするのかを尋ねた。「後先を考えず（一寸先は闇）に、場面場面の作業に徹することが重要」と川喜田。

2.1.3. ラベル集めと表札は厳密に

少しKJ法がわかるようになったころ、KRI主催のKJ法研修会に参加した。

知ったかぶりして、「ラベル集めと表札づくりはある程度のところでやればいいんですね」と発言。あの穏やかな川喜田が「ラベル集めと表札づくりは厳密にやるんだ」とまなじりを決してどすの利いた声でいった。迫力がその重要さを脳裏に叩き込んだ。だが、どうあれば厳密といえるのだろうか。思考錯誤が始まった。

2.1.3.1. ラベル集めは厳密に1……集まったものも他のラベルと同じように読んでいく

「扱うすべてのラベルの集合全体は、いわばひとつの世界であり、ひとつの全体をなす宇宙なのである。その世界全体の声を聴き届けた上で、最も志（図32）の近いラベル同士を集めるべき」（『川喜田二郎著作集5 KJ法 渾沌をして語らしめる』）。

四国移動大学の川喜田のテントでのやりとりからこの意味を考えてみたい。

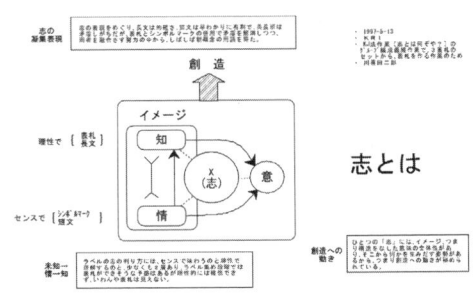

図32 電子版チュートリアルのために川喜田が作成

集まったラベルを枠の外に出す（図29）たびに、残ったラベル群を一つの全体をなす宇宙として脳は認識しなおす。ラベル同士の距離感は残ったラベル群内の距離感となる。脳はこのようなわずかな変化をもとらえてしまうことを忘れてはならない。脳は実にデリケート。

より近い集まりがあるかもしれないから、縦横整然とラベルを並べ、集まったラベルは字が見える程度に重ね、集まったものも他のラベルと同じように枠内で読んでいけるようにと、川喜田は最初からこうしてきたのだ。

ラベルを読んでいくうちに、まもなく近さを感じる瞬間が来る。字が読める程度に重ね、さらに読み進める。読み進めるほどに、まさかと思ってしまうほどにびっくりするような衝撃がやってくることがある。最初に近いと思われたラベルとはまったく違うラベルが、こっちの方がもっと近いよと訴えかけてくる。こうなるとラベル集めも表札づくりもだんぜん面白くなる。この感覚に到達し味わったひとは、その後KJ法が急速に上達する。

2.1.3.2. ラベル集めは厳密に2……相対的により近い

ある企業人から、「われわれの相対的というのは、あらかじめ設定された縦軸と横軸（図33）からの相対的位置」と教えられた。陥りやすいラベル集めとして、分類型・ストーリー型・読みすぎ型・対立志向型・表面的類似型を川喜田は挙げているが、企業の方々のラベル集めと表札づくりは、これらの陥りやすい型とは違う感じを受けてきた。この話を伺ってはじめて納得できた。

「志の遠近は相対的なものであるから、ラベル一枚ずつの志をよく聴きとどけ

つつ全ラベルのそれを聴いてから集めねばならない。一枚ずつのラベルが訴える志を理屈ではなく心で感じとり、その感じたものの近さで集めねばならない。情念で集めるのだ。既成概念をあらかじめもち、それにあわせて集めたのではまったくの失敗」と川喜田はいう。

　己を空しゅうして、「宇宙的全体感がこころに生じるまでラベルと対話する」ことが求められる。ここがKJ法研修でもっとも難しい。

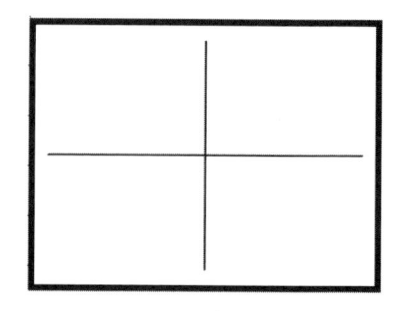

図33　企業人が教えてくれた「縦軸と横軸の相対的位置」

　KJ法は分類でも分析でもない。総合である。この区別がつかないひとは、KJ法なんて……と、既成分類にしがみつく。

2.1.4. 総合はボトムアップ　分類はトップダウン……土器の復元イメージ

　自宅の近所に考古館がある。ある日訪れたとき、展示場の奥で数人の所員が、畳一畳分の机上にばらまかれた大量の発掘土器片（ただし土器なのか何なのかは、復元してみないとわからない）を身を乗り出して見つめている。土器？の復元をしているのだ。まるでKJ法の作業をしているかのように見えた。

　どんなことに気を付けているのかを聞いてみた。

図34　土器写真出典：IPA「教育用画像素材集サイト」http://www2.edu.ipa.go.jp/gz/

　「土器片の焼け具合は一様ではない。グルーピングは全体感から確信。土器片からより多様な情報（色、質感、重さ、模様、傷、焼け具合、割れ方……）を見出すことが重要。古いほど破片は小さく、割れ目は丸まっているので割れ目は当てにならない（ジグソーパズルではない）。何度も見ていけば自ずと気づきます」（河内長野市立「ふれあい考古館」にて取材）

　KJ法作業のイメージを何かになぞらえたいと思っていたが、いまのところ土器？の復元が近いと思われる。

　土器？片は、採取日時と場所によって分けられる（図34）。これは分類といえよう。復元された土器（図35）はボトムアップで組み立てられたKJ法図解にたとえら

126

れよう。

　ラベルさえ使えば、分類であってもKJ法だと勘違いしている人々がほとんどのようだ。トップダウンで分類された図解は、図34とそっくり。

　土器の復元が今のところ一番KJ法作業のイメージに近いと永延博士も認めている。

図35　土器写真出典：IPA「教育用画像素材集サイト」http://www2.edu.ipa.go.jp/gz/

　余談：360度の取材といっても、現実にはそれは不可能であることは誰にでもわかることである。実際はデータは抜けだらけである。その抜けを埋めるのが文章化である。図解を文章化してはじめて狭義の1ラウンドが完結するのだと川喜田は強調している。

　土器片も同様。欠片が完全に残っているものは、古いほどない。抜けている部分は石膏で埋める（図35）。この石膏の部分がKJ法であるならば、文章化で埋めた部分といえよう。

2.1.5. 最近の二つの研修会で試みたラベル集め……グループKJ法と収束花火のドッキング

　参加者数：10人前後。

　使ったデータ：「KJ法における作法の研究」付録B　2003年8月JAISTインターンシップ学生対象KJ法グループKJ法作品「死して何を残すのか」元ラベル22枚

①　個人作業：ラベル集めの個人作業。自分の思考を意識してもらう。分類か否かだけチェック。

★過去の教訓：2003年にJAIST近藤修司教授にKJ法をお教えした。成功の宣言文240件を「はじめに自分の考えを構造化してみたい」と申し出られた。できた空間配置を拝見。10枚前後のグループが10ほどあった。そこで、ひとつの大グループのなかから一枚を選んでいただき、それに近いものを同じグループ内から（ないことを承知の上で）選んでいただいた。しばらくの思案の後、アッあった！と、まったく別のグループからピタリのラベルを取り出された。ご自分の思考をベースに、「相対的により近い」ラベル集めの感覚を実体験なさった瞬間であった。自分の思考を構造化することから始めることの重要さを教えられた。

② グループKJ法……二重まるの土俵（図36）を描いた模造紙を囲む。22枚のラベルを参加者に均等に配る。ラベル出しの順序を決める。一番目の方に手持ちのラベルを一枚、土俵の真ん中に置いていただく。このラベルに「より近い」と思われるラベルが手持ちにあれば、位置関係も考慮しながら置いてもらう。グループKJ法はこの作業を繰り返す。★欠点は全体感がつかめないこと。

図36 2003年「死して何を残すのか」グループKJ法作業中

③ ②の空間配置をベースに、全員の手持ラベルも空間配置（収束花火）してしまう。
④ ②③の作業を繰り返す。時間が十分に取れなかったので、今回は2〜3回。★過去の失敗が教訓に：収束花火をつくり、そこからより近いもの同志をラベル集めしたのだが、情念で近いと感じるよりも、ラベルの配置が視覚的に近いものを集めたことになり、表札づくりがうまくいかなかった。
22枚のラベルを真ん中に置いていけば、22通りの収束花火ができる。この作業を繰り返すと、各ラベルの読み込みがまんべんなくでき、かつ全体感と相対的近さの感覚を体験しやすい。実際はここまでする必要はないだろうが、22の花火図解化をやってみたらどのような発見があるだろうか。いつかやってみたいものだ。
★過去の体験が教訓に：同じデータでKJ法作業を3回行ったことがある。3回目の図解を川喜田がホメてくれた。ラベルの読み込みが結果的に深まったからであることは明らか。
⑤ 22枚のラベルを十分にシャッフルして、縦横整然と並べて、参加者全員でラベル集め。
★今回は2〜3枚のラベルを土俵の真ん中に配しての収束花火化だけだったが、短時間で異議も出ずにすんなりと集まってしまった。従来のグループKJ法ではこれほどすんなりとはいかなかった。今回は一段目のラベル集めしか実施しなかったが、表札づくりの後、同様の作業をすることで、前段階とはまったく異なる次段階の全体感をつかみやすくなると思われる。

夜空の星々は実に美しい。ネパールや西チベットで眺めた天の川の美しさは忘

れられない。星座は、観る位置が変わると変形するそうだ。子どもの時に不思議に思っていたが、星座を形づくる星々は、距離がてんでんばらばらであることを知って驚いた。土俵に描く花火もそれと同様で、真ん中に置かれたラベルも、他のラベルが真ん中に配されると違った花火模様になる。真ん中から外へ、外から真ん中へと、配置が変化することで、ラベル同士の本当の距離感がわかってくる。星座も観る位置によって形がかわることと似ていると思われるがどうだろうか。

　このようなやりかたをすると、どうしても述部を意識せざるを得なくなり、主語は述部を意識したものとなり、分類がしにくくなる。「縦軸と横軸の相対的位置」での配置もできなくなる。

　指導者の元でこの訓練をしたからといってすぐにラベル集めが上達するわけではないが、一度この体験をしておけば、ラベル同士の距離感のつかみ方は思い出していただけるのではないか。感覚的なものは、このような杖が必要だろう。

　指導法の共同研究者であるJAISTの國藤教授に報告したら、興味を示された。

2.1.6. ラベルづくりは以後の作業の死命を制する……4行で……山浦氏談

　KJ法作業の成否は、元ラベルの文表現が左右する。単語のみであったり、体言止めであったり、一行のみの意味不明の表現をする方がたいへん多い。小学生にパルス討論を指導したことがある。付き添いの大人がびっくりしていた。子どもの方がきちんと書けると。

　「一つのラベルは一つの志（図32）をもつように記す。志というダイナミックな訴え性がないと困るのだから、いかに短くとも、ふつうは文章でないといけない」と川喜田は述べている。

　川喜田追悼学会のあと、かつて川喜田の秘書であった山浦氏と話す機会があった。KJ法指導のネックは元ラベルづくりであることで意見が一致。氏は、元ラベル文を4行で書くよう指導していると教えてくださった。うまく教えられずにきた私は、ハタとひざを打った。

2.1.7. どうしても一セットしかつかないこともあった……データの多重構造と一匹狼

　「ラベル集めは60％ぐらい」という発言が、かつて中心的指導者から発せられたことがある。

　この件を川喜田に問うてみた。「どうしても一セットしかつかないことが何度かあった。その一セットに表札をつけたら次の段階のラベル集めで何セットもできた」。

ここにデータの階層(多重構造)の妙がある。何セット集まるかは、データによる。
　しょうもない取るに足らないような元ラベルが最後までどれともつかないことがある。一匹狼とか離れ猿と呼ばれる元ラベルである。「データをして語らしめる」正則なKJ法作業によって初めてこのようなことが起きる。
　どの段階でも60％のラベル集めをしようとすると、作業者の何らかの観念で集めることになる。「データをして語らしめる」のではなく、「己をして語らしめる」ことになる。
　「データをして語らしめる」とは、KJ法の根幹である。

2.1.8. 表札は厳密に……この感じはねえ

　秘境で地図にも載っていなかったころの尾瀬の話になったとき、まだ行っていないんだと、残念そうにおっしゃった。高齢だがまだお達者なので、今しかないとお連れした。ゆっくりゆったりと落ち着き払って歩む川喜田。これまでの探検行を想いながら木道を踏みしめておられたのだろう。
　枯れ朽ちたような植物を前に、奥様が名前を聞いた。あそこまで枯れ朽ちていてはねえ……と私は思いつつ、川喜田の答えを待った。あそこがどうたらこうたらとつぶやいていたが、あれはねえ～と答えた。
　2010年3月27日に国立民族学博物館で開催された「ヒマラヤ研究と川喜田二郎」で、専門の自分より植物をよく知っていたと吉良竜夫博士が話された。尾瀬行が思い出された。
　尾瀬行の後、KRI主催のKJ法研修会に参加した。
　尾瀬でみた若いカップルと老境の夫婦の光景が記された二枚のラベルの表札をどうつくっていいのかわからなくなり、川喜田に教えを乞うた。
　二枚のラベルを手のひらに乗せ、じっと読んでから、「この感じはねえ……」と話し始めた。「男女のねえ……」。エッ、感じ？？？
　ずっと後になって、核融合法という表札づくりの手順を川喜田は創り出した。「どんな感じ」を出すとき、元ラベルは伏せてしまう。ここがきわめて重要。元ラベルを見ながら表札づくりをすると、ほとんど例外なく足し算表札になる。
　私は、インスピレーションソフトでKJ法作業をする。書き足すのも部分消去も自在。大量の表札を早急につくらねばならなかったとき、殺し文句づくりのつもりで集まったラベルの文から「て・に・を・は・動詞」を抜いた。おや！目の動きが自在に。文のままのときは、目が左右にしか動かなかったのに、上下左右斜めにと自在に動く。「どんな感じ」が出やすくなることに気づいた。数人に試してみたが、ひとりだけ実にうまくいった。工夫すれば、うまくリードできそう

に感じた。

　何が起こったのかを國藤教授に相談した。計算機による翻訳システムの「中間言語処理」と同じだという。核融合法と組み合わせるとやりやすくなりそうだ。

2.1.9. わたしが川喜田先生から教わったこと……高山龍三博士の話

　2010年3月27日に、川喜田二郎博士（以下川喜田）の追悼を、研究フォーラムというかたちで「ヒマラヤ研究と川喜田二郎」が国立民族学博物館で開催された。

図37　上山春平教授が川喜田に示した図（発想法、演繹法、帰納法）

　植物生態学者吉良竜夫博士（1919年12月17日 - 2011年7月19日）もお見えになり、川喜田とのネパール調査行の興味深いお話をなさった。また、川喜田のもっともすぐれた著作として、「野外科学の方法」と「海外協力の哲学」を挙げておられた。

　「鳥葬の国」探検メンバーの高山龍三博士のお話が私には特に興味深かった。

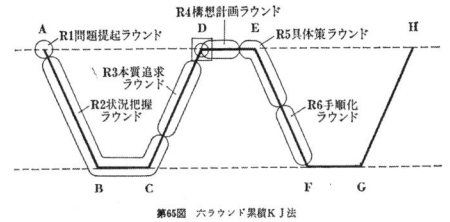

図38　図37＋仕事の12段階→W型図解→6ラウンド累積KJ法

　『わたしが川喜田先生から教わったことは、集めてきたフィールドワークのデータを徹底的に使え。しらみつぶしに全部使え。取ってきたものは全部使え。それでモノグラフを書け。そのときに、バランスを考えるな。バランスを考えると、きれいなものになるけれども、それはいけない。取ってきたデータだけで論ぜよ。そしてその上に、推論というか、自分の理論をつくりだせ。そうすると、データについては他の人が利用できるであろう。推論の部分については、他人が批判できるであろう。』（録音（三村）を再生）

　川喜田の研究プロセスをこれほどわかりやすく表現したものは、他にはないのではないだろうか。

　　実質的にKJ法の原型になるようなやり方がある程度見えてきた頃、私は、
　　自分のやり方が学問の永い歴史の中で、どういう位置を占め、何と呼ばれる
　　べきかを知りたくなった。そこで、京都大学人文科学研究所に親友で哲学者

の上山春平教授(当時)を訪ねた。
(『川喜田二郎著作集5 KJ法 渾沌をして語らしめる』)

川喜田と上山が論じ合った末に上山が描いた図(図37)がある。高山博士が川喜田からおそわったことを、川喜田は上山に語ったのだろう。それは川喜田の研究プロセスがまさに、仮説発想のプロセスであるアブダクションそのものであることを物語っている。

図37については、『第三世代の学問』[19]と『川喜田二郎著作集5 KJ法 渾沌をして語らしめる……W型図解の発見』で、W型問題解決モデル(図38)図解に至る経緯が語られている。

2.1.10. 問題意識の図解がこんなに……問題意識の中間まとめが必要

『もうすこし問題意識について補足しましょう。最初に全般的な見地からの問題意識をよくみがいておいたとしても、そのなかで、もうすこし具体的で多種多様な問題意識は、やはりフィールドワークしつつ鮮明になっていくものです。そのあたりのこと、つまり途中で問題意識を、どのように鮮明にさせていったらよいのかということがあります。

まず、現地へ行く前に、「自分はこういうことに興味がある」とか、漠たる自分の感情を、ラベルにひとりでブレーンストーミング式に書き出し、KJ法でまとめておきます。そのうえで、今度は現地へ行くと、見聞するにつれて問題意識がまきおこってきて、今度はより具体的な、あれもおもしろい、これもおもしろいという問題意識がおこってくる。

そこでひじょうに大事なのは、日々観察してデータ化したものをなるべく、毎晩とか、あるいは数日に一日あてるとかして、中間まとめを積み重ねてゆくのがよいのです。

中間まとめをするときでも、やっぱりその時点その時点でまきおこってきた問題意識をラベルに書いてまとめていくと、いっそう鮮明に自分の問題意識の移りゆきとか、鮮明度がわかってくるのです。そういう中間まとめになれておくことが大事だと思うんです。出かける前から細かい可否なんかなかなかできないのです。』(『川喜田二郎著作集3 野外科学の思想と方法』)

鳥葬の国探検の話しをしてくれたとき、「問題意識の図解がこんなに……」と、人差し指と親指とで模造紙の枚数の厚みを示し、にっこり。あの得意満面にっこ

---

[19] 竹内均・上山春平『第三世代の学問』中公新書

り笑顔が忘れられない。

　能登ミニ移動大学でのこと、学生さんたちが取材に出ている間に昼食に出たハイカラ食堂で、能登島を青い海の向こうにながめながら、この話を丸山晋博士と川井田聰氏にした。「そのことが書かれていることを知らなかった。重要だ」と大変興味をもたれ、しばし意見交換をした。

　1951年にKJ法の原理を発見した川喜田は、その後何でも見てやれ聞いてやれの取材を展開したのだが、現場取材データの中間まとめをしつつ、その時点時点で生じた問題意識を同時にKJ法で組み立てていたのだ。360度の取材は、このようにしてなされていたことを我々は再認識する必要があろう。仮説発想の情報の収集（取材）としての問題意識の中間まとめは、研究ばかりでなく仕事にも日常生活にも必要なのではないだろうか。

　こうした積み重ねによる360度現場生取材が、KJ法を生かし切る基本であろう。

　だが、仮説発想の情報の集め方と仮説検証の情報の集め方が違うことは、アカデミックの世界ですらあまり認識されていないようだ。「仮説検証型の調査（図38のFG）なら、情報は仮説に対して証反証となるようなものばかり集めればよい。しかし、地域調査やその他の一般的な調査（図38のBC）では、主題に対してなにか関係のありそうな興味をひく現象は、「何でも見てやろう」という枚挙の精神がすこぶる重要である」と川喜田は述べている。

　アメリカ留学中の小宮幹晃氏から、現地での取材の心得を問うてきたので、このことを伝えた。

　「川喜田二郎著作集5 KJ法 渾沌をして語らしめる」がKJ法原典として引き合いに出されるが、「川喜田二郎著作集3 野外科学の思想と方法」は川喜田の思想と方法論の原典として、じっくり味わう必要があると思う。両輪であると私は考える。

2.1.11. ありがとう！ありがとう！……問いかけを変えただけで、調査先が全部変わってくる

　6ラウンド累積KJ法は匠の世界の見習のプロセスだと、生田久美子の「わざから知る」を読んで感じた。これを修論のテーマにして被験者を募ったが、ひとりだけしか残らなかった。友人関係を通じて早稲田KJ研究会に参加していた小宮幹晃氏である。

　『被験者の条件が「演劇・絵画・武道（太極拳など）・音楽・手工芸などその他何でも身体（身体意識＝内面化）の変化を目指すことなら何でも良い」であったため、以前に通信教育で申し込んだケーナ教材が手付かずとなっているのを思い

出し、ケーナをテーマにお願いすることにした。』

6ラウンド累積KJ法の作法に忠実に則って実施し、2ラウンドまでをKJ法学会で発表。発表の途中で川喜田が突然立ち上がり、「ありがとうありがとう」と……。

ケーナ演奏で締めくくったが、その音色は涙を誘うこころに沁みいるものであった。

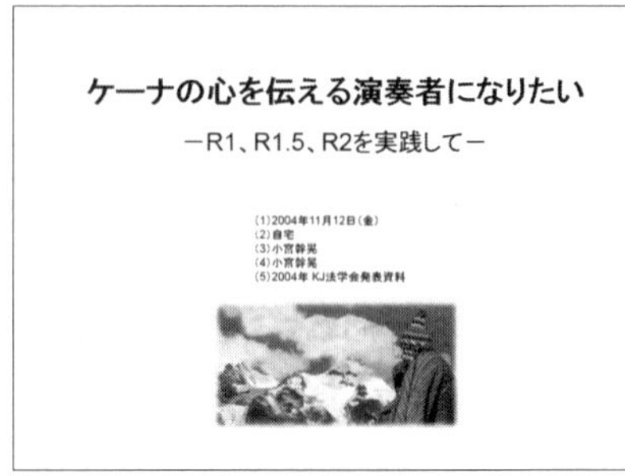

図39　小宮氏のKJ法学会発表スライド表紙

小宮氏の最初のテーマ表現は、「ケーナが上手になるには」であった。

川喜田二郎著「環境と人間と文明と」古今書院の『「住民の価値観・世界観」をどう調べるか』に、「問いかけを変えただけで、調査先が全部変わってくるのです」とある。このことが気になっていたので、「ケーナの心を伝える演奏者になりたい」（図39）はどうかと提案。あとは6ラウンド累積KJ法の作法に忠実に則れるようにアドバイスしただけであった。圧巻は、取材である。369件の元ラベルを得て、KJ法で組み立て文章化した。

- ラベルのいわんとすることが、演奏経験のなかで実感としてわかるようになる。
- プロ演奏家の言葉からのラベルは、終盤まで他のラベルとくっつくことがない。
- ラベル集めと表札を繰り返すうちに、発見・気づきがうまれハタと膝を打つ。
- 「ケーナの心を伝える演奏者」となるには、何をすれば良いのか360°の視点で理解しているがゆえに上達も早い。
- ひと仕事のプロセスを構造化したものがW型問題解決モデルであるならば、ひと仕事の連続＝「生きること」＝累積KJ法と言い換えることができる。

と、「R2を味わう」で述べている。

2.1.12. みむらくん、これ……点メモ花火の効用（図40）

周辺技法の点メモ花火は川喜田から直接教わった。点メモ花火は、お教えした方々の多くに、メモ革命をもたらした。また人生の壁を乗り越えさせたこともある。

冬のある日KRIを訪れた。川喜田はこたつに入って横にしたノートに何やら

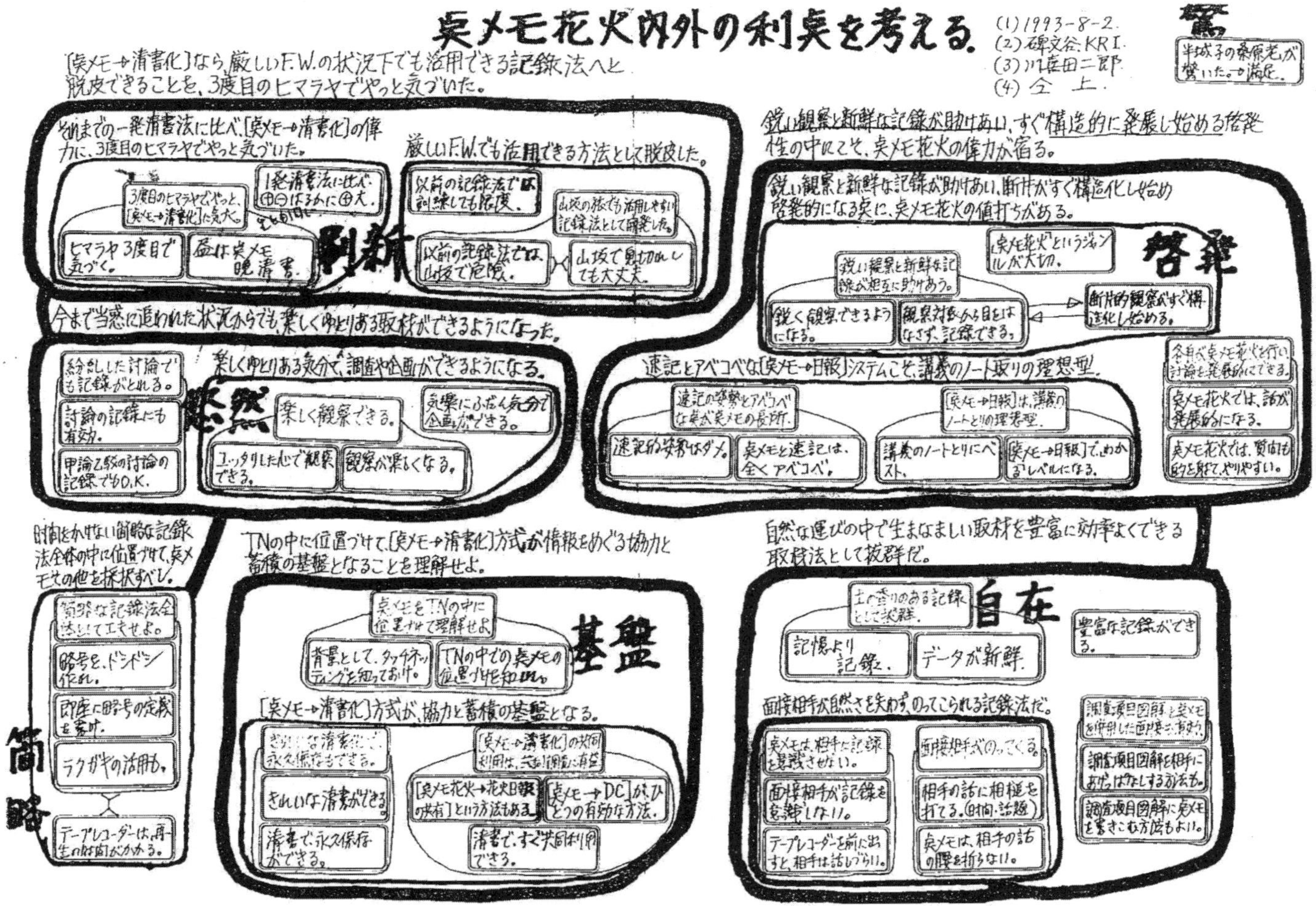

図40 川喜田からいただいた「点メモ花火の利点」KJ法自筆図解

書いている。私に気づいた川喜田は、「みむらくん、これ」とそのノートを私に見せてくれた。線香花火のような図解（図41）であった。私もやってみた。実に面白い。こりゃあ思考の落書きだ。早速生徒（中学生）に教えた。

不登校だったがなぜか私の授業には出席していた生徒が、3年生になって私のクラスになった。保健室登校だったが、ある日「話したい」と超多忙な私を訪ねてきた。多忙を詫び、話したいことを点メモ花火にしてくるようにいった。翌日点メモ花火を携えてやってきた。長く引かれた関係線が印象的だった。おそらく

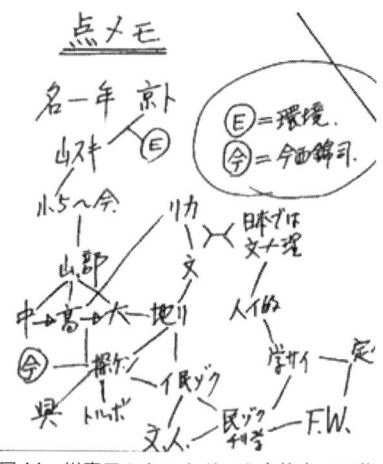

図41　川喜田からいただいた自筆点メモ花火（ラベル化→収束花火図解を省く）

最後の最後に思い切って繋いだのだろう。タブーに果敢に挑んだと感じた。また多忙を詫び、描いてみた感想を点メモ花火にしてくるようにいった。翌日持参。またまた多忙を詫び、点メモ花火図解を見て誉めて帰した。しめて15分ほどのやりとりだった。一～二週間後の朝、彼はすずしい表情で自席にいた。卒業まで皆勤。職員間で話題になったらしく、校内研修会で報告させられた。だれも信じなかった。

あの日帰宅して玄関を入るやいなや、息子が「今日は先生とたくさん話したよ」と報告してくれたと、母親が後に話してくれた。

点メモ花火がきっかけで、嫌いな教科も勉強するようになり、念願の進学校に推薦入学した生徒がいた。入学時の成績は超低空飛行。小学校では反抗して担任をだいぶてこずらせたらしい。何もいわない担任の私に対しては、すり寄ってきてよく手伝いをしてくれた。そしてよく話し相手になってやった。2年生まで担任。受験時期になって成績が心配になり、担任に彼の成績を聞いた。オール4（5段階）。陰で教えたのだろうといわれた。特別なことはなにひとつしていない。彼を呼んで聞いてみた。「2年の文化祭の時、企画のために先生と二人で点メモ花火をやったからです。右上隅のアイデアは好きな教科のもの、左下隅のアイデアは嫌いな教科のもの。離れているけどつながっているじゃん。好きな教科の内容をもっとわかるようになるには、嫌いな教科を勉強するといいのだとわかったから、一生懸命勉強しました」。

2003年のこと、早稲田KJ研究会のリーダー村井友貴氏（現フェルデンクライス

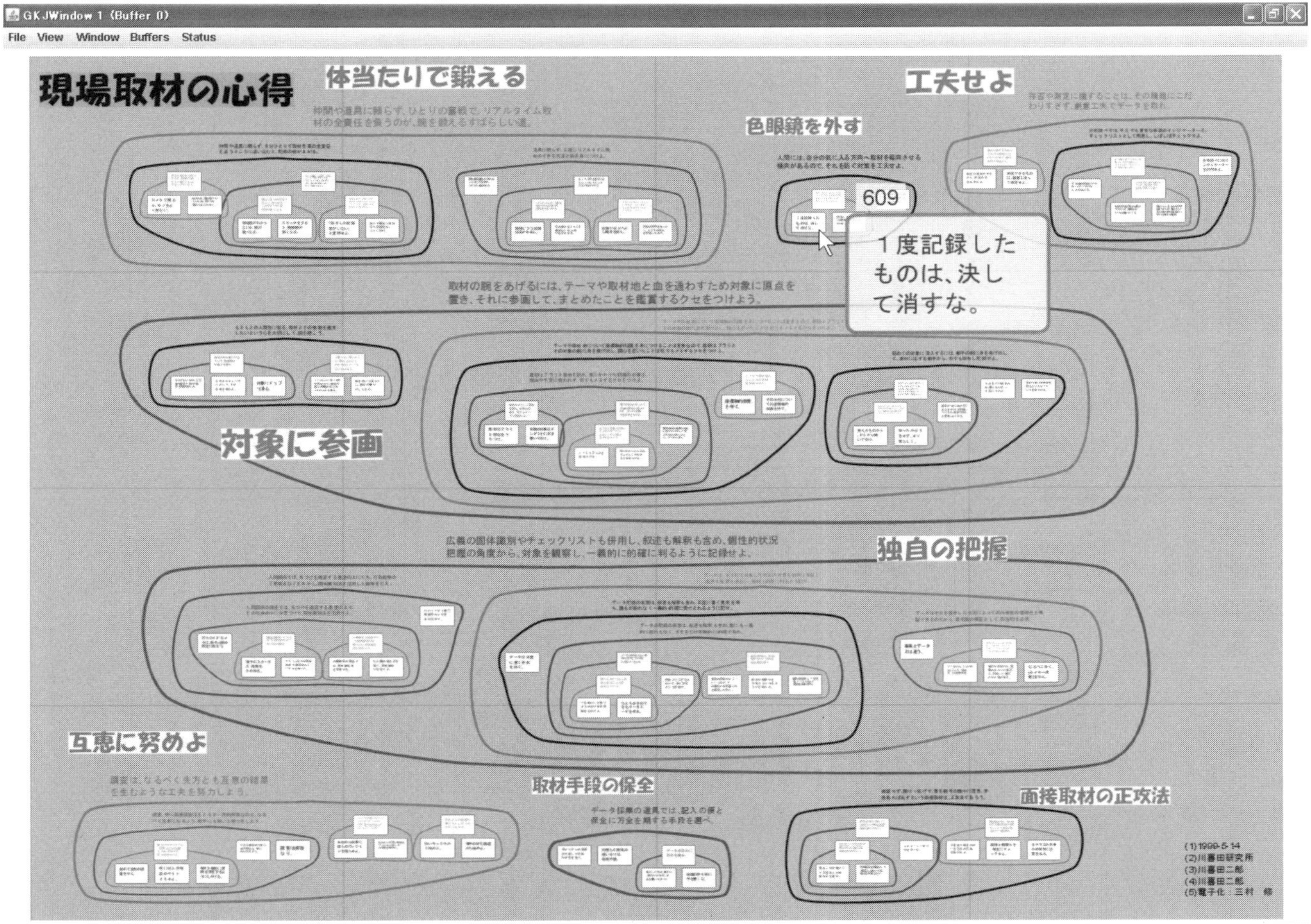

図42 グループKJ法システム (GKJ) で作成した図解

教室主宰。http://www.karagoda.com/ 点メモ花火を取り入れ、参加者自身に自分の身体感覚の記録をさせて好評）は佐藤公平氏（収束花火図解でKJ法作業を試みる。2段階までが限度であることを実証）と共に、私から学んですぐに点メモ花火研究会を立ち上げた。多数の参加者があったとのこと。しょうもないテーマほど興味深いものとなったとの報告を受けた。

　点メモ花火を巡っては、たくさんの思い出に残るエピソードがある。特に思い出に残るものを紹介してみた。

2.1.13. 島どりの線が自在に伸びちぢみ……GKJソフト……図解化が自在に

　私は、ラベルづくり、ラベル集め、表札づくり、シンボルマークづくり作業はインスピレーションソフトを、図解化は現九州工業大学大学院三浦元喜准教授が開発したGKJソフトを使用。

　（http://ist.mns.kyutech.ac.jp/miura/index-j.php）

　三浦博士はJAIST助教時代に、正則なKJ法を私から学ばれた。作業手順を正確に身に着けられた。ラベル集めと表札づくりは秀逸。私よりもKJ法を深く理解していると感じている。

　KJ法を正しく学ぶことなく電子化をし、KJ法は分類であるとしている大学の先生がいるなかで、謙虚に学ばれる姿勢に感動を覚えた。

　第1回白山里ミニ移動大学でGKJを導入したいと思い、KJ法作業の階層アウトラインから図解化ができるようにならないかと相談してみた。一週間後に完成の知らせをいただいた。

　アウトライン（インスピレーションソフトは、ボタン一つでアウトライン化ができる）から図解が半自動ででき、島どりの線が自在に伸び縮みするので、ラベルの空間配置を納得がいくまでできる優れものである。

　GKJソフトは、ラベルづくりから図解化までの一連の作業ができる優れものであるが、マック時代から使っているインスピレーションソフトになれているので、このようなリクエストをした。結果的に、GKJソフトの柔軟性が証明されたのではないかと思う。

2.2. グループKJ法支援システムGKJ

ここで、上記で述べられた、グループKJ法システム（GKJ）について紹介する。

2.2.1. グループKJ法システム（GKJ）とは

グループKJ法システム（GKJ）とは、複数の参加者で行われるKJ法作法演習やワークショップの効果を高めるため、筆者（三浦）らが開発したシステムである。従来のKJ法で用いられているラベル用紙への手書き筆記や模造紙大の台紙への配置作業をそのまま踏襲しつつ、これら手作業の詳細な記録を電子化できるのが特長である。

2.2.2. グループKJ法システム開発の経緯

筆者（三浦）は2004年の夏に、三村氏が講師を務める2日間のKJ法講習会に参加した。もともと発想支援技術には興味をもっており、KJ法のおおまかな内容について見聞きしたことがあったが、それまで本格的なKJ法の作法に触れたことはなかった。三村氏の迫力あふれる講習を受け、筆者が思い描いていたKJ法のイメージはがらりと崩れた。講習を受ける前は、高度に洗練された機械的な手順に従うだけの無機的な印象であった。たしかにラベル操作に関しては、ある種高度に洗練され、スマートで機械的な手順もそこには存在していたが、それは本質ではなかった。KJ法の本質はもっと泥臭く、人間が自分自身の魂と対峙し、自問し、格闘することにあることを、身をもって学ぶことができた。たった2日間の講習であったが、これが私のKJ法に対する貴重な原体験となった。

その後も、三村氏の講習会に参加させてもらう機会が何度かあったが、三村氏は講習会ではかならずといってよいほどICレコーダーとビデオカメラをまわし、講習の進行の様子や議論の内容を詳細に記録していた。KJ法にはいる前段階としての「取材」と「記録」の重要性をまさに体現していた。撮った写真やビデオに加え、完成した図解をパソコンで打ちなおしたデータを参加者に配布することもあった。これはKJ法の図解を創り上げるまでの思考プロセスや体験の重要性と、それらをあとで振り返ることによる教育的効果を重視していたものと思われる。

こうした三村氏のKJ法に対する真摯な姿勢に触れるうちに、手書き筆記や手作業をなるべく簡便かつ詳細に、再利用可能な電子化データとして記録できないだろうか？　と思うようになった。幸い手書き筆記の電子化に関して、筆者は以前から、教室内の双方向コミュニケーション促進を目的としたデジタルペン筆記共有システムを開発していたので、そこで利用しているアノト方式を適用すれば

実現できそうだという目論見はあった。しかし、ラベルの手作業については、どのようにすれば自然に電子化できるか、最初はあまりよいアイデアが思いつかなかった。

最初に考えた方式は、テーブル方式であった。ちょうど2005年頃、テーブルトップインタフェースの研究が盛んに行われていた。また、2次元マトリックスコードを認識する

図43　AwareTable不透明状態

ARToolkit[20]という技術も公開されていた。そこで、ガラス天板テーブル内にカメラを内蔵し、ラベルシート背面に印刷した2次元マトリックスコードを読み取ることでラベルのIDと場所を逐次電子化する方法AwareTableを考えた。しかし単にガラス天板のテーブル下部から2次元マトリックスコードを認識するだけでは研究としての新規性に乏しかったため、天板を透過調光ガラスという特殊な素材にし、テーブル下部にプロジェクタも内蔵させることにした[21]。透過調光ガラスとは、液晶フィルムへの電圧印加によって透明状態と不透明状態（すりガラスの状態）を切り替えることができる板ガラスのことである。透過調光ガラスは一般には会議室の壁やパーティションとして利用されている。特殊な例では神戸新交通六甲アイランド線の窓ガラスとして設置され、マンションや住宅が隣接する区間のみ不透明化することで住民のプライバシー保護に役立てられている。この透過調光ガラスをテーブル天板に用いると、透明状態ではラベルシート背面に印刷した2次元マトリックスコードを下部のカメラで高精細に読み取ることができる。しかしプロジェクタによる投影画像は天板を通過してしまうため視認性は低下する。そこで、プロジェクタ投影が必要な場面では一時的に不透明化する。こうすることで、例えばラベルの付加情報を補足としてラベル付近に表示したり、遠隔地との協調作業時に仮想的なラベルを表示したりする場合には液晶フィルム面に光を反射させて、視認性を高めることができる。このように、透過率を電気

[20] [ARToolkit] Kato, H. and Billinghurst, M. (1999) Marker Tracking and HMD Calibration for a Video-based Augmented Reality Conferencing System, Proc. of the 2nd IEEE and ACM Inter-national Workshop on Augmented Reality '99, pp.85-94.

[21] [AwareTable] Motoki Miura, Susumu Kunifuji (Sep. 2008) A Tabletop Interface Using Controllable Transparency Glass for Collaborative Card-based Creative Activity, Proceedings of the 12th International Conference on Knowledge-Based Intelligent Information and Engineering Systems (KES2008), LNAI 5178, Zagreb, Croatia, pp. 855-862.

的に切り替えることによって、視認性の向上とラベルID・位置認識率向上という、相反する要求を同時に満たすことができた（図43）。また、構造的には筐体内部にカメラとプロジェクタを内蔵することができるため、従来のテーブル外部にカメラを設置する方式[22]に比べて、会議室間を移動する場合の利便性（可搬性）を高めることができた（図44、図45）。

図44　AwareTable内部

しかし、AwareTableで可搬性が高まったとはいえ、重量の関係でどこでも気軽にもち運んで使うといった用途には不向きであった。本来、KJ法は移動大学をはじめ、フィールドワークとセットで実施されることが多い。よって特定の会議室や実験室のみで利用するのではなく、軽量でより高い可搬性を備えたシステムを考える必要があった。そこで考えたのが、アノト方式のデジタルペン特性を利用して、ラベルの位置を特定するGKJ方式[23]である。

図45　アノト方式のデジタルペンと用紙（用紙背面に印刷した2次元バーコードはAwareTableでの認識用）

GKJ方式を説明するために、まずアノト方式のデジタルペンについて説明が必要である。アノト方式とは、紙に印刷された特殊なドットパターンを、ペン内部の赤外線カメラで読み取って座標を計算する、スウェーデンのAnoto社が特許を保有する筆記電子化技術である。ドットパターンは6×6の格子上の点から上下左右のいずれかの方向に少しずつずらして印刷されている。この「ずれ」は用紙の各部位に対してユニークになるようにあらかじめ設計されているため、紙に対するペン先の絶対座標を一意に特定することが可能となっている。従来一般に用いられてきた超音波方式のペンの場合、紙の種類を選ばない反面、ペン先から

---

[22] [Outpost] S.R. Klemmer, M.W. Newman, R. Farrell, M. Bilezikjian, and J.A. Landay (2001) "The Designers' Outpost: A Tangible Interface for Collaborative Web Site Design," *Proceedings of UIST '01*, pp.1-10.

[23] [GKJ] Motoki Miura, Taro Sugihara, Susumu Kunifuji: GKJ (Mar. 2011) "Group KJ Method Support System Utilizing Digital Pens", *The IEICE Transactions on Information and Systems*, Vol. E94-D, No. 3, pp. 456-464.

発する超音波を受信する装置を紙にクリップで固定し、あらかじめ位置合わせ（キャリブレーション）を行う必要があった。そのため、紙に対してクリップの位置がずれてしまうと筆記の誤差が生じてしまう問題があった。また紙を取り替える場合には、利用者がボタンを押して、紙を取り替えたことを通知する必要があった。アノト方式の場合では、カメラが内蔵された特殊なペンと、特定のドットパターンが印刷された用紙を用いる必要はあるが、用紙にあらかじめ対応付けられた絶対座標が取得できるため、超音波方式のような位置合わせや紙を取り替えたことに対するアクションは必要なく、利用者は通常通り紙への筆記行為を行うことができる（図45）。また、アノト方式

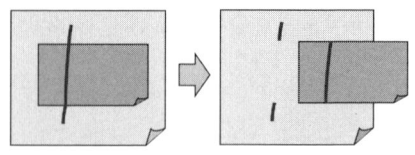

図46　左のように書くと、右のように3本の線として認識される。

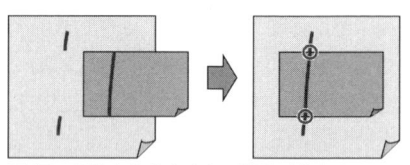

図47　接続点を求めると、位置が求まる。

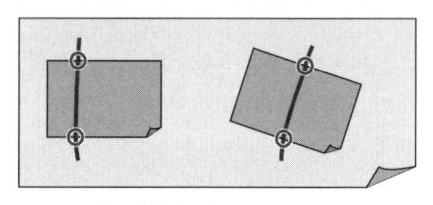

図48　2点の接続点で傾きが得られる。

のペンでは、紙にクリアファイルや下敷きなどの薄い半透明の物体を被せた状態や、ラミネート加工した状態であっても、紙のドットパターンを問題なく読み取ることができる。また筆記の時刻も記録することができる。

　一般的なアノト方式デジタルペンの使い方としては、帳票用紙に書かれた手書き筆記データを文字認識し、電子帳票化するといったものであり、筆記範囲は用紙内に限定されている。筆者らが提案するGKJ方式では、別々のパターンをもつ複数の用紙をまたぐ筆記を、ラベルの位置取得や、ラベルの階層化（グループ化、グループ解除）に応用する。

　GKJ方式を利用したラベルの位置取得、およびラベルの階層化の具体的な手段について説明する。最初に、ドットパターンが重複しないラベル用紙と模造紙サイズの作業台紙をアノト用紙で準備しておく。1枚のラベル用紙内に書かれた筆記データは、そのまま「手書き文字」として電子化し、筆記情報として記録・表示する。通常のラベル用紙への記入は、1枚の用紙内にとどまるため、上記のルールによって手書き文字として扱われる。次に、紙ラベルの位置を記録したいときは、紙ラベルにクリアファイルを被せて、作業台紙と紙ラベルをまたぐような1本の線を筆記入力する。このように複数の用紙にまたがった筆記は、アノト方式のデ

ジタルペンではそれぞれの用紙ごとに、3本の線として認識される（図46）。ただし、これらの3本の線が入力された時刻はほぼ同じであることを利用すると、これらの3本の線は、個別に行われた筆記ではなく、一括で入力された特殊な入力であることを区別できる。また、筆記データには線が書かれた順番や、筆記の方向も記録されているため、台紙と紙ラベルの接続点を求めることができる（図47）。この接続点を計算することによって、紙ラベルが台紙の上のどの位置にあったのかを知ることができる。また接続点が2点以上あれば、どのような傾きで配置されていたのかも取得できる（図48、図49）。

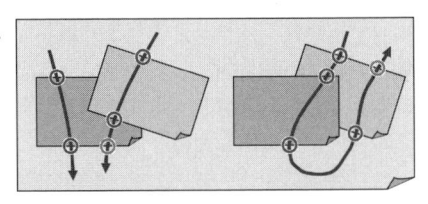

図49　2点以上あれば重なりも検知可能。

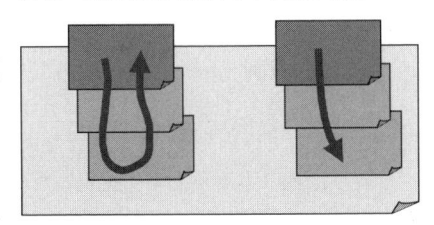

図50　輪取りでグループ化、払い出しでグループ解除

ラベルの階層化（グループ化）についても同様に、表札ラベル用紙を一番上にした状態で縦に並べておき、表札ラベルから輪取りの要領で複数ラベル用紙をまたぐ1本の筆記を記入することで入力する。グループ化を解除するときは、表札ラベルから下層ラベルに対して、払い出すようなジェスチャーを入力する（図50）。

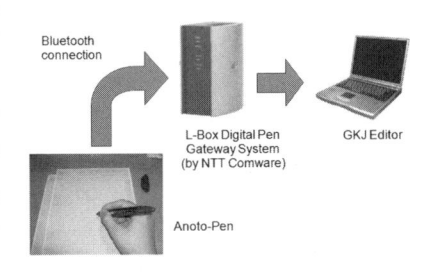

図51　GKJシステム全体構成

　このような複数の用紙にまたがった筆記操作（以降、スキャン操作、グループ化操作と呼ぶ）を適宜行うことで、紙ラベルの配置情報を取得することができるため、アノト方式の用紙とデジタルペンがあれば、原理的にはどこでも作業記録を電子的に残すことができる。
　本方式のメリットとして、以下の7つが挙げられる。(1) デジタルペンとクリアファイルという比較的扱いやすい道具を使って、紙ラベルの位置情報や構造化情報など、パソコンを利用して付与するのに匹敵する高度な編集情報を直接付与できるようになる。(2) GKJ手法における「スキャン」や「ジェスチャー」操作は、パソコンにおけるマウス操作に比べて直感的である。筆記や手による配置作業との親和性も高く、思考を妨げにくい。(3) 参加者が個別にペンをもっていれ

143

ば、筆記操作やスキャン操作を分担しながら行える。(4) 電子化されたデータは、個々の紙ラベルを独立して扱っているため、移動や再編集といった操作が容易である。ちなみにデジタルカメラやデジタルビデオカメラで静止画像または動画像として作業を撮影した場合は、記録として残るという点では同様であるが、再利用性に欠ける。(5) デジタルペンは無線で筆記情報を送信するため、複数人での同時多発的作業に適している。(6) 上述した[Outpost]の方式では、複数人が同時に付箋紙を動かした場合に、対応がとれないという問題がある。しかし提案手法では複数人が同時に紙ラベルを移動し、スキャンしても問題は発生しない。(7) システムの構造的にもGKJ手法のほうが軽量かつシンプル（図51）であり、もち運び性に優れているため、さまざまな場面にて運用可能である。

筆者らはGKJ方式を実際に実現したGKJシステムを構築した。GKJシステムは上記で述べた方法により、デジタルペンを用いて紙ラベルによる手作業を自然に電子化する機能を備えており、主にグループKJ法作業後に作業プロセスを振り返ったり、作業図解を電子的に配布・共有しやすいようにしたりすることを目的として構築している。しかし同時に、デジタルペンによる入力以外にも、マウスやキーボードを用いたラベル操作も可能としている。その理由は、デジタルペンを用いたセッション後に、作業図解を継続的に追加編集できることが必要不可欠であり、そのためのインタフェースを整備する必要があったからである。なお基本的にGKJソフトウェアはペンによる筆記、スキャンおよびジェスチャ操作による入力と、マウスによるラベル操作による入力を常時受け付け、随時表示画面に反映していく仕組みとなっている。

GKJシステムでは、グループKJ法ワークショップにおける個人作業とグループ作業を切り替えながら進めるといった、柔軟なグループ分け運用に対応するため、筆記をある台紙に集約したり、また個人作業用途で分散させたりする機能を備えている。学習を目的としたグループKJ法セッションでは、途中までグループで作業しながら概略をつかみ、その後個人作業に移行するといった運営がなされることがある。こうした場合は、集約設定でグループ作業を行ったあと、集約された筆記からラベルのセットを印刷して人数分複製し、個人作業にスムーズに移行するといったことが可能である。個人作業では、各参加者がそれぞれのペースで作業が行える。グループKJ法の指導者は、各台紙を拡大表示しながら、作業の進捗度合や、履歴を用いて過去にさかのぼって作業プロセスを確認することができる。

2.2.3. グループKJ法システムの実践利用

　これまでにいくつかのKJ法の講習会で、GKJシステムを実際に使用してもらった。運用では主に点メモ花火図の作成に用いた。また演習ではあらかじめ教材となるラベルを印刷しておいた。図52、図53は筆者らが所属する大学院での講習会であり、図54は同大学院の東京キャンパスにおける講習会、図55は行田市役所における講習会の様子である。本システムを使用した場合も紙ベースの作業スタイルは踏襲されるため、通常の活動における支障は生じなかった。図52に示すように指導者はラベルを直接手にもち、受講者に見えるように示して説明していた。このような操作は紙ラベルだからこそ可能であり、効果的な提示方法であるといえる。また本システムを使った場合でも複数の参加者が対等な立場で、ラベルをいつ、どこに出すかといった操作を相手の動きを見ながら自然に振る舞えていた。

　さらにGKJシステムを用いることで演習直後に作成した図解をメール送信や印刷して配布することができ、演習の余韻を長く感じてもらうことが可能となった。ちなみに従来の演習でもふりかえりによる教育効果向上のため、講師が演習を撮影したビデオDVDや図解を書き起こして電子化したデータを受講者に配布していたが、編集や書き起こしには数日程度かかっていた。

図52　大学院での講習会

図53　大学院での講習会

図54　大学院の東京キャンパスにおける講習会

図55　行田市役所における講習会

2.2.4. グループKJ法システムの今後の展開

　近年ではオンライン手書き文字認識エンジンの性能も向上しているため、手書き文字を即座にテキストに変換し、読みやすく、かつ再利用性しやすい記録として保持することができるようになった。実際にいくつかの講習会では、手書き文字認識エンジンを利用して、テキスト変換を行なった。GKJシステムはテキスト情報と手書き情報を同時に保持しているため、必要に応じて表示を切り替えたり、絵や図といった手書き部分だけをテキストと併記したりすることも可能である。筆者らはあまり重視していなかったが、電子化のメリットを活かした実践として、遠隔地のフィールドワークデータを互いに転送しあって1つの図解を創り上げるといった作業も容易になると考えられる。

　現状でもブログやTwitter、Facebook、Evernoteのようなネットワークサービスが広く普及し、思考が電子の世界にほぼ直結している。思考はひとたび電子化されれば、それが瞬く間にネットワークを流れて世界中を循環し、他人の考えや思想に影響を与え、それがまた別の発想やアイデア、イノベーションを生み出す原動力となる。現状は同じような考え方や興味の人だけがつながっているが、原理的には異なる考え方をもつ人同士を積極的につなぐことも容易であり、むしろそのことが人間社会全体にとって有益な結果をもたらすことも期待できる。

　また近い将来には、人間が関与・介在しなくても、新しい思想や発想を生み出す意思をもったロボットや機械が誕生するであろう。そのような人間とロボットの共存時代が訪れたとき、本当に必要となるのは、異種族同士の対立ではなく対話である。KJ法は考えを大局的にまとめるための優れた作法であると同時に、相互理解を深めるための優れたコミュニケーションツールである。したがって、相互理解に基づき、対立を避けるための対話技術として、KJ法が果たす役割は今よりもさらに重要になるものと思われる。

3. 未来地球移動大学

　2020年、KS氏の一日を通して、未来の地球移動大学のあるべき姿を予想してみよう。2020年ともなると、あらゆるライフログ・ソーシャルメディアがシームレスにつながっており、インタラクティブなPtoP通信を標準とするWeb4.0といわれるグローバルネットワーク時代に突入している。ここにライフログ・ソーシャルメディアとは個々人が五感でアウェアするあらゆるデータ・情報・知識が形式知と暗黙知として獲得・蓄積・利活用されている状態が常態化しており、スマートフォン、Facebook、Twitter等の電子機器内の知識情報がバックアップの

パーソナルアーカイブに個人特有の知識ベースとして保存されている。いうまでもなく、全てのデータに4注記がGoogle Map等で付与されている。また地球移動大学という仮想コミュニティーが立ち上がっており、ここに参画するメンバーは地球規模の課題が投げかけられると、人類の叡智を結集して課題解決案を直ちに提案することができる。場合によっては必要なファンドが寄付されているので、現地に駆けつけ課題解決の実践を行う騎馬民族風のコミュニティーである。なおグループKJ法表示のための超薄型プロジェクタが壁掛けテレビ内に内蔵されており、それを用いて知の共有化が促進される。

1) 問題提起ラウンド：世界中からいつでも、どこでも、誰でも問題発生を認知したら、この仮想コミュニティーに問題を投げかける。世界中に散っているコミュニティー・メンバーが与えられた問題から解くべき課題をKJ法で取り出し、課題提起を行う。宇宙船地球号という有限のリソース、有限の時空間での課題解決を心がける。このラウンドの衆目評価は問題発生場所の住民が行う。

2) 現状把握ラウンド：各メンバーは課題に関係するデータ、情報、知識を思い起こしから、共通のホワイトボードに投げかける。次いで連想検索システムを駆使し、課題に関係するふと気にかかるデータ、情報、知識を360度の角度から収集する。次いで実際のフィールドに出かけるメンバーを選定する。メンバーは必ず専門分野の異なる人を選ぶ。また最初に課題提起した現地の人間も選ぶ。特にボトムアップ的思考のできる人とトップダウン的思考のできる人を選ぶのがポイントである。フィールドワークの際にはデジタルカメラ、ICレコーダーも携帯する。テンベアの精神でぶらぶら歩きし、気になることを片っ端から取材していく。このラウンドで得られたラベルは極めて膨大なので、多段ピックアップ法などのラベル数縮約技法も駆使する。現状把握ラウンドでは、現場を観察することが出発点である。現状を正視する心の眼を養わないといけない。フィールドワークで得られたラベルは世界中の同志のアクセス可能な地球移動大学アーカイブに転送される。

3) 本質追求ラウンド：課題解決のための分散・同期グループKJ法を行う。そのイメージは離れている人も対面環境のように参加できる3D仮想会議室である。同期・分散会議が基本であるが、時間的余裕のないメンバーのために非同期・分散会議用のグループKJ法環境も提供されている。一行見出し作成支援システムを駆動すれば、オントロジーベースの概念シソー

ラスが使えるので、参加に同意したグループのラベルに含まれる中核的な動詞・名詞を内包する抽象的動詞・名詞群がテロップのように表示される。この機能を用いることで一行見出し作りがスマートに行える。もちろん複数の人が相異なる一行見出しを作成した場合は、ただちに衆目評価法を行い、全員の評価する見出しが採用される。階層化されたグループが5－6以内になったら、ネスティング作業を中止する。トップレベルの本質が課題に対する解決のための仮説である。腸だしを経て、安定な空間配置に次第に展開していく。試行錯誤の上、安定な空間配置を見出してから、グループの関係線分析を行う。関係線分析は全人類共通の因果関係分析、相互依存関係分析、矛盾関係分析、相関関係分析の4種類の範囲にとどめる。最終的には現地の人間による衆目評価法を適用し、仮説の優先順位をつける。優先順序付けには、意思決定支援グループウェアのもつトレードオフ分析機能等が使える。ただしここでいい仮説が一つも得られない場合は問題提起ラウンドからやり直す。

4) 本質表現反転ラウンド：組織の問題解決等においては、ネガティブな本質仮説のまま上司に投げかけても受け止めてもらえない。ネガティブな表現を全てポジティブな表現に置き直すには、概念シソーラスに付随する反意語辞書の助けを借りて行う。このラウンドを3.5ラウンドあるいはネガポジ変換ラウンドと呼ぶことにする。ここでも衆目評価法を用いる。成功経験豊かな人々はこのラウンドの知識表現法に卓越しており、問題解決で巻き込まれる全てのステークホルダーを説得することが上手である。このラウンドまでは原則的にKJ法を用いる。このラウンドの衆目評価は問題発生個所の住民やコミュニティーメンバーが行う。

5) 構想計画ラウンド：このラウンドから仮説検証のモードに入る。本質追求ラウンドの衆目評価で得られた最上位の仮説から取り上げていく。まずその仮説を理想案とし、問題解決のための構想計画を立てる。理想と現実のギャップを分析するには、SWOT分析などを用いる。構想計画で大事なのは、適用する範囲と知識源や制約条件を明確化することである。

6) 具体策ラウンド：構想計画で得られた理想案を現実の問題にブレークダウンしていく。ここでは実世界指向という考えが重要であり、現実世界を支配している制約を満足するように具体策をたてていく。制約には強い制約と弱い制約があり、更に制約間に半順序構造がある。制約解消で大切なのは制約間のトレードオフ関係を明確にし、准最適解であるパレート最適化を図ることである。このラウンドの衆目評価も問題発生個所の住民やコ

ミュニティーメンバーが行う。

7) 手順の計画ラウンド：具体策で得られたシナリオを PERT タイムや PERT コスト等を用いて、具体的作業のワークフローに落としていく。クリティカル・パスの発見がポイントであり、それにより効率化が図れる。ワークフローで大事なのは可視化であり、可視化された作業タスクを関係者全員が随時見えるようにする。置かれた環境の制約が変動する際は、ダイナミックな構想計画、具体策、手順の計画をコンピュータ上のシミュレーションで支援することも必要である。

8) 実施ラウンド：実施ラウンドを実行するのは、あくまでその現地の人々である。現実の実施作業を現場で実践していく。現実の世界は大規模かつ複雑な系であり、かつ動的に変化している。従って、最初に選んだ仮説がベストという保証はなく、実施の効果を適格に見守る必要がある。リーダーシップを取るリーダーの威厳や役割が大切である。

9) 検証ラウンド：実施アクションにそれなりの効果が見られた場合、第一仮説がある程度受理されたと判断し、地球移動大学アーカイブという知識の倉庫にその仮説（知識）を蓄積していく。場合によってはその実施アクションが拒否されることもある。このような場合、本質追求ラウンドで明らかになった次善の仮説で構想計画、具体策、手順の計画、実施のラウンドを再度行う。これは次善の仮説の検証プロセスに相当する。全ての仮説がリジェクトされたら、本質追及ラウンドの仮説がうまくいかなかったとみなす。そこで再び、問題提起ラウンドに後戻りする。

10) 総括・味わいラウンド：成果を整理・保存し、広く世間に公表する。アカデミックな知見が得られたら、人類の叡智を結集した知識の倉庫に登録する。成功事例のみならず失敗事例も集積することが大切である。途中で生まれた副産物の利活用も考えることで、新たな問題解決が始まる場合もある。

以上のラウンドで見落としてならないのは、ラベルに書かれた形式知のみならず、ラベル採取時に認知した暗黙知の利活用である。静止画像や動画像で記録された暗黙知は観点を変えることで、思いもかけない仮説を生み出すトリガーとなることがありうる。また問題によっては、触覚、嗅覚、味覚等が知識創造のトリガーとなることがありえる。すなわち五感通信技術を駆使することで、非同期・分散環境でも同期・対面環境のようなアウェアネスを伝達することが可能である。

このような暗黙知、形式知の複合体を関係者すべてが利活用することで、未来における地球移動大学では全世界の知のコミュニティーの支援を受け、発展的な

知のポジティブ・スパイラル（W型問題解決の繰り返し）を構築することが期待される。これこそ移動大学経験で得たフロー体験を共創、すなわちステークホルダー全てがWin-win関係を構築、することである。

第Ⅱ部

野と人と社会とちきゅうの融然生態への展開と未来展望

本然回帰をめざすKJ法
桑原 進

1.問題意識

　人類は、その固有の目標を見失ったまま、ただ闇雲に、生きることに前進してきたのではないか。その点、動物は対照的だ。彼らは、生来の目標らしき行動パターンをもっていて、脇目もふらずこなす。育児の場面が典型的だ。

　人類は、人類なるが故の、めざすべき志があることを忘れていたのではないか。結果、行動は行き当たりばったり、事故対応は後手の対症療法になってしまう。今次2011年3月11日東日本大震災の大津波被害、福島原発の事故も、その路線上でおこった。そんな話を、ある町長にしたら、いや当町には「○○計画がある」と胸を張って見せた。人類がめざすべき志とは、計画といった作為の次元の話ではない。天地人のとるべき態度、本然回帰の道のことである。

　その道を、事前に、どれほど目配りよく探り、処方箋まで用意したか。それが、いざというときの備えになる。問題解決の要諦だろう。事後対応の問題解決は、やむを得ぬ最低級の方策だ。東日本大震災と原発事故に、逃げ方のハザードマップはあったが、逃げた後の対処ロードマップはまったくなかった。後手の愚策（？）を繰り返し、塗炭の苦しみを味わわせることになった。

　原発事故は、発生してからでは、物理的、金銭的に対処不能に近いことが露呈した。もし地球温暖化問題が、切羽詰まってきたら、もはや対応自体が不可能だろう。自然現象ばかりではない。裁判も、目には目、歯には歯の事後対応でよいはずがない。犯人を死刑にしたところで、亡くなった人が生き返るわけではないし、後遺症が癒えるわけでもない。犯罪の原因究明は、未然防止の門口作業だったはずだ。事後対応オンリーというのは破綻した考えだろう。

　万般について本然回帰をめざし、事前対応に路線変更しないと、人類世界は遠からず再起不能の危険水域に達すると見られる。動植物が今日まで生き延びたの

は、その見事な事前対応にあろう。いまや無条件の前進・進化は、希望の道ではない。進化論的転換が迫られているのではないか。本稿は、本然回帰の方法としてのKJ法に注目した。

2. KJ法は宇宙の原理を敷衍した天の道

　KJ法は宇宙の原理を敷衍した天の道だった[1]。まず、この根本原理を確認しておきたい。それが、本然の道を保証する。宇宙はビッグバンから創造された[2]。宇宙は、渾沌とした無秩序のビッグバンから、つぎのプロセスをたどって創生されたことになる。
　　[1]　渾沌とした無秩序→創造する
　これこそ、われわれ人間が生かされてきたいちばん大元の原理だろう。その子どもとして、逆らうことはおろか、ただ順うしかない宇宙の原理ということになる。それを敷衍した「物質」あるいは「情報」の「構造」化が、創造の方法ということになる。渾沌の無秩序から「情報」を「構造」化して展望を得たのはKJ法である。よってKJ法は、宇宙の原理を方法として具体化したものと、筆者は信じる。
　一つだけ例をあげよう。KJ法のラベル作りは、宇宙創生時における水素原子の生成に似ている。水素原子に相当する一枚一項目の、混じりけのないラベルが大量に作られたおかげで、他のラベルとの核融合反応がおこり、別の大きな生成物が作られる。ラベル化は、そんな核融合反応を可能にする単位化作業だった。
　ところで、「創造」したものは必ず滅びる。だから、原理［1］の最後には「滅びる」が来る。しかし、一挙に滅びるわけではない。前の状態をしばらく「維持する」過程が続くだろう。かくして、つぎのプロセスが得られる。
　　[2]　渾沌とした無秩序→創造する→維持する→滅びる
　これが、宇宙原理のフルコースと考えられる。宇宙はもちろん、万物が順わな

---

[1] 創始者は、KJ法をあくまで科学的領域に位置づけたから、宇宙の原理に位置づけることはしなかった。しかし、実顕の証明ばかりでなく、このように原理に位置づけ、説明するという手もあり得るだろう。
[2] 宇宙については、つぎを参考にした。
　　松井孝典（2006）『コトの本質』講談社
　　高柳雄一（2005）『宇宙から人間へ（生命編）』日本放送出版協会
　　アーヴィン・ラズロ（2006）『叡智の海（物質・生命・意識の統合理論をもとめて）』吉田三知世訳　日本教文社
　　ビッグバンの前には、それを生んだアカシック・フィールドが想定される（ラズロ前掲書）。そこからビッグバンがおこり、創生された宇宙の原理に受け継がれたと考えるのが筋だが、本稿では省いた。近年明らかになりつつあるダークマターと関連あるかもしれない。目には見えない前駆フィールドが、目の前の事態の本質を規定する可能性があることだけ指摘したい。

ければならない原理である。人間ならびに人間界が例外であるわけがない。渾沌の無秩序は、大問題である。問題の本源といってよいだろう。それを救う道は、創造に歩を進めるしかない。創造、つまり「情報」を「構造」化するKJ法こそ、問題の抜本解決の道に他ならない。軽い問題ならいざ知らず、少し重い問題は依存しなければならない必須の方法ということになろう。それが、天の道だからだ。

　KJ法は、宇宙の原理と時空間軸を共有する。だから、事前対応に耐えられる。問題を未然に防ぎ、問題体質の改善に役立てられる。本然回帰をめざせばこそ、なし得る効能だろう。その点、宇宙の原理に由来しない事後対応の対症療法は、慢性体質をつくるなど、返って問題をこじらせる。われわれは、そんな場面に、いやというほど直面してきた。が、それでも事後の対症療法を飽きずに繰り返してきた。これからも、繰り返すだろう。

　ここらへんで、声を上げようではないか。KJ法は、科学や○○法とは生まれがちがうのだと。人間を含めて宇宙の万物が、まずはことごとく順わなければならない法(のり)なのだと。その審判なくば、問題の抜本解決はできないのだと。

3.地域フィールドワークに注目したKJ法

　本然回帰をめざすKJ法は、まず「地域フィールドワーク」に向かった。天地人の「地」である。中央の抽象とは対極の具象の地域である。物事は、その置かれた場と一心同体である。一心同体の中に物事がある。同じものでも、場によって違ってくる。だから、その場、その場をフィールドワークして、その場のすべてを個性としてすくい上げた。その画期的な試みが「移動大学」[3]だった。なぜ、地域をフィールドワークしたか。

　理由1　地方、地域あるいは土地、地、土といったものは、そこにしか存在することができない。その場に密着し、そこに営まれる文化、つまりハードウェア、ソフトウェア、人間から成る出来事は、その場で、そのまま取材しなければ、生きては掴めない。だからKJ法は、その場のフィールドワークを重視した。「移動大学」という研修機関も、設営したその場所をフィールドワークした。KJ法の体内には、法則的把握とは明らかに異なる個体識別の思想を実現する志向が宿っていた。

---

[3] 1969年長野県黒姫高原での第1回開催を皮切りに2001年まで、北海道から沖縄まで通算19回続けられる。現地でテント生活をしながら地域を取材し、メンバー同士の交流と研鑽を重ねながらデータをして語らせる、人馬一体の問題解決を身に着けることを目標とした。吹き荒れた学園紛争が発端になったという。

理由2　地方や地域などは、これを動かすことはできない。中央に集めることも、自由に使うこともできない。中央の覇権を阻み、地域主権の思想を育む砦となり得る。だからそこを、反覇権、地域主権思想の実顕場と見、出かけて行って、フィールドワークの場とした。

中央に反旗を翻すだけではない。どこにも従属しない、自主独立の精神的"独立国"たらんとする思想の実現をめざした。

理由3　地方や地域、ならびにその付帯物は、動かすことはもちろん、中央の自由にならないハードウェアである。そうしたハードウェアを核にして、ソフトウェアと人をセットすれば、固有の地域主権文化が構築できる。就中そこから、中央主体のトップダウン型を拒否した、真に地域を賦活させる〔フィールドワーク＋KJ法〕の教育体系が構築できる。かくてKJ法は、中央の抽象文化とは異なる地域主権文化の構築と、人間革命実践の場となり得る。

理由4　然るに現実は、真反対の方向をたどってきた。地域をフィールドワークせず、つまり動かせない地域に極力手は出さず、動かせる人間を対象に、全国一律の教育ならびに社会ソフトウェアを押しつけてきた。それが、明治以来の日本のやり方だった。

結果、日本人は、中央言葉で話し、中央思考をする中央人間に、ほぼ一色に染め上げられ、日本は動かせない地域を中央化することに、半ば成功する。これが、いま急激に進行する地方の過疎化現象の内実である。

よって、地域フィールドワークとしてのKJ法は、中央の象徴化と、地方の"土離れ"に対抗し、以て日本国土の本然への回帰をめざさなければならない命題を背負うことになった。

4. 知域フィールドワークを確立したKJ法

KJ法の白眉は、「知域フィールドワーク」の開拓だろう。ここで「知域」とは、人間が物事を「知る」ときの「知り方」と「知る領域」としておきたい。KJ法は、どんな「知域フィールドワーク」で本然回帰をめざしたか。

人間は、大脳の働きを発達させて生物の頂点に立った。その知り方は、言葉の発明と相俟って、結果から原因を遡行思考する論理的分析方法に大きく傾く。結果、食物連鎖の頂点まで上りつめ、今日の地位と繁栄を築いた。

しかし、頂点に立って、自然の法を逸脱しがちとなる。自らの存立基盤である地球環境にも、致命的なダメージを及ぼすまでになった。二つと良いことはないものだ。

「知域」の進展は大脳の肥大化による。しかし今更、その進化にストップをかけるわけには行かない。受け入れて伸ばすしかないが、それ一辺倒では早晩破局の深淵に突き進む。どうするか。自然の法に立ち返って、事態を未然に防ぐ、全脳の前代未聞の使い方を工夫せざるを得ないだろう。それに対応しようとしたのがKJ法だった。どう対応しようとしたか。重要な局面を一瞥しておきたい。
　局面1　自然の深遠な複雑怪奇さは、発達した大脳の働きも、寄せつけない。大脳の発達も、自然をこえるものではなかった。自然の外に立つことはできないし、自然の内から、一本のスマートな分析科学的論理と言葉で照らし出せるほど単純なものではなかった。
　温故知新、その場に出かけて、事態に寄り添い、事態を内面化する古くて新しいフィールドワークで肉迫するしかなかろう。掴んだ結果を、自家薬籠中のものにするにも、腑分け、客観一本槍というわけには行かない。メスもドスになり得る。
　KJ法は、作業者とラベルの抜き差しならぬ対話を通じ、言葉の既成概念から事態の本源次元に降り、言葉そのものを紡ぎ出そうとする。そこから主客一元の、事態の中庸解釈が可能となる。最根底から本然を認識し直そうとする、頼りになる方法となった。
　局面2　生きた人間同士なら、言葉が力を発揮するが、死んだ人間の魂との交流となると、言葉は使えない。かといって、その交流が途絶えると、人間の心は癒されることがない。人間は、輪廻転生を生きるものだからである。
　KJ法は、個を生かし殺して輪廻転生するプロセスである。その原理を、言外で、直接でなく間接的に、気づかせる。そういう重大な原理を、人間の内発力を養うことで気づかせ、本然対応しようとした。
　局面3　気づきは、結果から原因を探ることが主流のこの時代、とくに強調すべき価値があるだろう。結果を見て原因を探る限り、困った現象があらわれないと、原因究明や行動に立ち上がらない。当然、待ちの姿勢、事後対応、対症療法、手遅れとなる構造だ。即断即決の事前対応をしなかった動物は、生き残れなかったはずだ。
　事態に十分な猶予が見込める場合は、事後対応でもまだよい。しかし原発事故は、事後対応の際限のなさと不可能性を見せつけた。地球温暖化に至っては、もはや手がつけられない段階に来たのではないか。人間は、肥大した大脳を使い、すべてに時間をかけて事後対応してきたが、それ一本槍では、もはや対応不可能になったと見るべきだろう。兆候に気づいて、対応に立ち上がることを作法にしないと、大変な事態になる。
　KJ法は、兆候を嗅ぎ取ることに威力を発揮する。結果から原因を分析するの

は科学の特徴であるが、KJ法は、兆候から事前に仮説を立て[4]、危ない脇道にそれる思考を、未然に、本然に振り向けようとする。科学的思考の相対化である。

　局面4　我欲の経済、真偽も定かでない情報、風評まで飛び交うこの時代、KJ法は「己を空しうして、データをして語らしめ」本然に回帰しようとする。無我と地べたのフィールドワーク情報から、本然の世界を再構成しようとする。イデオロギーやイズム、宗教など既成の思想、理論、信条、境界に拘らない、人間の本然理解をめざす。いまや世界は、そこに活路を求めないと、表層の対立は収束できない段階にきた。

5. 創始者は人間、社会、文明を正そうとした

　KJ法の創始者川喜田二郎は、人間、社会、文明の3レベルの建て直しを指摘された。もちろんKJ法によってである。創始者は、KJ法のどんな力に期待したのか、何を是正しようとしたのだろう。創始者は、KJ法友の会会報『積乱雲』の巻頭言に語っている。如是我聞、その中身を、つぎのインデックス図解等にまとめて示した（図1～5）[5]。

　以下、図解にそって、創始者が主張したポイントを、レベルごとに解釈してみよう。

6. 人間レベルについて

　ポイント1　まず人間レベルについて。要約すると、「KJ法は、視座の原点を外に移し外と格闘して命を実感させ、思索力・生活力・思想力で世界を包摂し、悟りと安心立命の境地に至らしめる」と、外との格闘を眼目とした。視座の原点を我の外に移せば、我をこえて世界を掌中に収められ、悟りの境地にまで至れる。KJ法は、そういう無我の作法だという。そこまで見て取ったのは　創始者を措いてなかったのではないか。

　ポイント2　しかし、悟りがゴールではない。「KJ法は、自然な人間観と人間感覚で情報を創造的に消化して、賢く生きる実益と倫理・悟りを求道し、全人復

---

[4] 実証して予め確かめたい仮説は、事前の兆候段階に立てなければ、意義がないだろう。その点、事後に言葉の論理で立てる仮説設定には、猛省を促したい。

[5] インデックス図解等は、『積乱雲』創刊号から第97号（2010.3.10）までの巻頭言を渉猟し、これはと思う記事を抜粋し、76項目の一行見出しをつけてKJ法でまとめたものである。抜粋記事と一行見出しは収録を省いた。

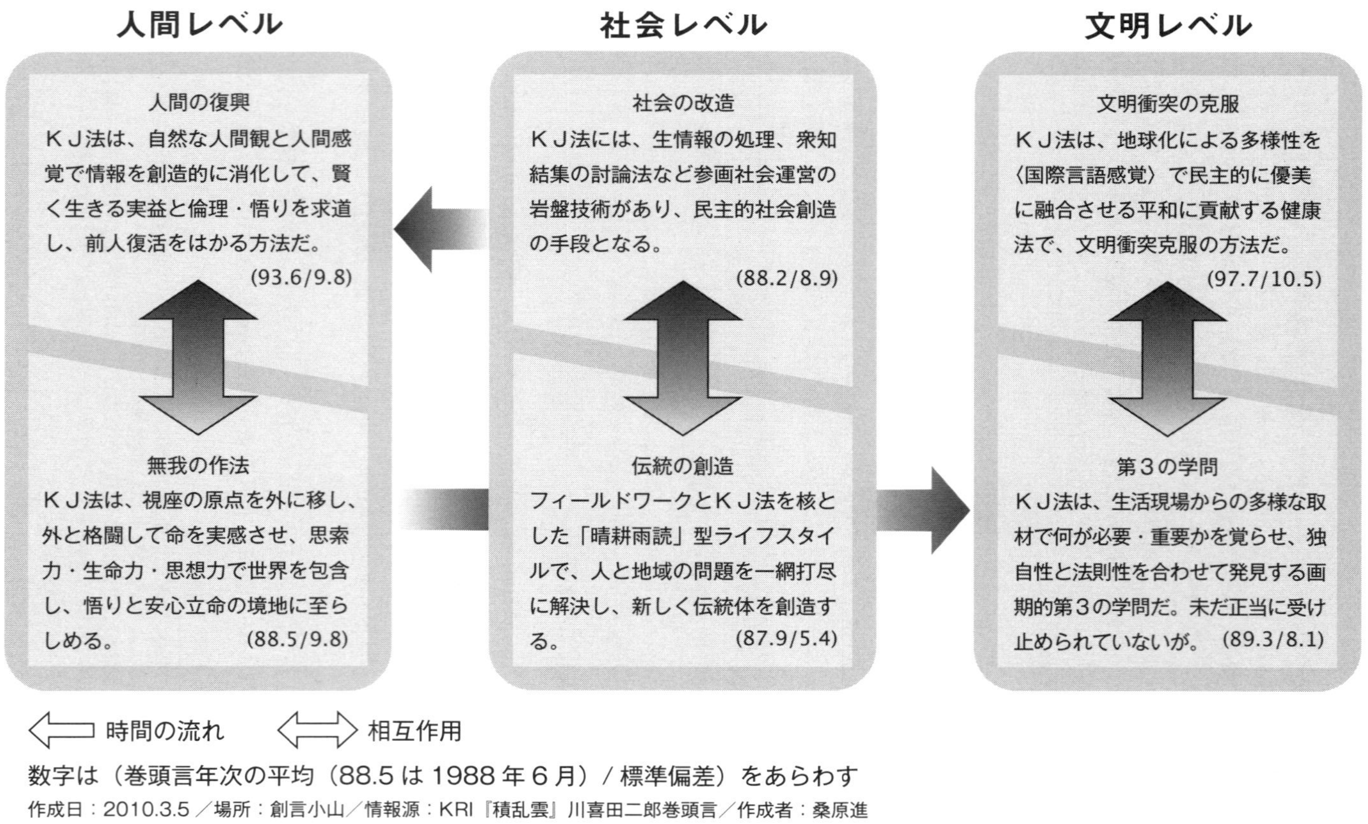

人間レベル

人間の復興
KJ法は、自然な人間観と人間感覚で情報を創造的に処理して、賢く生きる実益と倫理・悟りを求道し、前人復活をはかる方法だ。
(93.6/9.8)

無我の作法
KJ法は、視座の原点を外に移し、外と格闘して命を実感させ、思索力・生命力・思想力で世界を包含し、悟りと安心立命の境地に至らしめる。
(88.5/9.8)

社会レベル

社会の改造
KJ法には、生情報の処理、衆知結集の討論法など参画社会運営の岩盤技術があり、民主的社会創造の手段となる。
(88.2/8.9)

伝統の創造
フィールドワークとKJ法を核とした「晴耕雨読」型ライフスタイルで、人と地域の問題を一網打尽に解決し、新しく伝統を創造する。
(87.9/5.4)

文明レベル

文明衝突の克服
KJ法は、地球化による多様性を〈国際言語感覚〉で民主的に優美に融合させる平和に貢献する健康法で、文明衝突克服の方法だ。
(97.7/10.5)

第3の学問
KJ法は、生活現場からの多様な取材で何が必要・重要かを覚らせ、独自性と法則性をあわせて発見する画期的第3の学問だ。未だ正当に受け止められていないが。
(89.3/8.1)

⟵ 時間の流れ　⟷ 相互作用

数字は（巻頭言年次の平均（88.5は1988年6月）/標準偏差）をあらわす

作成日：2010.3.5／場所：創信小山／情報源：KRI「積乱雲」川喜田二郎巻頭言／作成者：桑原進

図1 インデックス図解　KJ法とは何ぞや？――その役立ちをたずねて

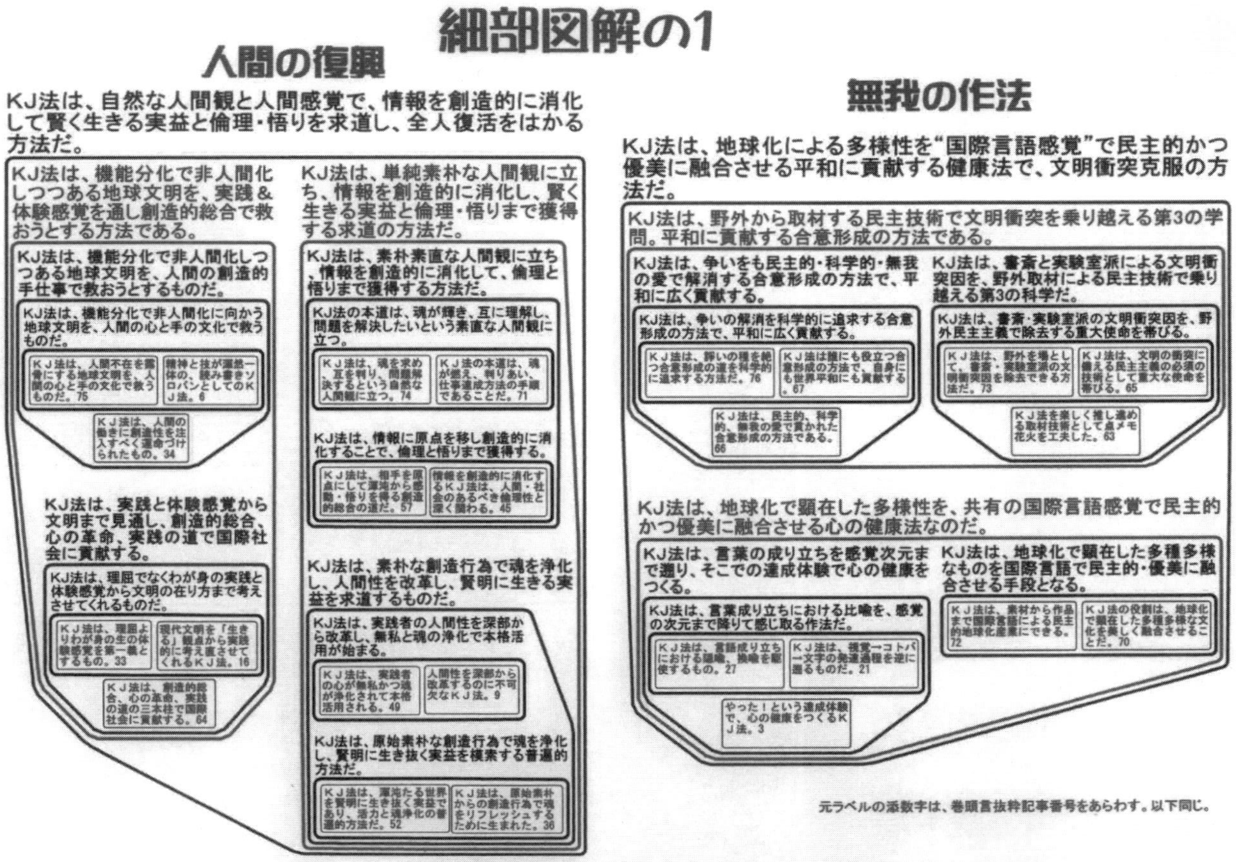
細部図解の1
人間の復興
KJ法は、自然な人間観と人間感覚で、情報を創造的に消化して賢く生きる実益と倫理・悟りを求道し、全人復活をはかる方法だ。
KJ法は、機能分化で非人間化しつつある地球文明を、実践&体験感覚を通し創造的総合で救おうとする方法である。
KJ法は、機能分化で非人間化しつつある地球文明を、人間の創造的手仕事で救おうとするものだ。
KJ法は、機能分化で非人間化に向かう地球文明を、人間の心と手の文化で救うものだ。
ＫＪ法は、人間不在を露骨にする地球文明を、人間の心と手の文化で救うものだ。75
精神と技が渾然一体の、読み書きソロバンとしてのＫＪ法。6
ＫＪ法は、人間の働きに創造性を注入すべく運命づけられたもの。34
KJ法は、実践と体験感覚から文明まで見通し、創造的総合、心の革命、実践の道で国際社会に貢献する。
KJ法は、理屈でなくわが身の実践と体験感覚から文明の在り方まで考えさせてくれるものだ。
ＫＪ法は、理屈よりわが身の生の体験感覚を第一義とするもの。33
現代文明を「生きる」観点から実践的に考え直させてくれるＫＪ法。16
ＫＪ法は、創造的総合、心の革命、実践の道の三本柱で国際社会に貢献する。64
KJ法は、単純素朴な人間観に立ち、情報を創造的に消化し、賢く生きる実益と倫理・悟りまで獲得する求道の方法だ。
KJ法は、素朴素直な人間観に立ち、情報を創造的に消化して、倫理と悟りまで獲得する方法だ。
KJ法の本道は、魂が輝き、互に理解し、問題を解決したいという素直な人間観に立つ。
ＫＪ法は、魂を求め、互を判り、問題解決するという自然な人間観に立つ。74
ＫＪ法の本道は、魂が燃え、判りあい、仕事達成方法の手順であることだ。71
KJ法は、情報に原点を移し創造的に消化することで、倫理と悟りまで獲得する。
ＫＪ法は、相手を原点にして渾沌から感動・悟りを得る創造的総合の道だ。57
情報を創造的に消化するＫＪ法は、人間・社会のあるべき倫理性と深く関わる。45
KJ法は、素朴な創造行為で魂を浄化し、人間性を改革し、賢明に生きる実益を求道するものだ。
KJ法は、実践者の人間性を深部から改革し、無私と魂の浄化で本格活用が始まる。
ＫＪ法は、実践者の心が無私かつ魂が浄化されて本格活用される。49
人間性を深部から改革するのに不可欠なＫＪ法。9
KJ法は、原始素朴な創造行為で魂を浄化し、賢明に生き抜く実益を模索する普遍的方法だ。
ＫＪ法は、渾沌たる世界を賢明に生き抜く実益であり、活力と魂浄化の普遍的方法だ。52
ＫＪ法は、原始素朴からの創造行為で魂をリフレッシュするために生まれた。36
無我の作法
KJ法は、地球化による多様性を"国際言語感覚"で民主的かつ優美に融合させる平和に貢献する健康法で、文明衝突克服の方法だ。
KJ法は、野外から取材する民主技術で文明衝突を乗り越える第3の学問。平和に貢献する合意形成の方法である。
KJ法は、争いをも民主的・科学的・無我の愛で解消する合意形成の方法で、平和に広く貢献する。
KJ法は、争いの解消を科学的に追求する合意形成の方法で、平和に広く貢献する。
ＫＪ法は、諍いの種を絶つ合意形成の道を科学的に追求する方法だ。76
ＫＪ法は誰にも役立つ合意形成の方法で、自身にも世界平和にも貢献する。67
ＫＪ法は、民主的、科学的、無我の愛で貫かれた合意形成の方法である。66
KJ法は、書斎と実験室派による文明衝突因を、野外取材による民主技術で乗り越える第3の科学だ。
KJ法は、書斎・実験室派の文明衝突因を、野外民主主義で除去する重大使命を帯びる。
ＫＪ法は、野外を場として、書斎・実験室派の文明衝突因を除去できる方法だ。73
ＫＪ法は、文明の衝突に備える民主主義の必須の技術として重大な使命を帯びる。65
ＫＪ法を楽しく推し進める取材技術として点メモ花火を工夫した。63
KJ法は、地球化で顕在した多様性を、共有の国際言語感覚で民主的かつ優美に融合させる心の健康法なのだ。
KJ法は、言葉の成り立ちを感覚次元まで遡り、そこでの達成体験で心の健康をつくる。
KJ法は、言葉成り立ちにおける比喩を、感覚の次元まで降りて感じ取る作法だ。
ＫＪ法は、言語成り立ちにおける隠喩、換喩を駆使するもの。27
ＫＪ法は、視覚→コトバ→文字の発達過程を逆に遡るものだ。21
やった！という達成体験で、心の健康をつくるＫＪ法。3
KJ法は、地球化で顕在した多種多様なものを国際言語で民主的・優美に融合させる手段となる。
ＫＪ法は、素材から作品まで国際言語による民主的地球化産業にできる。72
ＫＪ法の役割は、地球化で顕在した多種多様な文化を美しく融合させることだ。70
元ラベルの添数字は、巻頭言抜粋記事番号をあらわす。以下同じ。

図２　細部図解１

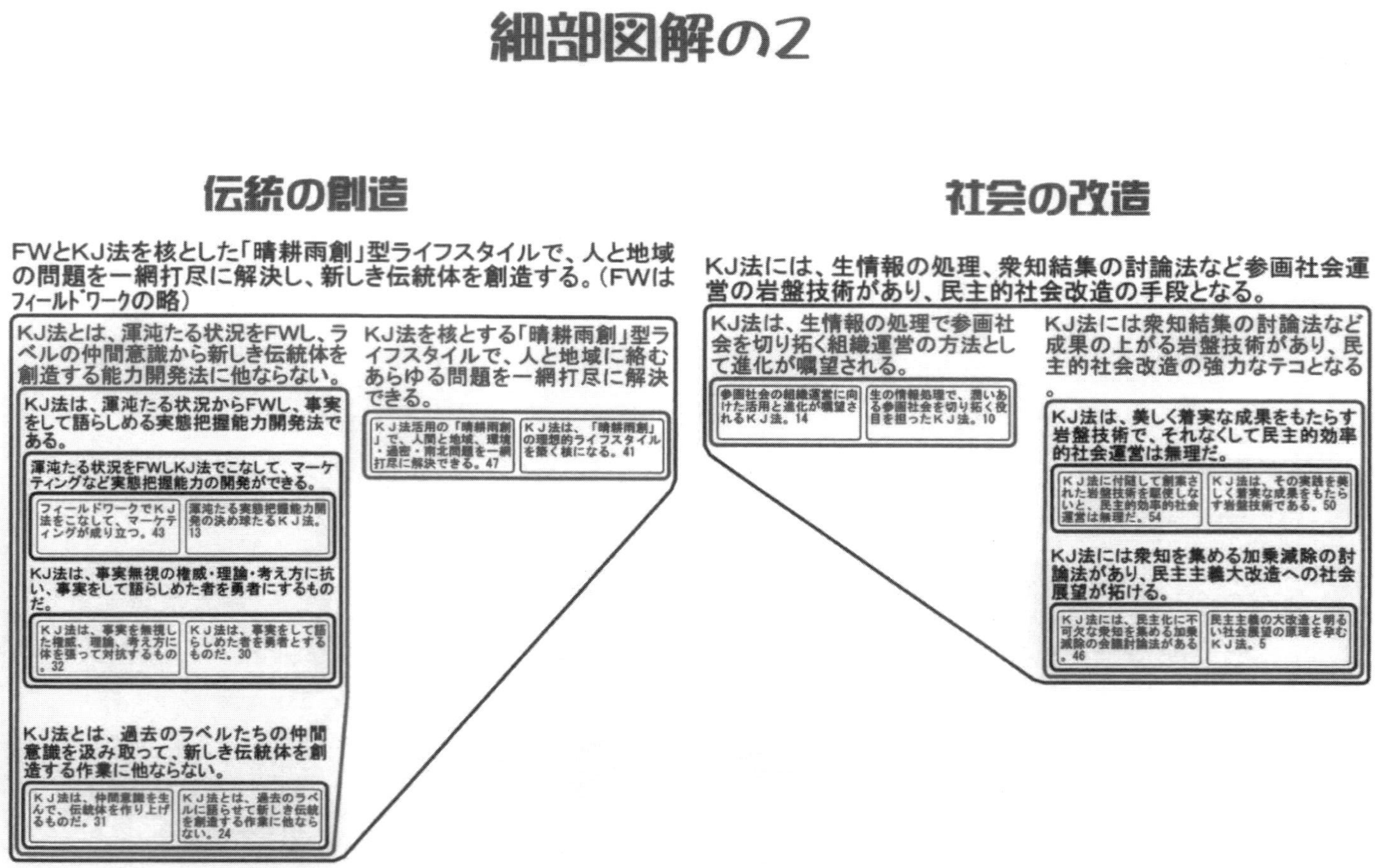

細部図解の2

伝統の創造

FWとKJ法を核とした「晴耕雨創」型ライフスタイルで、人と地域の問題を一網打尽に解決し、新しき伝統体を創造する。(FWはフィールドワークの略)

KJ法を核とするFW、ライフスタイルを核とする「晴耕雨創」型ライフスタイルで、人と地域に根むあらゆる問題を一網打尽に解決できる。

- KJ法とは、運池たる状況をFW、ラベルの仲間意識から新しき伝統体を創造する能力の開発法に他ならない。

- KJ法は、運池たる状況からFW、事実をして語らしめる実態把握能力の開発法である。

  - 運池たる状況をFW、KJ法で実態把握能力の開発ができる。マーケティングなど実態把握能力向上のためのKJ法、13
  - フィールドワークとKJ法でコンセプトづくりが成り立つ、43

- KJ法は、事実を無視して語る方々に抗い、事実をして語らしめるものだ、KJ法で事実を無視して語る考え方に抗い、事実を勇気にするものだ、30
- KJ法は、事実を無視して考え、議論する方々を諭し、体を寄せて対話をするものだ、32

KJ法とは、過去のラベルたちの仲間たちの仲間意識を読み取って、新しい伝統体を創造する作業に他ならない。

- KJ法とは、過去のラベルたちに問うて新しい伝統体を作り上げるものだ、31
- KJ法で過去のラベルに語らしめて新しい伝統に他ならない、24

社会の改造

KJ法には、生情報の処理、衆知結集の討論法など参画社会運営の岩盤技術があり、民主的社会改造の手段となる。

KJ法には、生情報の処理、衆知結集の討論法など参画社会運営の方法として進化が喝望される。

- KJ法活用の組織運営に向けた活用と進化が喝望されるKJ法、14
- 生の情報処理で、豊かな参画社会を担当するKJ法、10

KJ法には、衆知結集の討論法などの岩盤技術があり、それなくして民主的効率的社会運営は無理だ。

- KJ法に付随して衆知に訴えるKJ法の実質を教えた岩盤技術がない運営は無理だ、54
- KJ法は、美しく着実な成果をもたらす岩盤技術で、それなくして民主的社会改造の強力かつとなる。

KJ法は、衆知を集めるから加速集の討論法があり、民主主義と民主的社会への社会改造の展望が拓ける。

- KJ法で衆知を集めた全員参画民主主義を教えるKJ法、50
- 民主主義の大改造を教え減税の会議討論法を学ぶKJ法、5
- KJ法は、民主化にて討論の会議運営を学ぶKJ法、46

図3 細部図解2

細部図解の3

第3の学問？

KJ法は、生活現場からの多様な取材で何が必要＆重要かを覚らせ、独自性と法則性を覚わせて発見する画期的第3の学問だが、未だ正当に受け止められていない。

KJ法は、TD型による近代文明の動脈便化治療＆動止が必要などが重要かを覚らせる創造的統合技術だが、未だ正当に受け止められていない。

KJ法は、生活現場からの多様な取材を創造的に総合して発見する画期的第3の学問である。

KJ法は、生活現場からの多様な取材を創造的に総合して発見する画期的第3の学問である。

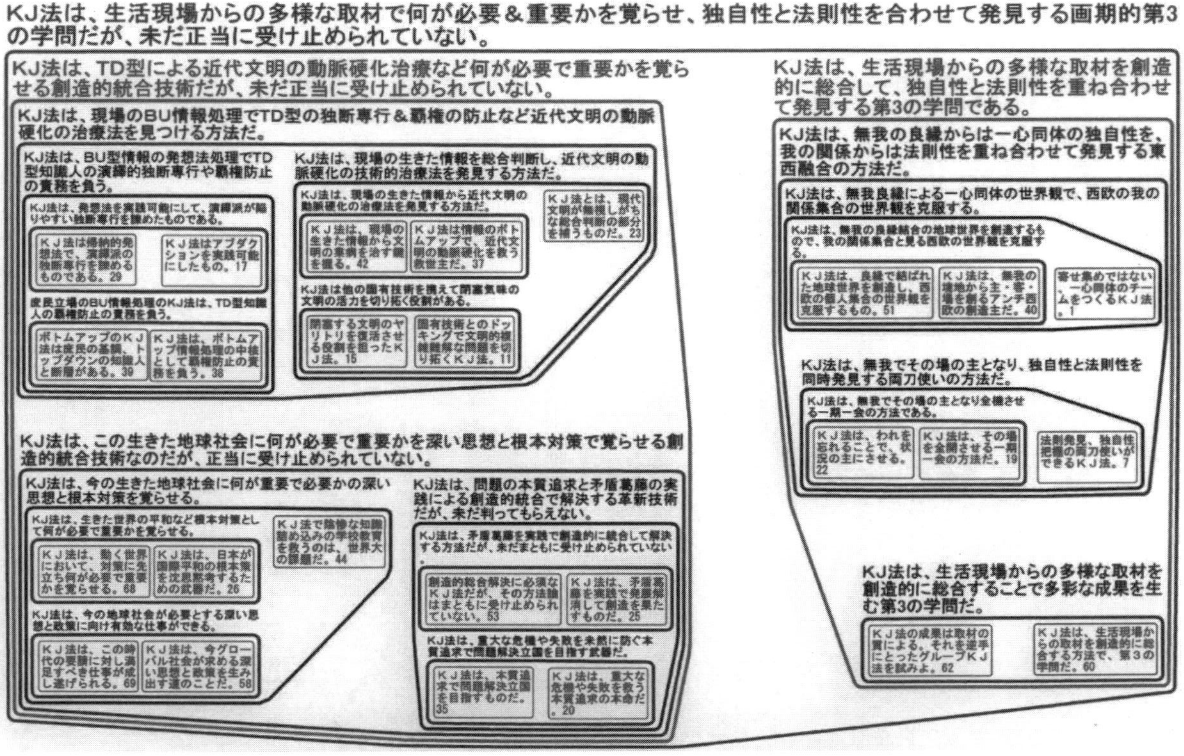

図4　細部図解3

細部図解の4

文明衝突の克服

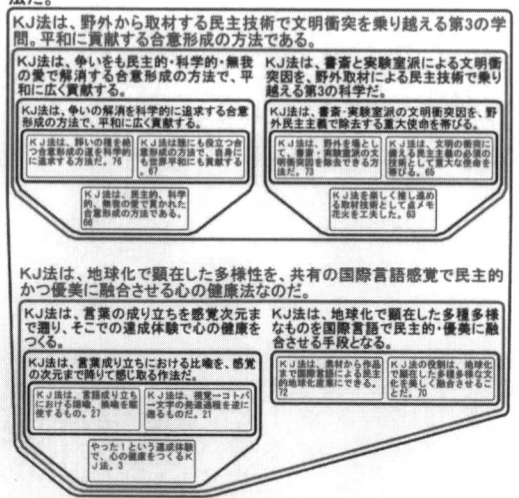

図5　細部図解4

活をはかる方法だ」という。悟りを突き抜け全人復活をはかることが、めざす本然であり、KJ法はその方法だと見る。後述の文明改革まで指摘する創始者にとって、人間の復興は、避けて通れない一段目の道だったのである。

7.社会レベルについて

　ポイント3　社会レベルにおいては、「晴耕雨創」型ライフスタイルによる伝統の創造をめざす。つまり、「フィールドワークとKJ法を核とした「晴耕雨創」型ライフスタイルで、人と地域の問題を一網打尽に解決し、新しく伝統体を創造する」と。「晴耕雨創」とは、晴耕雨読の読を際立たせた理念だろう。ライフスタイルが見定められてこそ、問題解決の目標が明確となり、フィールドワークとKJ法が真価を発揮する。世のライフスタイルの提案のない社会政策は、上から目線による、絵に描いた餅だろう。

ポイント4　伝統の創造は、過去を守るためでなく、未来の社会改造をめざす。KJ法は、その手段だという。「KJ法には、生情報の処理、衆知結集の討論法など参画社会運営の岩盤技術があり、民主的社会改造の手段となる」という。ドロつき生情報の衆知を結集して、参画社会の実現に道を開いたのはKJ法が嚆矢だった。民主主義には無視できぬ形骸化が目立つ。付随した岩盤技術も含め、民主主義社会実現に風穴を開ける金字塔だ。

8.文明レベルについて

　ポイント5　現代文明は科学の賜だろう。その文明に問題ありとすれば、科学を相対化しなければ話は始まらない。ところで「KJ法は、生活現場からの多様な取材で何が必要・重要かを覚らせ、独自性と法則性を合わせて発見する画期的第3の学問だが、未だ正当に受け止められていない」と無念顔をのぞかせる。それくらい、科学一点張りの弊害は大きい。

　KJ法の圏域は、書斎や実験室ばかりか、日常生活の万般に及ぶ。そこから、人間にとって何が必要で、何が重要かの判断ができる。法則性だけでなく、独自性の追求が可能となる。KJ法は、博物学、自然科学をこえた、次世代における第3の学問なのだが、残念ながら認知度はいまいちだという。

　ポイント6　この世の生きた世界は、法則性追求一本に収束されるほど単純ではない。多様な世界の多様性を認めてまとめるには、独自性を一段高い法則性で貫く、一種の芸術性が要求される。創始者は、それがKJ法だと見ているようだ。つまり、「KJ法は、地球化による多様性を、〈国際言語感覚〉で、民主的で優美に融合させる平和に貢献する健康法で、文明衝突克服の方法だ」と見る節々から、それが読み取られる。「多様性を、〈国際言語感覚〉で、優美に融合させる健康法」といったあたりは、一言語によらない、万国民の心身を打つ芸術性のあらわれだろう。心にベースを置かない科学ではなし得ない点だ。

　以上、創始者の本然回帰の道を、筆者なりに紹介した。創始者は、既存の科学的原理ではすくえないあらゆる些事、日常の生活些事の実践こそがKJ法の真骨頂であることを、大胆に、力説された。それが、KJ法を「天網恢々疎にして漏らさず」と標榜させた所以だろう。それにしても、一応KJ法の声聞（しょうもん）となったわれわれの日常が、果たして「天網」をめざしていたか。技術論的些事・効能にこだわり、社会次元への展開がきわめて弱かった気がする。本然の志を、もっと高らかに、堂々と掲げるべきではないか。

移大原人論
―― メディアからみた移動大学 ――
川井田 聰

プロローグ

　川喜田二郎先生が蒔かれた種のひとつに「移動大学」というものがあります。「移動大学」は1969年長野県の黒姫で第一回が開校されました。移動大学では6人で1チームを作り、6チームで1ユニットを構成します。全体で3ユニット、計108人が自然の中で2週間テント生活をしながら、実践的なKJ法を学びます。テーマは開催地によってその都度変わります。地元の問題（例えば過疎化）、個人の問題、社会問題等々。フィールドワークをやり情報を集め図解にし、最後に口頭発表して終わります。ではなぜ野外でテント生活なのでしょうか。ボンボンベットで寝袋の二週間はきついです。なぜ自炊生活なのでしょう。食事の用意や後かたづけに随分時間を取られます。郊外のホテルでやればエアコンの効いた快適な部屋で食事の用意も心配なく、より創造的な問題解決ができるだろうと思われますが……。「過疎地帯で、かつもっと不便な山の中でなぜやるのか。廃校になった学校があるよ」といわれたことがありました。しかし川喜田先生は不便をものともせず、テント村をつくっています。十勝移大に参加した時は全く気がつきませんでしたが、これには川喜田先生の深い思い・思索・理念・作戦が隠されているのです。これからその隠された秘密を一つひとつ解いて、移動大学とは何だったかを考えてみましょう（図1）。

1.小笠原移大のデータバンクを考える

　私は十勝移動大学参加後、小笠原移動大学のスタッフになりました。そこでの仕事は「データバンク」の主任でした。ですから「小笠原移大のデータバンクは如何にあるべきか」ということが第一の問題提起です。この問題提起に関して現

状把握をします。現状把握には内部探検と外部探検があります。私は過去の報告書からデータバンクに関係のありそうな記事を探し始めました。これが外部探検です。
① 「D・B（データバンク）のTは、資料の本が7冊も利用されたことを喜んでいた。これは確かに過去の例に比べると、驚くべきことであった」
（國藤進「あるじ伝」）
② 第8回十勝移動大学
「D・Bをやっていて、面白いと思ったことの一つに、キャンパス内の情報が口コミ、つまりface to faceでなければ伝わらないということがあった。キャンパスにおいて、タテ看、回覧板、スピーカー、新聞によって情報を流したが、それではほとんど伝わらず、各テントへ直接出かけていくしかなかった」（朝倉健夫「Data・bank十勝の場合」）

これは生のデータです。これをラベルに書き改め一行見出しを付けます。
① 移大キャンパスにおいて本や資料はほとんど使われない。
② タテ看、回覧板、スピーカー、新聞によって情報を流したがほとんど伝わらない。
③ 情報は口コミ（face to face）でなければ伝わらない。

移大では本や資料はあまり使われない、情報は口コミでなければ伝わらない。
移大キャンパスではなぜそのような現象が起きるのか。たまたま偶然なのか。難問でした。いくら考えてもわかりません。一週間位考えたでしょうか。この状態が内部探検です。いくら考えても判らない……。しかし、ふと閃いたのです。
「もしかしたら、移大キャンパスは我々が住んでいる世界とは、別の世界になっているのでは……」
ではどんな世界なのか、これが新たな問題提起でした。内部探検が続きます。「誰かが本でヒントになるようなことをいっていなかったか。思い出せ」ともう一人の自分が問いかけてきます。

かなり以前買ってしまってあった『マクルーハンの世界』（竹村健一著）に辿りつくまで数日を要しました。こんどは外部探検です。マクルーハンは人類の歴史を次の四つの段階に大別していました。
(1) 完全に口頭によるコミュニケーションの部族時代
(2) 古代ギリシャに現れた手書きによる文章時代
(3) 活字時代　（1500年から1900年まで四百年間）
(4) 電気メディア時代

いよいよ本質追求に入ります。この二つのデータ……ひとつは過去の移動大学

報告書から、もうひとつは「マクルーハン」の本から得た情報……を並べて考えます。

　私は「移大キャンパスは違う世界を作りだしているのではないか」と考えました。その違う世界はマクルーハンがいうどの時代にあてはまるのでしょうか。(1)の完全に口頭によるコミュニケーションの部族時代と考えて間違いないでしょう。ならば「移大キャンパスは部族時代を再現している」と言い換えてもいいでしょう。何によって時代が変わってしまったかはここでは問いません。移大キャンパスは、マクルーハンがいうところの、完全に口頭によるコミュニケーションの部族時代を再現しているにちがいない。なんらかの理由で今我々が生きているこの世界とは全く違う世界になっているのだ。移大キャンパスが三千年前の部族社会を再現しているのだと仮定すれば、そこで使われるメディアは当然口頭コミュニケーションが主役です。時代が違う手書き、活字、電気メディアは馴染みが薄くなってしまうのではないか。これが本質追求です。

　これを基に構想計画を考えます。移大キャンパスが原始的部族社会を再現していると仮定すればキャンパス内では口頭コミュニュケーションを主体にしょう。そのため、各チームより一人ずつ情報機関になってもらい、その人を通して情報の受け渡しをする。つまり意図的に口頭による伝達機関を作り上げようと構想計画をたてたのでした。

　そしてこの後は「実施」に入る訳です。最後に「結果を味わう」。これでW型の「一仕事が終わる」ことになります。しかし残念なことに「小笠原移大」は諸般の事情により開校できませんでした。第一幕の終わりです。

2. メディアを考える

2.1. マクルーハンの実験室

　小野田少尉の帰国記者会見から第二幕が開きます。1974年3月、小野田少尉は約30年ぶりにフィリピンのルパング島から帰国されました。金屏風の前に小野田少尉と鈴木青年と関係者が揃ってテレビカメラに向かって話しをしていました。「鈴木青年は移大の参加者かな」と思って見ていました。でもそれは当たっていませんでした（鈴木さんは世界中を無銭旅行した経験のもち主でした）。その後新聞記事を読みながら、「オヤ」と思ったのです。厚生省はビラ、新聞、手紙、スピーカーで情報を流したとあります。「ホゥ活字メディアが主体なのか」私は小野田さんに関する記事を集め始めました。外部探検です。小野田さんはあらゆる情報について知っていました。広島、長崎に原爆が落とされたこと。皇太子が民間か

らお妃をもらったこと。捜索隊の活動は裏の裏まで。中でも驚くべきことは、昭和42年度のダービーでタニノハローモアの優勝を予想していたことです。

> 小野田さんの情報収集力はたいしたものだ。戦後世界の動きを知っていたばかりでなく、ルパング島に渡った兄さんの姿を500メートルの近さで見ていたし、捜索隊が設置したメールボックスにも近づいていく。それ程こちら側の社会に近づいてきているのにあと一歩の飛躍ができなかった。
> （1974年3月11日、読売新聞夕刊）

　では何が小野田さんに、あと一歩の飛躍をさせなかったのでしょうか。それは、軍の命令だったのか、小野田さんの国家に対する忠誠心だったのか。そういうことももちろんあったでしょう。しかしこれはひょっとすると、メディアが関係しているかも知れないなと考えたのでした。これは閃きです。
　約20年渡る救出活動、莫大な資金、延べ何千人にものぼる捜索隊を繰り出して、全く成果がでなかった厚生省。これと対照的なのが鈴木青年の行動でした。あっという間に接触に成功し、つれて帰ってしまった。この差はなんでしょうか。それぞれが使用したメディアの違いではないですか。厚生省が使ったメディアは、ビラ、新聞、雑誌、手紙、スピーカー等でした。一方鈴木青年は口頭メディアだけでした。蚊帳をテント代わりにして小野田少尉との出会いを待っていただけです。鈴木さんが一人でジャングルの中でビラを配って捜したわけではありません。小野田さんが30年もの永い間、一番欲していたものは何だったでしょう。それはさまざまな情報よりも（小野田さんは情報将校ですから全ての情報は疑ってかかっていたはずです）「日本人との生の会話」だったのではないでしょうか。鈴木青年は「生の会話」をした唯一の人です。
　活字メディアは小野田さんに大量の情報を与えたが、日本の社会に参加する、つまり日本に帰ろうという気を起こさせなかったのです。「活字メディアは与える情報は多いが、参加させる力は弱い」とマクルーハンがいっています。またメッセージ（文面の内容）は全く関係がありませんでした。それはご両親が小野田さんあてに書いた文面「鉾を収めて30年、なれが忠君愛国の心をかためしルパングの、山に入りたるその日より、死線を超えて、憂き苦労、よくぞ忍んでくれました……」を読んでも、日本に帰ろうという気は起きなかったと述べています。
　マクルーハンは「メディアは人間に多大な影響を与える」といっています。メディアによって人間が変えられてしまうというのです。でも、我々は口頭メディアも、手書きも、活字も、電気メディアも、全部使って生きています。どれをど

のくらい使っているか分かりませんし、どれをどのくらい使ったら、こうなるとはとても証明できないのです。それがルパング島では見事に活字メディアと口頭メディアの違いが証明されたような気がします。小野田少尉の例はメディアの人間に与える影響力を考える上で格好の材料でした。まるで「マクルーハンの実験室」を覗いているようでした（小野田さんには本当に申しわけありません）。

2.2. 十勝移動大学の場合

　さて、ここで移動大学の方へ話を戻しましょう。「Data bank 十勝の場合」を思い出してください。「タテ看、回覧板、スピーカー、新聞によって情報を流したが、それではほとんど伝わらず、各テントへ直接出かけていくしかなかった」

　私は十勝移動大学の参加者でした。朝倉氏がテントの入り口で、「あすユニットテントで〇〇先生の講演が△時よりありますので、ご参加ねがいます」と呼びかけていたのを聞いていました。朝倉氏は過去にこの種の情報を、タテ看、回覧板、新聞等で流したのでしょう。ところが参加者があまり集まらなかった。そこで各テントへ直接出かけ、呼びかけたのだと思います。朝倉氏は厚生省が小野田さんにしたのと全く同じように、タテ看、新聞、スピーカー等で情報を流しました。しかし伝わらない。ここで情報が伝わらないということは、〇〇先生の講演のあることは知っていても、講演を聴きにこないことを指します（講演に参加しない）。そこで聡明な朝倉氏はすぐさま、口頭メディアに切り代えたのでした。

　ルパング島の小野田さん救出にあたって、厚生省は何十年も同じメディアを使いつづけました。そして、ついに断念するのです。すぐさま入れ替わるように、鈴木青年が口頭メディアを使い、難なく小野田さんと接触し、日本の社会に連れ戻してしまいました。

　それはあたかも、十勝の朝倉氏の行動を知っていたかのようです。

2.3. KJ法口頭発表は、如何なるメディアか

　さて、「メディアが人間に強い影響を与えるのだ」ということを理解したうえで、最後の難問に取り掛かりましょう。

　私は「移大キャンパスでは本が読まれない」という点に着眼し、なぜそのような現象が起きるのかを考えました。それは、何らかの理由で移大キャンパスは原始部族社会を再現しているからではないかと推察しました。

　では「何が野外キャンパスを原始社会に戻しているのか」

　「何が移大参加者を原始人に変えてしまうのか」これらを解明しなければなりません。しかし私はこの難問に直接立ち向かうようなことはしませんでした。こ

れはこれで頭の中に入れておこう。最悪の場合は、「自然の中でテント生活をするからだ」と、逃げればいいと思っていました。

　私は移大のメディアを考えているのです。移大開校中一番のメディアは、KJ法口頭発表です。果たしてこれは如何なるメディアなのか。新しい問題提起です。この問題提起に対して、その糸口を探るべく、私は大山移動大学に参加したのでした。(1974年)

　自分のテーマである「KJ法口頭発表は、如何なるメディアか」に没頭しました。内部探検の始まりです。そこで、KJ法口頭発表→紙芝居→電気紙芝居→テレビという回路が浮かんできたのです。KJ法口頭発表はマクルーハンがいうところのテレビではないのか。これは閃きです。

　今度は外部探検です。またマクルーハンの本で調べます。

　マクルーハンはテレビについて次のように述べていました。

① テレビは与える情報は少ないが、参加させる力は強い。
② テレビは人々を巻き込んでいく。
③ テレビは人々をプロセスに参加させる。
④ テレビは知識の切り売りには不適だが、バラバラになっている知識を、有機的に関連させ、生きた知識を与える。
⑤ テレビは固定した視点を無くし、あらゆる人に深く係わり合う。
⑥ テレビは考え深い人間をつくり出す。
⑦ テレビは教育媒体として最適。
⑧ テレビは大芸術メディアである。
⑨ テレビは村を作り出す。
⑩ テレビは聴触覚に強い原始的な人間を作り出す。
⑪ テレビは原始的聴触覚時代を再現する。

(竹村健一著『マクルーハンの世界』より)

　「テレビ」という主語を全部「KJ法口頭発表は」と置き換えて読み返してみました。「村を作り出す」
　「聴触覚に強い原始的な人間を作り出す」
　「原始的聴触覚時代を再現する」
　この言葉こそ、私が探し求めていたものに他なりません。

　KJ法は作る時も、発表する時も、聞く時も全感覚を総動員するものです。聴覚、視覚、触覚、第六感……この全感覚を総動員することが、マクルーハンのいうテレビと同じなのでしょう。

　「メディアは人間を変える」とマクルーハンはいっています。KJ法口頭発表と

いうメディアが参加者を変えていったのではないでしょうか。

　小野田さんの例を思い出してください。小野田少尉は活字メディアのために、30年もの長い間ルパング島に押し込められていたといえなくはないのです。それが口頭メディアを使ったら、今までの頑なな態度が嘘のように、無事日本に帰還されたのでした。

　十勝移動大学の時もそうでした。口頭メディアは、参加させる力が強く、プリントメディアは、与える情報は多いが、参加させる力は弱かったようです。メディアは人間に強い影響を与えるのです。ルパング島の話と十勝移大の話は一見似ても似つかないことですがKJ法的思考によると見事に関連してくるのです。これがKJ法的思考の醍醐味なのです。第二幕の終わりです。

3. 川喜田移動大学の本質に迫る

3.1. 移大キャンパスは田園的部族社会の再現か

　さあもう一度移動大学を見てみましょう。参加者は思い思いにキャンパス地に集まってきます。キャンパス地は過疎地帯で自然の真っ只中。自然を失ってしまった都会からやってきた人達は、ほっとするでしょう。自然は忘れかけていたもの、失いかけていた魂を呼び起こしてくれる。野や山を駆け巡っていた遠い時代の祖先達が、無意識のうちに感動して記録していた魂が、再びよみがえってくる。そして参加者は感動していいます。「ああ自然はなんてすばらしいんだ。生き返ったようだ」と。チームは6人。自己紹介をし、顔と顔を突き合わせて、ブレーンストーミングをやり、寝食共に2週間過ごします。夜になれば、火を焚き、酒を酌み交わし、肩を組み大声で歌を歌う。辺りは、とっぷりと日は暮れ、空には満天の星が輝く。炎は空も焦げよとばかり燃え上がり、炎に照らし出された赤い顔が笑っている。話かけてくる。これこそ、田園的部族の社会のあの懐かしい「顔と顔の関係」ではないでしょうか。あの懐かしい、断ち切るに忍びがたかった「顔と顔の関係」の復活です。フィールドワークをやり、データを集めKJ法で図解をつくる。そしてKJ法口頭発表がはじまる。KJ法は、図解を創る時も、発表する時も、聴く時も全感覚を動員します。だから移大キャンパスを村に変え、参加者を原始人に変え、三千年部族社会を再現し、口頭コミュニケーションの世界を生み出したのでしょう。

3.2. 文明の垢を捨てる……裸になる

　では、なぜ移大キャンパスは原始社会を再現する必要があるのでしょう。

エドワード・ホールは『沈黙の言葉』の中で「人間のつくった全てのものは、かつて人間がその体でしていたものの延長と解される」と述べています。メガネ、望遠鏡、自転車、自動車、飛行機、衣服、家、数々の武器、電話、テレビetc……。そしてコンピュータの出現。人間はとうとう人間の脳の記憶装置まで、つくり出してしまったのです。人間の脳まできた「人間の延長」は将来、心や精神のところまでも入り込んでくるのでしょうか。心や精神の部分だけは、それぞれの人間が自前のものを作り上げ、使うしかありません。この部分だけは、絶対に他で代用するわけにはいかない。しかし、現代人は心や精神がかなり病んでいるようにみえます。「人間の延長」が人間の本質である心や精神のところまで入り込んでこないとは誰もいい切れません。現代社会発展のため、ずたずたにされた人間の心や精神を健全に保つにはどうすればいいか。原始人がもっていたであろう尊い人間性、鋭い洞察力、深い思索、豊かな想像力、自然と調和する心……。これらを再充填する必要があるのではないですか。そのために原始に帰る。充填することが難しければもっているものを全て捨てる。物心ついたときから身に付いた固定観念、既成概念、知識、教養、その他すべてを捨てて、裸になる。移動大学の面白いところは、始まって2、3日すると誰もが裸の人間になってしまうのです。会社の社長さんも、大学の教授も、お医者さんもただのオッサンです。裃を付けて偉厳面した人間が、みんな脱いで裸の付き合いなっていくのです。そういえば初期の移動大学の写真に、木立のなかで口頭発表しているグループがいました。発表者は上半身裸でした。また別の写真では上半身裸でラベル集めをしています。キャンパス内を上半身裸、短パンで闊歩している姿もみられます。これらはみんな移動大学の象徴的な姿でした（さすがに女性はいませんでしたが……）。

　裸から始まるのです。裸は空に通じ、空は悟りに通じます。移大キャンパスは「知の修験者達の修行の場」でもあるのです（ただその知もまた空也です）。

　裸になる……移動大学が掲げた「人間性の回復」、「全人教育」、「原始へ帰れ」はこのためのものだったと思うのです。そしてもう一つ加えれば移大キャンパスはタテ社会の人間関係ではなく、ヨコ社会の人間関係を作りだしているのではないでしょうか。

　これが私の移動大学についての本質追求です。

3.3. 人間復興の川喜田移動大学

　川喜田先生が考えだした移動大学という知的山脈の実像に迫ることは、困難かつ至難でした。正面切って立ち向かったら、麓にも近づく事はできなかったと思います。

それが全く偶然に、マクルーハンの魔法のルーペを手にして見ると、移動大学という知的山脈がすっきりと、シャープにその姿を現わしたのです。それは濃い霧に包まれていた知的山脈が、一気に晴れ、全貌を現わした瞬間でした。その知的山脈は黄金色に輝いて見えました。驚きでした。川喜田先生はもの凄いものを考え出したと、仰天したのでした。

　移動大学の中には、いろいろな方法がきめ細かく組み込まれています。KJ法、野外科学、W型問題解決学、フィールドワーク、チームワーク、リーダーシップ、フォロワーシップ、そして料理も、演芸も、お祭りも……。これらが全部連なった山脈であります。

　日本人が考え出した、人間復興のための画期的な方法。世界に誇れる教育システムをもっている移動大学が、絶えてしまったことに不思議さを感じます。もしかすると、移動大学に対する理解が十分に為されていなかったのでしょうか。ただ単に、野外でキャンプをしてKJ法をやるという、表面上のことだけで判断しては、移動大学の本当の姿は見えないかもしれません。事実十勝移大のとき、私には全く何も見えなかったのですから。

　自然のなかでテント生活をしながらKJ法をやるという、極めて単純な行動の奥底に、どれだけ深い意義が隠されていたのか、当時の私には知る由もありませんでした。

　川喜田移動大学は人間の本質を鋭く洞察した、文化人類学者の発想によるものです。そこには人類愛——人間に対する並々ならぬ愛情が、脈々と流れているのです。

　また、KJ法口頭発表というメディアがこれほど参加者に影響を与えていたのだとは考えもしませんでした。マクルーハンは、「メディアを考えることは人間を考えることだ」といいました。「小笠原移大のデータバンクは如何にあるべきか」を考えることは、「移大のメディア」について考えることになり、それはついに「移動大学の実像」について、考えることになってしまったのです。マクルーハン流にいえば、「移大のメディアについて考えることは、移大自身について考えることだ」という訳です。魔法のルーペをくれた竹村健一著「マクルーハンの世界」に感謝します。

3.4. KJ法について

　ここでKJ法について少し触れておきたいと思います。KJ法とは東京工業大学名誉教授の川喜田二郎先生のイニシャルをとった情報再構築の方法です。簡単に申し上げますとフィールドワークをし、生の情報を集め、関係のありそうな情報

をグルーピングして全体像を明らかにする方法です。近代科学、とりわけ西洋の科学はこれとは逆に細分化していったと思うのです。これは極めて精巧でかつ緻密で素晴らしいことですが、ややもすると全体像を見失う恐れがあります。KJ法は一つひとつ小さなデータを積み上げていくところに大きな特徴があります。

　さて、全体像を掴むにはある程度の訓練を積めば可能です。つまり500枚のラベルでも1000枚ラベルでも情報を再構築することができます。問題は発想です。これは一筋縄ではいきません。小さいデータを積み上げていけば発想する準備はできますがそれだけではなかなか発想は得られません。ではどうすればいいか。川喜田先生はまず発想を促すための環境を整えた。それが移動大学だったと思うのです。おそらくこれはあまりにも合理的、論理的思考に偏りすぎた人間の脳を人間が本来備えていた、今でいえば神秘的原始的能力の復活をねらったものではないですか。この神秘的原始的能力の中に発想が入っているのではないでしょうか。活字メディアの発達のおかげで失ってしまった想像力（マクルーハンはそういっています）を取り戻さなくてはなりません。次は発想をするのだとしっかり意識する。考えて、考えて、考え抜いて、本質を追究する。……でもわからない。そうしたら一度考えることを止めてしまう。一切思考を停止する。するとふとある時突然閃く時があるのです。天の声です。最後はこの天の声が聞こえるかにかかっていると思います。

　左脳の合理的、論理的思考。右脳の禅的思考。どちらがいいということではなく、双方のバランス良い発達でしょう。左脳の発達は言語を得てからといわれていますが飛躍的に発達したのは15世紀グーテンベルクが発明した活字からだと私は考えております。右脳は「イメージ思考」ができた「ことば」以前といわれているようですが私は「ことば」以後「文字の発明」の前までと時代を下げました。右脳、左脳がバランス良く発達した人間こそが想像性、創造力が富み、生き甲斐を感ずる人生が送れると思うのです。これこそがマクルーハンのいう「メディアの合奏」ではないでしょうか。KJ法は右脳、左脳をバランスよく発展、育成するのに極めて優れている方法だと思います。第三幕のおわりです。

エピローグ

移大原人から地球原人へ　地球移動大学の提唱

　いよいよ最後の舞台に入ります。地球移動大学（the Walking University）の構想です。

　現代社会がさまざまな原因で病んでおり、その結果人間性の崩壊が始まれば、

つまるところ現代文明も姿を消していかざるを得ません。地球環境、人間を巡る問題、国と国を巡る対立等、現代文明は大きな曲がり角に差し掛かっている気がします。

「人類はこのまま進んでいくのは危険です。ここらで一服して、KJ法を使いながら、さまざまな問題について考えてみましょう。それには自然のなかでテント生活をしながら、やるのが一番です」　川喜田先生の声が聞こえてくるようです。しかし残念ながらその移動大学は現在休校状態になっております。移動大学をこのまま消滅させてはなりません。川喜田移動大学から地球移動大学へ変身して再開しましょう。

人類史の壮大なテーマに挑戦

　地球移動大学では根源的なテーマを扱います。まず「君たち人類は、今後どうするのだ」という天の「問題提起」に対して考えましょう。この人類史上最大の難問に立ち向かうのには、全体像を俯瞰するKJ法が最適だと思われます。川喜田先生は「KJ法は一企業のために考えたのではない。人類のために考えたのだ」とおしゃっていた。人類の抱える難問にこそ、KJ法をもって立ち向かおうではないですか。地球移動大学の第一のテーマは「人類の海図を創ること」です。しっかりと「現状把握」をし（我々は何処から来て、今何処にいるのか）、「本質追求」をし（我々は何者なのか）、人類の進むべき道（何処へいこうとしているのか）を定めましょう。

　天の川銀河からとはいいません。せめて太陽系のハズレから地球を想像して、この根源的な問いについて、真剣に考えてみましょう。遥か彼方にある冥王星から地球を想えばゴキブリだって貴重な生きものにみえるでしょう。これはもしかするとこれまで続いてきた人類中心主義を打ち破り、それに代って今西錦司先生の「棲みわけ論」がクローズアップされてくるかもしれません。

　第二のテーマはジェームス・ラブロック氏が提唱している「文明再建ガイドブック」を創ることです。

　人類の未来には、「地球熱発化」という暗雲が立ち込めています。北極、南極での氷解、シベリアの地下埋蔵メタンの熔解。そこから始まる異常気象、砂漠化、海面の上昇、食糧難、水不足、それらにまつわる争い。人類の前途は楽観を許さない。科学者がいう「もう、残されている時間はないのだ」という話は本当かもしれません。

　人類はこのまま底なしの欲望を満たすために突っ走るのか、それとも「足るを知る道」を選ぶのか。70億の人類が欲望の限りを尽くしたら、地球が黙ってい

ないでしょう。

　もしも人類が地球に壊滅的な打撃を与え、その結果多くの動植物が滅亡し、自然が破壊され、ガイアとしての地球が命を絶たれたとしたら……人類は宇宙の笑い者になるでしょう。これからは宇宙史を意識した行動が人類には求められる時代になってくるのではないでしょうか。人類を救うということは、地球を救うことにもなります。なぜならば、人類は地球にとって癌細胞になり得るものだからです。北へ南へ東へ西へ人類が拡散してきた有様を思い浮かべると地球上を癌細胞が蔓延っていくように私には見えるのです。人類が地球の癌細胞だと断定される前に、人類の進化史に沿って再建できる道に舵を切りましょう。しかし予断は全く許さない。人類の滅亡は人類自身がＤＮＡの中にもっているような気がするのです。人類がもっている限りなく進歩したい、発展したい、成長したい……限りない欲望それらが滅亡の道へと進ませるのではないでしょうか。人類が発展すればするほど破滅に向かう。人類自身がもっているジレンマ……このジレンマを人類は乗り越えることができるのか。もし乗り越えることができないなら、人類の存在とは何か、人類の進化とは何かを問い直さなくてはなりません。それはともかくとして、「地球熱発化」のために、大部分の人類が滅んでも、かろうじて生き延びた人類が三千年前の部族社会に立ち戻る訳にはいきません。三千年前の部族社会にかえるのは、移大参加者だけにしてほしい。人類復活のため、残された人類がせめて500年位の退化ですむように、どこの民族でも使える解りやすい「文明再建ガイドブック」を「具体策」として作り挙げることです。そしてこのガイドブックを頼りに速やかに文明復興に向かってほしいと思います。しかし本当の願いはこのガイドブックが完成されても、使われないことを心から祈るばかりです。

　小笠原移大のデータバンクの仕事から始まったこの舞台は人類の存亡についてまで拡がりました。これがKJ法的思考の面白いところです。

　川喜田先生が人類のために開発したKJ法と移動大学をもって、人類のために役立ちましょう。最後に今西錦司博士とラブロック博士の一文を記して終わります。

　　さいわい生き延びることができても、文明を失ってしまった人類の残存者は、それからどうなることであろうか。もう一度原始生活からやり直さなければならないかもしれない。文明は再建できないかもしれないし、できるとしてもそれまでには、たいへんな長い時間を要するかもしれない。（今西錦司『人類は滅びるか』）

（人類の危機を）生き延びた人々が文明を再建する際、過ちをあまり繰り返さずに済むようなガイドブックを書くことだ。（ジェームス・ラブロック）

文献

川喜田二郎（1967）『発想法』中公新書
竹村健一（1967）『マクルーハンの世界』講談社
今西錦司・川喜田二郎・小松左京（1970）『鼎談 人類は滅びるか』筑摩書房
ジェームス・ラブロック（2006）『ガイアの復讐』中央公論新社

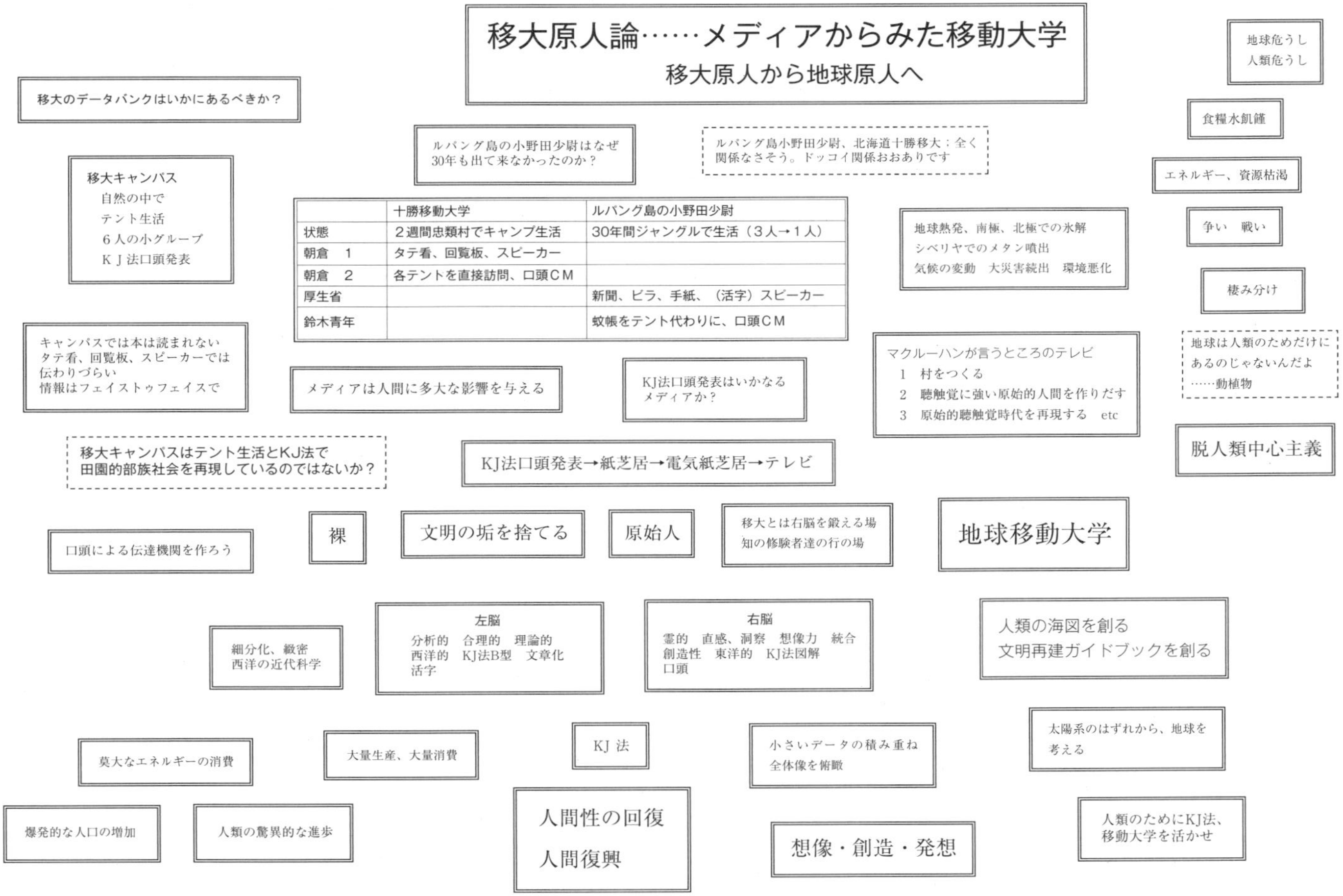

移大原人論……メディアからみた移動大学
移大原人から地球原人へ

- 地球危うし 人類危うし
- 食糧大飢饉
- エネルギー、資源枯渇
- 争い、戦い
- 棲み分け

ルバング島小野田少尉、北海道十勝移大、全く関係なさそう、ドッコイ関係おおありです

脱人類中心主義

地球は人類のためだけにあるのじゃないんだよ ……動植物

ルバング島の小野田少尉

	十勝移動大学	ルバング島の小野田少尉
状態	2週間忠類村でキャンプ生活	30年間ジャングルで生活（3人→1人）
朝倉 1	タテ看、回覧板、スピーカー	
朝倉 2	各テント巡回訪問、口頭CM	
厚生省	新聞、ビラ、手紙、（活字）スピーカー	
鈴木青年	蚊帳をテント代わりに、口頭CM	

ルバング島の小野田少尉はなぜ30年も出て来なかったのか？

- 地球熱炎、南極、北極での氷解
- シベリヤでのメタン噴出
- 気候の変動 大災害続出
- 環境悪化

マクルーハンが言うところのテレビ
1. 村をつくる
2. 聴覚に強い原始的人間を作りだす
3. 原始的聴覚感覚時代を再現する etc

地球移動大学

- 人類の海図を創る
- 文明再建ガイドブックを創る

- 太陽系のはずから、地球を考える
- 人類のためにKJ法、移動大学を活かせ

メディアは人間に多大な影響を与える

KJ法口頭発表→紙芝居→電気紙芝居→テレビ

移大とは右脳を鍛える場 知の修験者達の行の場

- 想像・創造・発想
- 小さいデータの積み重ね 全体像を結晶

原始人

KJ法口頭発表いかにか？ メディアは？

右脳
霊的、直感、洞察、想像力、統合 創造性、束縛性、KJ法図解 口頭

文明の垢を捨てる

左脳
分析的、合理的、理論的 両極性、KJ法B型、文章化 活字

KJ法

人間性の回復 人間復興

移大キャンパスはテント生活とKJ法で田園的部族社会を再現しているのではないか

探

- 大量生産、大量消費

移大のデータバンクはいかにあるべきか？

移大キャンパス
- 自然の中で
- テント生活
- 6人の小グループ
- KJ法口頭発表

- 細分化、総合 西洋的近代科学
- 人類の驚異的な進歩

キャンパスでは本は読まれない タテ看、回覧板、スピーカーは伝わりづらい 情報はフェイストゥフェイス

- 口頭による伝達機関を作ろう
- 膨大なエネルギーの消費
- 爆発的な人口の増加

図1 移大原人論を探る

FS-KJ法と絵・イメージ
―――非言語的 KJ 法の可能性―――
井上敬康

はじめに

　川喜田先生のこと・KJ法との出会いのことを先に触れておきたい。
　1970年、各地の大学は学園紛争に大荒れに荒れていた。私が在籍していた美術大学においても例外ではなかった。西洋美術わけても油絵の勉強のために入ったつもりの大学生活が、いつの間にかノンセクトではあったが一端の反戦活動家の日々になっていた。
　読むのは美術書ではなく初期のマルクスの文献や広松渉の哲学書だった。しかし学園紛争の渦中で体験したマルクス系のセクトの実態には失望した。
　繰り返される不毛な内部争い（当時それを内ゲバといっていたが）、さらに学生達のモラルの低さ、そんな現実を見てマルクス主義そのものに根本的に不信感をもち始めた。
　そんな時に華僑の反戦活動家から左翼系学生運動は、所詮日本的発想から抜け出ていないという批判が起きた。東アジア革命等といっているがそれは戦前の大東亜共栄圏構想と同じだという批判だった。
　考えてみれば自分は西洋の思想（マルキシズムも含む）や美術を学んでいるが、肝心要の足元の日本の文化については何も知らないことに気がついた。今まで日本的なもの東洋的なものは、封建主義の遺物で支配階級の道具であるという具合にしかとらえていなかった。批判するにせよ学ぶことなく批判することは真理に反すると考え始めた。
　私の中で「日本的なるもの・東洋的なるもの」を学びたいという欲求が生まれた。
　そして時代は、全国の学園紛争が終息しようとしていた。5年も大学に在籍したが自分のけじめとして大学を自主退学しなければならないと考えた。そしてともかく社会の中で働かなければならないとも思った。

酒場の店員やデパートの販売員のアルバイトをしながら夜は日本的なるものを掴むために合気道の稽古を始めた（武道が日本文化の中で重要なポジションを占めていることを感じ始めていた）。休日は図書館に通い日本文化と東洋思想の勉強をした。
　そんな中で友人が『可能性の探検』の本を推薦してくれた。それが川喜田先生の書物に触れた最初だった。
　私は最初から先生の書物の内容に引きつけられた。その中でKJ法の存在を知った。今自分に必要なのは自分のやってきたことを整理しまとめる技術だと思った。さらにこれからどう生きるべきかを考えたかった。私は迷わず川喜田研究所の門を叩いた。

　最初の入門コースのインストラクターは牛島弘善先生であった。箱根のセミナーハウスでの研修はかなりキツかった。しかし、充実感があった。私はぐんぐんとKJ法に魅せられていった。研修を重ねて受講した。当時は取材学コースとか、基礎コースとかの研修システムを川喜田研究所は取っていた。後期師範科の最後の研修は山浦晴男先生の指導であり、KJ法の奥の深さを実感させられた。

　仕事は父の不動産賃貸の仕事を手伝い始めた。父は医師であったが多角的に仕事をしており、賃貸のビルとマンション・アパートを所有していた。そこで会社の仕事にKJ法を活用した。住居人のトラブルの解決に、あるいは新しいアパートの建築の構想にラベルを飛ばした。
　川喜田先生に初めてお目にかかったのはいつだったのだろうか。目黒の川喜田研究所かそれともKJ法の経験交流会であったか、はっきり思い出せない。ともかくものすごく知的でソフトで紳士的な方だと思った。
　当時、川喜田研究所の近くの喫茶店で「東京ミニ広場」というのが開催されていて頻繁に先生にお目にかかることができた。ミニ広場は橋本慎太郎さんや三村修さんが中心だったような記憶がある。
　KJ法歴はいつの間にか4年が過ぎていた。KJ法学会や経験交流会のお手伝いもするようになった。また、何度か研修のアシスタントもさせて戴いた。
　そこで先生の作られた技法と哲学のすごさを実感し、何とかこれを世に広げる必要があると切実に考えた。

1. KJ法塾運動の展開

　折よく、川喜田研究所から「KJ法塾」を各地で展開する構想が発表され、私は是非お手伝いをしたいと考えた。
　山浦先生に打診して研究所からの解答を待った。塾の先生方は経営コンサルタントや学校の先生方が多く未経験の私を認可して戴けるか不安であったが、ゴーサインを戴けた。本当に有り難いと思った。
　新宿に在住していた関係から「川喜田研究所公認KJ法新宿塾」の看板で普及の仕事をすることとなった。
　川喜田先生、川喜田喜美子所長、山浦先生、秋田の安部先生、福岡の浦先生、相模原の武藤先生、原宿の井上昭正先生そして私で発会式の食事会が開催され塾運動はスタートした。

　初めての塾の活動は手探りだったが、KJ法の先輩方が色々と支援をして下さった。丸山晋先生や長野の堀田俊夫先生そして、若き永延幹男先生方は仕事の紹介やまた受講生を送りこんで下さった。
　最初の長野の廃校でのKJ法セミナーの仕掛け人の山田学氏、そして後には一緒に塾を手伝ってくれることになる橋本裕氏、様々な方の協力があった。
　塾のオープニングには川喜田先生もかけつけて下さった。
　しかしKJ法普及の仕事は思うようにはいかなかった。新聞折り込みのチラシで説明会を開いても2〜3人の参加、しかもそれが受講に繋がらない。何千枚のチラシで数名の受講者が当たり前である。塾のパンフレットを紀伊國屋書店に置いてもらったり、営業で企業に配布したり、様々な試みをした。
　その中でポツポツと受講される方も出て土曜・日曜のセミナーは色々の方が受講して下さるようになった。陶芸家、大学院生、海外青年協力隊経験者、営業マン、税理士の先生、カソリックのシスターなど、KJ法セミナーでなければお会いできない方々ばかりだった（図1参照）。

　一方、父が他界して不動産賃貸の仕事はすべて私の責任となった。KJ法塾の仕事や不動産賃貸の仕事を手伝ってもらうためにスタッフを募集し、仕事を拡大していった。
　時代はいわゆるバブルの時代に突入していた。
　私は、新宿区の西大久保の生まれであるが、小学生の頃は空地に緑も多く夏には蝉が鳴き、庭には時には玉虫が飛んできたりしていた。そんな静かな佇まいの

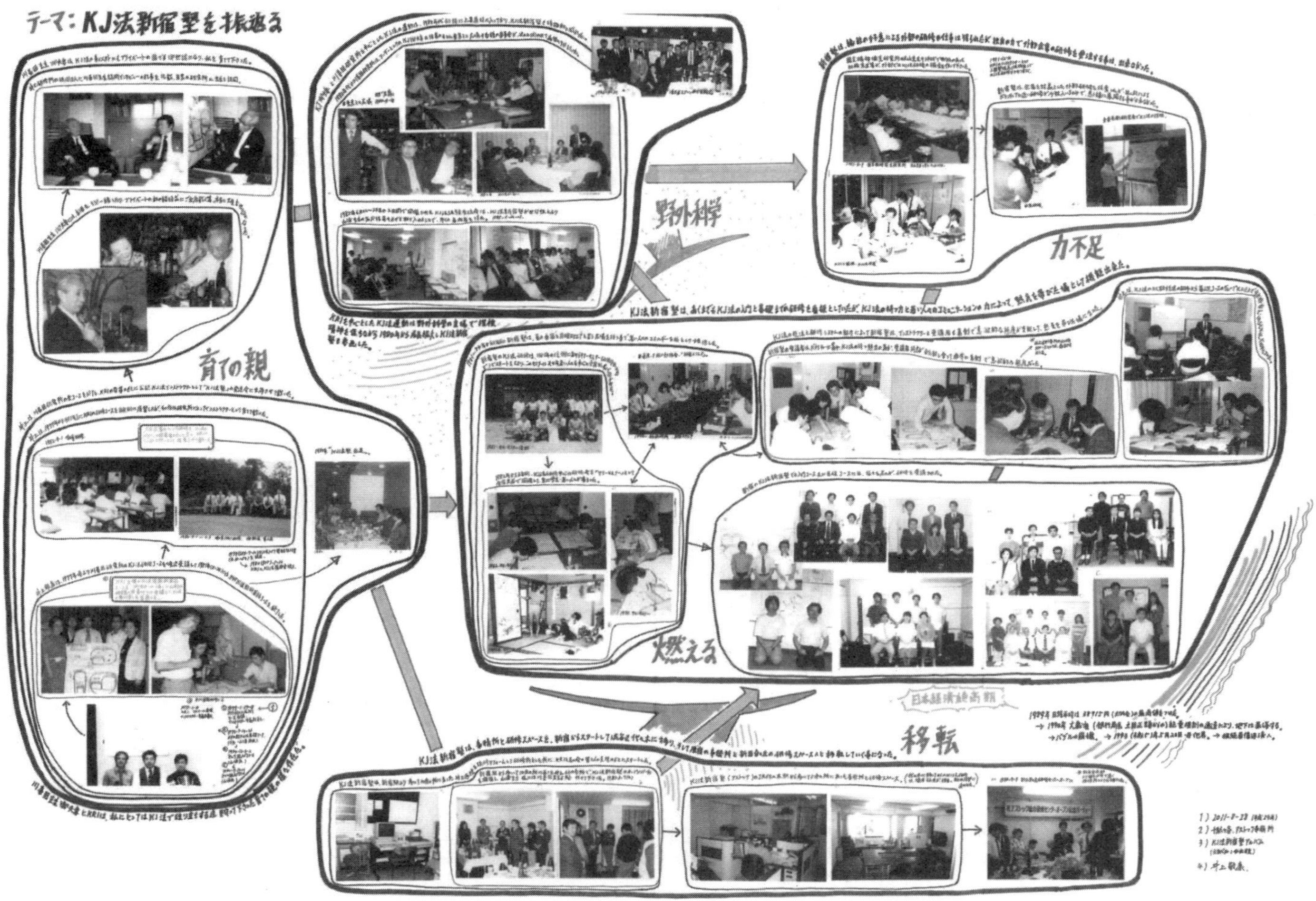

図1 KJ法新宿塾を振り返る

新宿は、いつの間にかビルの林立する狭苦しい街へと変化していた。

職安通りに面していた私どもの建物の周りにはバーが進出して夜になるとカラオケの歌が漏れて私を悩ませた。数年前に結婚していた私は将来的に子供ができた時の環境のことを考えて、これはもう移転するしかないと考えた。KJ法で移転プランを練った。

新宿の土地からの移転は困難を極めた。仲介不動産会社の選定から、会社所有と母の所有の問題、売却にともなう近隣との交渉など、錯綜する問題を次々に解決していかなければならなかった。KJ法の図解を何枚も何枚も作った。

新宿の土地を処分して代わりに渋谷区の千駄ヶ谷に移転した。大きな金額が動いたが母と会社の所有であり、そのために相続対策として不動産を購入した。しかしそれが、会社と私にとっては致命傷となった。

バブル崩壊と母親の死亡とが重なり一挙に数億の負債が私に重くのしかかった。

時の大蔵省の総量規制の通達（1990年）の後、不動産価格はあれよあれよという間に、2分の1から4分の1にまで下がって行った。つまり1億前後で購入した不動産が、2500万の評価しかつかないのである。

毎月の多額の借金の返済に追われ、眠れない夜が続いた。

何年もの苦闘の末、KJ法塾の仕事から撤退せざるを得ない状態となった。スタッフの諸君にも辞めてもらうという最悪の事態になり、さらに追い打ちを掛けるように、あまりの忙しさの中で私の配慮の不足もあり、家内とは離婚という悲劇的な形になってしまった（結婚式には川喜田先生にもお越しいただいたのに……）。

私は、大きな負債の返済の対策と家庭問題のストレスが加わり完全に体調を崩した。不眠が続き、お酒の力を借りなければ眠れない状態になった。

体が確実におかしくなっていた。病院に行くと「癌の疑いが濃い」との医師の言葉。

本当に目の前が暗くなった。元気に歩く道行く人々がうらやましかった。

その後、私は必死に様々な治療と健康法の勉強を行った。フイリッピンのバギオで心霊手術を受けてもみた。数か月後、阿佐ヶ谷の大きな病院で再度精密検査を受けたが、癌ではないと判定。命を取りとめた感が深かった。

しかし延々と続く負債返済の日々は続いていた。会社の不動産がいくつか残っていたため時期を見て不動産を手放していき、やっと負債から完全に解放されたのは小泉内閣の頃だった。

KJ法はもちろん使い続けていた。ただ社会の変化が激しい時には正式なるKJ法よりも「花火」（探検ネット）の技法が役に立った。私の反省は仕事の手を広げ過ぎたことだったと思う。

塾の仕事を撤退してしまったこともあり川喜田先生にはお目にかかりにくく、学会や交流会にも参加は控えていた。そんななかに川喜田喜美子所長から学会に参加するようにとのお電話を頂き、久しぶりに川喜田先生にご挨拶申し上げた。随分と先生が痩せられていたのに驚き心配になった。
　そして数年が経ち先生のご他界の新聞報道を目にした。那須の二期倶楽部というホテルでの事だった。夜には蛍が飛んでいるのを見た。先生は逝かれたのだと実感した。

　教育事業の再開を模索していた。辞めてもらったスタッフの人たちともう一度仕事をしたかった。しかし状況は変化していて、なかなか打開策は見つからなかった。
　そして、いつしか学生運動に熱中したため中途半端になった絵の勉強を再開してみたいと思うようになった。カルチャー教室で油絵の勉強を始めた。混沌とするこの国の行方の心配も老後の不安も忘れられ絵に熱中できた。

2. ビジュアルKJ法

　2009年、家内と共に（前の家内と違います）、イタリアへのスケッチ・ツアーに参加した。これはスケッチ旅行専門会社主催の旅行で観光はほとんどなく、全時間を自由に絵のためだけに使えるというツアーであった。帰国後、自分の描いたスケッチとさらに撮りまくった膨大な写真の整理に困惑した。収拾がつかない状態だった。そんな時、これらをKJ法で整理できないかと考えた。正式なKJ法のステップでなくてもよい、粗いKJ法でもいいのでないかと考えた。
　模造紙にスケッチをコピーで縮小して5センチ角前後のものにする。写真もサービスサイズから名刺サイズに縮小する。後は、なんとなく似ているものの感覚で集めた上に簡単な見出しを置いていく、時間軸に意識が働き、旅行の経過順の図解が出来上がった。
　私が普通KJ法をやり始めると近づいてこない家内も、この作業には興味を示して図解に見入り、ついに欄外に思い出や見出しを書くようになった。
　かなり楽しい感覚で整理できた。ツアー会社のパンフレットも切り取って中に貼り付けた。ほとんどの重要な情報と視覚情報が一目瞭然であり、どんな旅行だったのかすぐわかる。これはいいと思った。ビジュアルのKJ法に引き込まれた（図2参照）。

183

3. 視覚情報を扱うKJ法

通常のKJ法は素材として言語情報を扱う。しかし、20年も前になるであろうか。KJ法学会で日立の平山和弘さんが「デザインとKJ法」という発表をされた。デザインを元ラベルにしてKJ法を作られたのである。「目から鱗」の感じがした。「そうか、言葉だけでなくてもいいのか」という驚きだった。

また、川喜田研究所から独立して情報工房を設立された山浦先生から自治体で指導している「写真KJ法」の図解を何枚か見せてもらった。見事な成果を上げられていると感激した。

自分も機会があったら使いたいと考え、社有の不動産のトラブルの時に、現場に飛び写真を撮りまくりそれをKJ法でまとめた。気がつかない問題点と解決策が見えた。大いなる成果だといってよいだろう。私はその後、何枚も視覚情報を素材としたKJ法を作ってみた。その中で気がついたことを書いてみよう。

4. 家電製品の進化と普及というインフラ整備による視覚的生産物の氾濫の時代

川喜田先生がKJ法を発見・創造された時も紙とかペンとか輪ゴムとかマジックインクとかの知的生産に必要なインフラが整備されて初めて登場できた。そして、KJ法にとって決定的に重要である「KJラベル」が発明された。

そして、この10数年の間に家電製品の発達は驚くべき早さで進んでおり、パソコンの一般普及は当り前になり、もち運びに不便だったカメラもデジタルカメラの登場で誰でもどこでも簡単に写真を撮りプリントできるようになった。さらに携帯電話からも。しかもどんどん低価格商品が出てきている。

これは、やはりおおきな変化と見ておかなければなるまい。知的生産物の大量生産の時代とも、また視覚的生産物（写真・映像）大量生産の時代ともいえよう。

簡単にいえばどの家にも各地で撮ったスナップ写真が大量にストックされているのである。自分が撮らなくても友人や知人が写真を送ってくれる。これは多くの方が体験していることであろう。家の引き出しの中には整理されない写真が山ほどあるのである。

これは当然に整理されなければなるまい。人間は混沌のままでは落ち着かない生物である。

視覚的生産物の整理である。この時当然としてKJ法が役に立つのである。私が、イタリア旅行の整理を行った時のように。写真を写真帳で整理するのが今までの方法であるが、KJ法が新しい整理に道を開いたのだと思う。しかもそれは

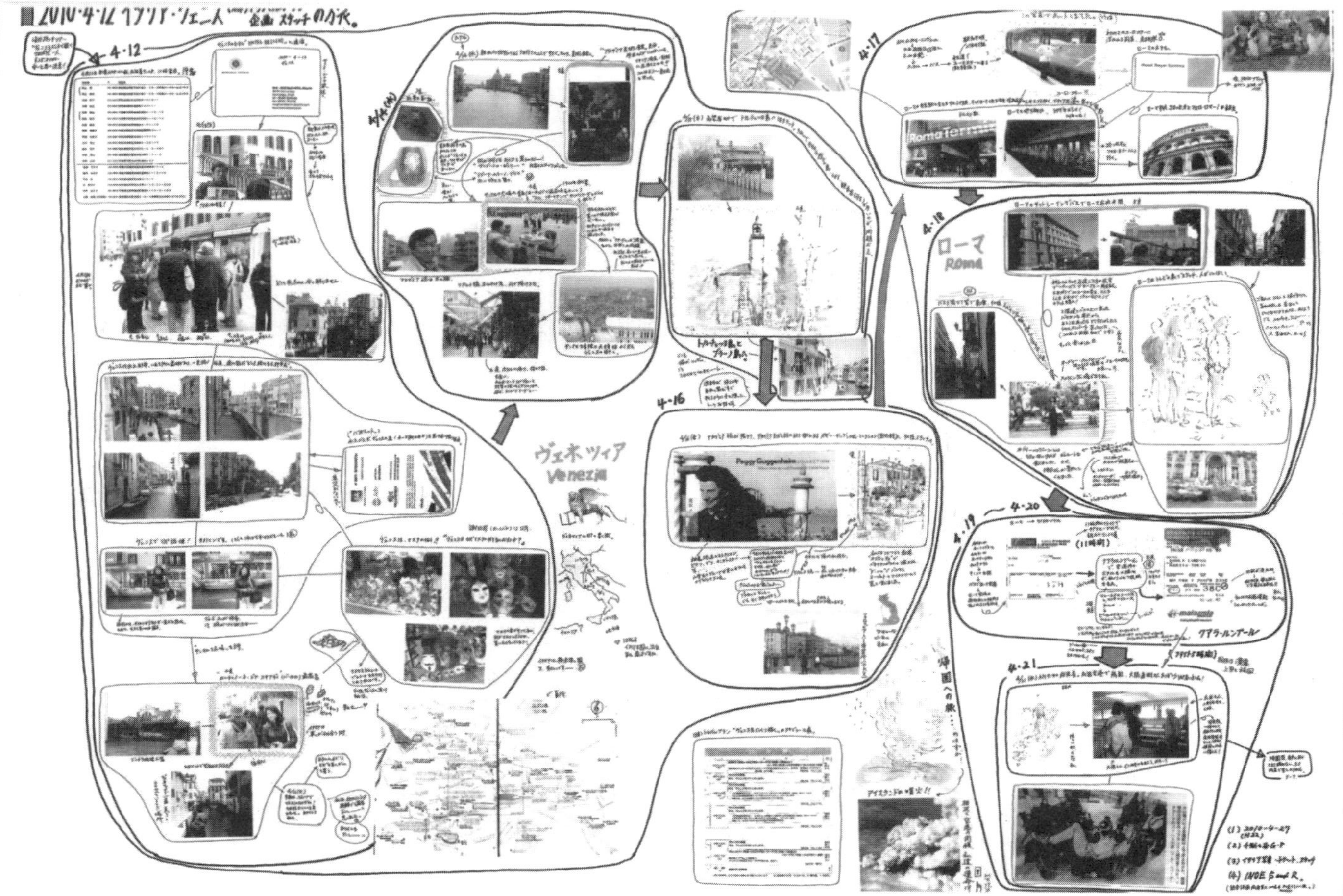

図2 ヴェニース旅行

単なる整理には留まらない、KJ法のステップを踏む中で体験が昇華されたような感覚を生むのである。実際にそうだろう。体験を体験のみで終わらせることなく、いくつかの教訓と創造が生まれるのだ。

5. FS-KJ法と絵画力

　川喜田先生は、野外科学において取材の重要性を強調されている。KJ法にあっても元ラベルの質が重要になる。そこで現場においては簡単なメモとラクガキと呼ぶ図や関係線で記録して、まとめの記録としてそれを清書する。この際に先生はあまりスケッチということは強調されなかったが、スケッチも取材の重要な技術であろうと思う。現に、昔の世界の探検家や学者は多くのスケッチをフィールドノートに残している。日本にあっても江戸期の密偵は、他国の情報を矢立と紙を使い例えば城の外観や堀の状況をスケッチしている。これはいわばカメラのない時代においては当り前のことであったろう。描写能力が即状況判断につながる。

　私の師匠の一人に武人であり忍者で有名な初見良昭先生がおられ世界中に10万人の外国の弟子（一説には250万人ともいわれる）をもたれているが、初見先生も絵が大変にお上手である。それは初見先生の師匠、高松寿嗣先生（「蒙古の虎」と呼ばれた）も絵を描かれ「初見さんあんたも描きなされ」と教えられたからだという。それはやはり、絵を描くことで観察能力と描写能力が付くからだと思われる。

　スケッチというものも簡単のようで難しい。西洋絵画の基本の遠近法と陰影法ぐらい身につけて、さらに鉛筆や水彩そして用紙に慣れなければならない。そんな手間であることもあり、取材技法にスケッチの重要性はあまり強調されていないが、今後の課題だと思う。

　私は、野外科学と西洋伝統絵画とは共通点があるとみている。

　例えば、西洋絵画（ルネッサンス以降）にあっては対象（人体や静物など）を描写する時、対象を一方方向からだけ見るのでなくしていろいろの角度から見て、全体像をとらえよという。とりわけ写実絵画では対象の存在感を出すためには見えている側だけでなく、見えない側を意識することを喧しく指導するのである。それによって作品は変わってくる。画家は自然に物事を360度から見る眼、頭が養成されるのである。これなどはまさに野外科学的教育であろう。

　西洋近代絵画の基礎技術は、観察能力と描写能力を養うといえよう。スケッチ、クロッキー、デッサン力を総合して「絵画力」と呼ぶと、絵画力は野外科学にとってプラスになるであろう。さらに手作りのKJ法図解作成時には絵画力があるか

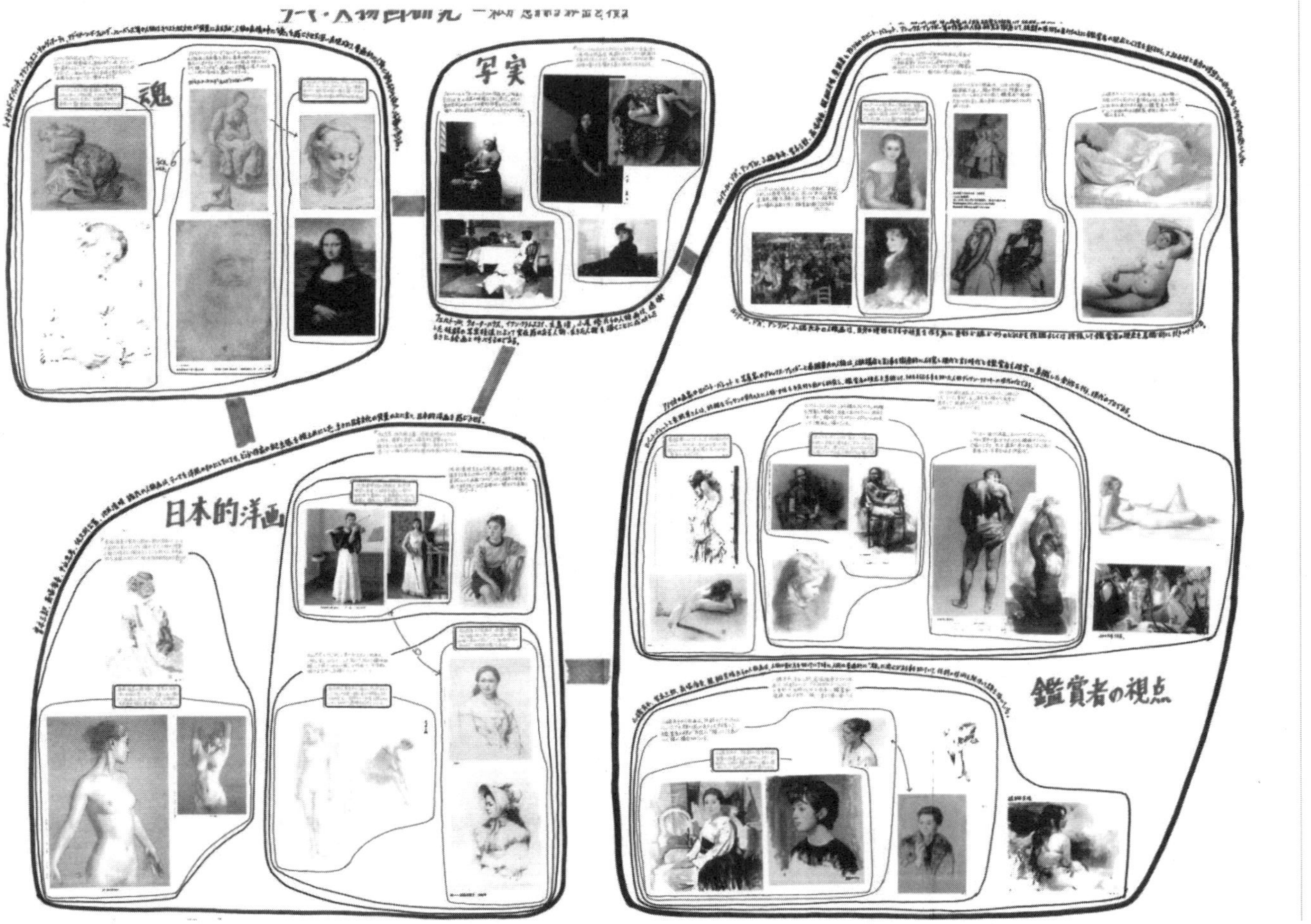

図3 自分の描きたい方向を探る

ないかで図解の見栄えは格段に違ってくる。
　もちろん、それ以上にKJ法にとって「言語力」が重要なことは論をまたないであろうが。

　先に知的生産の環境としてここ数十年で視覚的情報の生産環境が飛躍的に変化・向上したことを述べたが、これは当然に野外科学の世界にもおおきな影響を及ぼしていよう。我々は簡単に「絵画力」を身につけることができないが故に、複雑で流動的な現象を写真に撮るということが多くなっている。観光地などを見ても記録と記念に人々はデジタルカメラのシャッターを押し続けている。この写真素材を問題解決に使わない手はないと思う。一次素材（元ラベル）として写真を使い、後は言語の表札をつけて組み上げていく。あるいは言語でのラベルと写真のラベルを同等に扱ってももちろん良いだろう。写真素材は「志」を読みにくいという声を聞くが、取材者の取材意図（テーマ）が明確であれば素材が訴えてくるラベルの声は、言語ラベルと同じである。むしろ、写真の方が「ラベル集め」は格段に早い。
　さて、写真やデザインや絵やイラストなどを素材として扱うKJ法（図3、4参照）を何と呼んだらよいのだろうか。今までは「写真KJ法」「デザインKJ法」「絵KJ法」等呼んで来たが、永延氏は「図絵KJ法」と呼ばれこれも適切に思えた。友人であり先輩の鈴木光弥氏（調和道協会理事）は「ビジュアルKJ法」という名を考えてくれた。あるいは「イメージKJ法」とも呼べよう。ただ、正確に表現すると「非言語的・視覚情報処理としてのKJ法」ではないのか。聴覚情報や体感情報を扱うわけではなく、あくまでも視覚情報を中心にKJ法のステップで取り扱うものであるのだから。簡単に「非言語的KJ法」でもよいかもしれない。
　ともかく我々の置かれている世界はものすごいスピードで、良し悪しは別にして非言語的な視覚情報が押し寄せている。これを適切に取り扱い、創造と問題解決につなげていかなければなるまい。
　川喜田先生の作られた野外科学（KJ法）は、「科学」としてのポジションをきっちりと保ちながら、現実の問題解決の確かなる道を示してくれる。
　それは道具であり武器であるとともにKJ法のシステムを使う中で人間革命が行われていくものであろう。物事を360度の視点から見て、データをして語らしめ、他人に過度に依存することなく自分の頭と足で考えて行く、そして小さな「自我」にとらわれることなく全体的な視点を獲得していくことができる。それは学問であるとともに日本的なる「道」の思想にも合致したものである。川喜田先生は我々にすごいものを残して下さった。

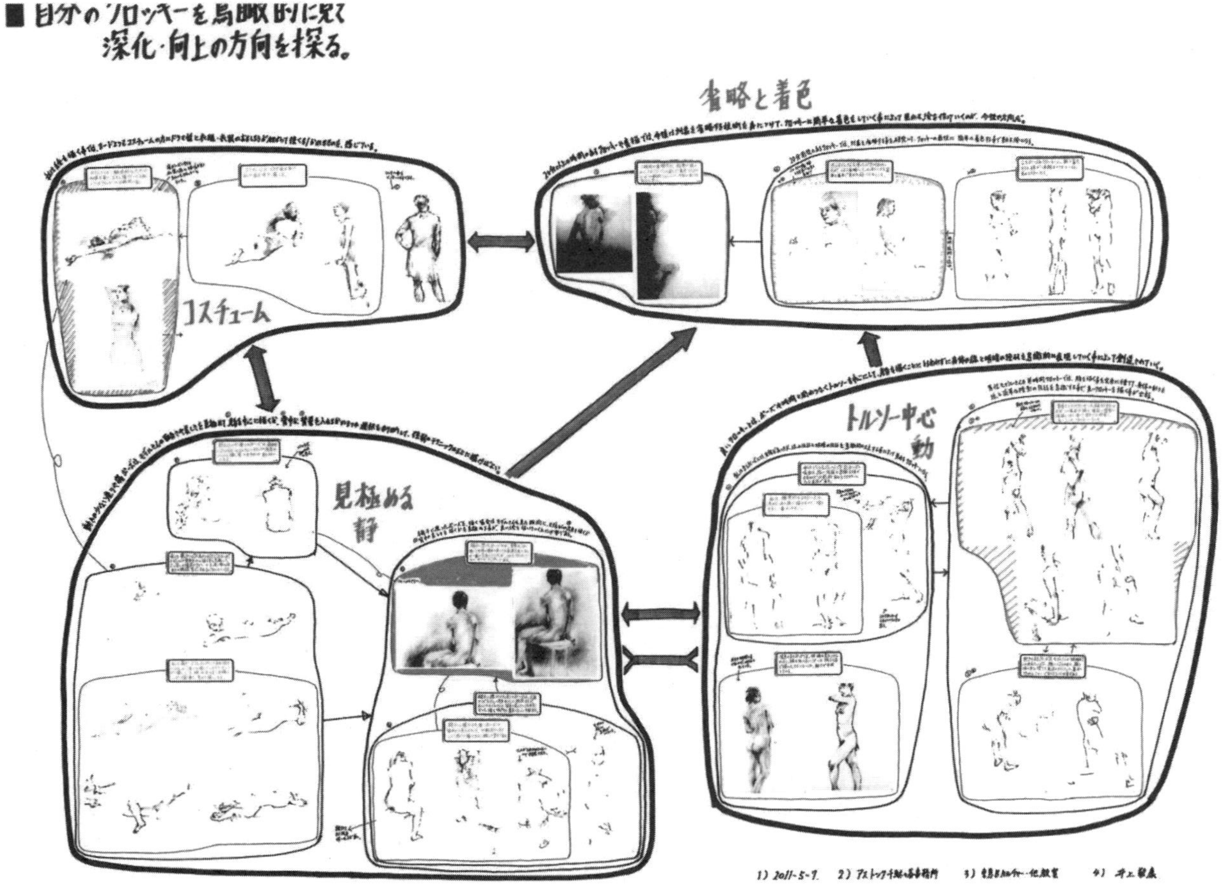

図4 ビジュアルKJ法

FS-KJ法と仏教
――その共通する思想的普遍性が意味するもの――
桐谷征一

1.問題の所在

　KJ法の魅力は、ただ今日的技法としての実用性にとどまらず、その奥深くに秘めた何か、われわれを永遠の真理追求へとかりたてる力強いエネルギーを感じさせるところにあるのではないだろうか。私はそれは、KJ法には哲学あるいは思想といえる何かが、技法と不離相即して存在するところにあると思う。KJ法の未来に、安定した存在感とかぎりない発展とを予感するのも、どうやらこの点に理由があるのではないかと思う。

　しかし実際、KJ法の実用的な効果について、たとえ多少とも体験的にはこれを確信するわれわれも、ではこれを哲学的、思想的真理として、あるいは普遍的な科学的技法として、他へ客観的に説明するにはいかなる具体的表現手段を有しているといえるであろうか。少なくとも過去にKJ法と何らかの関わりをもった人ならば、その必要性を否定する人はいないであろう。しかし率直にいって、KJ法の未来を展望するにあたってこれはかなり難題である。

　すでに三十数年の月日を経過したが、私はKJ法にはじめて接した間もなくの頃から、KJ法の基本的な問題を考える一視点として、仏教との関連に注目してきた。いうまでもなく仏教とは、いまから約2500年の以前に古代インドのシャカムニ（B.C.566-486、一説）によって成立した宗教であるが、その宗教は成立以来きわめて哲学・思想色の強い本質をもち、かつその後の歴史的展開の中ではその哲学・思想（以下、思想）的本質を不変に維持しつつも、一方で宗教的実践としては付随する技術的方面には、かなり果敢に挑戦し開発を進めてきた経緯がある。

　結局私は、成立以来かかる長い歴史的背景をもつ仏教と比較的近年に川喜田二郎先生によって開発、提唱されたKJ法との間に、時空を超えて何か強い親和性

あるいは共通性、類同性（以下、親和性）とでも呼ぶべきものを直感したのであるが、それははたして理由のあることなのか。あるいは、まったくの見当違いなことだったのか。

因みに、川喜田二郎先生ご本人からうかがった言によれば、とくにKJ法開発の過程に仏教との関連にはまったくご認識はなかったとのことであるし、私が実際拝見した限りの先生のご著書あるいは図解からも、ごく一般の日本人が生活の中で体験する仏教以上にとくに専門的なご認識の存在をうかがうことはなかった。

「KJ法と仏教——その時空を超えた親和性の正体とはいったい何なのか」。このテーマは当初、ひたすら私の直感だけを根拠として出発したが、それは思えば、結論の見えない内容の混沌とした課題の問題解決を得意とするKJ法にこそふさわしいテーマではなかったか。KJ法の普遍性を未来に向けて語ろうとすれば、この方法以外にないのではないかというのが、今日における私の実感である。

以下は、私個人にとっては永遠のテーマとして挑戦を続けてきた、ささやかな軌跡であるが、川喜田二郎先生に捧げる記念碑ともなれば幸いである。

2. 基本的世界観と問題解決プロセスの共通性

こんにちに至る仏教の源泉が、シャカムニの「さとり」そのものにあることは疑いないが、その仏教の真に出発点といえるできごとは、彼がそのさとりの内容を初めて他へ語りかけたこと（初転法輪）をもってすべきであろう。そして、シャカムニはその最初の説法において、わずかに二つの事実しか述べていなかったとみられる。

その1は、さとりの内容。すなわち「縁起」説とよばれる真理であった。それは、仏教のすべての実践の根本となる世界観、人生観であり、その対象は「法」とよばれ万物の存在あらゆるものに及んでいるが、その存在の法則が「縁起」なる性質だということである。この「縁起」説が、真に科学とよばれる思想の大前提として、現代にも生きていることは疑う余地がない[1]。

しかし、「縁起」と聞けばこんにち、「出がけに靴のひもが切れた。きょうは、縁起がわるい」などという使いかたが思い出されるなど、仏教ほんらいの意味とはかけはなれた誤解が多い。もともとの「縁起（仏教ではこの場合、因縁といっても同義である）」の意味としては、「（Aに）縁って（Bが）起こる」というほどの意味である。これを仏教では「相依性」あるいは「依他起性」とも表現するが、「す

---

[1] 日比宣正（2011）『仏教を科学する』山喜房仏書林

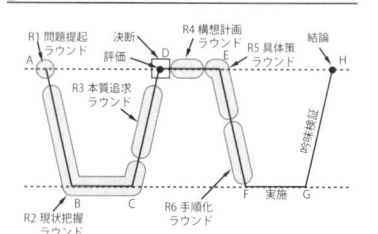

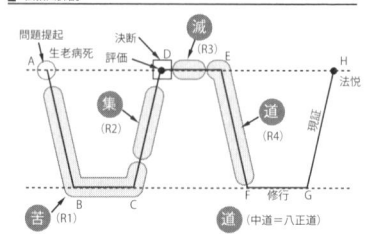

図1 W型問題解決モデルとしての6ラウンド累積KJ法と仏教四諦（四聖諦）説対照図

べての存在あるいは現象は、相互に他と関係しあって成立しているものであって、独立自存のものではない」という認識をいう。「諸行無常」「諸法無我」あるいは「一切皆空」といった、よく一般に周知の仏教の世界観も、この「縁起」説からみちびき出されている。

　その2は、シャカムニはいかにして「縁起」説のさとりへ到達したかという方法論。すなわち、人間存在の根本の問題に対してこれを「苦（く）」とする問題意識をもったシャカムニの、その問題解決への具体的なプロセスを、彼は最初の説法において種明かしして見せたのである。

　それは仏教の伝統において、聖なる四つの真理「四諦」（四聖諦＝苦－集－滅－道）として知られているものである。人が生・老・病・死（四苦）に代表される人生の苦の問題を克服しようとするなら、それには、まず苦の実体がいかなるものであるのかをよく観察しよう（苦の聖諦）。つぎに、なぜ苦をもたらすのかその縁起する原因や条件を突き止めよう（集の聖諦）。つぎに、その苦の原因や条件となっているところがすっかり消滅し、安心の境地が実現した理想の状態を想定しよう（滅の聖諦）。そしてつぎに、そんな理想を現実のものとするには具体的にどうすべきか手段の道すじを立案しよう（道の聖諦＝中道＝八正道）という手順を踏めというのである。あとは、もう実行あるのみだ。

　すなわちシャカムニは、人生の「苦」の問題意識を、「四聖諦＝苦－集－滅－道」のプロセスを踏んで、その原因を森羅万象の存在すべてが「縁起」なるが故にという自身の問題解決に到達したのである。

　「さとり」すなわち「縁起」説の真理を感得したあとのシャカムニが、その最初の説法にこの「四聖諦」説をもって、仏教が問題解決にあたる際の基本的な考え方のプロセスを示したことの歴史的意義は大きい。こののちシャカムニは、仏教の二大根本教説といわれる「縁起」説と、「四聖諦」説をひっさげ、四十年にわたって悩める人類の救済の旅に出たのである。

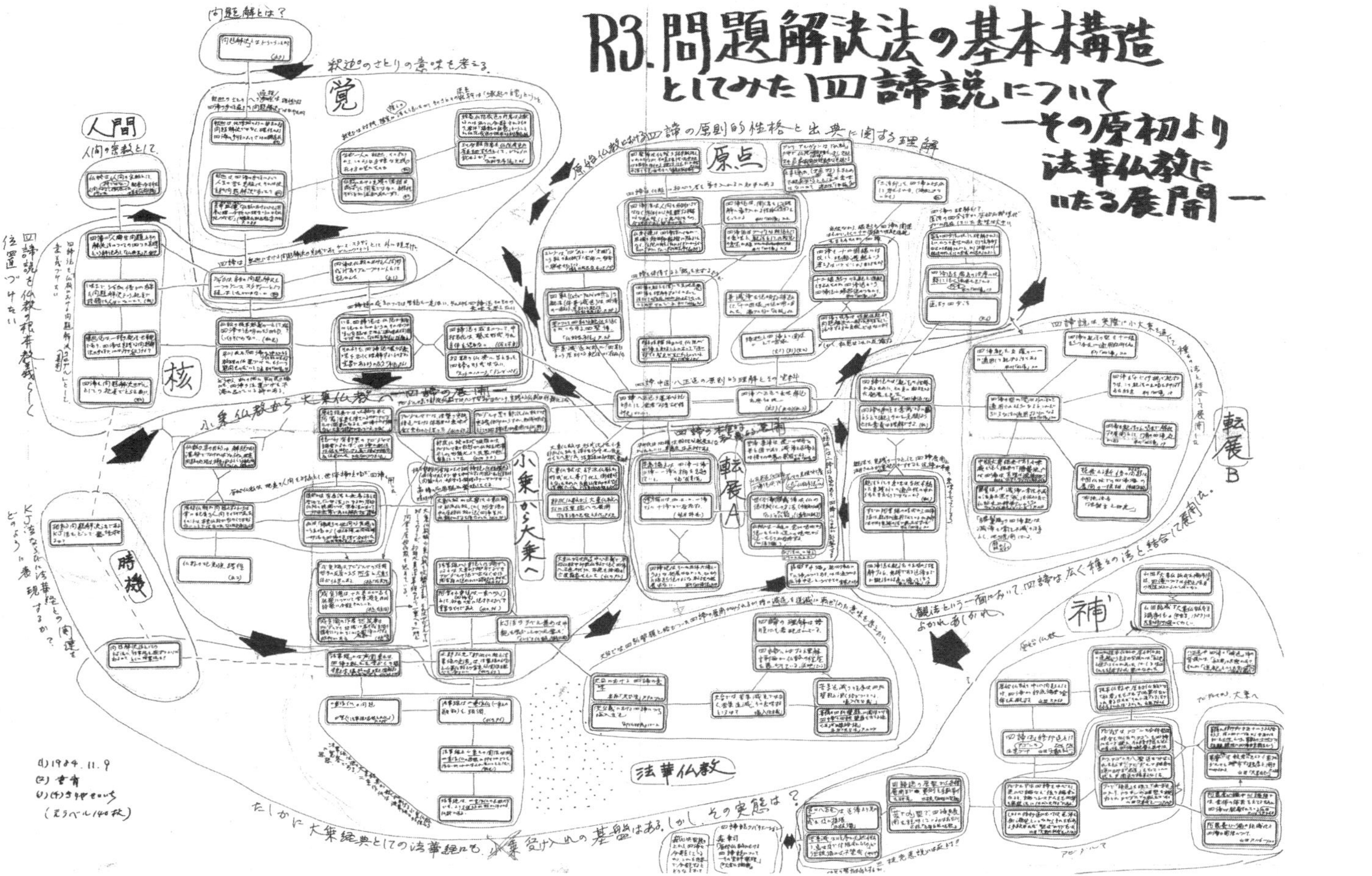

図2 問題解決法の基本構造としてみた四諦説 ―その原初より法華仏教にいたる展開―

このように当初は、きわめて思想的特色の濃い仏教であったが、シャカムニの没後は次第に宗教的神秘性を強調する仏教として変質していった一面もいなめない。しかし、こんにちわが国に定着する仏教も、その初伝以来1500年以上を経過して外見においては必ずしもシャカムニの仏教と同一とはいえないが、仏教が仏教であることの本質においては、それがシャカムニの二大根本教説を踏まえ成立し得ていることはいうまでもない。

「いったい、KJ法とは何か」の疑問に答える基本的かつ普遍的な回答はここにあるのではと直感した私の探検は、具体的には次のように展開した。

「KJ法の思想と仏教　上・下」（『積乱雲』15・17、1980）、「問題解決法としての仏教とKJ法」（『KJ法研究』8、1985）、「縁起の科学とKJ法」（川喜田二郎著作集第五巻『KJ法－渾沌をして語らしめる－』付録、中央公論社、1996）。［図1］［図2］

探検の結果、私の得た結論はこうである。

その一。KJ法の基本的世界観はまぎれもなく仏教の「縁起」説によって支えられ成立するものであり、とくに「6ラウンド累積KJ法」中の「R2現状把握ラウンド」および「R3本質追求ラウンド」における分析と統合の作業とは、テーマが問題提起した現象のいわゆる「縁起」の関係を構造的に把握することを目的とした作業に他ならない。

その二。KJ法における問題解決プロセス（W型問題解決モデル）は、体系的かつ普遍的な問題解決の王道として評価が高いが、KJ法はこれを6ラウンド（R1問題提起－R2現状把握－R3本質追求－R4構想計画－R5具体策－R6手順化）とし、仏教では4ラウンド（四聖諦＝苦－集－滅－道）に編成するが、各ラウンドの意味するところはまったく同一である。因みに、両者に6ラウンドと4ラウンドの相違があるのは、仏教ではとくにKJ法におけるR1問題提起ラウンドを表明せず、その問題提起を人生最大の問題である「四苦」に代表させていることと、R5具体策ラウンドとR6手順化ラウンドを一括して「道の聖諦＝中道＝八正道」として全体を4ラウンドに構成するのである。すなわちシャカムニは、四聖諦説をもって仏教における問題解決の基本的プロセスとして提示したのである。

なお、ここで「中道＝八正道」とは、人が「四苦」の問題を克服するための修行の基本となる八つの実践徳目のことであり、具体的には正見・正思惟・正語・正業・正命・正精進・正念・正定、すなわち正しい見解・決意・言葉・行為・生活・努力・思念・瞑想のことをいう。さらに一歩踏み込んで私個人の見解を述べれば、この場合仏教においてKJ法活用の意義とは、具体的に八つの「正」のあり方を求める「八正道の技術化」ともいい得るのではないか。

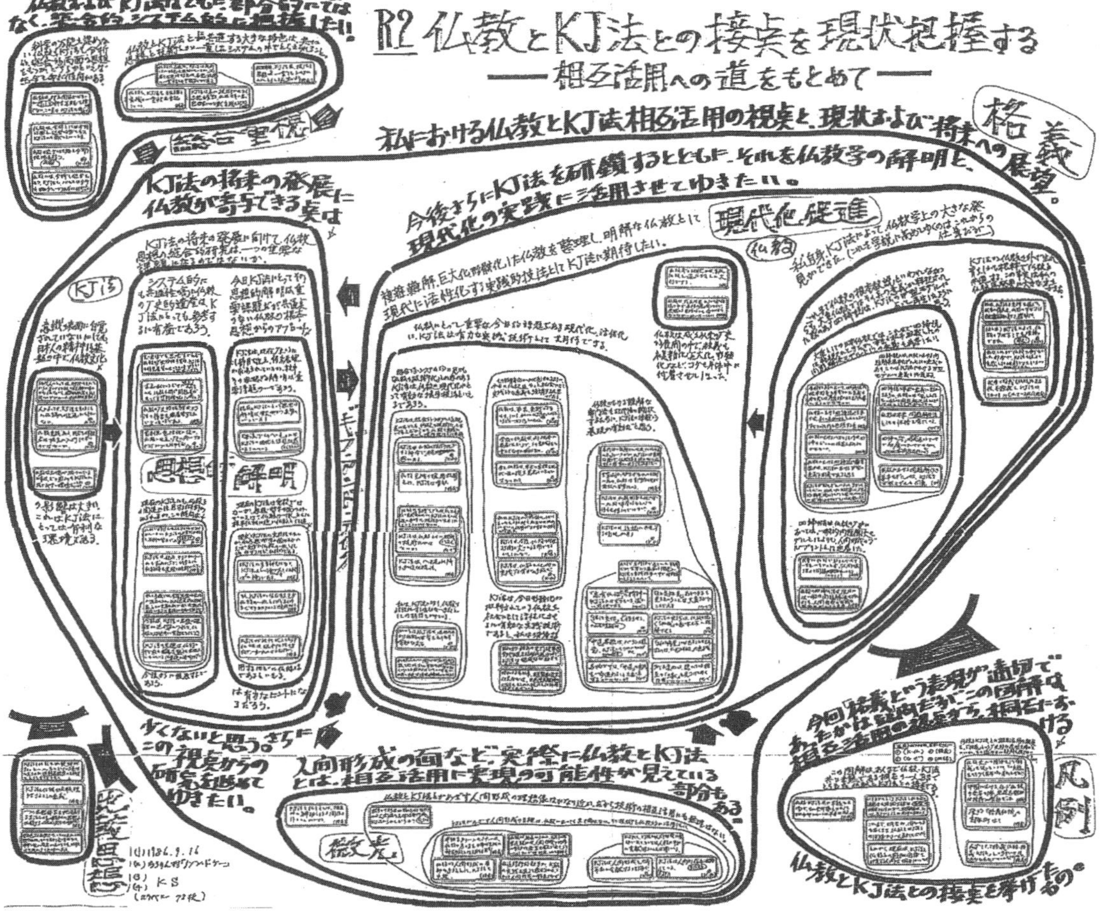

図3 仏教とKJ法との接点を現状把握する―相互活用への道を求めて―

3. KJ法と仏教との技術的相互活用の可能性

　シャカムニに開創をみた原始仏教は、その後思想的には大乗仏教の登場を迎え地域的には東アジア一帯にひろく伝播して、次第に世界宗教としての地歩を確実にしたが、それは同時に当初の思想的な要素の濃い仏教にとどまらず、次第にその地での環境を受け入れつつ固有の実践的、技術的方面においても新たな開発をつづけたといえよう。

　仏教とKJ法――。はからずもこの二つの立場に軸足を置く私は、上のように基本的な世界観と方法論で共通するKJ法と仏教との間には、その実践の現場においても時空を超えて、相互にこれを意識的に活用することにより双方に利点をもたらすものではないかと期待した。以下では、私自身の中で意識される二つの立場を、いま便宜的にKJ法サイド、仏教サイドと区別して議論を進めることにしよう。

　しかし、こんにち私自身の無力さを告白することになるが、残念ながらKJ法サイドと仏教サイドとの交流の実績ははなはだ心もとない状態である。就中、仏教サイドにおいてはKJ法を発想および具体的な問題解決のツールとして採用することにはとくに実践的には問題が無いように思われるが、しかし、現実には仏教サイドはKJ法を容易には受け入れようとしていない。その理由には、仏教サイドとしてははなはだ不幸なことであるが、その現場には歴史と伝統を尊重するあまり、比較的新しいものには抵抗する風潮が残っている。また精神論を歓迎し、技術論を歓迎しない風潮が一般的である。

　いっぽうKJ法サイドでは、KJ法の本質に普遍的な思想の存在を認めることへの関心は必ずしも高くないように思われる。KJ法はあくまでも実用的ツールとしての効用にこそ存在意義があるとでもいうかのようにである。しかし、私にはそれはKJ法が、社会的にもまだそれだけの歴史と実績をもつに至らない証しであるように感じられる。

　以下には、KJ法と仏教との思想と技法の相互活用について、とくにここではKJ法サイドからの仏教の活用について、私の具体的な探検の試みをご紹介してみたい。

3.1. 科学的方法論における総合的視点の提案

　今日の科学的方法論の大勢は、どちらかといえば一方的にデカルト的二元論でいう「定量的」データを重視する研究法に傾斜しているが、野外科学としてのKJ法は、かねて「定性的」データを加えた研究法を確立することの重要性を強調

図4：KJ法の思想と仏教の思想―その共通性―

(1)1989.6.15　(2)本納寺　(3)(4)桐谷征一　(付) 2011.11.2 本出版にあたり再構成

シャカムニの原初仏教における二大根本教説

【共通点その2】科学的世界観　― 縁起

仏教の「縁起」説は「すべての存在あるいは現象は、相互に他と関係しあって成立しているもの」という世界観。これは科学的真理。KJ法の技術は、「縁起」説に支えられて成立している。

【共通点その3】問題解決の基本体系　― 四聖諦

KJ法は「6ラウンド累積KJ法」、仏教は「四聖諦」。共に現実の問題解決に対し、理念の共通する実践的な基本体系をもっている。

大乗仏教の主張

【共通点その4】人間中心主義　― 菩薩

KJ法は、あくまで人間の可能性を信じ潜在能力の開発をめざす。仏教は人間中心主義であり、「仏」「菩薩」を人間形成の理想像とする。

【共通点その5】総合の思想　― 開会

KJ法の技法においては、分析よりも総合・直感の姿勢を重視する。大乗仏教は、アビダルマ的な分析重視の反省に立って、総合の論理を主張した。就中、法華経はこれを「開会」とよび、特色とする。

【共通点その6】積極的生き方　― 大乗

KJ法は、人生に対する姿勢が厭世主義、ニヒリズムでなく、積極主義、楽天主義である。大乗仏教は、歴史的に小乗仏教の厭世的、ニヒリズム、利己主義を厳しく否定し、積極主義、利他主義を主張する。

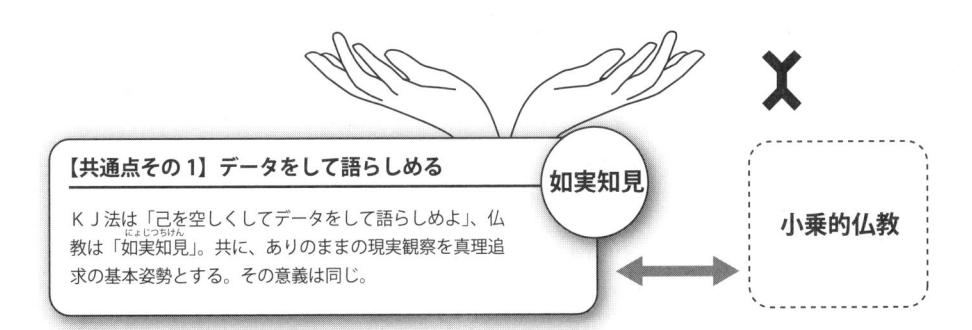

【共通点その1】データをして語らしめる　― 如実知見

KJ法は「己を空しくしてデータをして語らしめよ」、仏教は「如実知見」。共に、ありのままの現実観察を真理追求の基本姿勢とする。その意義は同じ。

✕ 小乗的仏教

図4　KJ法の思想と仏教の思想―その共通性―

しており、その意味においては、仏教と共通する一元論的（総合的）な世界観の立場である。ここには、新しいパラダイムによる科学的研究法を模索する萌芽を期待できるのではないか[2]。

　「仏教とKJ法―その相互活用の視点―」(『KJ法研究』11、1988)、「仏教とKJ法―その共通する思想と方法論の未来―」(33回KJ法学会・川喜田二郎先生追悼記念講演大会、2010)。［図3］［図4］

3.2. KJ法作業における"精神的壁"の克服

　KJ法の技術的な習得は、研修制度の整備や教材あるいは指導法の充実によって初心者にとっては従来よりよほど改善されてきたことは確かであろう。しかし、作業の各段階における心のもちかた（姿勢）の問題、グループ編成におけるデータ観察の浅深、重点の取捨、精神集中とバランスの問題などには、KJ法採用の効果を引き出すための作業上に種々の克服すべき"精神的壁"の存在を指摘することができる。これらをいかに克服するかは依然として困難な問題である。ここに仏教で開発された修行的技法を活用することはできないものか。

　「KJ法における"精神的壁"の存在とその克服」(24回KJ法学会発表、2000)
　「KJ法の創造的発想の一プロセス――マンダラ的思考法と創造性の問題――」(25回KJ法学会発表、2001)。［図5］

3.3. 人文科学研究におけるKJ法の採用――大量データ処理の工夫――

　KJ法の特徴的な技法として、データの統合にあたり大量データの絞り込みの技法がある（多段ピックアップなど）。しかし仏教の世界観においては、現実世界における一つの課題に大量のデータが集まるのは必然であり（一念三千の縁起観）、私自身はKJ法において可能な限り大量データの統合に挑戦することを目指した。さらに私の大学における専門の研究分野は人文科学であるが（中国中世の仏教思想史）、KJ法は、いまや私が研究を進める上で技法的に欠かせない方法論となっている。一般に歴史や思想をあつかう人文科学は、社会科学や、まして自然科学に比較して、どうしても扱う質的データ量が膨大になりがちである。KJ法がはたして、どれだけ大量の情報処理に応え得るものか。とくに、6ラウンド累積KJ法の「R2現状把握ラウンド」および「R3本質追求ラウンド」において、数百枚、数千枚の大量ラベルが発生し、それを統合する必要のある場合など、KJ法を用いる側の技術的問題（ソフト）だけでなく、その用具の性能の面（ハード）でも、

---

[2] ダライ・ラマ (2012)『ダライ・ラマ　科学への旅――原始の中の宇宙――』伊藤真訳、サンガ新書

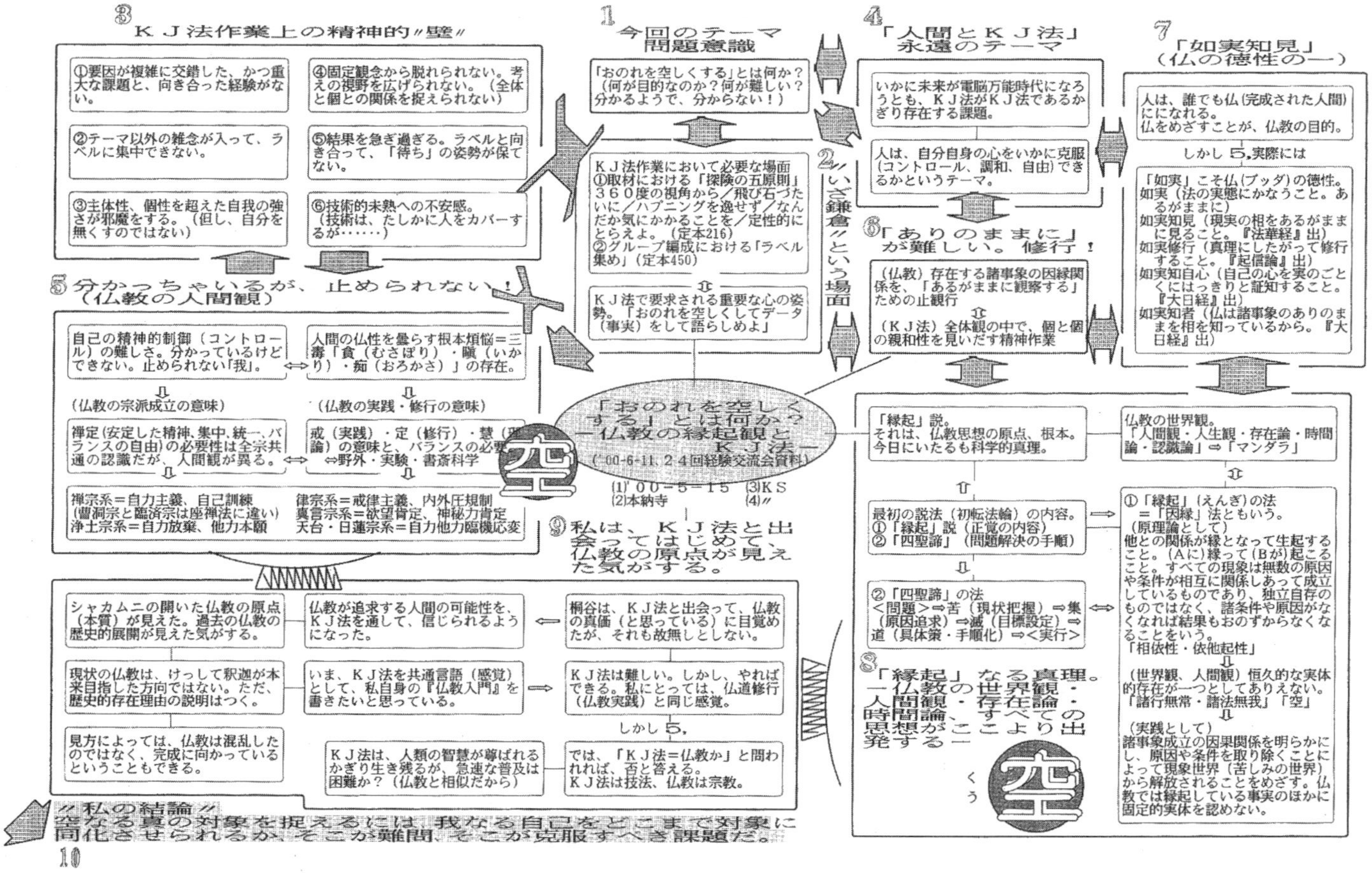

図5 「己を空しくする」とは何か？―仏教の縁起観とKJ法―

まだまだ困難な障壁が少なくないように思う。私個人としては、具体的なテーマのKJ法作業において、ラベルの数が大量になったからといって、これを絞り込む作業を行うことはほとんどない。すべてのデータを使いきろうと心がけるのが、私のKJ法に対する基本的姿勢である。なお、大量ラベルの統合作業において、かつてはポケットシートを利用する方法を紹介したことがあったが、現在私自身はパソコンにより、編成作業から図解作成までを一貫した作業として行っている。私の主たる大量データの統合例とその報告は次のようである。

「大量ラベル統合法の一工夫——"宮沢賢治のマンダラ世界（1200枚）"への挑戦——」（『KJ法研究』20、1997）、「宮沢賢治のマンダラ世界——その文学と人生における表象——」（高木豊・冠賢一編『日蓮とその教団』吉川弘文館、1999）、

「遠隔地グループKJ法による初期仏教聖典『ダンマパダ』の共同研究」（『KJ法研究』26、2004）、「KJ法による初期仏教聖典『ダンマパダ』の集約——その思想的、仏教的意義について——（29回KJ法学会発表、2005）、『お釈迦さまとともに——ダンマパダの世界——』（〈さだるま新書15〉、日蓮宗新聞社、2007）

3.4. KJ法において図解とはなにか——その本質論の研究

　KJ法では「図解」を多用する。そこにKJ法が存在するかぎり、いたるところで図解を登場させ、すべての問題解決における無限の可能性を秘めているかのごとく、その絶大の威力を信じて疑わないところがある。しかし、KJ法経験者にとっては実に魅力的な、かつ何の疑問もなく多用する図解であるが、どうやら一般にはきわめて概念規定のあいまいな用語とその内容であり、KJ法で図解と表現されることの意味を正確に理解するまでには、かなりの混乱や誤解がともなっているのではないかと思われる。私はKJ法において図解という場合には、大別して二種類の図解があるような気がする。「考えるための図解（かりに、インプット型図解としておこう）」と、「表現するための図解（アウトプット型図解）」である。実は、私がKJ法における図解の本質を見極めることの必要性を痛感したのは、仏教のマンダラとの出会いがきっかけであった。より具体的には、大曼荼羅（大マンダラ、文字まんだら）といい、わが国の鎌倉時代における革新的仏教者日蓮（1222-82、日蓮宗の開祖）の開発した図解である。それは今から700年以上も昔に制作され、信仰上の本尊として篤く保護され、こんにちなお百二十数点もの多くが現存する。実際伝統的には、大マンダラが「図」であることは日蓮自身が表明していることであるにもかかわらず、それが信仰上の本尊（最も尊崇されるべきもの）であるがゆえであろうか、これまで大マンダラを「図」として解読しようという試みはまったく存在しなかったといえる。これを率直に鑑賞するとき、それはた

んに一般的にいう図解ではなく、KJ法でいう図解の意味にまで広げて捉えないと、日蓮の意図したマンダラの真意に迫り得ないことに想到した。それは同時に、KJ法における図解の本質の探究と共通する問題であった。

「日蓮のマンダラ本尊における図解的意義について」(『KJ法研究』16、1993)

「KJ法図解における図解の図解と図解の図解」(『積乱雲』55、1994)、「共生・統合の思想とその実践——とくにKJ法図解と仏教のマンダラ図法を中心として——」(『KJ法研究』26、2003)。〔図6〕〔図7〕

図6　日蓮弘安元年（1278）大マンダラ図 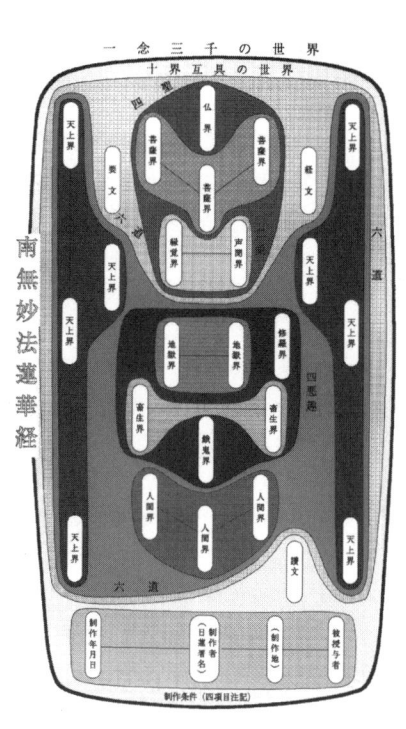　　図7　日蓮大マンダラ概念図

看護する場のFS-KJ法
小島通代

はじめに

　日々の暮らしのなかである日病気にみまわれ、自分の健康の問題に取り組むという、相当に難しい仕事をしなければならなくなることがある。看護師はその仕事を患者の身近で支える。

　患者が行い看護師が支えるこの仕事は、無数の「ひと仕事」(川喜田1967b) が重ね合わせられながら進んでいく。そこでは、暮らしの営みと、暮らしとはあまり相性がよいとはいえない科学・技術が交錯する。その交錯のなかを看護師は、患者に「深い関心」(Nightingale 1893) を寄せ、「右手に固有技術、左手に一般的問題解決学」(川喜田1993a)をもち、これら3つを融合させながら同行する。起こってくる難問は止むことがない。ジタバタともがくことはしじゅうある。どのようにジタバタしても、患者は厳然としてそこにいる。看護師はなんとしても患者とともに難問を越えて行かねばならない。

　いま120万人の看護師たちが病院、診療所、施設などで仕事をしている。1人の看護師が1日に接する患者の数を仮に6人とすると、毎日700万人の人が日本のどこかで看護師の看護を受けていることになる。暮らし方は、一人ひとりが違っていて、一人ひとりの大切なものである。看護師は、暮らしと個性に添った看護を目指す。そうでなければ医療のほんとうの成果が得られないからである。したがって看護師には「右手に一般論、左手に個性把握の能力」(川喜田1993 b) がどうしても必要になる。このようにして看護は、個性的に、多様に創造されて人々の暮らしのなかで機能している。

　人びとは、いまどんな看護に出会っているのだろうか。あるいは出会えないでいるのだろうか。看護師たちはよいと思う看護を届けることができているだろうか。看護はいまどの方向に進むべきか。これらのことを問いながら、私はFS-KJ法と看護を考えようと思う。

　看護学の研究者や大学院生を中心に、正木 (2008)、山浦 (2008) が示すように、

KJ法を研究方法として用いる看護の研究が近年盛んになった。筆者も注目し期待をかけている。しかし本稿は、看護学研究の立場から一歩はなれ、実践現場、看護師が看護をするその場で行うFS-KJ法の可能性を探ることに焦点をあてる。

1.臨床現場の看護の課題：先端的医療で働く中堅・熟達看護師の孤独

1980年代のおわりに、ジャーナリストの長倉（1987）は、「心ある医療」が衰退しつつあるなかで、医療に「心」を注入するのは看護であるとし、日本の医療職員数の不足をめぐって、「すばらしい看護を目指しながら、体力の限界、数の不足に阻まれて、泣かんばかりに口惜しがっていた多くの看護職の顔」に会ったことを紹介した。一方で、「ほんとうの看護の味」が看護職の間で理解され重要視されているのかと疑問をもち、「もし看護婦の人数が十分に配置されたら、すばらしい看護が日本の津々浦々で、真夏の積乱雲のように湧いて出るだろうか」と投げかけた。

それから4半世紀を経たいま、看護職員配置数は制度上の工夫もあって増えた。看護職の養成教育が盛んになり、この20年間で看護大学・大学院が急速に数を増し、看護大学や看護専門学校への入学希望者は多い。医療の現場では、看護がしやすくなった面もさまざまにある。看護制度は充実してきているのである。充実にともなって「すばらしい看護が日本の津々浦々で、真夏の積乱雲のように湧いて出」るようになっただろうか。

その勢いは十分にある。「ほんとうの看護」があちらでもこちらでも行われている。そういえると私は思っている。そのなかに、懸念される1つのことがある。それは、最も厚く整備されている先端的医療を行う病院の、中堅や熟達の看護師から、「思うような看護ができないまま、作業に追われている」という深刻な声が聞こえてくることである。

先端的医療では、看護師が担う業務の量が年々増えている。これには、診療技術や医療機器が精密化し、多様化し、治療が複雑さとスピードを増したこと、入院日数の短縮などの医療行政上の要請の影響が大きくかかわっている。問題は、業務量の増加に見合うだけの職員数が不足していることなのだろうか。過去の経緯からは、そう答えを出したくなる。しかし、声は、最も能力があり意欲が高く責任感の強い中堅・熟達の看護師たちから出ているのである。職員数の不足はほんとうの答えではないだろう。

中堅・熟達の看護師は、上にあげたような業務上の要求には、十分に応えて看護チームをリードしている。そのことによって周囲からの信頼も厚い。しかし、

力をつくして1日の業務を済ませたときに、「私は今日何をしたのか」という問いに直面するというのである。「看護師の人数が増えればよいというものでもないと思うのです」と中堅看護師Aははっきりいう。

先端的医療のシステムのなかで中堅・熟達の看護師たちは、看護が見失われていく傾向に気づかせられているのである。看護に行き着く以前の業務だけで時間が満杯になる日々が続いている。足許をすくわれた気持ちになり、この先が不安になる。ほんとうの看護をできるはずの自分たちが、患者にほんとうの看護を届けていないことに苦しんでいるのだ。「作業に追われている」は、この苦悩を表す。

看護をする面白さ、喜びを同僚とともに味わう機会がない。看護師どうしがじっくり話をして、あるいは行動をともにして看護を伝えあうことができにくくなった。マニュアルが整備されたが、それでは伝わらない大切なところが伝えられない。これで若い人たちが育つだろうか。何よりも、患者の安全を守りつづけることができるだろうか。看護師を代表する優れた中堅と熟達の看護師が、このように悩み、医療の奔流のなかで孤独になっている。

2.臨床現場が看護師を育てた

平均的な病院の、まだ中堅になる前の看護師たちはいう。「患者さんとよくかかわり、自分で看護を考えて先輩看護師からのアドバイスをもらって成果につながると、達成感があり、看護は面白いと感じる」「クリニカル・パス(その病棟で公的に定めた、治療の標準工程表)のとおりにやっても、看護をした実感をもてない」「先輩からいっぱい吸収したいが、管理職になって現場からいなくなってしまう」

看護師長Bは先端的医療の現場で活躍し嘱望されていたが、自ら選んで医療療養型の病院に職場を変えた。業務量は先端的医療に比較して少ないわけではない。むしろ社会的側面の複雑な、解決の困難な問題が続出する。しかし現在、自分の理想とする医療はここにあると、看護に心を潤わせて打ち込んでいる。「どうしてあなたのような(できる)方が療養型病院に移ったのか?」と不思議がられることもしばしばある。

このようなことから私は、看護師の大勢が変わり始めた、と感じる。臨床の看護現場で変化が起こっているのだ。看護師たちはもはや、与えられた課題を黙々とこなすだけの働き手の集団ではなく、医療に理想をもち、創造を喜びとする「ひと仕事」をする人々のチームになったのだ。そのように看護師を育てたのは、患者とともにいる臨床の看護現場そのものである。

看護は創造である。看護師は看護を創造したときに喜びを得る。ほんとうの看

護をする力をもっている臨床の看護師たちは、心からそう思っているのだ。現場で起きているこの潮流を、看護界の枠組みを作っているリーダーたちが、はっきりと捉える時だと私は思う。そう理解してリードしてもらいたいと思う。

看護はこれまでの20年間、既成の学問を学ぶことに力を注いできた。それは必要な過程であったといえるだろう。しかし、そのために、学問が看護現場で半可通にふりまわされて臨床看護師の時間を奪い、混乱させ、苦しめたことがあったかもしれない。看護のためには、これからは学問を、看護の真髄に照らして吟味しながら学びとっていくことが必要になる。これができる臨床看護師たちが、いま、底力をもって臨床現場から台頭しようとしているのだ。

問題は、臨床看護師たちが、臨床看護にしっかりと足場をもった指導者に恵まれず、そのために自分たちの力を肯定することができず、自分たちの力を低いものに見たてて押さえ込まなければならない窮地にいることである。

3. 臨床看護師の比類のない強みとFS-KJ法

臨床で看護を続けている看護師は、他に類のない強みをもっている。それは、足繁く患者のもとに行き、患者と「ともにいる」ことである。患者の心身に、生活の活動を通してかかわっていることである。そのようにして、患者の病状の変化、感じ方、見解、行為にもっとも自然に、近くまで寄っていくことができることである。

強みから生み出されてくる力が、これまでの科学が到達できていないところまで近く本質に迫ることを、臨床看護師にさせてくれる。だから、力をもつ看護師の観察や理解を、臨床の医療者たちはおのずから尊重する。しかし、こうして得られた臨床看護師の知見を表現できる言葉が、現在の科学には不足している。そのために、臨床看護師の観察や理解は、すぐれた臨床家には理解され尊重されるが、計測や検証の手続きが異なるので、既存の科学や学問の世界では認められないことが多い。同じように、すぐれた既存の科学や学問を臨床看護に役立てるには、看護の真髄を肌身でわかる臨床看護師が科学や学問を理解しなおすことが必要である。

臨床看護師は、いま、自分の強みを自覚し、そこから自分たちで看護の科学、学問を育てる時期にきている。それが、臨床看護師の潜在的な力が解き放たれて生かされ、思うような看護ができるようになるための正道である。例えば、コンピュータが示すデータだけでは患者の安全を守り切ることはできないと臨床看護師は気づいている。効率がよくないように見えても、患者の病状と、人となりや行動の特徴を把握している臨床看護師が、患者と直接顔を合わせて時間をともにして感じ取るものがあってこそ、その患者の危険をあらかじめ察知する、コン

ピュータを超えた観察力を得て、使うことができる。コンピュータは使ったほうがよいが、コンピュータに任せてはならない看護があることを、一番わかっているのは臨床看護師自身であり、臨床看護師自身しかいないのだ。そして、こういうことを科学・技術にまで進めていきたいと願っている。

これまで、臨床看護師は、自分の強みを捨て、自分たちのようには患者に近づくことをしていない研究者たちの研究を、価値の高いものと伝えられて学ぶようにしてきたのではないか。臨床看護師が研究方法を学ぼうとすると、ときに臨床看護師の強みを活かさない方向で指導されて、研究への愛を失うことがあったのではないか（小池2009, 小池2010）。

FS-KJ法は、臨床看護師の強みを活かして科学に導くと、私は信じている。FS-KJ法は、創造性を促して「ひと仕事」を支えながら、私たちをよりよい看護に導くからである。同時にまた、臨床看護師は、FS-KJ法のほんとうの力を引き出して活用してくれると私は考えている。看護師のように、そこに行って患者とともにいて、すなわち現場になじみ、現場の全体を見、汗を流し、肌で感じとって、その上で「発想」（川喜田 1967a）する人々に用いられてこそ、野外科学・KJ法（FS-KJ法）は本来の力を発揮する。

もし、現場に自分の身をじっくりと置いてわかろうとすることに十分な価値をおかないまま、そこからデータを集めれば、FS-KJ法は単に分析の方法になってしまい、的外れの答えを出したり、創造性を失わせてしまう結果になる。川喜田(1967c)は、「書斎科学」「実験科学」と比較して「野外科学の重点は仮説発想型であり、A→B→C→D（図1参照）の部分となるであろう」と述べている。臨床看護師はその重点に、交替しながら24時間365日いる。看護師は、毎日、野外科学のただなかにいて、ひと仕事を重ねながら仕事をしている。

患者の病状、患者のその日の生活の営み、病棟の全体状況は刻々と変化する。それらは1つの変化がさまざまに影響しあって波及し流れていく複雑系である。急性期病棟で、その日の日勤帯に6人の患者を受けもった熟達看護師Nは、受けもち患者6人のなかに、急性期の病状で入院してきた1人の認知症患者Pがいて、例えばいまこの時点ではPに人が寄り添っていることが必要になったと判断し、病棟の全体状況からチームのどの看護師にも時間の余裕がないと見て取れば、Pに車椅子に乗っていただき、それを押しながら、話しかけながら、ほかの5人の患者の看護に回っていくこともある。それを見ているほかの看護師は、看護師Nの5人の患者の急な処置に手を貸すことを視野に入れて動く。答えは1つではない。しかし臨床看護師は1つを選んで実行する。選ぶべき答えが選ばれたときには、複雑な変化をはらみながら、個にも全体にも調和がもたらされ、平穏な時間が創

造されて流れるのである。

このような動的な場でのひと仕事には、フィールド・サイエンスが必要である。したがって、長年看護を続けている熟達看護師たちは、おのずからフィールド・サイエンティストになっている。

FS-KJ法は、臨床看護師が、一方では既存の学問を深く理解して看護の役にたてるための、一方では現場で培った看護の力を解き放って、さらによい看護をしていくための、思想となり、方法となる。

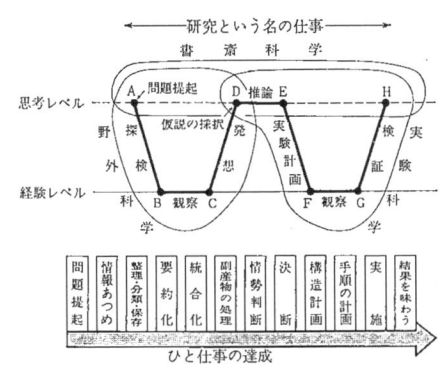

図1　W型KJ－仕事図（川喜田1967b p.22）

4.臨床看護をFS-KJ法から見る

臨床看護の過程を、FS-KJ法から照らして見たい。ほんとうの看護には、FS-KJ法が自然に働いている。［……］内はFS-KJ法の過程を示す。

事例〈1980年代の総合病院内科病棟〉

50歳代後半のおだやかでつつしみ深い主婦Tさん。胃がんの診断で入院していた。この診断名はTさんに伝えられていない。

[問題提起]

数日ぶりに病棟にきたC看護師は、Tさんにいつものような活気が見えないことが気にかかった。

[探検と観察]

Tさんの体調を示す測定値は平常と変わりなく、Cと交わす会話もふだんのとおりで、気分がすぐれないなどの訴えもなかった。カルテを見ると、病状にも治療にも最近の変化はない。Cは、Tさんが「清潔好きで、いつもさっぱりしていたい。シャワー浴を日に何度もする」と述べた、という記載に目をとめた。Tさんは病棟で毎日蒸しタオルを使ってからだを拭いているが、シャワー浴はしていないことが記録から読み取れた。むし暑い日が続いていた。

[発想]
　「Tさんにシャワーを浴びてさっぱりしてもらいたい」とCは思った。

[情勢判断・推論・決断・方針・構想]
　Tさんは食道下部の内腔が胃がんによって狭窄していて食物も水分も通過しないので、点滴で栄養をとっていた。Tさんの体調は現在安定しているとCは判断した。Cは、楽観はできないが体調が比較的安定している患者に、安全にシャワー浴をする技術を豊富に経験して身につけている。

[実施計画]
　Cは関係者に連絡をとり、Tさんにシャワー浴をするための手はずをととのえた。

[実施と観察]
　「シャワー浴ですか」と驚いていた実習中のD看護学生を伴って、CはTさんをベッドサイドに訪ね、「シャワー浴ができますが、どうなさいます？」と尋ねた。Tさんは「できるんですか」と驚き、喜んで応じた。Cはシャワー浴を安全に行い、Tさんに安心してもらうことができた。「さっぱりしました」と涼んでいるTさんに、Cが指導してあらかじめ冷やして用意していたバナナジュースを、Dがおもちした。Tさんはそのジュースを1くち2くちと飲んだ。何も飲めないはずだったのに、コップ1杯飲めた。

[吟味検証]
　しばらく沈黙していたTさんは、「私……生きられるかもしれない」といった。この一言にこめられた万感の意味をCは感じ取った。Tさんの活気をとりもどせそうに思った。Cはジュースのカロリーについてゆっくりと話し、Tさんは深くうなづいている。DはTさんのそばにいる。話がすむと、DはTさんを車椅子で屋上に案内した。Tさんの自宅の方面もよく見渡せた。

[次の段階への問題提起]
　Cは主治医に「点滴の代わりに口から食事を摂る方向に進めたい。1週間試させてもらいたい」と提案して話し合った。造影検査によればTさんの食道の下部の内腔は縫い針の太さである。これまで水分も通過しなかった。Cの臨床実践力が信頼できることをふだんの実績から評価している主治医は、慎重にCの提案を受け入れた。

［次の段階の探検、観察、発想、推論、実施、……］
　看護師、栄養士、家族がチームを組んで協力した。Tさんは1日の必要量をすべて口から摂ることができるようになり、点滴をしなくてもよくなった。退院して、念願だったクリスマスを家で家族と過ごすことができた。明けた年の4月に永眠された。

　C看護師は、Tさんと日常の時間をともにして互いに人となりを感じとり、それぞれの「ひと仕事」をしながら同行している。そのような関係のなかで、Cは、Tさんの生活、体質、個性、見解、病状の変化に即した特徴を豊富に感じ取って蓄積していた。これが自然にデータになっていたので、当日のTさんの微妙な変化を鋭く感じて問題意識をもった。問題をめぐるデータをさらに集めた。データの「本質をすなおに聞きとどけ」（川喜田1970）、そこから「発想」して、実施した。ここまでのプロセスで、Cが問題の本質に近づいたことが局面を変えた。すると、この状況にかかわっている人々と、ことがらのすべてが活きいきとなった。
　このように、看護をすることは創造する（個性に添い、「発想」し、創意工夫してよりよい状況を創り出す）ことである。FS-KJ法が看護のプロセスで創造を支えている。

5. 看護実践に現れているFS-KJ法が伝えてくれることからの提案
1)「発想」の所在を示す：看護実践を表現して伝達するために
　知識の伝達は科学とマニュアルによってできるが、臨床看護師の実践はそれでは伝達しきれない。しかし、FS-KJ法によれば相当のところまでできるのではないか。看護の具体的な活動（プロセス）を、FS-KJ法のプロセス（過程）に沿って記述すれば、看護活動に「発想」が存在していることを示すことができる。また、その「発想」がどこで起こったかも示すことができる。このようにすれば、看護実践の動的で複雑な生きた姿がそのまま、誰にも記述しやすくなり、伝わりやすくなるのではないか。
　事例では「Tさんにシャワーを浴びてさっぱりしてもらいたい」というC看護師の「発想」が、状況全体を動かした。医学的には可能性のなかった経口摂取が可能になった。なぜその時シャワー浴なのか。なぜその時冷やしたバナナジュースなのか。これらは単なる固有技術から出た答えではないし、一般論である看護マニュアルにも入っていない。この「なぜ」にCは言葉では答えにくい。臨床現場ではふつうそういう理屈は話さない。時間がないというだけではなく、言葉で

説明しなくてもその病棟の看護師どうしではわかり納得し合えるからだ。

　科学にしていくためには、できる限りのところまでは説明をしたい。あえて説明を求めれば、CはTさんについて観察したデータと自分の行為との関連を示すだろう。しかし、「発想」の瞬間は飛躍しているので、データを示しているときとは違って、論理的に説明ができない。「あ、そうしようと思ったのです。そうしたいと思ったのです。そうしないではいられませんでしたから」と、たいして根拠のなかったことのようにいうであろう。

　直線的なストーリーで言葉にするとこうなってしまう。しかし、実際にはCは「これでよい」と確信することができたから、実施にもちこんだのだ。自分がとらえた状況全体から判断すれば「シャワー浴」「冷やしたバナナジュース」が最適の答えだという直観である。この2つによって、Tさんの状況全体に筋が通るのだ。言葉によってではないが、状況全体が瞬時に説明される。状況全体が迫るから、自然にそうすることになったという感覚だ。

　「およそ人間の生活行為に実践的に関わらねばならないことは、ことごとく個性把握的・定性的・総合的見地を多少とも織りこんだ意味において、科学的に処さねばならないのである」(川喜田1986)。熟達看護師の実践を、FS-KJ法を用いて、データから論理的に積み上げた部分と、積み上げた部分から飛躍した「発想」の部分とに分けて示せば、「発想」がそこに存在していることが見える。そうすれば、看護実践の面白さ、創造性が伝わっていくのではないだろうか。FS-KJ法による表現と伝達である。

2）熟達への道を示す：看護を創造するために

　FS-KJ法によって看護師の知恵の所在が伝わるためには、受ける側の看護師がFS-KJ法を知っているほうがよい。事例の看護師Cは、データをラベルにしてはいないが、短時間に「発想」を得た。それを業務のただなかで自然に行っている。発送は瞬時に起こるが、決して手軽なプロセスではない。Cが時間をかけて患者とともにいて、そこから質の高いデータを得て積み重ね、現場に身をおいてかかわることによってのみ達することのできる深さで、データの本質を聞きとるからこそ、本質に迫る創造的な「発想」が得られたのだとFS-KJ法は示している。「発想」は単なる勘や思いつきとはまったく異なるのだ。患者と深くかかわっている臨床の看護師が、FS-KJ法の基礎を、その思想とともに身につけることが、希望に満ちた課題である。患者とともに居ようとする臨床看護師は、FS-KJ法の最適の使い手である。同時に、看護師は、現場に深く身を置いて得たデータに基づいてのみFS-KJ法を用いようとする態度によって、臨床看護師としての熟達への道

を支持してもらうことができる。

　ラベルを着実に積み上げる力が訓練されれば、その過程でデータが全体の姿を見せはじめ、その空間から「発想」が浮かび上がってきて、全体が瞬時につながってくる経験をすることができる。そういう経験をもった看護師には、熟達看護師の「発想」がどういう価値を現わしているのかが伝わり、自分が熟達へ進むための道も見えてくるであろう。

引用文献

　川喜田二郎（1964）『パーティー学——人の創造性を開発する法』現代教養文庫　p.190

　川喜田二郎（1967a）『発想法——創造性開発のために』中公新書　p.4

　川喜田二郎（1967b）『発想法——創造性開発のために』中公新書　p.22

　川喜田二郎（1967c）『発想法——創造性開発のために』中公新書　p.23

　川喜田二郎（1986）『KJ法——混沌をして語らしめる』中央公論社　p.476

　川喜田二郎（1970）『続・発想法——KJ法の展開と応用』中公新書　p.58

　川喜田二郎（1993a）『創造と伝統——人間の深奥と民主主義の根元を探る』祥伝社　p.41

　川喜田二郎（1993b）『創造と伝統——人間の深奥と民主主義の根元を探る』祥伝社　p.380

　小池潤，小島通代，沖原由美子，前堀人美，石野麗子（2009）「臨床看護師が臨床で看護研究を行うプロセス（その1）」第13回日本看護管理学会年次大会講演抄録集　p.145

　小池潤，小島通代（2010）「臨床看護師が臨床で看護研究を行うプロセス（第2報）」第40回日本看護学会（看護管理）抄録集　p.333

　Nightingale,F（1893）「病人の看護と健康を守る看護」湯槇ます監訳『ナイチンゲール著作集』第2巻　現代社　p.140

　長倉功（1987）「日本の医療を考える新聞記者としてほんとうの看護の味を早く知らせたい」『看護』39（12）50-56

　正木治恵（2008）「看護学研究における質的統合法（KJ法）の位置づけと学問的価値」『看護研究』41（1）3-10

　山浦晴男（2008）「科学的な質的研究のための質的統合法（KJ法）と考察法の理論と技術」『看護研究』41（1）11-32

創造性の追求 ―― KJ法
笠松卓爾

1. 脳進化論

　2008年10月のある週末、大阪大学医学部同窓会の一つである38会で「脳の可塑性――大人の脳はどれほど柔らかいか？」と題する講演をした。話しの原稿づくりに頭を悩ませていた時、自分たちをふくめて生きものの事は、結局、進化論を抜きにしては語れない、と気づいた。進化過程が「進歩に向かうゆっくりとした順繰りなのか、それとも、でたらめの一足飛びなのか」という難しい論議は別として、動物のつくりの中でも特異な臓器である神経系、その神経系の進化の中でも際だった出来事である「脳の発生と膨張」を、殊に後者を、考えの拠り所とした。

　ヒトの巨大脳が進めた脳分化の極みが何を可能にしたか？　まずは、神経細胞数の増加に伴う神経細胞間結合部（シナップス）の幾何級数的な増加があり、同じあるいは異なる神経細胞群の間をつなぐシナップス結合の数が天文学的な数字になった。次に、この膨大な数のシナップス結合の重複を頼りに数多の特殊回路をつくり、司令塔たる脳の中で、脳機能全体の統合を保ちつつ「機能の分化とその局在化および発展」が可能になった、と論じた。ひいては記憶力や解析力の増大がある。最後に、飛躍的に増大した記憶力のおかげで時間軸上の自由往来を前提にした好奇心が強まる。それに伴い、「よくは分からないがともかくやってみる」形の創造性が生まれた、と考えている。

　大昔のこと、試しにやってみたことがたまたま上手く行き、一個の生きものが生き延びた。結果としてその種族の命が繋がっていく。少なくともその確率がふえる。生物は今もって同じ営みを続けている。私たちがここにいる。

　卑近な例ならば、一頭の若い日本ザルがえさの芋を水で洗い口に入れたことからその集団で「芋洗い」の新しい文化が生まれた。この出来事のきっかけが何で

あったかは誰にも分からない。単なる遊びであった、のであろう。個体が偶然に示した好奇心の結果、としかいい表せない。もっと身近なところでは、好奇心の強いこと「Curiosity kills a cat」といわれている程のネコだが、ヒト（Homo sapiens）にはもちろん、サルにすら勝てない。人間は、試したがる・知りたがる動物の最たるものだ。この行動上の違いを可能にする背景には、それぞれの種の進化程度の違いから来る脳の大きさ・その造り・働きの上での違いが前提となっている。目下の所、量の違いが桁はずれに大きく、結果として質の違いとなった、と理解しておこう。

2. 量から質への転換

　いきなり「2は1より大きいか」と訊ねると、大抵の場合「そうだ……」と返って来る。だが、例えば、235と317を比べたり1117と1319の比較になると、話しは簡単ではない。問題の数の性質や統計学上の制約、問いが出された際の言外の前提、あるいは、文脈依存性を抜きにしては答えられない。同異を決めることは質の上での判断になるからだ。普通、量から質への転換が起こるには一体どれほどの量が必要なのか、あるいは比較するものの間に量の上でどれほどの差が求められるのか、は決まってはいない。1対10、1対100、1対1000あるいはそれ以上のいずれが妥当なのかは、問題によって決まる。

　我々の感覚器官は、外界から来る日常の雑多な刺激を主にその量的な変化でとらえる。我々の脳が知覚した対象物を認識する段階では、目の前に現れた事象を自分にとって意味をもった質的変化として理解しようとする。例えば、花の色合いを我々の眼にとどく光の波長でいい表すことはできても、それだけでは「きれいな花」を愛で、理解し、記憶することはできない。神経生理学上の連鎖反応の第一段階で、眼球内の網膜錐体視細胞に含まれる3つの色素が光を吸収する割合に応じて光入力の性格が決まる。この入力が視神経線維索を通って脳内の視覚中枢に送り込まれ、脳が色覚をつくり出す。例えば「色覚の恒常性」はその創作の最たるものだ。その際、背景・全景との関係で関連情報が分析・解釈される。最後には、色覚とは別の要因からくる質の上での判断、つまり「意味付け」がどうしても必要になる。ヒトとしての意味付けがないと、なぜ花を愛でるのかは分からない。人が株価の上下に一喜一憂する理由も、目の前の数字にそれぞれの思い込みがあるからだ。

　一つの事象を前にして、ただちに意味付けができないにしても、少なくとも何らかのまとまりがあれば対処しやすい。大昔から人は夜空の天球上に散らばった

星の群を想像の糸でむすび、自分たちになじみのあるものの形を認め、星座をつくりあげた。そこから一連の物語を読み取り、運命の予測さえ生まれる。我々ヒトは知らないことにいらだち、あるいは恐れ、それから逃れるために、不安の裏にある事情を知りたいと願う。脳はいつも他とは違う、しかも「まとまりのある情報」を求めている。

　他とは有意に違うもの、つまり質的に異なるものを、我々は一つの独立した実体として認知し記憶する。こうして新たな理解・概念が生まれ、次に直面する問題の解決のために役立つ。生きるための新しい道具の一つになる。

3. ヒトの感覚、知覚と記憶──認知・認識の世界

　生物の感覚系は、刺激・情報の変化つまり動きには殊に敏感である。食肉動物の感覚器は獲物のわずかな動きを逃がさない。カエルが近くを飛ぶ昆虫を舌で上手く捕らえることはよく知られているが、この行動には動きに敏感な網膜神経節細胞の反応が引き金をひいている。もっとヒトに近い所では、夜間、真っ暗な森の中で餌を求めるフクロウには、地面から届くわずかな落葉のざわつきだけで充分だ。フクロウは特定のリズムをもった一定の高音域の音を両耳でとらえる。脳が分析した上、過去の経験に基づく記憶と照らし合わせ「旨そうなマウスがあそこにいる」と即座に認識し、そのマウスをめがけて樹上から飛来する。新しがり屋の私たちが日々のニュースを追うのも、知覚・認識・行動上の事情・動機・原則は同じだ。

　五感の感度からいえば、ヒトは決して優れものではないが、他のどの動物にも勝る長い記憶をもつ。おかげで、目や耳を閉じていても想像から、あるいは寝ていても記憶の底から、特定のイメージを創り出せる。ヒトの脳の働きには時間軸上を自由に往来できる特性がある。この点でヒトの認識は動的であり、多次元性の深みがある。更にいえば、新皮質の内でも大脳後頭部を中心に膨大な体積を占める視覚領野をもつヒトは、殊の外、視覚に訴える図形認識に優れている、と思われる。

　人はいつも、自分の知っている、あるいは好みに合った、ひとまとめの形・イメージ・説明を求める。ヒトの記憶（記銘・保持・起想）や判断が、日常どれほど強く各個人の感情に左右されているかを思い起こせば──この考えは昨今の神経科学分野での主流となっているのだが（例えばポール・サガード、後述）──脳自体がまとまりのある情報を良しとしていることがよく分かる。まずは中身の正否は問わない、ともかくも情報がまとまっていると仕事がしやすくなる、ある

いは手早い答えを出しやすいからだ。人を瞬時につき動かす情動反応が、論理の積み重ねをこえて、錯綜する情報・事象をまとめ、ひとまず分かった気にさせる。こうして先入観ができる。でなければ、この忙しい毎日の生活で政治・起業・恋愛はもとより何事にも手が出せない。まず生きて行けない。ダニエル・カーネマンの唱える超高速で働く「第1系」の仕事だ（『Thinking, Fast and Slow』Daniel Kahnemann, 2011, Farrar, Straus and Giroux）。

こんなヒトの認識とそれに伴う判断・行動にとって、一つ大きな落とし穴がある。それは早とちり——つまり錯覚。図形の錯誤視はよく知られている現象だ。例えば、水が高い方に流れて行く「エッシャーだまし絵」を思い浮かべれば充分だ。全ては「まとまりのある情報」を欲しがる脳のなせる業だ。手短な一連の理屈による判断ではなく、自分ひとり固有の認識として、状況にだまされない法はたった一つ。それは高みに登り、できるだけ広い範囲を、できれば全体を見渡す事に尽きる。いつも、個と全体との関係に気を配ることだ。努めてゆっくりと考え、カーネマン第2系を駆動する必要がある。

4. 定量的測定・記載と定性的観察・記述——あるいは数と言葉

私が自分の仕事としてきた、大脳視皮質神経細胞のもつ神経可塑性の研究（笠松卓爾「視覚の可塑性」、板倉徹編『後頭葉・視覚とそのネットワーク』、2005年、ブレーン出版社）は、大脳視皮質内で単一神経細胞のスパイク放電活動を一定時間観察・記録した各神経細胞を、幾つかのテスト結果に基づき、数種類の反応特性の違う神経細胞グループに分けることから始まる。その上で、反応特性の違う神経細胞グループごとの出現頻度を調べて、特定の視皮質の全体状況のある局面を1つのヒストグラムの形で表現する。従って、データ解析は統計とは無関係ではありえない。が、統計学上操作の基本にある母集団からの「標本の無作為抽出」はいかにも難しく、まずできない。また、1つのヒストグラムに含まれる細胞群の全てが「同じ条件下で記録・採集」されたとはとてもいえない。第一、物事の比較に際して不可欠な「事象の同時性」が甘い。更には、ある条件下で抽出した一標本集団を繰り返し観察することは、実験手技の制約上、不可能だ。つまり、生きもの相手の研究には殊に求められる「同じ対象物の時間経過観察」には向かない。自ずと判断が短時間の一発勝負になりがちだ（これらの細胞記録法をめぐる諸問題は、分野であらためて取り上げるべき大切な課題だ）。

結局、一歩引き下がって考えると、純然たる定量的測定はこの研究分野の本質的な強みではない。データ集積過程のもつ不完全さ・非整合性・一発勝負の性格

からして「野外科学と共有する要素」が大変強い、と思えてならない。とすれば、実験成果をまとめた上で解釈して新しい概念を提出する際に、「枝別れ」分類法による観察集団の性格規定・特徴注出分析にとどまらず、データ群を感覚上の時・空間にのせた「データのグループ化」による遠近配置法統合が役に立つはずだ。

　通常、科学研究では、集めた定量的データの解釈つまり意味付けが不可欠だ。もっとも、一つの概念をささえるデータ群の細かい解釈を事実上不必要とする場合があり得る。証明したい概念・仮説を基に、もし通常あり得ない事象を実験者の手で創り出せば、つまり「無から有」をつくれば、その結果自体が「自明の理」として、唱える概念の正しさを主張することになる。定量的測定によって仮説を検証する、というよりは、むしろ定性的に「有る無し」を問う形の判断、となる。ここにも、私たちが物事の判断をする際につきものの、量から質への転換あるいは繋がりを見る。

　一つの現象を測定し記載する際、研究者はその現象のもつ特性に狙いを付け、しばしばその特性の数量上の増減を計る。事によっては、問題とする事象についての本質的な特性や同異を言葉で記述することもできる。両者の間の違いは、設問の中身とやり方の違いからくる。数字のみに頼る定量的測定とその記載は、常に「正常像からの隔たり」を決める統計的検定が必要だが、言葉に頼る定性的記述は直ちに「適切な概念要約」が必要である。どちらか一方だけの方法論で良い、というものではない。我々にはどちらも必要なことは明白だ。例えば、科学論文を一本書く際の手順を思い起こせば、よく分かる。定量的記載は正確であっても、それが何を意味するのかが直ぐさま明白であることは稀だ。ほとんどの場合、概念要約を伴う解釈・意味付けが必要である。普通、それは一番最後に言葉でなされる。

5. KJ法のはじまりと展開

　KJ法と呼ばれるデータ解析・統合法がある。創始者の川喜田二郎は大正9年（1920）5月生まれの地理学者・文化人類学者で、今西錦司をリーダーとする京都学派の一人である。彼は平成20年（2009）7月に89歳で逝去した。私の知っている川喜田さんは、主に北西ネパールを舞台に地理学・文化人類学上のテーマをかかげて多彩な野外調査を展開した。学術報告書の外にも、適宜、例えば『鳥葬の国』『ネパール王国探検記』『日本文化探検』などの探検記を数多く書いている。川喜田さんの考え出したKJ法は、主に実業界で「無礼講会議」（ブレーンストーミング）の際にとびだす雑多な材料をまとめる手段としてしばしば使われる。あるいは学

術研究でも。

　調査隊員達が現地で苦労して手に入れた、雑多でしかも完全とはいえない資料を、如何にして一つのまとまりのある話にまとめるか？　古代史研究では、たまたま発見した古文書を、確からしさを基準に等級分けした上で、一・二級資料を中心に記述を進める。考古学には、出土物を時間軸上に反映することで、分かっている歴史との関連を求める手法がある。世論調査では、統計的検定を見込んだ上で設問がつくられているから、何が主で何が従かの骨組みは初めからできている。さて、野外調査には分野専用のまとめ方があるのか？　もしあるとすれば、一体何がその中心となる考えなのか？

　川喜田二郎が手探りで始めたことは、50〜60年代当時普通に使われていた文献検索用のカードに個々の観察結果を書き込み、それぞれの記事に「1行の標題・表札」を付けることであった。つまり本文の要約である。各カードには基本的な情報〈何時・何処で・誰が・出所／如何にして〉が付けられており、一つの情報が複数次元に投影できる仕組みを備えている。さて、たくさんの表札付きカード（一次資料）を床の上に並べ、全体を見渡しながら、カード記載の中身が似ている表札を一山に集める。こうして沢山のグループがつくられ、グループそれぞれに特徴的な見出しをつける（二次資料）。この二次資料を図で示し、グループ間の関係を図解する。図解化に際して、情報量の多いものは全体図の中心部に、少ないものは周辺部に置くとともに、各グループ間の関係（原因と結果、あるいは、対立や並列など）を適当な記号で示す。必要に応じて以上の過程を繰り返し、三次・四次資料ができる。表札の数が増え、例えば100枚近くになると、数段階の図解をとおして超グループ数を手頃な辺りまで減らすのが良い、という。最終段階の文章化の折に、超グループの見出しが各章の、グループの見出しが各節の標題となる。　こうして見ると、昨今のコンピュータ科学において膨大な量の情報の中に隠れたパターンを探し出す「データ掘り起こし」と、目指すところは同じだ。

　川喜田さんは試行錯誤を重ねながら、実際的なデータ解析・統合法としての手技を体系化し、あわせてその研修法を開発した。彼の年譜によれば、KJ法の発表は1967年となっている。KJ法の完成に向けた川喜田さんの思考と実践、例えば「移動大学」は、彼の本業となった。川喜田研究所主催のKJ法学会は2011年までに34回の年次学会を重ねた。KJ法学会では広い分野での適用例が報告されている。手許にある第32回学会（2008年）の演題の中からひろうと、「KJ法による現状把握の妥当性を考える」（永野篤）から「KJ法と質的研究法（4）」（杉原俊二）、「マーケティング情報収集における取材のコツをKJ法でまとめる」（浅田昭司）や「社会福祉実習生のとまどい……福祉教育を計画する」（橋本圭一）等々。第

31回の折には「人類の歩行とダンス——KJ法と3D解析」(板垣明美)という演題が見つかる。実に多彩だ。2010年の第33回学会・追悼記念講演大会では、川喜田二郎その人を語る話[「川喜田二郎との人生をふり返って」(川喜田喜美子)、「我が恩師 川喜田二郎 偉大なる凡人」(岡部聰)]を初めとして、KJ法の思想を語り、あるいは方法論的解析と肩をならべて、やはり多方面でのKJ法適用例が報告されている。そこには地域での野外調査があり、都市に於ける教育・看護・医療の現場がかかえる問題の研究発表であふれている。

　KJ法開発を支えた川喜田さんの考えの基本は『発想法——創造性開発のために』(1967)に詳しい。一人の研究者が「研究という名のひと仕事」をやりとげる過程を分析して、思考と経験の二つのレヴェルでとらえる。問題提起(思考)から始まる最初の観察(経験)と観察結果のまとめから生まれる仮説群(あるいは発想)と推移して、推論(思考)の果てに作業仮説が立てられ、その検証のための実験計画をたてる。最後にテスト(経験)が行われ、その観察・実験結果を記録した上で、仮説の正否の検証をへて結論に至る。この一仕事をやり遂げる過程は、思考レヴェルから経験レヴェルに至り、経験レヴェルから発想をへて一旦思考レヴェルに戻り、そこから実験計画立案とそのテストおよび実験結果の検証をへて、結論にたどりつく。全過程はW字型の推移をとる。前半は野外科学の色が濃く、後半は実験科学そのものだ。

　野外観察・調査結果のまとめから生まれる新たな発想が、文献検索を経て、一つの仮説を生み、実験室での仮説検証テストの道に進む。例えばカリフォルニア工科大学生物学部のマーク・小西の「歌う小鳥」研究が展開した道筋を思い起こすとしよう。新しい仮説をつくり出すためには、それ以前に何が必要かがよく分かる。野外での行動観察だ。これを川喜田さんは探検と呼ぶ。ころよく天からアイデアの降って来ることはない。まず先行者の野鳥観察の報告がある。小鳥は成鳥(オス)の鳴く歌を聞き、学習する。マーク・小西はある野鳥の卵を、中にいるひなの耳がまだ聞こえない以前に採取し、防音室内でふ化させ育てた。ひな達がしかるべき週齢になると、録音テープを使い、野鳥卵を採取した近辺に棲む他の5種類の鳥の歌を聞かせた。翌年、この小鳥たちは自種の歌あるいはそれに近い歌を歌った。つまり、この種の若鳥では先天的に自・他種の歌が区別できる。この種の幼鳥を隔離し手本なしに育てると、野生の同種とは全く違う歌をうたうが、他の種では隔離してもかなり正常に近い歌をうたう例もある。この分野の研究では、外にも、方言や学習期(この間は学ぶ・覚えるだけで歌わない)の存在が明らかになっている(小西正一(1994)『小鳥はなぜ歌うのか』岩波新書)。

　川喜田さんは、科学研究の三様態として、実験科学および書斎科学(思考、コ

ンピュータ検索）と並んで野外科学を立て、その復権・確立を強く訴えている。仮説検証型の研究スタイルが唯一可能な方法である、と叩き込まれて来た我々実験生物科学者にはいささか耳の痛い話だ。確かに、仮説検証型研究が見落としがちなものがある。それは、検証の感度を上げるために、端から対象を絞り込み過ぎる点だ。我々の認識過程の前半に埋まった発想法（Abduction）をとばしている。仮説そのものをつくり出す過程だ。これがないと、研究者は自分たちが求めて止まないにもかかわらず、新しい事象と出会う機会を失いがちだ。新しいものとの出会いは、仮説発想型の野外科学が得意とする様だ。

6. KJ法は科学か？

　困難、例えば 難病に直面する際、大昔から人々は信仰にすがってきた。信仰は人々の痛み・悩みの由来を説明し、癒しや安らぎをもたらすという。時代が下がり、例えば古代ギリシャ文化の栄えた時代——中国・印度でもしかりだが——論理の積み上げによる哲学的論議が説明役を買って出た。しかし、いくら聖者や賢人の言葉でも、目前の具体的事象との直接のつながりが薄い点で、信仰も哲学的論議も本当の助けにはなりにくい。なれない。

　たくさんの事象からでき上がっている目前の出来事を、できる限り事の源・本質にさかのぼり、なぜそうなのか説明する、この「説明する力」では科学に勝るものはない。ヒトの誕生とともに生まれた神も、古代の文化・文明を支えた諸哲学（例えば、ギリシャのプラトンやアリストテレス、中国の孔孟、あるいはヴェーダに始まる印度哲学）のどれをとっても、ポール・サガードの主張するように、この説明力の点では現代の科学にかなわない（Paul Thagard (2010) *The Brain and the Meaning of Life*, Princeton Univ Press）。

　科学とは何か。私は長年、ピーター・メダワールの唱える「答を出す術」（Peter Medawar『Pluto's Republic』Oxford Univ Press, 1982）を好んで答えとして来た。川喜田二郎の唱える問題解決術と同じ要求だ。ただちに役立つものをつくる、という意味での「答え」は技術に任せよう。その上で、科学の目的は、事象の本質に近づき、より正しい過去の説明と現在の掌握および未来の予測にある。川喜田二郎のKJ法はまさにこれと同じ方向を向いている。

　2011年3月11日に発生した東北地方の三重災害惨事（地震・津波・原発炉心融解）に際して NHKインタビュー（News Watch 9, 2011年05月05日）に応じた理化学研究所の野依良治さんは、いみじくも「科学と技術は別、そして科学は本来、想定外の世界」と断言している。つまり、想定外の事象に出会っても、見方を変え

目前の不都合を取り込むことで——通常、前提条件の枠組みを変え、データ収集の方法や範囲を広げることによって——生き延びる術を科学はもっている。集めたデータを捨てないKJ法は、その出発点において自然科学研究がもつ特性の一つを共有している、といえる。

　科学にはもう一つ「当たり前のことを、あたりまえという」特性がある。物事が充分に説明された、つまり「分かった」時、人はこれまでの難問の答えをあたりまえだ、と受け取る。これは私を脳生理学研究に引っ張り込んだ故岩間吉也先生（2010年3月逝去）の受け売りだ。一枚の意味不明の乱雑な点の集まりからなる3Dステレオグラムを見つめるうちに、平面に散らばる数多の要素の間から、忽然として意味の読み取れる「三次元の図柄」が浮かび上がるのを体験する。これは両眼視軸の意図的操作による錯視現象の一つだが、この時私たちは「なるほど見えた、分かった」と膝を打ち嬉しくなる。KJ法図解が上手く出来上がった時の思いと同じだ、といえないだろうか。長く、時にはつらい、あるいは退屈なデータ解析過程の最終段階で、私たちの作業は、情報のまとまりを好む脳の働きのおかげで、一気に正解にたどり着くことができる。この時点での正解を基に、次の段階のための作業仮説をつくることができれば、そのこと自体が得た答えの妥当さを教えてくれる。

　KJ法はその実践に際して、自然科学研究者が直面するのと同じ課題をかかえつつ、答を出す術を身につけている、と見える。

7. KJ法の強みと問題点

　心理学一般から分かれた心理物理学では、複雑に入り組んだ複数の要因のために本来定量化しにくいヒトの感覚反応を、巧妙な条件下において繰り返し測り「心理計測関数曲線」を描いて、感覚反応の定量化に成功している。これは通信工学分野の信号感知理論の一つである受信者作動特性曲線（receiver operating characteristic、ROC曲線）と結びついて、ヒトの感覚反応量を測る強力な常套手段の一つとなっている。KJ法はこれとは相補う方向を向いている様だ。例えば最終段階の「衆目評価」では、各項目に重みを付ける操作に入る点で数量的概念に接近するが、KJ法の本質はあくまで、数字ではなく言葉の扱いにある。言葉による概念の要約だ。

　KJ法が「言葉によるまとめ」を方法論の中心にしている点で、定量的計測・記載のできないデータの扱いには優れている。もう一歩踏み込むと、純然たる数学上の推論を別にすれば、定量的計測・記載を中心にすえる自然科学上の探求

も言葉抜きではありえない。出発点はもちろん、途中には推論の積み重ねがある。ことに最終段階は、言葉による要約で締めくくられることに注目したい。言葉によるデータの解説・解釈・推論だ。そう、KJ法の出番だ。研究者の世界も世間一般と同じく厳しい競争の世界だ。一つの問いに対して、当然、対立する複数の答えが出される状況にしばしば出くわす。この時こそKJ法を活用して「データをもって語らしめ」、動機・出発点や方法論のちがうために生まれた到達点の違いを一つの全体像に集約することができる、と思われる。どんな研究分野でも、扱う問題が複雑であればある程「全体像が見える」事は大きな励みだ。

　KJ法の鉄則である「データをもって語らしめる」過程では、まるで、心の働きが物質的存在である脳の創発事象（emergent property）であるのに似て、雑多な情報が統合される中から、それまで見えなかった新しいものが忽然と姿を現す。このデータ自体が語る過程は、ここまで繰り返し述べたように、まとまりを求める脳の働きそのものに依拠する。気張らないでも、そこからゆとりある無理のない仮説つくりが可能になる。才気に跳んだ専門家が陥りがちな自信過剰・自己陶酔からくる完璧主義（Pygmalion complex）に目のくらむ事もない。貴重なデータ・証拠を前にして、「だからこうなんだ」と結論する際に、論理の飛躍にたぶらかされることもない。技を受け継ぐ後輩を育てるために、近頃、60才で引退した当代随一の宮大工のいうには、「無理な収めはあかん。無理に収めさせると誤摩化すことになる」（小川三夫（2011）『棟梁』文春文庫）。千年の時を超えて立ち続ける大きな建物をつくるには、それにふさわしいやり方がある。

　強い情動反応を引き起す出来事は、普通、しっかりと記銘され、なかなか忘れられない。反面、個体のもつ精神の平衡感覚を重んじ日常性を保つために、私たちの脳は嫌な記憶を抑圧する働きをももちあわせている。こんな記憶の仕組みは、個人的体験ばかりではなく集団にもあてはまる。後者に悪のりして、1980〜90年代の米国では一時、訴訟を目的とした「幼少時の抑圧記憶取り戻し」運動が盛んであった。いかにも人は、嫌なこと・つらい思い出を忘れる。忘れたい。だからこそ、1930〜40年代の日中・太平洋戦争を生き延びた茨木のり子は、『いちど視たものを忘れないでいよう』と題する一編の詩の中で、大きな負債ともいえる戦争体験を心にもち続けることの大切さを訴えた。自分たちのまわりには、清流もあれば泥沼もある。事の初めからどんなデータも捨てない包括性は、KJ法のもつ優れた特性の一つだ。出発点で全てを受け入れる所から事は始まる。川喜田さんなら「初めに全てがあった」というだろう。

　この20年来、臨床眼科学領域で一大旋風を巻き起こした眼底網膜機能の検査法に「多局所網膜電位図」がある。その基礎となる非線形多重入力系分析法

（Nonlinear Multiple-Input Systems Analysis Algorism）を開発した友人のエリック・サッター（Erich E. Sutter）の夢は、一度だけの視覚刺激提示とそれに並行する網膜内の多局所からの電位変化記録でもって、与えられた条件下に存在する「全ての情報」をひきだすことだ。全てのデータは初めからその記録の中にある、と彼はいう。今ないのは、それを計算する数学だ、という（方法論の詳細はPDF「Noninvasive Testing Methods: Multifocal Electrophysiology」Erich E. Sutter, 2010, Elsevierを参照）。

　野外での行動観察の結果得られた事実は、事の大小を問わず捨てられることなく、全体像の一部として姿を留めている。その分だけKJ法は異見の集約に強い、といえる。多数派、少数派、本流、異端、親分に子分たち——研究テーマとの関係でそれぞれがしかるべき位置を占めている。例え異端でも、違った状況の下では、考えの劇的な変化・新趣向の出発点となる。その過程は、問題解決にあたってしばしば求められる「発想の転換」であり、辺境から都を攻める活力を充分に生かす強みがある。「群はずれを捨てない」事は、想定外の状況に直面した際の発想転換のきっかけとなり、上にもふれたように、科学として不可欠の自己修正力の一環をなす。想定外の新発見に行き会わせた科学者たちは誰しも、如何に自分が幸運であったかを口にする。彼らはよく働いて数多のデータに出会い、しかも「その時代を特徴づける考え」に合わないデータを忘れずにいたのだ。用意のない者には幸運は訪れない。とすれば、群はずれを捨てないことで、KJ法は、いわゆる「掘り出し上手」（serendipity）を体現している、といえる。

　大問題に直面すると、KJ法素データのラベルの数は数百枚に及ぶという。これを二次・三次と絞り込む過程は、無心になる分だけ、手仕事そのものといえる。一定のリズムで進められるKJ法のラベル作りは、哲学者の道を逍遥する瞑想者よろしく、あるいは一心に鉋をかける大工や木魚を叩く読経僧に似て、単純作業の繰り返し動作は低周波数域の心地よい刺激を脳に与えているに違いない。心地よい刺激は、脳内深部にある非特異的な特性をもつモノアミン系やアセチルコリン系神経細胞群の賦活を介して、脳表層部に散らばる特異的な思考回路網の機能統括をささえる、と考えられる。

　最後に、私の理解を超える問題点を一つ。

　それは未だ自分なりの答えもないから、問いかけの形をとっている。

　KJ法を当てはめて「上手く行かなかったまとめ」とは何か？　正否の判断は何によるのか？　誰がするのか？　なぜ上手く行かないのか？　上手く行かない不都合は、言葉だけにたよるデータ集約の弱み、あるいは隠された危険性を意味するのか？　殊に、手持ちの素材は同じなのに「やり直して上手く行った」とはど

ういうことなのか？　これらの疑問への答えが待ち遠しい。

　個人だけではなく集団の中でKJ法を使い、データ集積・分析・集約に参画することの意味は、全員参加型民主主義のもつ精神の高揚を生み出す、というのが川喜田二郎のたどり着いた考えだ。KJ法に支えられた発想法のめざすものは、個人・集団を問わず、あくまで創造性の開発である。全体像形成に参画する個人の求めて止まない、自由の出発点として。

あとがき

　著者は、1964年1月初めから3月1日まで早春の2ヶ月足らずを、西ネパールはカリガンダキ峡谷沿いのチベット交易路の途上にあるマガール族の村シーカに過した。シーカ村は、カリガンダキをへだててドーラギリ峰を西に望む台地の上にある（写真1、2）。当時、川喜田二郎教授主宰の中部ヒマラヤ稲作文化研究班（第3次東南アジア稲作民族文化総合調査）が、シーカ村を根拠地にして、民族学上の比較調査を展開していた。標高2000メートルを超えているので米のできない村シーカと、一つ下にあって米のとれるチェットリ族の村ガラとの間の比較だ。

　1963年の秋、東ネパールのシャルプー主峰に登頂した後（初登攀、東京都立大学・大阪府立大学合同東ネパール学術調査隊）、首都カトマンズで「川喜田さんがポカラの先で調査をやっている……」とのうわさを耳にした。このうわさをたよりに、何の面識もなく紹介状ももたない身でシーカ村に押しかける、という著者の単独行となった。川喜田さんはそんな若者を喜んで受け入れてくれた。夕食の後、囲炉裏の残り火に照らされながら聞く川喜田さんの話は、大学病院でのインターン医者の生活を抜け出してヒマラヤに遊ぶ著者(当時)には全てが新鮮な驚きであった。文化人類学のもつ「ヒトの生き様を説明する力」に大きく揺さぶられた。

　私のシーカ村滞在中、川喜田さんの一行は10日ばかりの日程で調査旅行に出

写真1　シーカ村の女たち

写真2　シーカの裏山・おやつ時

223

かけた。まず、シーカ村からカリガンダキを南にくだり、バグルン村やクスマ村を訪ねた。帰路はモディ・コーラを北上した。グルン族の本拠地ガンドルックにも足を伸ばした。そこから咲き誇るシャクナゲの原生林をくぐり抜けて、シーカに戻った。どの村でも同じことだった。どちらかといえばはにかみ屋の川喜田さんは、集まった一団の村人たちに混じってまず腰をおろし「村が生きて行くためには 何がいま必要か」を訴える村人の話を聞いた。それからおもむろに腰を上げ、自分の考えをゆっくりと話す（写真3, 4, 5）。1964年3月1日、近村から集まった大勢の人々が、シーカ村の南端にあるイスクール（学校）から列をなして楽隊付きで歩き出した。川喜田隊の一行をシーカ村の外れまで見送った（写真6、7）。

空路帰国の途につく川喜田さんを、3月15日、カトマンズ空港に見送った後（写真8）、著者は陸路ボンベイ（当時、現在のムンバイ）に出た。4月11日、海路神戸着。翌12日、海路にて横浜着。その足で目黒の川喜田宅におもむく。帰国報告。この日から、折りを求めて川喜田宅・研究所を訪れるようになった。

写真3　旅姿の川喜田二郎

写真4　「この村をいい村にしよう」川喜田の提案1

写真5　川喜田の提案2

写真6　シーカの別れ1

写真8　帰途につく川喜田二郎の思い

写真7　シーカの別れ2

精神生態学の提唱
丸山 晋

はじめに

　この論文は2010年11月21日開催の「KJ法学会」での発表を踏まえている。そしてこの精神生態学は今西錦司学、梅棹忠夫学、特に川喜田二郎学の系譜を引き継いだものである。論者は精神科医である。そして精神科医はすべからく精神の探究者であると思っている。人間は「心－身－社会統一体（socio-psycho-somatic entity）」である。つまり心と身体をもち、社会で暮らす存在であるということである。心を解明するのは心理学であり精神医学（特に精神病理学）である。また心と身体のつながりを明らかにするのは精神生理学や心身医学である。そして社会を組み込んだ見方は社会精神医学に期待されている。論者が期待するのはこれら3要素を統一的にとらえる方法はないかということである。つまり人間をまるごととらえる方法である。それは今西が「生物の世界」で問うた「生物をまるごととらえる視点」に他ならない。梅棹はその視点を彼の文明論において展開して見せた。文化人類学者の川喜田はKJ法を創案し、論者のいう「精神生態学」の可能性を引き出した。一方、G.ベイトソンには「精神の生態学」という論文集がある。これは、ウィナーのフィードバック理論、ベルトランフィーの一般システム理論、コミュニケーション理論を組み合わせたもので、その一番の成果は「統合失調症患者の親子関係における二重拘束」の発見として有名である。精神分析的アプローチをとったH.S.サリバンには、彼なりの人間関係論があるが、それはあくまでも分析的なのである。論者の唱える「精神生態学」は、KJ法の活用によって現出する精神の世界なのである。「世界観の心理学」といってよいものである。しかしそれはK.ヤスパースのものとは異なる。これはいってみれば哲学の産物である。そこで、論者のいう「精神生態学」を実例をもって示そうと思う。症例は、神経症性障害（ノイローゼ）の治療例である。

1. 症例

　神経症性障害（社会恐怖・視線恐怖）の患者（22歳・大学生）に、6ラウンドKJ法を行った。たまたま本症例は森田療法の入院治療中であったので、KJ法との併用療法となった。入院期間は4か月、KJ法作業としては25セッションであった。入院前は、症状のため大学へも行けず、家人を心配させていた。

　図解は下記に示すとおりである。

　本来なら各図解を文章化するのが理想であるが、各ラウンドのタイトルのみを示しておく。

　1R（問題提起、図1）「社会人として恥ずかしくないくらいの知識とマナーを身につけ、早く就職し、その中で人間関係を円滑にし、仕事に責任をもって打ち込みたい」／2R（現状把握、図2）「症状のために、人を敬遠してしまい、就職する気持ちにもなれず、生きがいを見失っている」／3R（本質追求、図3）「観念的で劣等感が強く、人の思惑を気にするので、自分の本来性が出せず、症状をなくすことを目的としている」／3.5R（構想計画、図4）「日常生活を、自然に服従しあるがままの態度で目的をもって実践してゆき、社会生活や趣味を通して生きがいを見出してゆく」／5R（具体策、図5）「人と会う機会を増やし、規則正しい計画性のある生活をしてゆき、社会人として認められるよう行動する」／6R．（手順化、図6）タイトルは5Rと同じ。

　このタイトルは、各ラウンドの在り様を示すとともに、治療のプロセスをも物語っている。

2. 結果

　3か月後の面接では、完全治癒の状態であった。それは森田療法のみによる治療に比べ、より徹底した治癒であった。本人は「症状をすっかり克服でき、別の人間のように、健康になった」と語っていた。彼女は、症状の克服だけでなく、創造的体験（達成感の獲得）と自己実現を果たしたともいえる。そのことは心理検査によっても確認できた。それはMMPI（ミネソタ多相性人格テスト）の治療前後像を比較することで行った。これによると

	Hs.	D.	Hy.	Pd.	Mf.	Pa.	Pt.	Sc.	Ma.
治療前	75	70	75	78	60	66	75	73	65
治療後	45	52	50	47	35	50	54	45	40

（ちなみに、Hs.は心気症尺度、D.は抑うつ性尺度、Hy.はヒステリー尺度、Pd.は

精神病質尺度、Mf.は性度尺度、Pa.は偏執性尺度、Pt.は精神衰弱尺度、Sc.は統合失調症尺度、Ma.は軽そう性尺度と呼ばれる。70点以下が正常範囲という）

3. 考察

　川喜田には、「無明の霧」という有名な図解がある（図7）。それは「悩み」すなわち「こころの混沌状態」があって、不毛な葛藤状態に至る道と生産的な葛藤から、問題意識が生まれ、6ラウンドKJ法（W型問題解決）によって、「一仕事」を達成し、愛と創造の弁証法により、悩みが解決できる。つまり「無明の霧」が晴れるという道筋が描かれている。川喜田の創案した移動大学もこのルートを実践したものであった。そしてこの移動大学のスローガンのひとつに「全人教育と人間性の解放」が謳われている。論者の上記症例は、このことの実践であり実現であったと思う。たまたま対象がノイローゼの患者であり、治療の場が森田療法の入院施設であったにすぎない。

　こうした症例を通じて、ここには精神の生態学があると思う。心は「かたち」と「はたらき」をもっている。KJ図解は、各島と関係線はそれぞれに対応している。C. G. ユングであれば、これをマンダラとでも呼ぶであろう。人はそれぞれこころのマンダラをもっている。KJ法はそのこころのマンダラを作る手法である。論者はこの人の治療中、まさに心のフィールドワーカーであり、精神の生態学者であった。そしてこの治療は参与的観察を伴った介入研究であったと考えている。KJ法的精神療法は、精神生態学の臨症的応用と考えている。図8の解説をしてみよう。4つの島の最終表札は以下の表現になっている。「KJ法の各ラウンドや細部作業の各場面は、『いのち』（精神）の生成と発展の様を、内と外から、主観・客観を問わず映し出し、問題解決へとおし進めるトータルな技術体系の結節を形成している」「KJ法による『一仕事』に基礎をおく精神療法は『パーティー学』の著者の夢と精神科医のそれをかなえるべく生み出された新機軸、すなわちW型の軸を含みこんだネオ・セラピーである」「KJ法の医療への導入と展開は、適応症・適応技術・治験例の3者を盛り込んでいるはずである」「KJ法の効果は、既存の文化や技術（治療法）の補完にあるのではなく、統合的な発展の中で、ますます進展が期待できる研究領域である」KJ法は、「心の布置」を明らかにしてくれる。「心模様」をシェーマとして見せてくれる。患者は、川喜田のいう「生命論的世界観」を生きることになる。精神分析は、精神を因果論的に捉えていくのに対して、精神生態学は、精神を関係性において捉える。しかも部分から全体への方向性において捉える。だから治療者においては、治療計画が立

てやすいのである。

おわりに

　川喜田は「野外科学」なる科学のあることを提唱した。生態学もそのひとつである。精神生態学は、心をまるごととらえ、それを統合的でパースペクティヴに見てゆく、心の探究法である。精神の探求法で有名なのは精神分析学であり、それに基づく精神力動論である。また精神の本質を問う現象学的人間学がある。精神生態学はこれらとはパラダイムを異としている。論者は先頃 (2011年10月26日) ロンドン大学文化人類学教室で、似たような症例を使って講演を行った。

参考文献

　川喜田二郎（1964）『パーティー学』社会思想社
　川喜田二郎（1986）『KJ法』中央公論社
　川喜田二郎編（1971）『雲と水と　移動大学奮戦記』中央公論社
　川喜田二郎、牧島編（1970）『問題解決学　KJ法ワークブック』中央公論社
　丸山晋（2003）『精神保健とKJ法』啓明出版
　G. ベイトソン（2000）『精神の生態学』新思索社

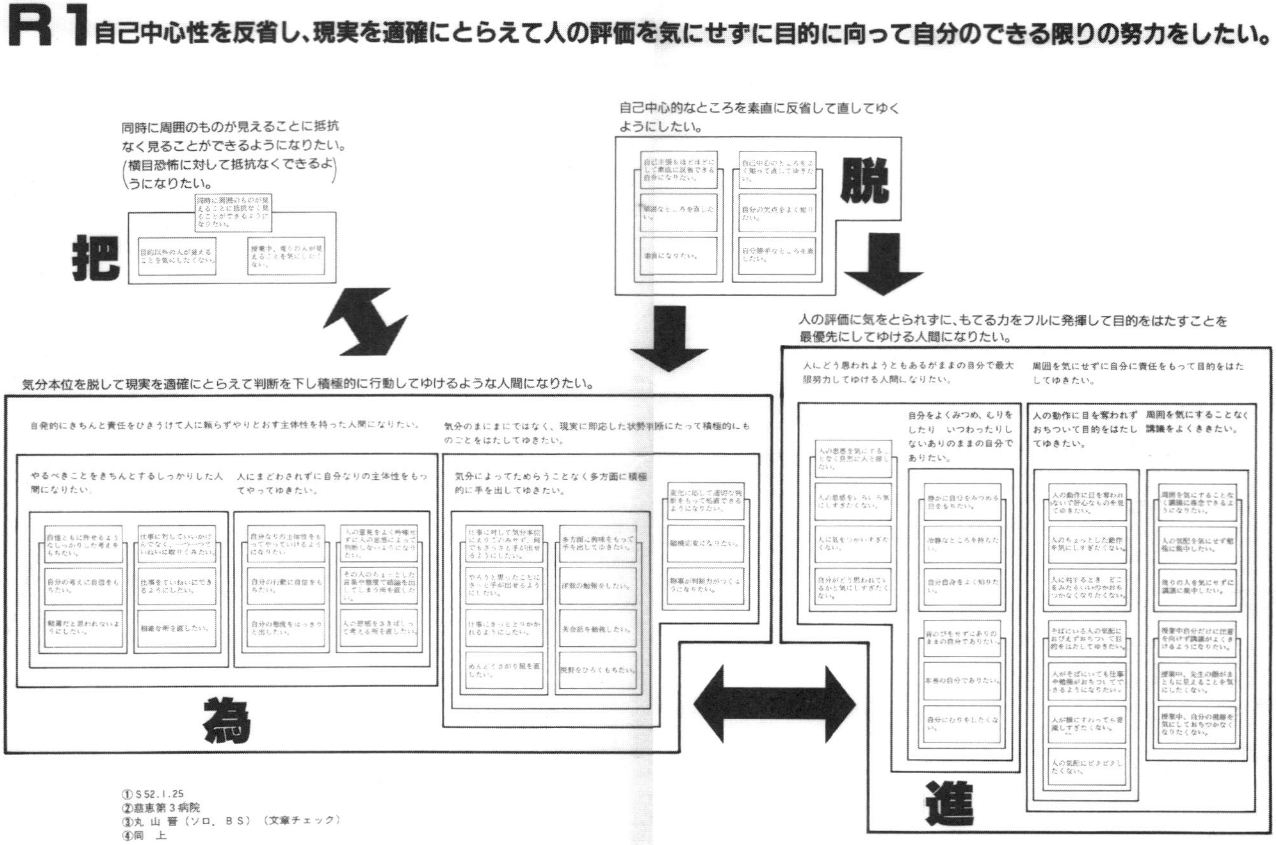

図1 問題提起ラウンド図解

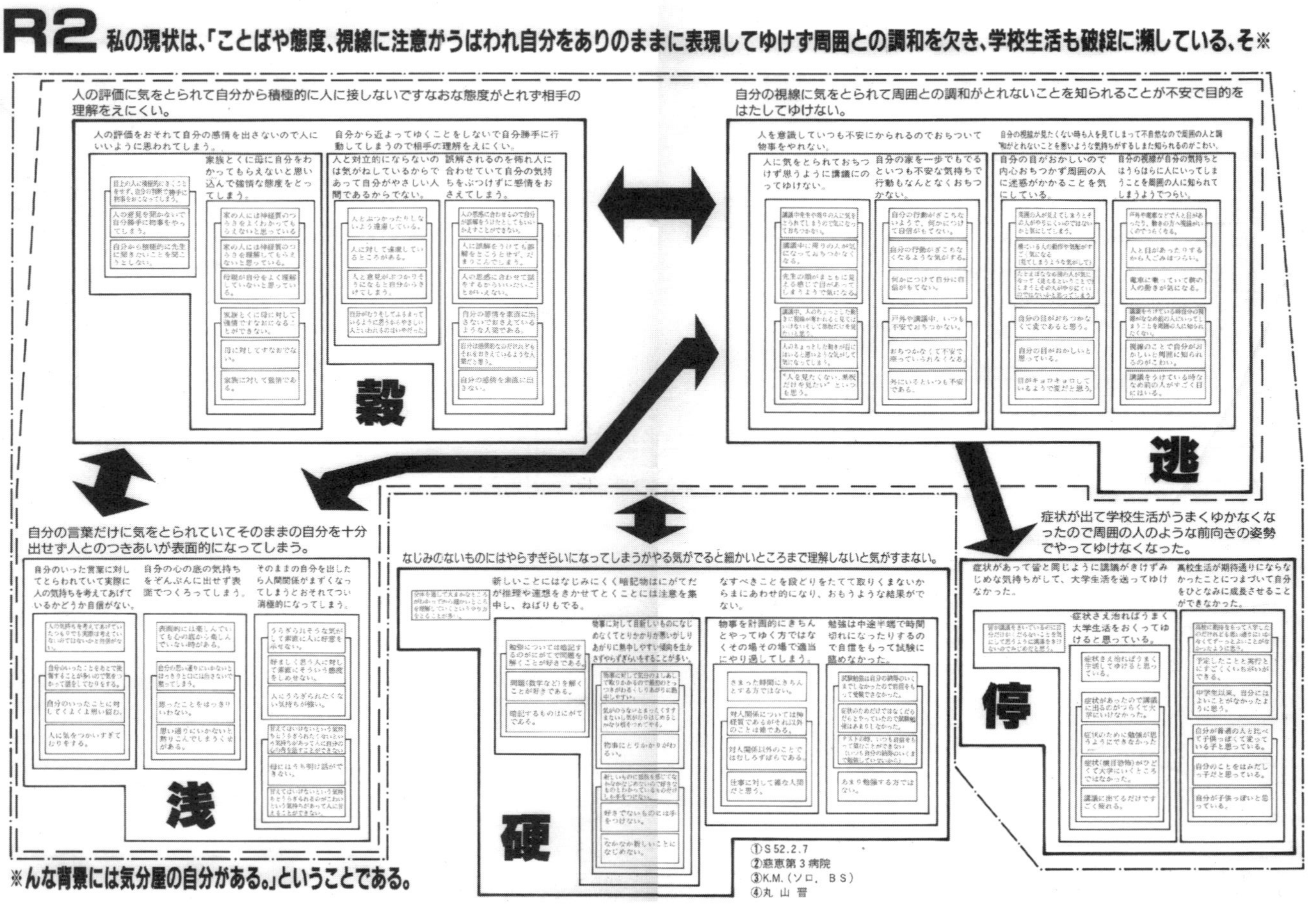

図2 現状把握ラウンド図解

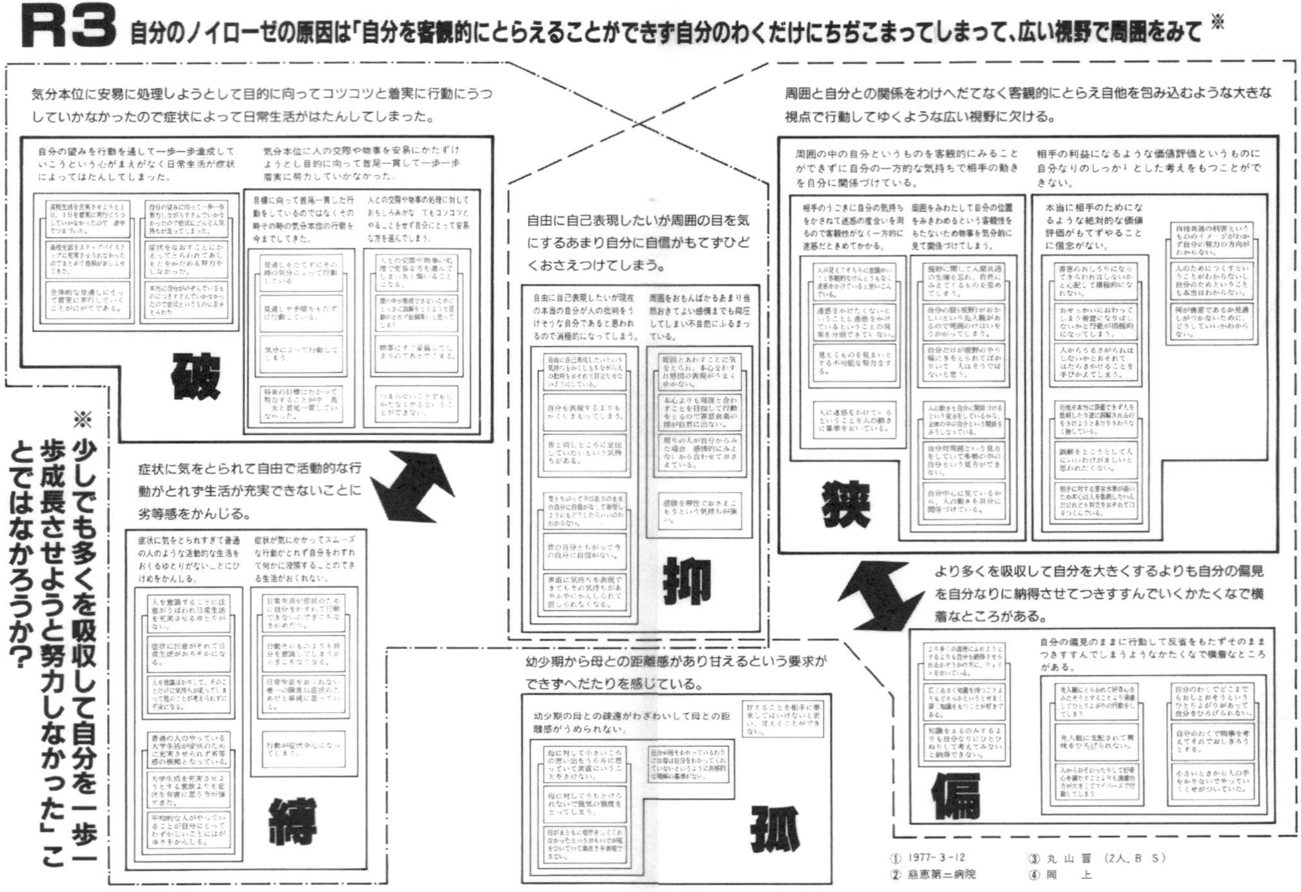

図3 本質追求ラウンド図解

3.5R
私の方針は「ノイローゼの体験から気分本位から視野のせまい、かたくなな見方をしていた自分を反省して周囲との調和のとれた自己表現をし、目的本位の日常生活をせいいっぱい努力しながら築いてゆこう」ということである。

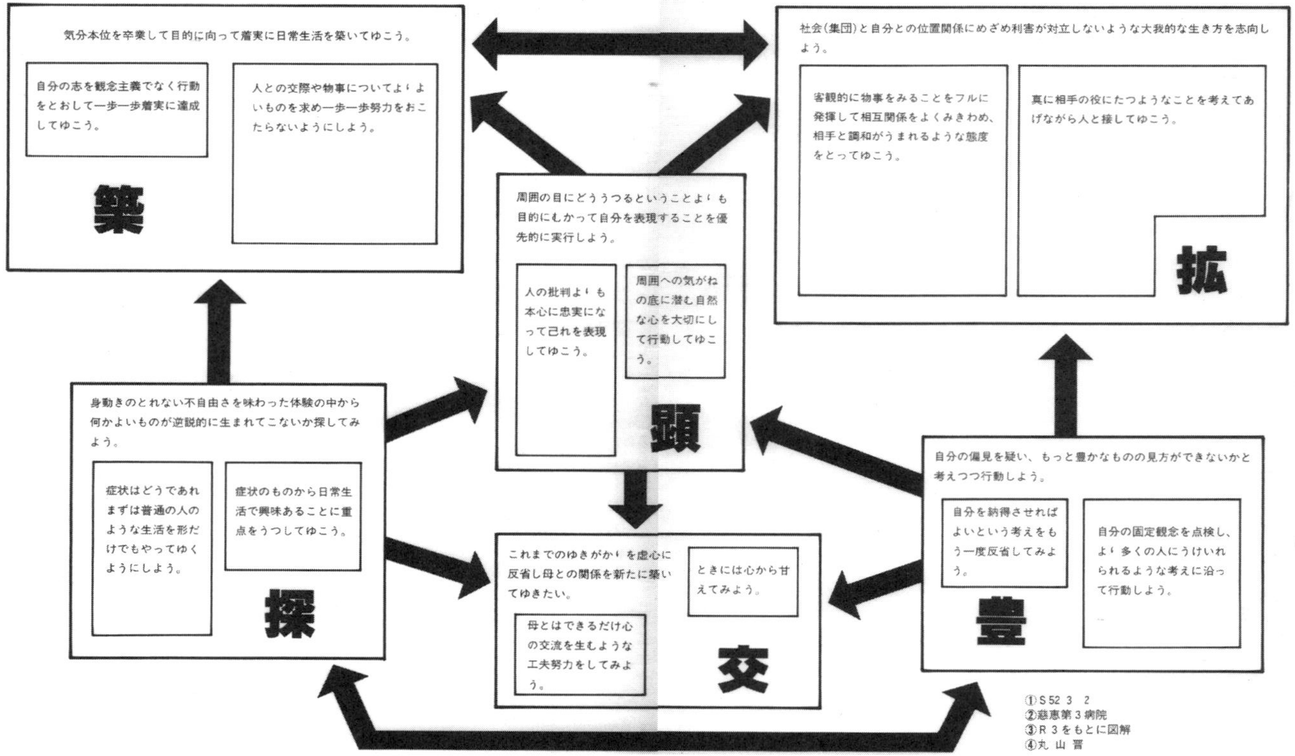

図4 方針作製ラウンド図解

(1)S52.3.2
(2)躁鬱第3病相
(3)R3をもとに図解
(4)丸山置

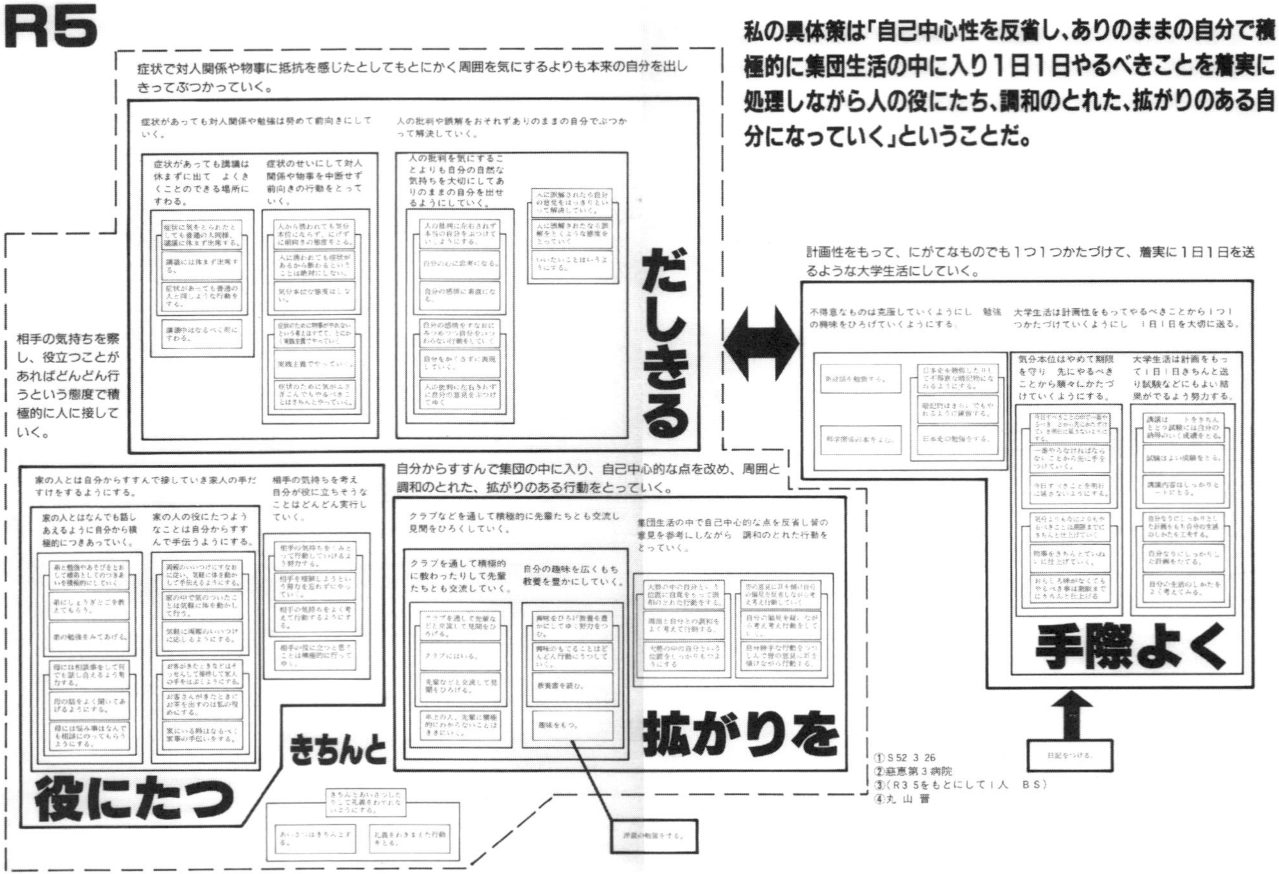

図5 構想計画ラウンド図解

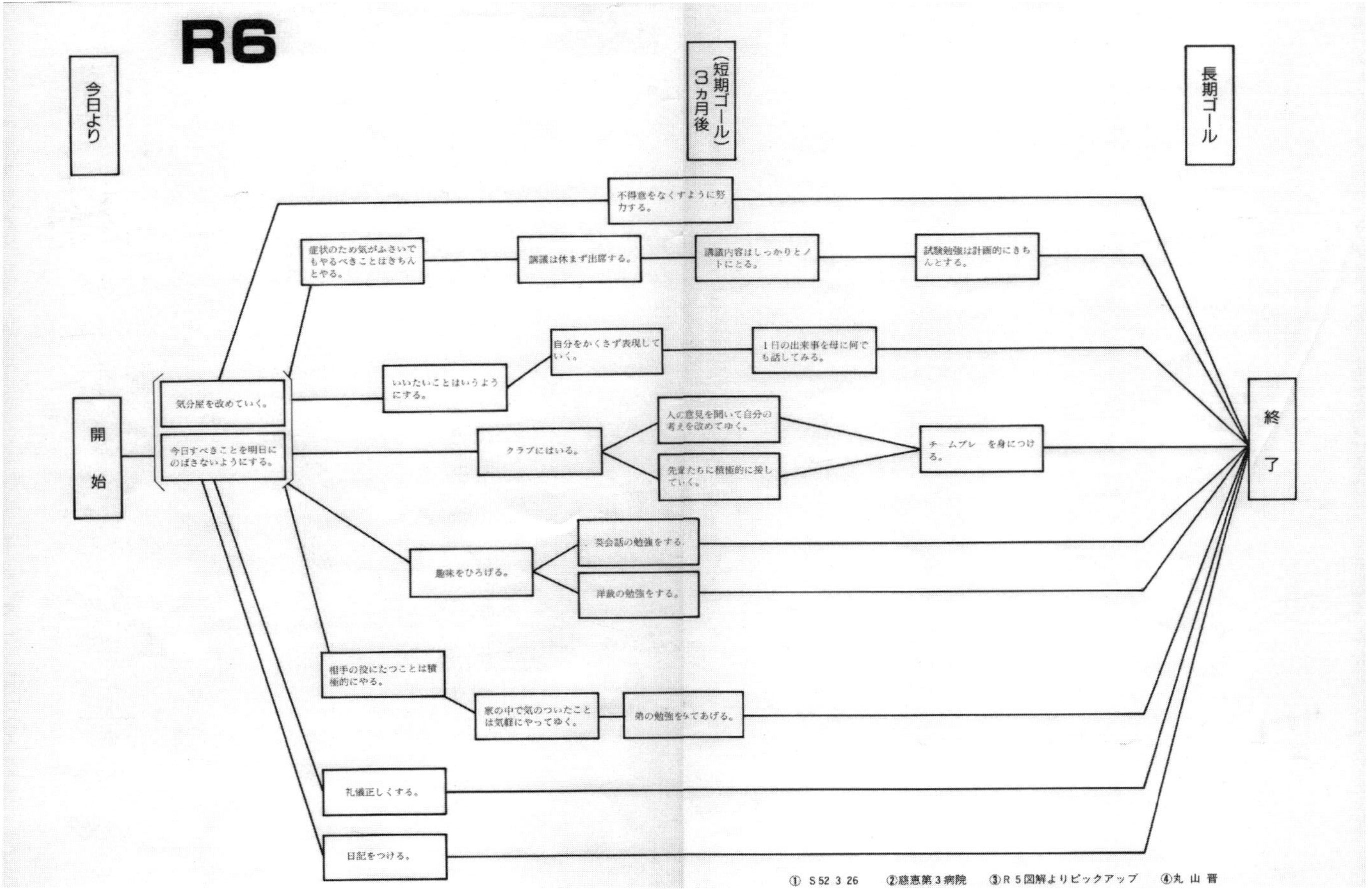

図6 手順化ラウンド図解

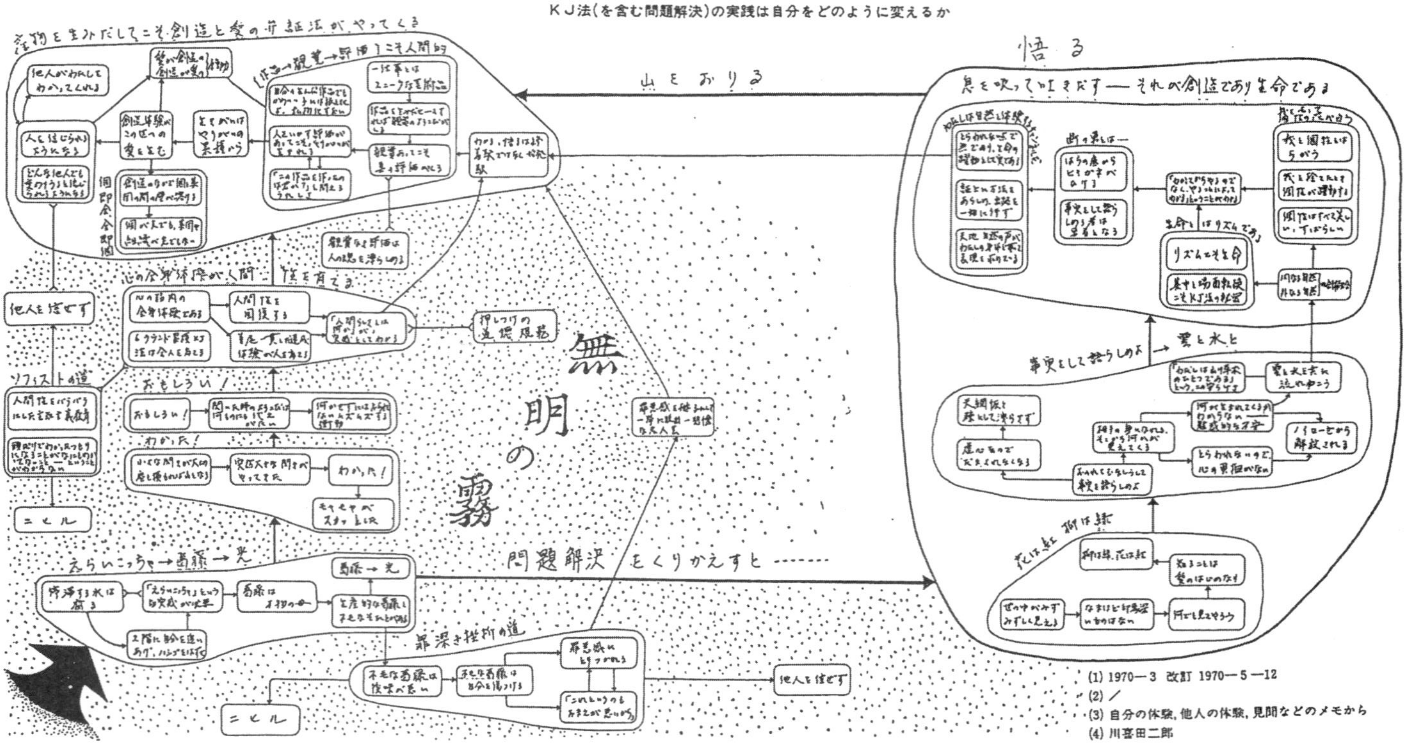

図7 KJ法（を含む問題解決）の実践は自分をどのように変えるか

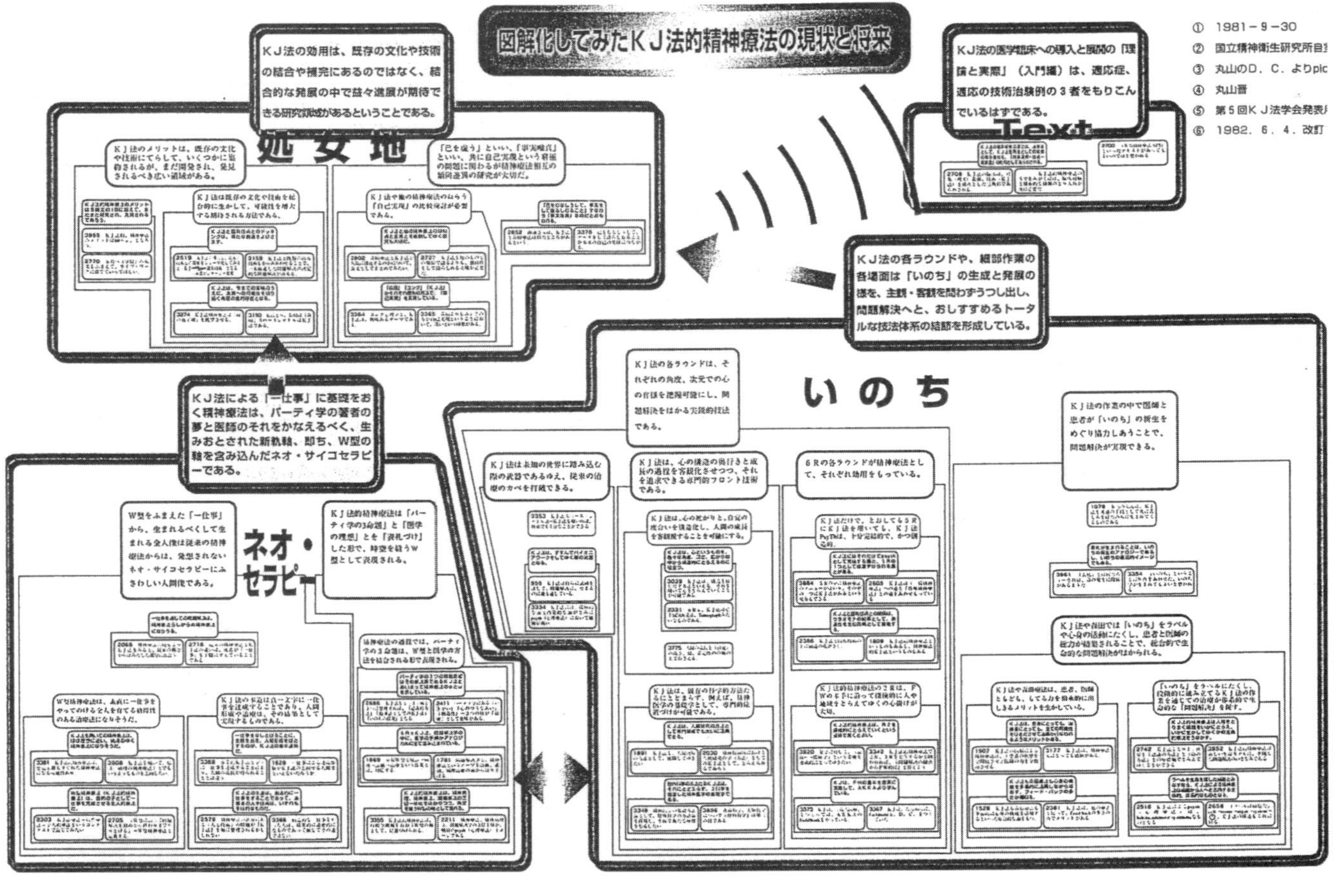

図8 KJ法的精神療法の現状と将来

いま、ここ「幼稚園」から「老稚園」までどう生きるか
浅井孝順

まえがき

　人生を振りかえってみて、今日の私の力になっているものにKJ法と坐禅がある。もし、この二つに出会っていなかったら、人として流された人生を過ごしていたにちがいない。若い時にKJ法に出会い、さらに愛知・四国・鳥海山移大、その他を通し、KJ（川喜田二郎）の言動にふれ、啓発されるものが沢山あった。振りかえり、思い出してみると、KJからは他人に対しての不平不満、愚痴を聞かされたことがないことにも気づいた。えらい人だ。

　ここに感謝の気持ちを私の追悼記念論考として、KJ法学会でお話をした幼児教育「この子どんな子」と「老稚園を生きる」――人の一生の「日の出」から「日の入り」までどう生きるべきか、という思いの一部をつづる。

1. 十個のパンを十五人で分ける時代

　子どもと老人が大切にされない社会は不幸である。人生の始めと終わりがしあわせであれば、よい人生といえよう。今は始めも終わりも大変な時代だ。地球温暖化、環境汚染、発展途上国の人口増加など、マクロな問題も取り上げられるが、今のままでゆけば将来（例えば2050年頃）日本の人口は減少傾向だが、現在70億といわれている世界人口は90億以上と想定されている。

　限られた耕地に、科学的改善を加えても食料生産が急増するとは思えない。また途上国が、欧米、日本並の食事の質を追いかけるとすれば、さらに食料は不足、戦略化するだろう。

　10個のパンを8人で分けるなら争いはおきないが、10個のパンを15人で分けるならば、現状では必ず争いが起きるだろう。10個のパンを15人で分けられる

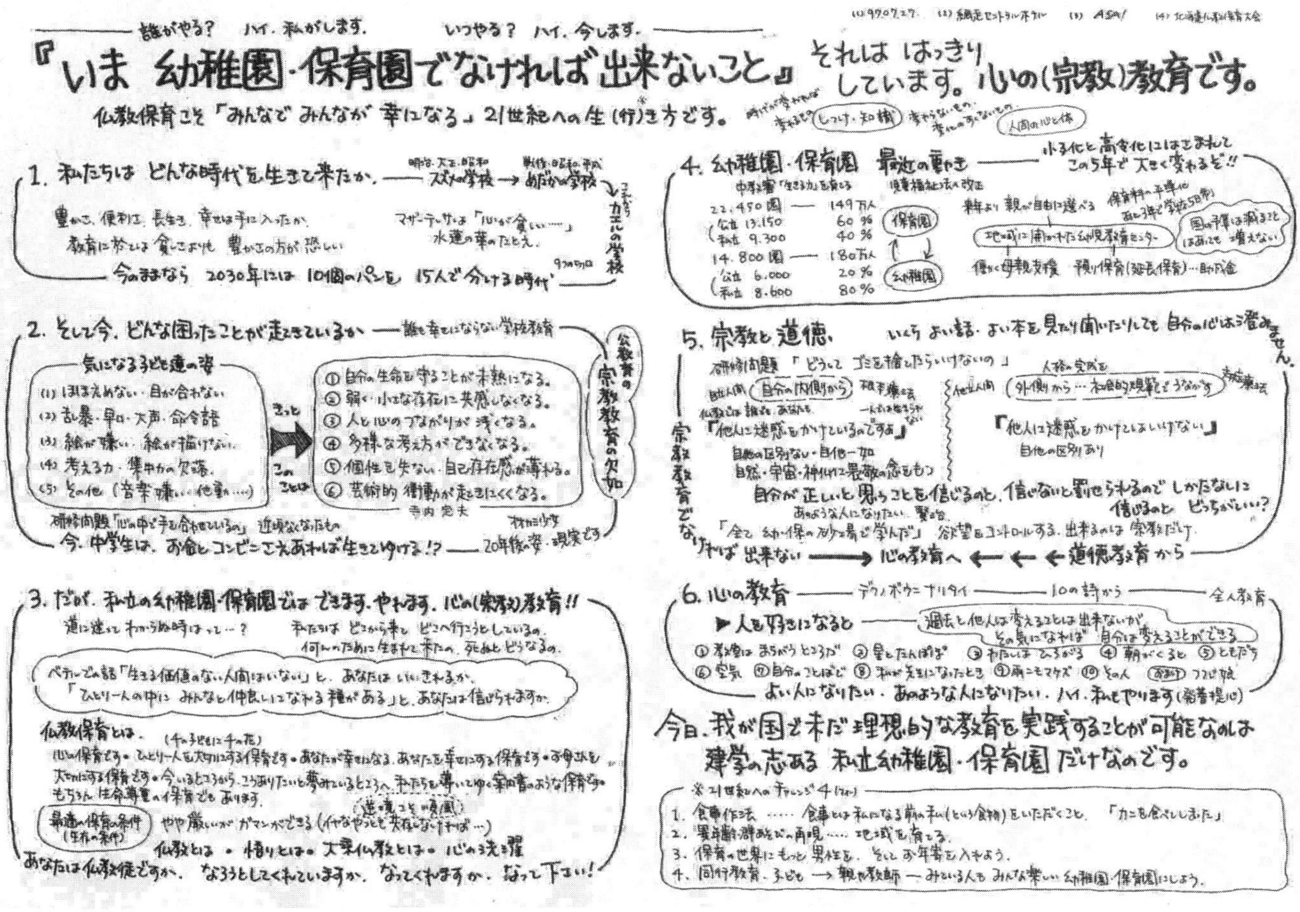

図1 いま幼稚園、保育園でなければ出来ないこと

地球的な人材を、教育成果として生み出してゆかねば、未来は暗いままだ。

学校教育で成績がよいエリートだけでは、国の方向すら定めることはできない。だから、私たちは、いま、ここ、幼稚園から10個のパンを15人で分けられる子ども達にしてゆかねばならない。いま、ここ 教育の現場で人としてどう育つのか、その具体的道すじを示してゆかねばならないと思う。その切り口の一つとして、私たちの幼稚園では、幼児観察記録にKJ法を活用したまとめ方を試みている。

《図1　いま幼稚園、保育園でなければ出来ないこと》

2. 幼稚園から――子どもを見る　具体例の一つとして――

社会的問題として幼児から青少年まで、その育ちに困った問題が続々と報告されています。どこから手をつけどうすればよいのか、戸惑いを見せる教育現場。幼児教育に於いても同様です。地球的規模で考えれば「10個のパンを15人で分け合う」時代が必ず来ます。その時に他と協力し、問題解決ができる実力の養成は幼児期から行わなければなりません。

日々の幼稚園活動がその答えに通じるものであってほしいと願い、20数年前から幼児観察記録の取りまとめにKJ法を取り入れました。従来の年齢別のクラス活動から3、4、5歳児混合（たてわりクラス活動）を基本として、人との関わりの場を活用する体制を続けています。

著者の移動大学、研修会参加の経験を生かし、幼児の観察記録として「いま・ここ、この子どうなっているのか？」を元ラベル（KJラベル6号）に短文で記入します。それを組み立てることで一人ひとりの子のいま・ここの現状の姿を明らかにしようと試みました。今までにはない発想でKJ法を取り入れてみました。

まるごとの人間、そのもののあり方、生き方を捉えることで、たとえ幼児期といえども、その生きる根っこをしっかりと育てる、そしてその子の生き方を尊重し援助することを念頭においています。

《図2　幼児観察記録の例および図3　あしあとの表》

幼稚園教育要領では「健康・人間関係・環境・言葉・表現」の5つの切り口で子どもを捉えようとしています。地球、地域の生活環境が変化して来ている中で、どう生きてゆくかは対処療法や従来こうしてきたといった延長線上では解決できません。

KJ法を使って幼児観察記録を付けることで幼児の置かれた、いま・ここ現状把握(R2)のところから新しい人間としてのありようを考えていくことができます。

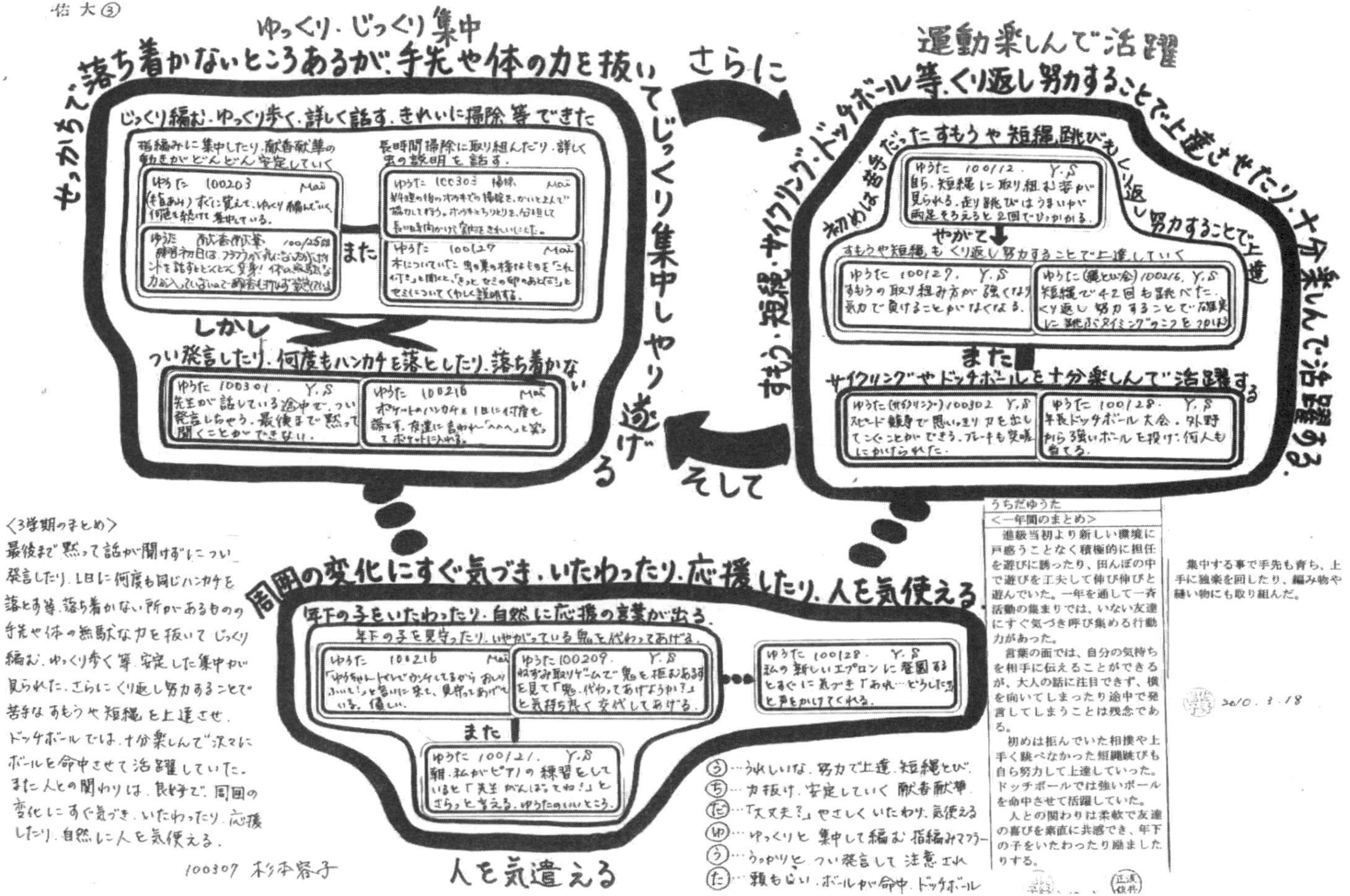

図2 幼児観察記録の例

学校教育法に於いては、指導要録への記入は一般的に抽象的、概念的表現になります。例えば「やさしい子」と表記された場合、どうやさしいのか、いつ、どこで、そう思える出来事があったのかがわかりません。だから一人ひとりに合ったパンチの効いた具体的指導は期待できません。

　東江幼稚園のKJ法を使っての幼児観察記録(図解・一部文章化)では図解上に「いつ、どこで、こんなことがあった、がしかし……」といった事実として元ラベルが残っているので言葉が一人歩きしません。

　だから幼児の「いま・ここ」をどう援助するか、教職員・保護者の理解と協力を得ることができ（教育相談の折り、必要に応じて図解をお見せしています）同じ方向を向いて子育て、子育ちを見守ることができます。また、大変ではありますが、このKJ法図解を作る作業を通して教師も「子どもを見る目、自分を見る目、そして人間を見る目」を深く広くできるように思います。

①幼稚園での子どもの"何を"記録するのか

　「何を」かがわからないからこそ色々気づいたこと、気になることなどを記録する。いま・ここどう生きているか、何が嬉しい、何が嫌か、どうなりたいかなどである。具体的には、①大きく（○○ちゃんってどんな子？）捉える。②他人の意見・データを大切にする。③できれば継続的に見てゆく、変化を捉える。④他との関わりを見ながら共通点を捉える。⑤いつも真っさらな新鮮な目で発見をする。

　このような視点で保育者として、担任している子どもたちの幼稚園生活における気になった子のデータを一日あたり5～10枚記入する。特に問題がなければ、原則として期末まで記入ラベルを幼児ごとにポケットファイルにためておく。一学期間で幼児一名につき12枚以上のラベル数とする。多い子は45～60枚になった例もある。

②どう記入するか

　① 必要があれば保育中メモを取ることもあるが、通常は保育が終わり園児が帰った後今日一日を振り返りながら20分ぐらい時間をかけている。
　　 特に新任の保育者には、
　　〔イ〕良かったこと、うれしかったこと
　　〔ロ〕悪かったこと、困ったこと
　　〔ハ〕気になること、気づいたことなどを中心にデータを取るとよいと話をしている。
　② 一つのラベルに一つの事柄しか書かない（事柄が二つならば二枚に分けて書

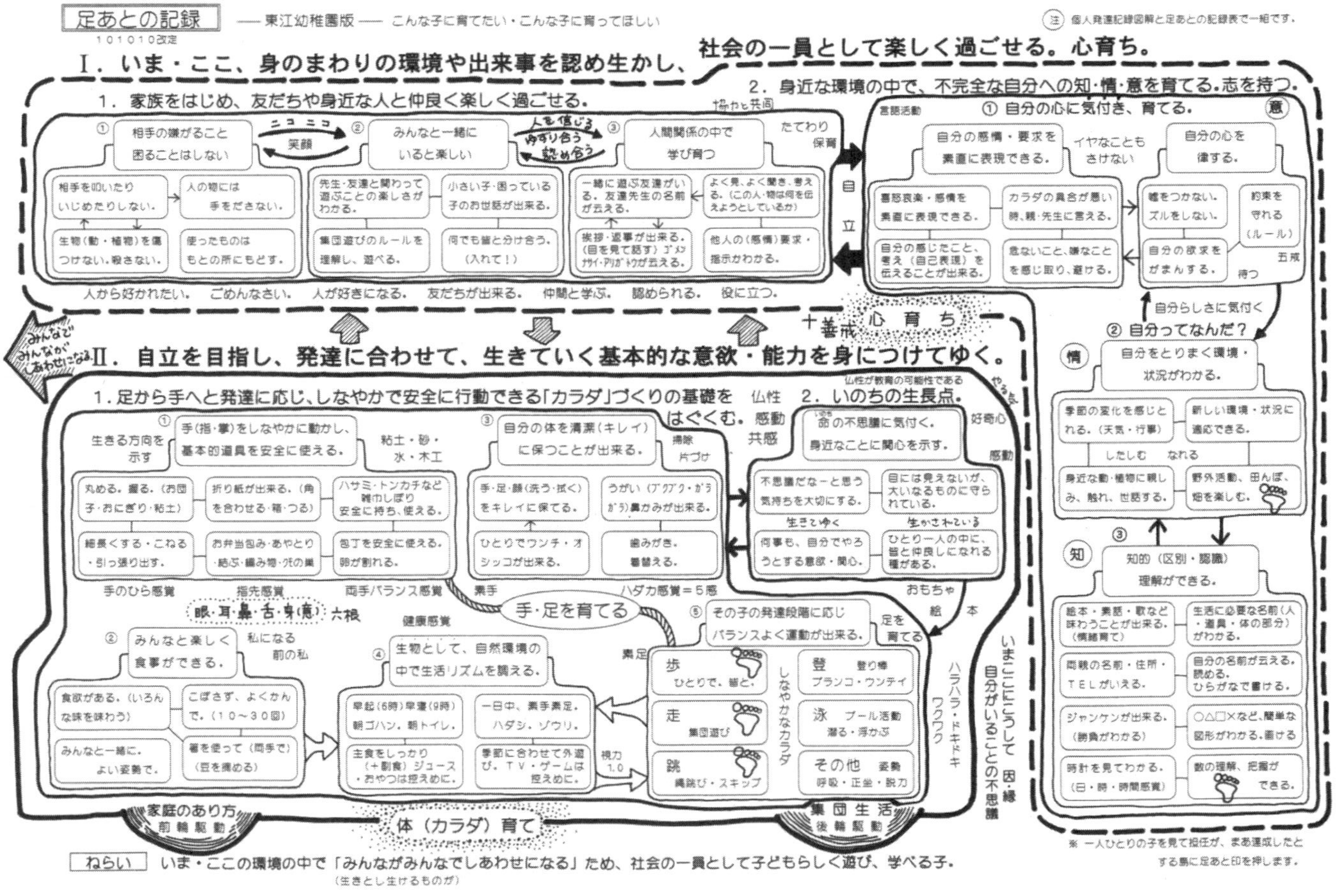

図3 あしあとの表

く。)
　③ 誰にでもわかる表現にする（主語、述語をはっきりと書く。一人歩きできる文章にする。子どもや外国の人に説明するようなつもりで書くとよい。)
　④ ラベルにはできるだけ大きな字でハッキリと書く（望ましいのは短文で30字位を目安に一般的文章表現としては、俳句、短歌、短文、ことわざ、比喩などの心を生かして文章の精錬化をはかる。)
　⑤ 幼稚園での生活外のこと－入園受付記録・子育てアンケート・家庭環境調査票・夏休みはげみ表・親との面談・懇談記録など既存の資料もおろそかにできない。これらも読んで必要に応じラベル化する。
　これら①～⑤にのっとって記入されたラベルは個別ポケットファイルに入れられ学期末に図解化・文章化する。

③どうまとめているか
　大体各学年とも一幼児、一学期16枚前後のラベルを図解化している。この図解の作成まとめ方は正則のKJ法に準じて行っている（グループ編成・表札作り・KJ法A形図解・文章化）。担任の個人差があるが、3～4日を目処に15、6人の図解を作成している。(30名前後のクラスで二人担任制)図解の大きさはA3サイズ（ラベル16枚ぐらいまで)を基本とし、ラベル枚数の多い幼児の場合は基本にA3の1/3または1/2のサイズのものを付け加え、横長フォームにしている。現在、当園では学期末ごとに一日を図解発表日としている。その日の午前中3時間は「付け札」という作業に当てている。付け札とは、広い部屋に全図解（120枚ほど）をならべて園長以下全員で気づいたこと、こんなこともあったなどラベルを記入しその図解上に置く作業のことである。午後は各学年ごとに「この子どんな子」の図解(口頭)発表を園内で行い相互研鑽をしている。このような作業、研究発表会を通し、一人一人の子を全員で見ている、見守っているという保育環境が培われて来ているように思う。
　現在は、母親はもちろん父親も地域も巻き込んで人づくりの拠点として父母の会はもちろんおやじの会、祖父母の会活動を進めている。
　《図4　おやじ組通信》

④記録を生かす
　とにかく記録をとることが目的になり、記録を生かすことが忘れられている例として、学校での通信簿の言い換え表（学校での活動の様子なり、人となりを表現するときに先生たちがお困りになり言い換え表がつくられた）がインターネット上で

図4　おやじ組通信（上半分を表、下半分を裏に印刷し、箱ができる）

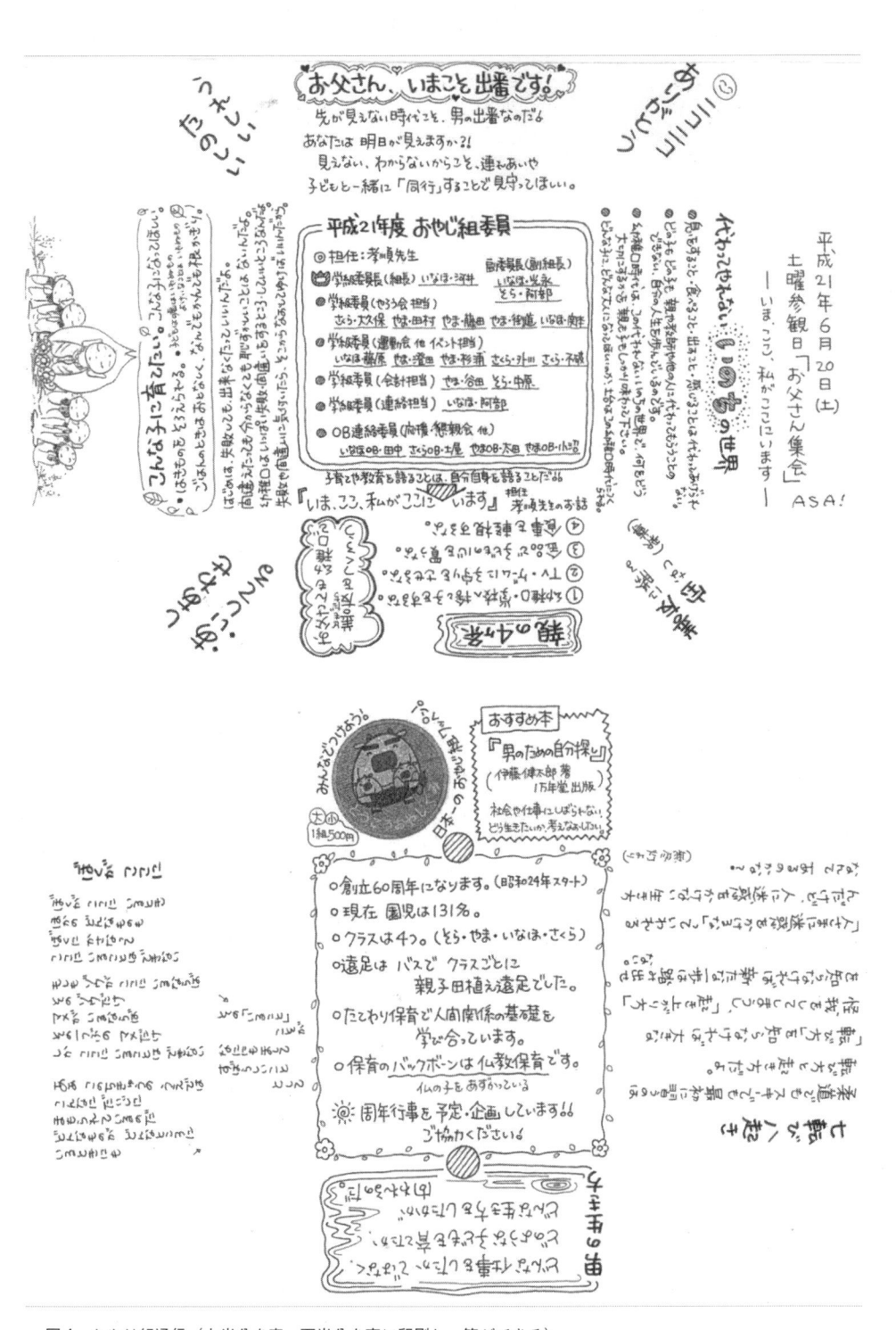

流通しているとか。
　例〈子どもの様子〉→〈通知表での表現〉
　　騒がしい　　　　→　明るい活発
　　無口・ボーッとした　→　落ちついた・穏やか
　　うるさい　　　　→　活発な・元気がよい
　　落ち着かない　　→　好奇心旺盛
　　反抗的　　　　　→　自立した
　　不親切　　　　　→　他人に干渉しない
　　しつこい　　　　→　粘り強い
　　ふざける　　　　→　ユーモアがある

　こんなごまかしでは本人も自覚できませんし、ご父兄の教育にもマイナスになると思います。遠回りのようにも思いますが、いま、ここ「この子は何をしたいんだろうか」「何をしたくないのか」と現状をしっかり、教師も親もとらえてゆかねば、生きにくい世の中、協力し合ってゆけません。

3. 老稚園から

①老いを見る

　人生の「日の入り」老いの時期を迎え、老いるショック、初体験の不安、戸惑いを迎えるようになりました。今、日本の平均寿命は女性は84歳、男性は79歳の時代を迎え生き残った方々には、長寿は当たり前と思われるようになりました。しかし、長生きをすればするほど、師・先輩・同期・後輩・家族・縁者を送る機会が増え友人、知人などが減ってゆき独りぼっちになる傾向も現れて参りました。さらには団塊の世代が還暦を迎え、急ぎあとを追いかけて来ています。(高齢化率25%〜) 軽老社会の中で初体験の老いをどう生きるか皆とまどっています。

②どうも　どうも　しばらく　しばらくと
　くり返すうちに　死んでしまいぬ

　こんな死に方は嫌だ、自分らしく生きたい、自分らしく死にたい。
　私たちは終戦後、一生懸命に生きて来た。経済が右肩上がりだったので、たいした実力がなくても、それなりに「どうも　どうも」と頭を下げていれば、それなりの生活ができた。だが、バブルが弾け不景気（これで正常になったという人もいる）が続くそんな折、人生の夕方になって、まだ宿題が残っていたことに気づかされる年代になってしまった。特に科学的合理主義に毒され信仰・宗教をもた

ないまま、その時その時がよければと突っ走ってきた方は大変だな！と同情する。
　私は運がよかった。仏法にご縁をいただいてと思うこの頃である。
　依るところなしに　過ごして来たりけり
　信なき老いに耐えるや否や
　私はこれを石油ショックになぞらえて「老いるショック」現象と呼んでいます。まったく、慌ただしい毎日の生活の中で気がつけば
　一人ずつ親しい人が死んでゆく　次は俺の番か　兄が死んだ
　その時には人生の無常を観ずるのだが……また日常の暮らしに埋没する。
　結核を戦死を癌を免れて　七十五歳の春を迎えつ
　これからの余生（余った生でなく与えられた生と読むとよい）をどう生きていったらよいのか、途惑いを感じる。
　高齢化を迎え老人福祉のために国として経済的負担が多くなる。
　老人は死んで下さい国のため
　そういわれたって長生きをするため生きているわけじゃないのです。亡き父や母を思うと、長い年月をかけて何になったか「じじいになった、ばばあになった」というだけでは申し訳ない思いがある。

　歌で時代をふりかえってみれば
　ささやかな幸せ窓に灯しつつ　マンモス団地の夜は更けゆく
　マンションが建ち十年　児ら遊ぶ声もいつしか　少なくなりぬ
　遊ぶ間も時計を覗きて　子どもらは　あと五分という時代いたまし
　私の子どもの頃に比べて、子どもや孫たちは、本当に幸せになったのだろうか。我々はどこか途中で道を間違えたのではないか！
　大きくなったら　何になりたいのかと聞かれ
　生きていたいのと　エチオピアの子
　二十一世紀を目前に環境汚染をはじめ、世界にはまだまだ戦争（内戦、紛争）があり、地雷・疫病など日常的に死と向かいあう地域・人達がおり、「生きていたいの」というあどけない子たちに、私たちは何と答えたらよいのでしょう。
　自分だけ、日本だけよければの時代ではないのは確かです。
　湯に入りて子らと数えし　百までも　一人数える老いはわびしも
　誰にでも確実にくる老い、まずは「老い」のあたらしさに気づきこの老いるショックをどう生きるか、どう死ぬか。老いるという初体験に、どう取り組むかの姿勢が、やる気で生きるか、受身で生きるかのわかれ路ではないかと思う。考えてみれば、来るときもはだか　行くときもはだかなのです。堂々と、我が道を

ゆきたいものです。
　みな死ぬる人とおもえば　なつかしき
　先人の残した言葉に　道は遠けれど楽しとあります。

③初体験の老い・お寺に来て下さい

　お寺の玄関での会話にも「跡取りがいないんです」「連れあいが痴呆症で大変です」「親の介護に家庭がこわれそうです」「いい歳なんですが、息子・娘が未婚で心配です」など、老後の心配をたくさん抱えて悩んでいる方が多くいます。年取って、地域に住んでいても周りの人との関わりも少なくその上、外に出るのは病院かスーパー。
　衰えて来たので不精して家に閉じこもることが多くなってきました。
　こんな状況を地域社会も考えていなかったので、高齢者福祉・生きがいのある老後を！のかけ声ばかりで、具体的対策が考えられてきませんでした。
　こんな長生きするとは思ってもいなかった、初体験の老後の生き方を後から来る方々の参考になるような活動をしなければと思います。そこでお寺に来て下さい！
　「老稚園活動をしましょう！」

④老稚園のおすすめ

　死（私）立　生（小）学校付属　〇〇町立　〇〇老稚園
　老稚園は幼稚園の隣にあります。入園は四月からです。面接テストもあります。
　お名前を呼ばれたら「ハイ」とよいご返事ができるか、ご挨拶と「ありがとう」がいえるか、また一人でおうちに帰れるかなど聞かれます。
　年少組は60歳から、年中組は70歳から、年長組は80歳から入園だそうです。60歳以下は入園前クラス（ひよこ組）があります。クラスは12名で異年齢構成で、担任は30代50代の男と女の先生が2人つきます、やさしくて、力もちです。老稚園の目標は他人を楽しませる、一人で基本的な生活習慣ができる、です。特に食事と排泄は重要です。おしめをしていても自己管理ができるならＯＫだそうです。
　登園はもちろん歩き登園がおすすめですが体の具合が悪い園児は、家の前まで通園バスが迎えに行きます。いつも家にいることが多いので、園バスに乗って行くのは楽しみです。一人っ子が多いですが、なかにはカップル（夫婦）で、手をつないでくる園児もいます。
　老稚園の一日のスケジュールは、朝の自由遊びから、皆でするお遊戯・工作・

宗教の時間などがあります。お遊戯や体操は、年長児は鉄棒ができなければダメといった指導はしていません。夫々の年齢、体力に応じて楽しく過ごすことが大切だといわれています。幼稚園の小さいお兄さんお姉さんが遊び方をやさしく教えてくれるので群れ遊びが盛んです。

　宗教の時間には、半分の人は寝ていますが、ありがたいお坊様に長くてむずかしいお話をしてもらっています。

　楽しみは、今も昔もお給食の時間です。おいしいです。月に一度は皆で手をつないで、先生につれられて、入院中のお友達の所へお見舞いや、お葬式にも行きます。

　なかでも特にうれしいのは遠足があることです。温泉へ行きます、もちろん混浴です。おかげで元気がでて、老稚園に通うのが楽しい楽しいという園児が増えています。

　保護者会には娘や息子が参加しますがお孫さんが代理出席することもあります。

⑤あなた、大きくなったら何になるの？

　人ごとだと思っておりましたが、父や母を送ったことを通して、老人問題は自分ごとだと感じるようにもなりました。それにつけても、父や母の世代はエラかった。

　老後をどう生きるのか、どう過ごすか、今、あらためてオロオロしているのが私の現状です。

　わたし先、あんた後だと　今日もまた、先や後やとゆずらぬ二人

　今晩か今晩かいと今晩も、あの世行きを楽しむ二人

　そんな老後が理想的なのですが……。愚妻にも、よい人生を過ごしてほしい（悟った人まではゆかなくっても）さらにさらによい人になってほしいと念じておりますが、案外、先方は　先に往っとりいの、あとから往くけ　と思っているのかも知れません。

　まずは足元、今の生活から正す、先人たちも夫婦がお互いに元気なうちに、しっかりやりなさい、そうでないと

　小言いう相手のほしや秋の暮れ　　なれ一人やるが淋しき月夜かな

　まだ世話のしたき心や残る雪　と憶いを後にのこすことになるといっています。

　あせらず、あわてず、あきらめず、よい生活（自分にもよい相手にもよい）そして生きとし生けるものにとってもよい）を目指してゆきたいものです。

　こんな川柳もありました。　　もしワシがボケたら遠慮せずに言え

　言ったら本当にわかるんでしょうかね？　また、お寺の玄関先での立ち話、

お檀家「娘が、お母さんこのごろ少しボケたわね、一人じゃあぶなくてと、じゃけんに扱うんですよ」と。住職「そんなこといわれたら、ニッコリ笑ってネ、明日のお前の姿だよってね、いっておやりよ」ボケたくてボケているわけじゃない、きっと、ボケなければストレスがたまって生きてゆけないから天から与えられたボケではありませんか？
　　老眼鏡ルーペ補聴器車椅子器機で生きる老後は侘びし
　　公園に祖父を捜しに行く日暮
　本当にこんな老後だったら侘びしいですよね。日常の暮らしの中に「生まれたら死ぬ」「死ぬんだよ、そうお前さんも、この私も」が抜けているのです。日本では昨年、一年間で百八万人もの方がなくなりました。十年後には百四十万人、三十年後には百七十五万人と推測されています。
　布教の中で死の問題をしっかりと扱わなくてはダメな時代です。生が終わって死を考えるのではなく、死から逆に生を考えることが大切です。
　死というものは誰もが行くところへ先に行くことなんです。
　皆んな行くあの世が怖い筈がないのです。
　死は怖いものと恐怖をあおるのではなく、例外なし、誰でもが通ってゆく道なんだよ、要はどう通ってゆくか、生きてゆくかが大切なのだ。それには、いきなり俺が死ぬ時にはな、お前が死ぬ時にな！　と大上段にかまえては話が進みません。暖かな部屋でお茶でも飲みながら、ちょっと勇気を出して、おい俺と一緒になってよかったか？　あなた私と一緒になってよかった？　と、ここからスタートすべきなのです。
　よく幼い子に　大きくなったら何になるの？　とたずねますよね。そしてこの子はこんなことに関心があってどんな生き方をしようとしているかと推測をつけるでしょう。でも50になっても、60になっても70になっても「大きくなったら何になるの？」と問わねばならないのです。そして答えが出てくる生き方をしなければならないのです。あなたは大きくなったら何になるの？　と問われて答えられますか。ただ年を取って死ぬだけですか。答えられる生き方こそ老人の仏教的な生き方ではないでしょうか。
　　おいとまをいただきますと戸をしめて、
　　出てゆくようにいかぬなり生は
　なにぶんにも老人は初めてなもので、とまどっております。
　　諸先輩方、どうかよろしくご教導ください（特に出典を明記しておりませんが、有名・無名の古今の句や歌を借用させていただきました）。　　　　　　　　合掌
　《図5　心を育てる》

図5　心を育てる

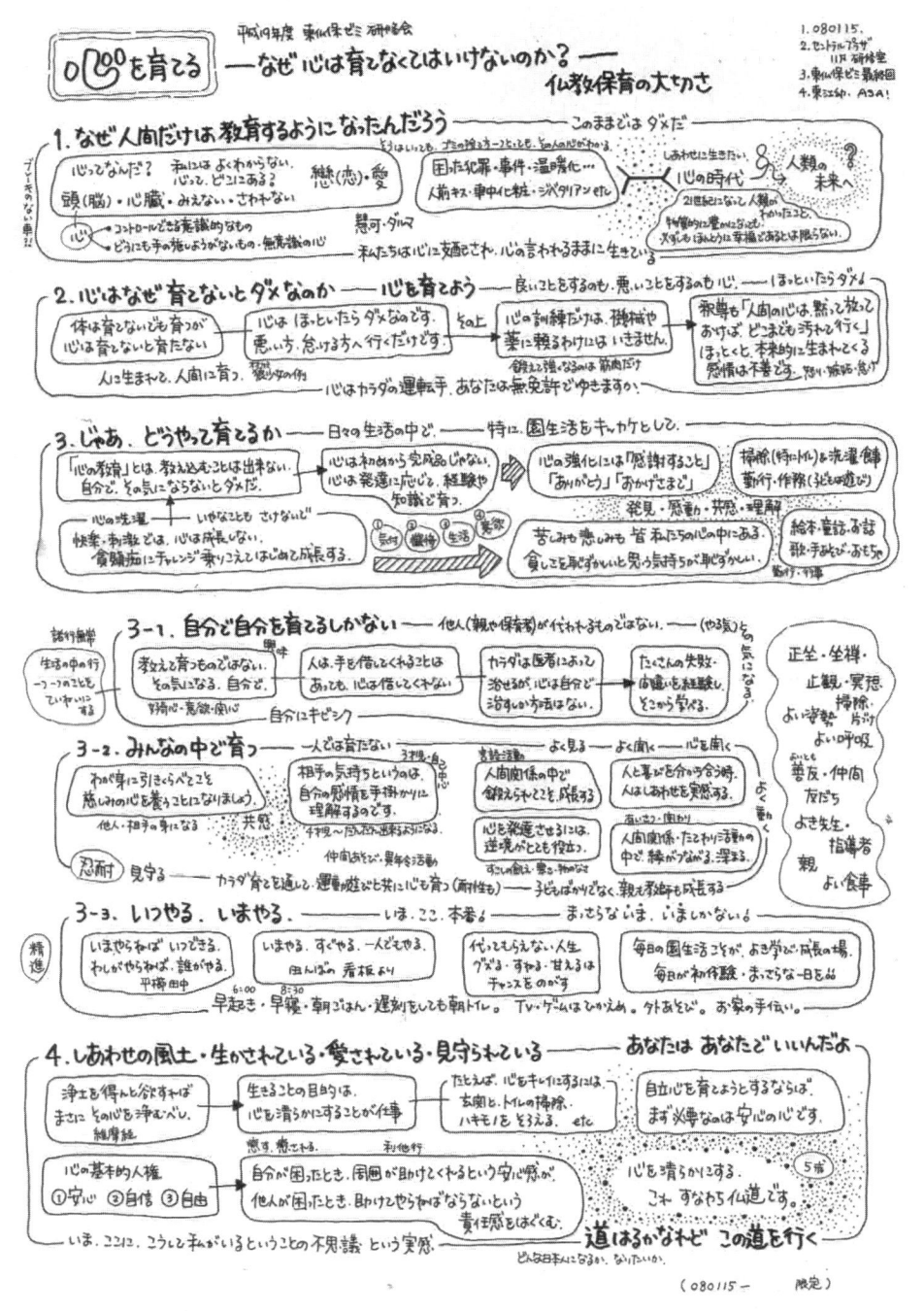

高校・大学教育の連携
水谷忠資

はじめに

　KJ法と出会ったのは、1973年の大学3年生のときであった。社会心理学の授業で田中國夫教授が図解を説明されてから学生と議論のやりとりをされていた。そのテーマは「他人から勧められたお酒を上手に断るにはどうしたらよいか」というものであった。講義を聴いていても、この問題の解決法がいろいろあり、図解の中のカードデータも飲酒経験のある学生のものであったので、これでも学問研究といえるのだろうかと不思議に思った。武谷・湯川・坂田（1970）の対談の中で大学紛争以前の学問状況について詳しく書かれているように、学問が試験秀才を大事にし、マンネリ化した「学」——愚問や浮気ができる「論」ではない——に陥り独創性を軽視していた風潮に影響を受けていたからなのかもしれない。それでも、田中先生の熱い語りが心に響き、内容もとても興味がもてるものであった。

　講義が終わってすぐ、この面白い問題解決技法を誰が考案したのかと田中先生におたずねしたら、KJ法創始者で「発想法」の著者である川喜田二郎（KJ）先生だと教えてくださった。早速、本屋へ飛び込んで本を手に入れむさぼり読んだ。1977年には「続・発想法」を読み、1980年には川喜田研究所の前期基礎コースを受講し、書物やテキストを通じてKJに出会うことができた。

　直接、KJと膝を交えてお話できたのは、1980年に名古屋で開かれた第4回経験交流会のことであった。「単独行で総合力を養う旅や登山」[1]が共通の話題であったせいか、KJの気さくな話ぶりは情感に響き分かりやすいものであった。ここで初めて、筆者の勤める高校にKJ法を取り入れようと決意したのであった。

---

[1] 川喜田二郎（1995）『川喜田二郎著作集1 登山と探検』中央公論社、503頁

1. 学校教育とKJ法

1.1. 学校教育にKJ法を取り入れた事例

　三村修によれば、渡辺仁三が「学校教育に最初にKJ法を導入した小学校の教員」[2]である。渡辺は、1968年、大阪市教育委員会の研究指定校になった大阪市立玉出小学校で、学習指導の改善にKJ法の全面的な適用を試みた[3]。その後、個人研究として、国語科と社会科にKJ法のグループ作業と累積KJ法を導入し学習指導案の改善を行った。かれは、「行動の復権」と「創造的読解能力」を重視した。すなわち、「授受の教育から求めて学ぶための教育」や「知識量よりもその構造的理解に重きを」置く教育――「考える構造」（知る→判る→身につくという各プロセスを含む「W型問題解決」[4]のある教育――への発想の転換を求めた。教育はインプットとアウトプットをセットで考える「息」や「水」のようなものであり、同時に「共育」でもあると考えたのである。

　他にKJ法を学校教育に導入した主な発表事例のテーマとして、授業の分野では、大垣内昭雄の「海外帰国生への社会科指導」[5]、米山喜久治の「研究プロジェクトと卒業論文の作成」[6]、林義樹の「参画する授業」[7]、三村修（横浜市立中学校）の「点メモ花火と自己表現・自己認識への過程」[8]がある。また、学校経営の分野では、静岡市立大川中学校長であった森一の「学校評価による学校経営」[9]や川瀬英嗣の「生徒の実態を把握する会議を重ねることによる教育改善」[10]、さらに、学年運営の分野では、今野博（啓明学園）の「KJ法による学年運営について」[11]がある。

---

[2] 三村修（2005）「KJ法における作法の研究」JAIST repository http://hdl.handle.net/10119/537（2011年8月31日にアクセス）
[3] 渡辺仁三（1978）「子どもが変わる――KJ法を軸とした学習指導試案」『KJ法研究』創刊号　川喜田研究所　39-153頁
[4] 川喜田二郎（1986）『KJ法』中央公論社　57頁
[5] 大垣内昭雄（1976）「国際特別学級における社会科指導の一試案」『特別学級の教育』第6巻　成蹊学園国際特別学級
[6] 米山喜久治（1978）「野外科学を基軸とした大学ゼミナール・システム」『KJ法研究』創刊号　川喜田研究所　161-176頁
[7] 林義樹（1990）『学生参画とクラスワークの創造』学文社
[8] KJ法友の会会報第71号の「第23回KJ法経験交流会」のレポートの中で三村の発表内容の概要が記されている。
[9] 森一（1978）「創意にみちた全教職員参画の学校経営」『KJ法研究』創刊号　川喜田研究所　154-160頁
[10] 川瀬英嗣（1986）「本校におけるKJ法の導入から現在までの活用の展開のプロセス」『KJ法研究』第9号　川喜田研究所　121-135頁
[11] 同上のレポートの中で今野の発表予定の記述がある。

1.2. 高校・大学教育におけるKJ法の実践フィールド
　筆者が勤務した高校や大学の現場で常に活用してきたKJ法がどのような意義をもつのかをそのKJ法作品を通して明らかにしたい。

1.2.1. 材料・方法
　1977年、愛知県立丹羽高等学校における「創造思考クラブ」設立以降に、クラブ活動[12]の授業でグループKJ法を使って作成したA型図解データとB型文章データ群、また必要に応じて作成してきた探検ネット（花火）データ群や文章データ資料、KJ法を使用した研究報告論文などを検討材料とした。
　これらのKJ法図解資料の中から、教育現場に活用した結果有効であったと思われる図解のテーマを選んで元データとし、その本質的な特徴を検討、評価して高大フィールドにおける将来の活用可能性について考察した（図1）。

1.2.2. 結果と考察
　KJ法は、以下の5つの観点から、高校や大学という学校教育において「参画社会の実現」を強力に支援する方法であると考える。

1.2.2.1. 内なる相談相手
　教師は抱えている仕事を整理したり問題の発見に努めたりして、自分が関わっている教育現場の状況について理解を深めていかなければならない。その時、同僚教師や上司だけでなく、「内なる相談相手」としてのKJ法の作品が自分の身近にあると、落ち着いて他人の話を聞き、自信をもって生徒の指導をすることができる。それは目の前にいる生徒や学生の特徴や個性、さらに教育現場の状況もより深く把握して、授業における指導法や行事の実施手順を明確にすることができるからである。

1.2.2.2. 全体像の把握
　また、KJ法を使えば、沢山の仕事が次々と生まれてくる教育現場で、ひとつひとつの問題解決にもてる力を遺憾なく発揮することができる。すなわち、今まで進んできた道を確認することにより進む道を外れることなく、視野を拡げながら問題の「全体像」を掴むことによって、安心感や問題の構造が判ったという実感をもつことができる。さらに、新しい発想を思いつくこともたびたびある。

---
[12] 高等学校では、1973年改定の学習指導要領から特別活動のひとつである「クラブ活動」が必修とされ、2003年改定の学習指導要領で廃止された。

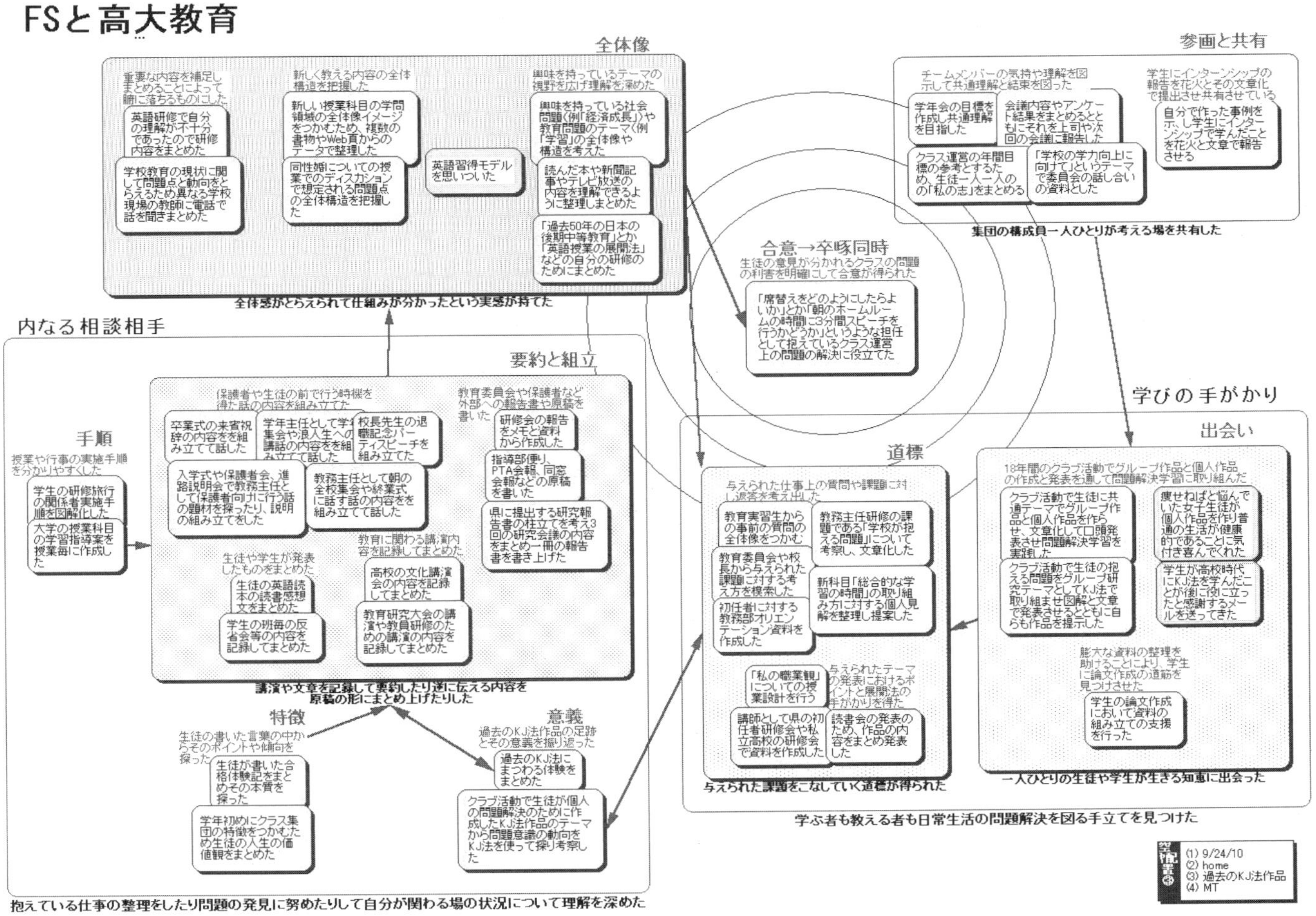

図1 高大教育フィールドにおけるKJ法の活用可能性

1.2.2.3. 合意形成

　教育の現場で肝心なことは、学ぶ学生と教える教師の意気と呼吸が合う「卒啄同時」である。生徒の意見が分かれているクラス運営上の問題点をKJ法で組み立てて明確にすると、全員の合意が得られる解決策を見つけることができる。

1.2.2.4. 参画と共有

　集団の中でのKJ法を使った基本的発想群の共有と問題解決への参画は、異質な他者との真の出会いはもちろん、今までとは違う自分との出会いも実感させてくれる。言い換えれば、一人ひとりの生徒や学生が本物の個性や生きる知恵に出会う機会を提供してくれる。

1.2.2.5. 学びの手がかり

　与えられた仕事内容に関する質問や課題に対して、KJ法の図解をもとに的確な返答を考えだすことができたり、学ぶ者も教える者も、KJ法を使ってひと仕事を達成することによって、問題解決を図る手がかりや手立てを見つけることもできる。

2. 高校・大学教育でのKJ法の活用

　教育基本法は教育の目的を「人格の完成を目指し、平和で民主的な国家および社会の形成者として必要な資質を備えた心身ともに健康な国民の育成」と規定している。川喜田（1966）は、KJ法の使命を「人間革命を招いて参画的民主主義を成立させること」であると述べている。ここに、KJ法の教育分野への活用の接点が存在する。最近の「高等学校の義務教育化・高等学校等実質無償化」[13]と「大学の大衆化」[14]を受けて、KJ法の活用を高等学校教育と大学教育の連携の中で考えるため、第1部第2章で取りあげたKJ法実践事例の中から、「内なる相談相手」、「全体像」、「合意形成」、「参画と共有」、「学びの手がかり」というKJ法の特徴に深くかかわる活用事例を3つ取り上げる。

---

[13] 学校基本調査（平成23年度）によると、高校進学率は98.2パーセントである。また、高校無償化法によって平成23年度より公立の高等学校における授業料は徴収されず、私立の高等学校における授業料は公立の高等学校の授業料と同等の金額を支援金として補助されている。
[14] 「大学の大衆化」の問題点については、内田樹（2010）『街場の大学論』角川文庫、に詳しく書かれている。

2.1.「創造思考クラブ」の授業
2.1.1. 材料・方法
　愛知県立丹羽高等学校の「創造思考クラブ」(50分の授業で週1回行われるクラブ活動)で18年間にわたってKJ法を取り入れ、生徒が日常抱えている問題を共に考えてきた。クラブ員が1年間あたり平均18名で1年生から3年生までいたので、川喜田(1986)がマスプロ教育を打破する方法として提案した「順次指導制」をクラブに採りいれた。すなわち、先輩が作ったKJ法図解作品に新入クラブ員が直接触れてKJ法のイメージをつかみ、個人作品のテーマが決まるとテーマと関係のある先輩の作品から取材させた。表1は作品のテーマ例である。
　しかし、年月とともに図解作品の数が増え、それに反比例して生徒の求める関連情報のある作品検索が難しくなった。それは、必要な図解作品を表題の字句のみで取り出そうとしたからであった。検索を容易にするためにコンピュータを使い、ひとつひとつの作品を最後の段階の島の情報までデータベース化したが、それでも多くの作品の情報が無駄に眠ったままであった。そのような時に三村修氏から助言を頂き、生徒が作成したKJ法図解のグループ作品と個人作品合わせて218点、および筆者がその間に作成した図解12点の合計230点の表題を元データにして、KJ法で組み立て、新しく赴任した高校の生徒36人に衆目評価をしてもらった(図2)。

2.1.2. 結果と考察
　高校生の問題意識の原点は、「日常生活で経験している不愉快な時間」である。その不愉快さは、「自分の能力への自信の無さから夢の描けない将来」、「自分の偏狭な心と周りの情報との不連続感」と「他人の目を気にして自分を他人に合わせようとする平準化」の3つの要素から成り立っている。それが、時間の進展や深まりとともに、それぞれのコース(「技能コース」、「社交コース」、「自立コース」と呼ぶことができる)で「夢の土台づくり」、「他人との関係づくり」、「真価の発揮」へと問題意識のフィールドの重心が移ってきている。このことは、表2のシンボルマークと作成平均年との関係、および衆目評価の総得点と作成平均年との相関から読みとることができる(表2)。

番号	創造思考クラブ研究テーマ	年月日	個人／グループ
1	いい女とは	1977.06.16	グループ
2	死について	1977.07.07	グループ
3	学校を自由にできる立場ならあなたはどうするか	1977.07.08	グループ
4	もし自分が女になったら何をしたらよいか	1977.07.09	グループ
5	きっかけをつくるには	1977.07.13	グループ
6	もし募金を請求されたらどうするか？	1977.12.31	個人
7	もし女になったら何をしたいか？	1977.12.31	グループ
8	ボーイフレンド or ガールフレンドを得るためには	1977.12.31	
9	より良い高校生活とは?!	1978.11.16	グループ
10	黒板消しの利用法	1979.06.14	個人
11	いいお嫁さんになるために	1979.11.28	個人
220	「かっこいい」とはどういうことか	1993.12.06	個人
221	高校生らしいとはどういうことか	1993.12.06	個人
222	嫌いな奴とはどういう人だろうか	1994.12.11	個人
223	"むかつく"とはどういうことか？	1994.12.11	個人
224	人はどうして運動をするのか？	1994.12.11	個人
225	いやな事とは何か	1994.12.11	個人
226	まじめとは一体どういうことか	1994.12.12	個人
227	なぜ勉強をするのか！	1994.12.13	個人
228	最近何だか気にかかることはどんなことだろうか	1994.12.13	グループ
229	なぜつきあいたがるのか	1994.12.13	個人
230	「普通」とはいったいどういうことか？	1994.12.16	個人

表1　愛知県立丹羽高等学校「創造思考クラブ」における作品のテーマ例

島のシンボルマーク	投票者数 3点	投票者数 2点	投票者数 1点	総得点	作成平均年
真価の発揮	9	7	7	48	86.8
不愉快な時間	5	5	3	28	85.5
夢の土台づくり	9	7	5	46	85.3
謎の探究	3	5	3	22	86.6
能率志向	4	3	3	21	83.5
他人との関係づくり	4	6	8	32	86.6
個性の把握	1	2	5	12	83.0

※総得点と作成平均年の相関係数62％

表2　シンボルマーク、衆目評価点、作成平均年

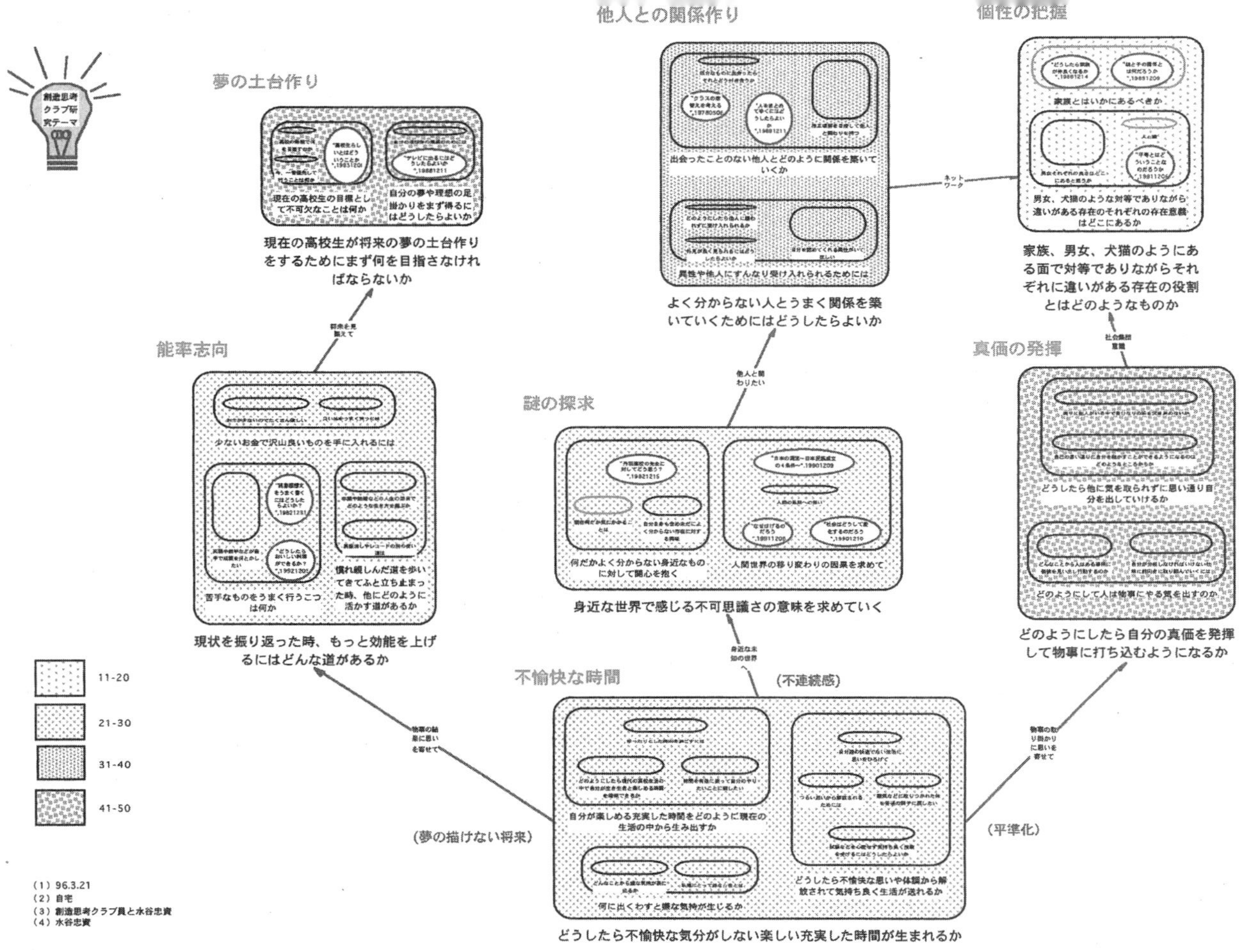

図2 創造思考クラブ研究テーマ

2.2.「総合的な学習の時間」[15]の校内実施に向けた取組
2.2.1. 材料・方法

　筆者は1995年から勤務していた愛知県立一宮高等学校において、2003年度から実施される「総合的な学習の時間（総合学習）」（1単位）の指導計画作成の仕事に携わった。

　愛知県教育委員会へ1999年2月に提出した地区別将来構想『魅力と活力ある学校づくり』研究報告書や学校活性化実施報告書の内容、およびKJとの対話記録を元データにして1999年8月に作成した探検型花火[16]から、総合学習の問題を探り、「教育的フィールドの取材に基づく質的データの創造的総合による問題解決とそれに取組む社会人の育成」という漠然とした授業のイメージをもっていた。

　2000年1月に、「総合学習の時間にどう取組むか」という主題のもとに、国立研究所教科教育研究部長であった中野重人氏の講演、ＮＨＫ教育テレビ番組「デジタルでひらく未来の教室『総合的な学習の時間』と生きる力」(1999年12月放映)、愛知県総合教育センターの研修資料を材料に、統合型花火を作成し総合学習の全体像の把握に努めた。そこでは、学校教育全体の枠組みの中での総合学習と各教科・科目および特別活動との関連やバランス、学び方やものの考え方を身につけ問題解決に向けた主体的・創造的態度の育成、情報活用の実践力やコミュニケーション能力の養成や指導案を最終的に作成する職員の体制作りがポイントであることを学んだ。

　同時に、3年間の総合学習を企画立案する校内の小委員会で話し合った内容を3回にわたり花火（探検ネット）で組み立て、2000年9月に「総合学習の時間に対する課題」という実施にいたる問題をまとめたKJ法図解（図3）を作成し、それに基づき2001年2月にアンケートを作成し、校内の教員全員に配布して、そのアンケート結果を踏まえたうえで3年間の総合学習指導計画を提案した。

2.2.2. 結果と考察

　当初の3年間の指導計画は、第1学年が「ホームルーム学習の自主企画」、第2学年が「地域社会が抱える課題の研究と提言」、第3学年が「個人研究と卒業文

---

[15]「総合的な学習の時間」の目標は、「横断的・総合的な学習や探究的な学習を通して、自ら課題を見付け、自ら学び、自ら考え、主体的に判断し、よりよく問題を解決する資質や能力を育成するとともに、学び方やものの考え方を身に付け、問題の解決や探究活動に主体的、創造的、協同的に取り組む態度を育て、自己の在り方生き方を考えることができるようにする」（学習指導要領）こととして、高等学校では2003年度の第1学年から学年進行で実施された。
[16] 探検型花火と統合型花火の違いについては、川喜田二郎（1986）『KJ法』中央公論社、300-302頁に詳しく書かれている。

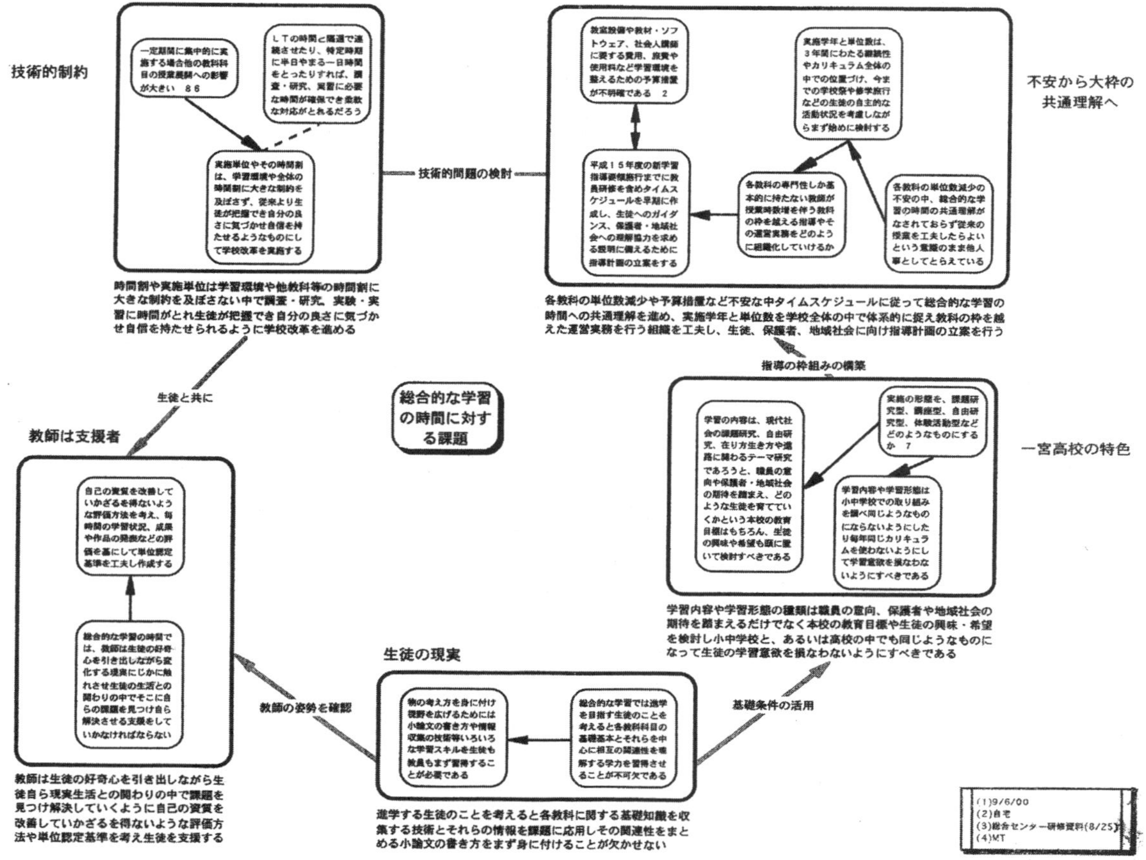

図3 「総合的な学習の時間」に対する問題点

芸集の発信」であった。しかし、2003年度より文部科学省からスーパーサイエンスハイスクール（Super Science High School : SSH）の指定を受けた関係で、2年遅れの2005年度普通科2年生文系コースのカリキュラムから、総合学習の授業を「読書指導による個人研究と発表」という内容で実施した。翌年には、第3学年文系が第2学年の取組を深め「文献調査に基づく論文の作成と発表」という内容へと発展した。最終的には3学年とも、各教科・科目の知識や技能と関連づけて深化させ、生徒自らの課題解決に活かすことができるように、教科中心的な内容を取り入れる方向で、実施主体の学年会の合意を得ることができた。

　総合学習の指導計画を立案するさいに、花火やKJ法図解を使って議論を進めてきたことは、指導内容が学年会の意向により現実的な修正が加えられていったものの、次の点で有益であった。それは、総合学習のねらいの一部である「探求的な学習」や「体験活動と言語活動の充実」の精神が、各学年団の創意工夫ある取組に引き継がれたことである。KJ法を利用して累積的に問題の本質に迫っていくことにより、参画的意識が育つとともに、総合学習の全体像が共有され、合意の形成が着実なものになっていったからだと考えられる。

2.3. インターンシップ[17]の授業
2.3.1. 材料・方法

　筆者の勤めている名古屋外国語大学外国語学部英語教育学科では、大学2年生、3年生の希望者を対象に、4年生で実施する教育実習に先んじて公立中学校の現状を把握し、教員の仕事を理解し体験させるために、平成21年度より英語教育学科専門科目「英語教育インターンシップC（中学校）」（中学校インターンシップ）を開講している。インターンシップの指導に活かすため、学生の学びのプロセスとインターンシップでの学習内容をKJ法を用いて探ってみた。

　平成21年5月から7月（1期）にかけて、計10回延べ30時間の中学校インターンシップに参加した学生12名に、インターンシップ終了ごとに実地研修報告書を提出させて、報告内容にある学びの要点をラベル化し、同じ研修時期ごとに8名のラベルの表札作りを行った（図4）。

　また、平成22年1期のインターンシップの最終報告会の後、「教職では何が大切か」というテーマのもとにインターンシップを通して学んだことについて、12

---

[17] 文部科学省の「大学等におけるインターンシップ実施状況調査（平成19年度）」の結果によれば、約68％の大学でインターンシップ（学生が在学中に企業等で自らの専攻や将来のキャリアに関連した就業体験を行うこと）を授業科目と位置づけて実施しており、引き続き増加傾向にある。

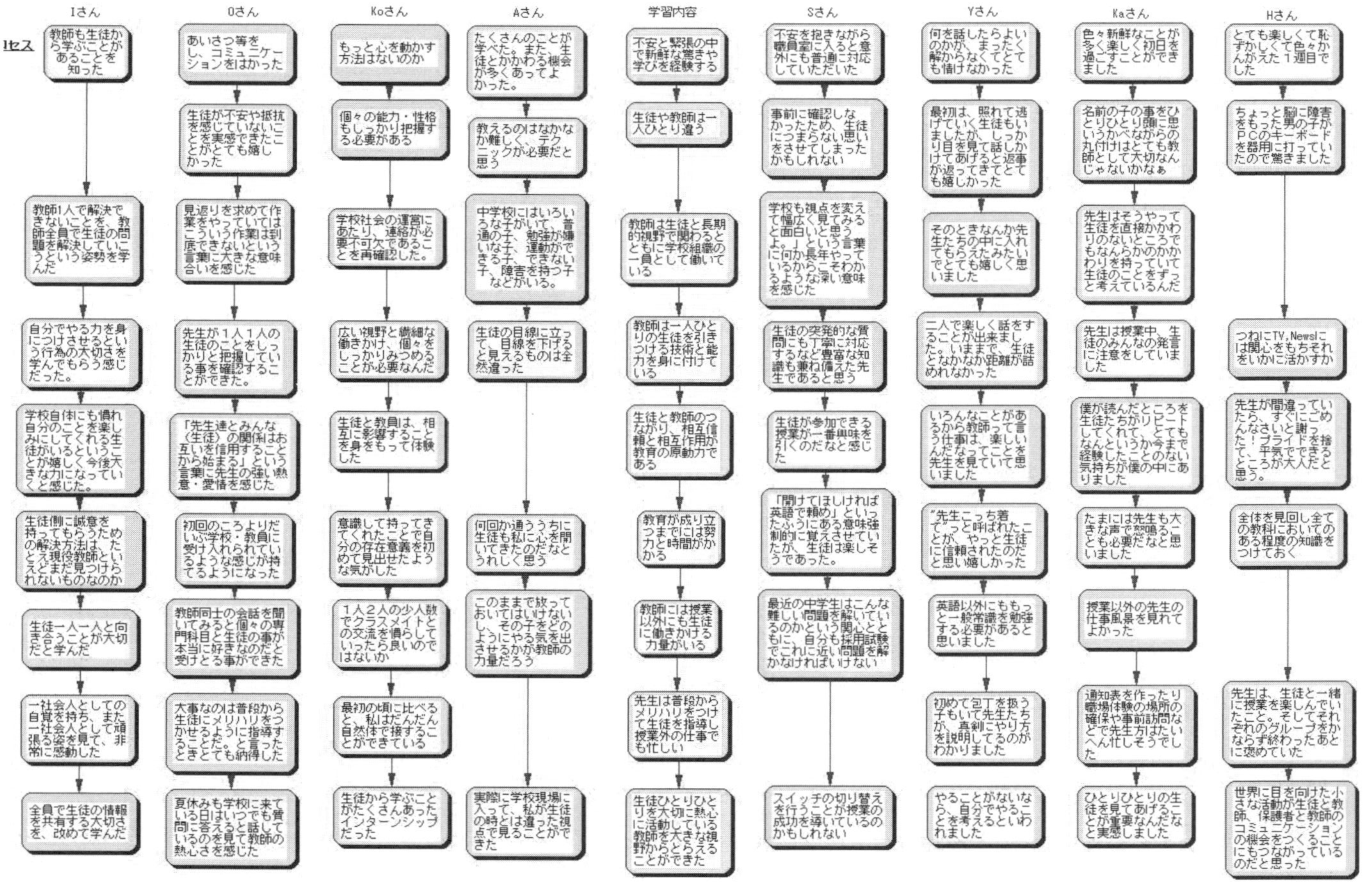

図4 英語教育インターンシップC（中学校）報告書に書かれている学びのプロセス

名の学生に重要なものから二つ書いてもらった。その24枚のラベルをKJ法で組み立て学生による衆目評価を行った（図5）。

2.3.2. 結果と考察

　中学校インターンシップの学びのプロセスは、(1)不安な中での新鮮な驚き、(2)生徒や教師は十人十色、(3)教師は学校組織の一員、(4)教師それぞれの技術と魅力、(5)生徒と教師の相互信頼と相互作用、(6)教育に要する努力と時間、(7)教師に必要な授業以外の力量、(8)教師のメリハリある仕事ぶり、(9)生徒一人ひとりを大切にする教師という流れであった。教師と生徒を一人ひとり分別し、教師の個人的な特性から教師と生徒のつながりへ焦点が移り、そして教師の授業以外の活動ぶりから生徒一人ひとりへの愛情へと学びの視線が深まっていることが分かる。さらに、図5からは、生徒観察と日々の研修の循環によってもたらされる教師の自信と生徒の模範としての教師の役割を、学生が把握していることが分かる。

3. 高校・大学教育におけるKJ法の将来展望

　高校や大学のどのような場面で、どのような目的のためにKJ法を使用することが効果的なのだろうか。それは、これからの社会が高校生や大学生に求める学力とKJ法がもつ特徴によって決まってくると考えることができる。

　高校生に求める学力の重要な要素については、2009年3月公示の高等学校学習指導要領の第1章総則で次のように規定している。「基礎的・基本的な知識および技能を確実に習得させ、これらを活用して課題を解決するために必要な思考力、判断力、表現力その他の能力をはぐくむとともに、主体的に学習に取り組む態度を養い、個性を生かす教育の充実に努めなければならない」特に、今回の改定では「思考力」、「判断力」、「表現力」と「学ぶ意欲」を重視した。

　また、2010年に行われた日本経済団体連合会による「産業界の求める人材像と大学教育への期待に関するアンケート結果【概要版】[18]」によれば、採用に際して大学生に期待する素質・態度、知識・能力は、「主体性」、「コミュニケーション能力」、「チームワーク・協調性」、「問題解決能力」が上位を占めている。

　このように、日本の社会が高校生と大学生に求める学力は、とても似通ったものになっている。しかも、これらの具体的な学力の要素は、KJ法の「内なる相

---

[18] ㈳日本経済団体連合会（2011）「産業界の求める人材像と大学教育への期待に関するアンケート結果【概要版】」http://www.keidanren.or.jp/japanese/policy/2011/005/gaiyo.pdf（2011年9月24日にアクセス）

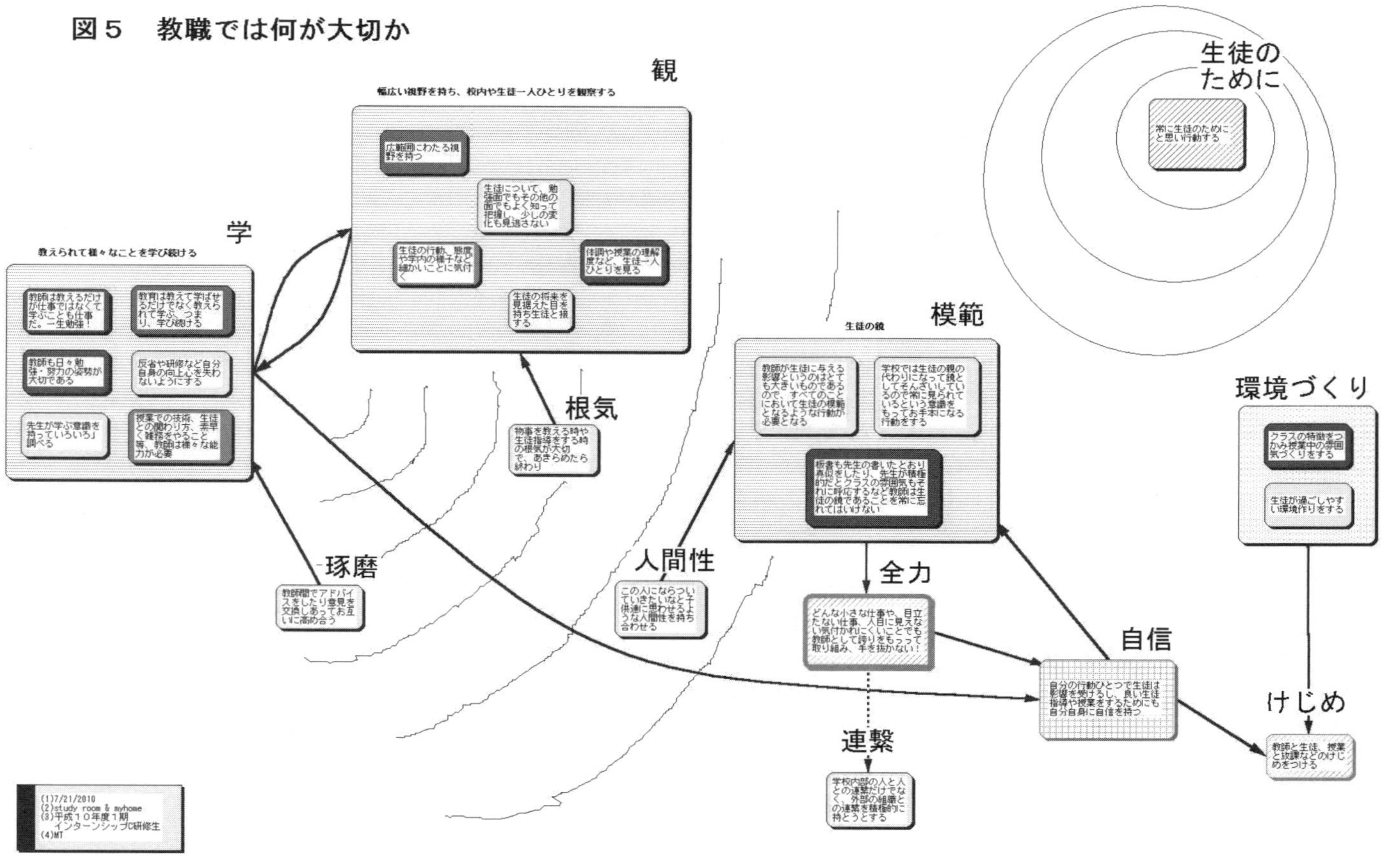

図5 英語教育インターンシップC（中学校）で学んだ内容

談相手（となる）」、「全体像（がつかめる）」、「合意形成（を促す）」、「参画と共有（を要求する）」、「学びの手がかり（となる）という特徴と深く結びつき、高等学校や大学における教育活動をKJ法は十分に支援することができる。この関係を図示したのが図6「高大フィールドにおけるKJ法の将来展望」である。この図の中心にはKJ法の特徴を、周辺には求められる学力や教育効果を配置し、その中間には、両者と密接に関係するKJ法の活用事例が記入してある。これからの高校教育と大学教育のKJ法による連携を考えるとき、次の5つの教育活動の場面における使用が効果的である。

　第一に、教師と生徒、学生一人ひとりの志の共通理解、すなわち教育活動に参画する構成員のコミュニケーションを図る活動である。次に、自らが学んだり気づいたりした内容を整理する活動である。インターンシップのレポートを作成したり、心のマップを描いてみたり、プレゼンのスピーチや論作文を組み立てるときに役立つ。第三に、研究や討論や講義などの主題を探求する活動をするときである。総合的な学習の時間やゼミナールにおいて問題の提起を行ったり、討論の論点を見つけたり、授業や研究のまとめなどにKJ法を用いることができる。第四に、説明の指針を考えるときである。授業の方向付けや方針、授業内の活動やプレゼンの設計や方法など、授業や説明を組み立てる段階で用いることができる。最後に、どこまで進み、今どこにいるのかを確認するときにKJ法を利用することができる。例えば、授業で学んだことを振り返るとき、教育活動の計画や進行を確認するとき、進行係や記録係を引き受け記録を残す必要がある場合である。

　創造活動が絶えず求められる情報化革命や人間革命の時代に、後期中等教育と高等教育をつなぐ高校・大学でのKJ法の役割は重大であると考える。

参考文献

武谷三男・湯川秀樹・坂田昌一（1970）『現代学問論』毎日新聞社
川喜田二郎（1964）『パーティー学』現代教養文庫　154-246頁
川喜田二郎（1986）『KJ法』中央公論社　439-556頁
川喜田二郎（1995）『川喜田二郎著作集4 発想法の科学』中央公論社　71-160頁
川喜田二郎（1966）『チームワーク』光文社　86-90頁
川喜田二郎（1993）『創造と伝統』祥伝社　229-361頁
水谷忠資（2010）「英語教育インターンシップC 中学校」『自我作古』第2号
　　　名古屋外国語大学外国語学部英語教育学科　74-106頁
川喜田二郎（1995）『野性の復興』祥伝社　3-11頁

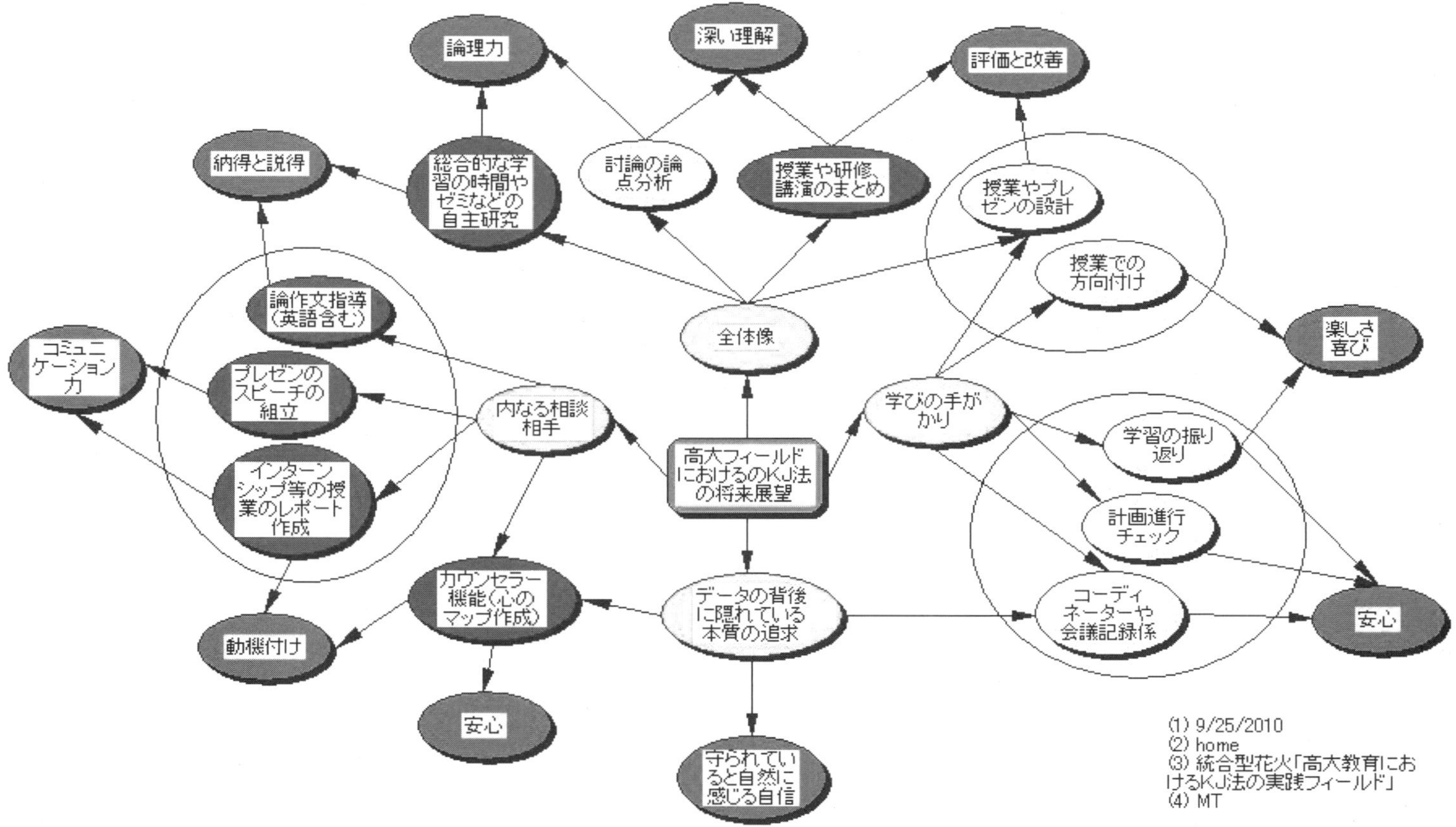

図6 高大フィールドにおけるKJ法の将来展望

日本人熟年海外旅行者の傾向と背景（考え方、行動）そして未来
The travel habits of elderly Japanese tourists
近藤喜十郎

まえがき

　私とKJ法とのお付き合いはかれこれ30年以上になる。第一回KJ法学会が開催された1977年に御殿場において最初の講習を受け、その後、上級研究班に至るまで約2年間研修を受け、学園化委員会、経営委員会で数年に亘り、KJから直接指導の機会を多く頂いた。当時、私は小売業ビジネスに携わっていて、ある年、ビールメーカーから経営論文募集の企画があったのでKJ法を使って論文を作り、提出したしたところ優秀賞に選ばれた。ちょうどその時期にKJ法実践シリーズの出版がプレジデント社からあったので論文を載せてもらうことができた。

　2000年に仕事から離れ、学問の世界への憧れから英国への留学を決意した。2つの大学を卒業し、Bachelor of ArtsとBachelor of ScienceのCertificateを得た。大学での課題、論文にKJ法を多用し、KJ法の技法が自分の勉強方法の基本になっていた。

　この論文はSolihull Collegeでの卒業論文を日本語で要約したもので、論文の資料となるものは主に日本で出されたものである。作品は累積KJ法の本質追究ラウンドR3まできちんと行った。

　結論や予測を今読み返してみると、大体がそのような傾向になっていったので、改めてKJ法の読みの深さを実感した。

1. 海外旅行者の動向への関心

　近年、日本人海外旅行者の増加は驚くべきものがある。国外へ行って楽しむのが日本人にとってより身近になってきている。その主な年齢層は若者世代だったが、今や熟年層が主流になってきた。

この論文はまず、第一段階として2003年の経済状態に目を向けてみた。次に政府の観光白書を元に海外への旅行者を分析してみた。そのなかで私は海外旅行者の主流な形を見つけることができた。すなわち、熟年旅行者は歴史や外国文化により多くの興味をもつようだ。
　旅行業者にとって熟年層の特徴をはっきり捉えることは重要になる。また、熟年層への理解をもっているかどうかも大切となる。
　この論文では、旅行業者と旅行業に関係している業界の経営トップに旅行者業界で最大の調査機関が行った質問を、了解の元、分析させてもらった。
　分析の結果、旅行業界は熟年層をターゲットにした新しい旅行の形を企画し、価格競争に陥らないようにしようとしていることが見えてきた。

2. 海外旅行者の最近の傾向を熟年層、女性、独身層と見てみる

現状把握図解1-1（図1）

　海外旅行をする熟年層とはどんな特徴をもち、どう考えているか、また今後、旅行はどう変わってゆくのだろうか。これらの事を考えてみたい。

2.1. 熟年層がもっている自分の未来に対する気持ち

　熟年層の特徴は今までの体験や学習を踏まえ、未知なる分野に目を向け、スタートを切ろうとする気持ちをもっている。
　ここまで生きてきて、これからの人生を新しくもう一回やり直したい、定年は第二の人生のスタートだという気持ちをもっている人が多い。社会との接触を無くすることなくむしろ接触に充実感をもち、且つ少年時代の趣味や憧れを現実化しようと追うより、むしろ新たに始めたことやこれから行なおうとしている分野に志向を向けているのが60代、70代の層。
　経験や体験から来たのか、仕事だけでも余暇だけでも豊かな人生ではないことを理解する層が増えてきた。すなわち充実した余暇がなければ充実した仕事もない、その逆も然り。

2.2. 熟年層における行動の積極さを表す数字。

　具体的に1.で述べた特徴が表れているものとして海外旅行への参加を見てみたい。現在中国方面の旅行は堅調に伸びているがその核になるのは参加の60％を占める熟年層だという。また全体の数字を見ると50才台の男性が増えてシェアは12.1％と主にビジネスの旅行をしている30代男性の12.4％に迫る勢いになっ

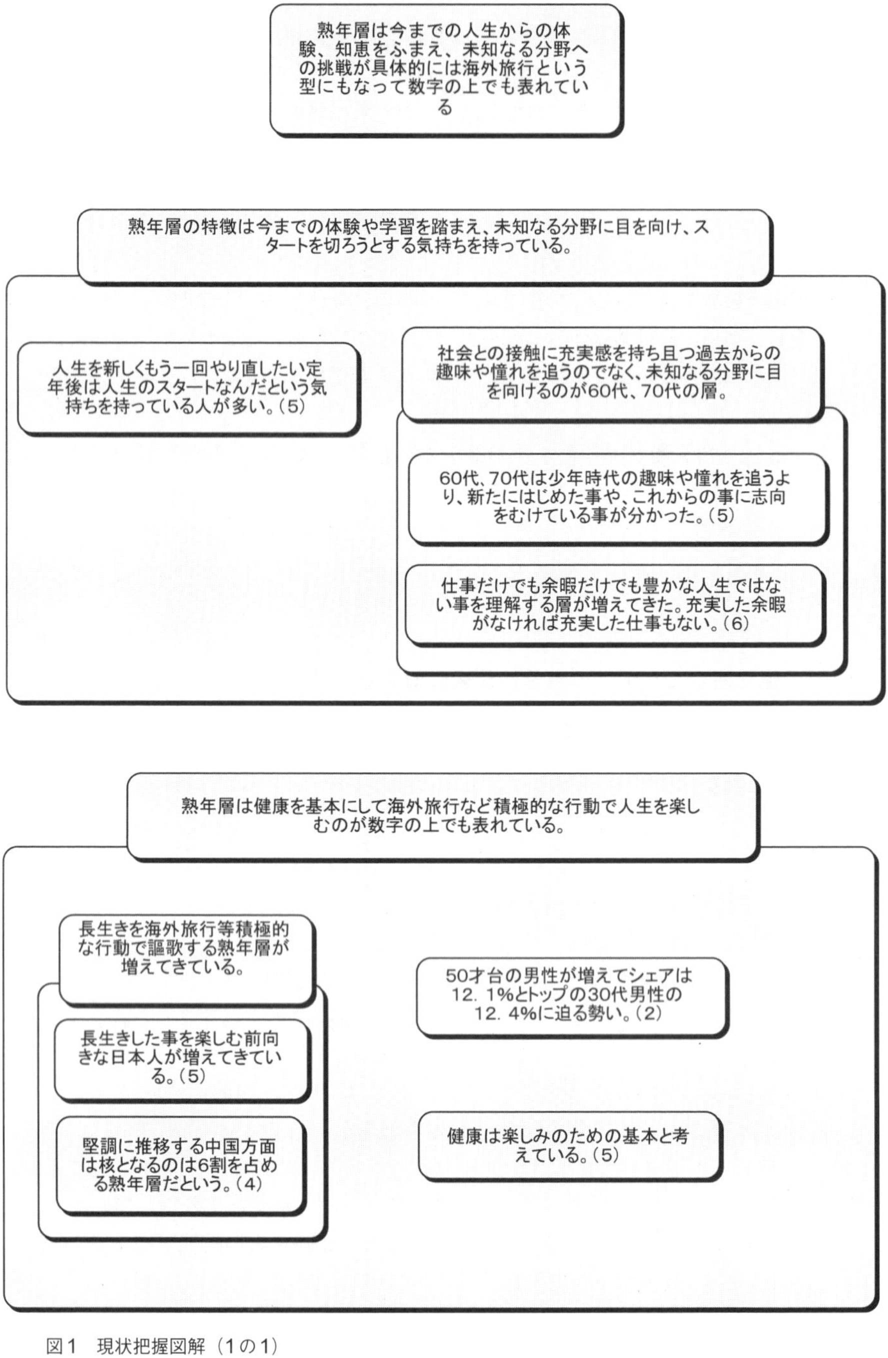

```
                    ┌─────────────────────────┐
                    │ 熟年層は今までの人生からの体 │
                    │ 験、知恵をふまえ、未知なる分野 │
                    │ への挑戦が具体的には海外旅行 │
                    │ という型にもなって数字の上でも│
                    │ 表れている                │
                    └─────────────────────────┘
```

┌───┐
│ 熟年層の特徴は今までの体験や学習を踏まえ、未知なる分野に目を向け、ス │
│ タートを切ろうとする気持ちを持っている。   │
│   │
│ ┌──────────────────────┐ ┌──────────────────────────────┐ │
│ │ 人生を新しくもう一回やり直したい定 │ │ 社会との接触に充実感を持ち且つ過去からの │ │
│ │ 年後は人生のスタートなんだという気 │ │ 趣味や憧れを追うのでなく、未知なる分野に目 │ │
│ │ 持ちを持っている人が多い。(5)   │ │ を向けるのが60代、70代の層。   │ │
│ └──────────────────────┘ └──────────────────────────────┘ │
│   ┌──────────────────────────────┐ │
│   │ 60代、70代は少年時代の趣味や憧れを追 │ │
│   │ うより、新たにはじめた事や、これからの事に志向 │ │
│   │ をむけている事が分かった。(5)   │ │
│   └──────────────────────────────┘ │
│   ┌──────────────────────────────┐ │
│   │ 仕事だけでも余暇だけでも豊かな人生ではな │ │
│   │ い事を理解する層が増えてきた。充実した余暇 │ │
│   │ がなければ充実した仕事もない。(6)   │ │
│   └──────────────────────────────┘ │
└───┘

┌───┐
│ 熟年層は健康を基本にして海外旅行など積極的な行動で人生を楽し   │
│ むのが数字の上でも表れている。   │
│   │
│ ┌──────────────────────┐ ┌──────────────────────────────┐ │
│ │ 長生きを海外旅行等積極的 │ │ 50才台の男性が増えてシェアは   │ │
│ │ な行動で謳歌する熟年層が │ │ 12.1%とトップの30代男性の   │ │
│ │ 増えてきている。   │ │ 12.4%に迫る勢い。(2)   │ │
│ └──────────────────────┘ └──────────────────────────────┘ │
│ ┌──────────────────────┐   │
│ │ 長生きした事を楽しむ前向 │   │
│ │ きな日本人が増えてきてい │   │
│ │ る。(5)   │   │
│ └──────────────────────┘   │
│ ┌──────────────────────┐ ┌──────────────────────────────┐ │
│ │ 堅調に推移する中国方面   │ │ 健康は楽しみのための基本と考   │ │
│ │ は核となるのは6割を占め   │ │ えている。(5)   │ │
│ │ る熟年層だという。(4)   │ └──────────────────────────────┘ │
│ └──────────────────────┘   │
└───┘

図1　現状把握図解（1の1）

```
┌─────────────────────────────────────────────────────────┐
│  女性を中心とした熟年マーケットはテロ事件の影響から     │
│  旅行を止めるのではなく行き先を変えて旅行をしている     │
└─────────────────────────────────────────────────────────┘

┌───────────────────────────────────────────────────────────────────────┐
│ ┌─────────────────────────────┐   ┌─────────────────────────────┐   │
│ │ 60才以上と50台の女性を中心に │   │ アメリカ合衆国圏への旅行がテロ│   │
│ │ した熟年マーケットは9.11事件 │   │ 事件の影響でか特に熟年層を中 │   │
│ │ の落ち込み以上にヨーロッパを始│   │ 心に減ったままになっている。 │   │
│ │ め回復してしまった。         │   │                              │   │
│ └─────────────────────────────┘   └─────────────────────────────┘   │
│                                                                       │
│   ┌───────────────────────────┐     ┌───────────────────────────┐   │
│   │ 熟年マーケットの回復は順調で│     │ HawaiiやGuamを含め500万   │   │
│   │ 欧州は例年を上回る水準になっ│     │ 人Marketだった米国への旅行 │   │
│   │ ている。(4)                │     │ が回復していない。(2)      │   │
│   └───────────────────────────┘     └───────────────────────────┘   │
│   ┌───────────────────────────┐     ┌───────────────────────────┐   │
│   │ 9.11事件前後の落ち込みと戻 │     │ 熟年層はどこかでテロ事件を引│   │
│   │ りが一番顕著なのは60才以上 │     │ きずっているのでは。(2)    │   │
│   │ と50台の女性。(2)          │     │                            │   │
│   └───────────────────────────┘     └───────────────────────────┘   │
└───────────────────────────────────────────────────────────────────────┘

                          ▽ 心理的には

┌───────────────────────────────────────────────────────────────────────┐
│  旅に対して女性は非日常性への憧れを持ち、逆に男性は日常性を            │
│  欲しがるが、共に日常性があると安心感を持つ                            │
│                                                                       │
│   ┌───────────────────────────┐     ┌───────────────────────────┐   │
│   │ 男性は旅に日常性を志向してい│     │ 女性は非日常性が強い。大枠  │   │
│   │ る。妻と行きたがる。旧来の友│     │ は非日常だが、日常を旅にも  │   │
│   │ 人と行く。(5)              │     │ ちこむ。夫を自分の友人との旅│   │
│   │                            │     │ 行に連れて行ってもうっとおし│   │
│   │                            │     │ いとは思わない。(5)        │   │
│   └───────────────────────────┘     └───────────────────────────┘   │
└───────────────────────────────────────────────────────────────────────┘
```

図2　現状把握図解（1の2）

てきている。
　熟年層の行動を支えるものに、健康は楽しみのための基本という考えがある。長生きをしたことを楽しむ前向きな日本人が増えてきている。

現状把握図解1-2（図2）
2.3. 熟年マーケットの動きと男女の心理的なちがい
　次に女性を中心に見てみたい。女性を中心とした熟年マーケットはテロ事件の影響から旅行を止めるのではなく行き先を変えて旅行をしている。60才以上と50才代の女性は9.11事件後の落ち込みと戻りが一番顕著で、マーケットの回復は順調で特に欧州は例年を上回っている水準になっている。反面、アメリカ合衆国への旅行が特に熟年層を中心に減ったままになっている。ハワイやグアムを含め500万人マーケットだった米国への旅行が回復していない。熟年層はどこかでテロ事件を引きずっているのかもしれない。
　男性は旅に日常性を志向している。妻と行きたがり、また旧来の友人と行く。反面、女性は非日常性が強い。大枠は非日常だが、日常を旅にもち込む。夫を自分の友人との旅行に連れて行っても鬱陶しいとは思わない。

現状把握図解2（図3）
2.4. 経済環境が与えている影響
　世の中全体がお金に余裕なくなっている雰囲気の中で旅行に出費する明快な動機と理由がないと出費しない層が20代を中心に増え、それが市場を縮小させている。例えば、独身20代は金銭的な余裕がない。また、市場のマイナス面は収入減や経済先行き不安。材料がおもな原因と思われる。収入が減っているというような経済的な理由の方が旅行界全体のマーケットを直撃している。
　旅行市場全体の減少は、経済に対する先行き不安材料と実際の収入減から来る生活の余裕の無さが、特に20代を中心に起こってきている。特に独身20才台は金銭的な余裕がなく、旅行での構成比を見ても数字が落ちてきている。

このような現状から考えられるヒント
　これからの旅行の形は金銭的にも日数でも柔軟で気軽に旅行の過程を楽しむ形になってゆくのではないだろうか？　例えば、お金をかけず、好きな人と好きな時間や回数で出かける。また、点ではなく、点と点との間の線を旅の主役に置き換えることで、より親しみやすく、また来たいと感じる。例えば、USAは車でないと訪れ難い魅力的な観光地があちこちに点在している。

```
┌─────────────────────────────────────────────────────────┐
│ 世の中全体がお金に余裕がなくなっている雰囲気の中で旅行に出 │
│ 費する明解な動機と理由がないと出国しない層が20代を中心に  │
│ 増え、それが市場を縮小させている。                         │
└─────────────────────────────────────────────────────────┘
```

┌───┐
│ ┌───┐   │
│ │ 旅行市場の全体の減少は経済に対する   │   │
│ │ 先行不安材料と実際の収入減から来る余   │   │
│ │ 裕のなさが特に20代を中心に起こっている   │   │
│ └───┘   │
│   │
│ ┌──────────────┐ ┌──────────────┐   ┌──────────────────────────┐   │
│ │20代女性特に独身女性│ │市場のマイナス面は収入│ │はっきりとした動機づけと理由が │
│ │は金銭的余裕がないの│ │減や経済先行き不安材料│ │経済的、時間的制約を凌駕しない │
│ │で構成比を落としてき│ │が主な原因と思われる。│ │と海外へ出かけない時代が特   │
│ │ている。   │ └──────────────┘   │に20代を中心に訪れた。   │
│ └──────────────┘   └──────────────────────────┘   │
│ ┌──────────────┐ ┌──────────────┐   ┌──────────────────────┐   │
│ │独身20代は金銭的な余│ │収入が減っているというよ│ │20歳台は経済的な理由と興│   │
│ │裕がない。(2)   │ │うな経済的な理由の方が │ │味の分散化、他に楽しみが豊│   │
│ └──────────────┘ │マーケットを直撃してい │ │富にあるため時間の余裕もな│   │
│ ┌──────────────┐ │る。(2)   │ │い。(2)   │   │
│ │20代女性は構成比を │ └──────────────┘ └──────────────────────┘   │
│ │落としてきている。(2)│ ┌──────────────┐ ┌──────────────────────┐   │
│ └──────────────┘ │家計の厳しさや経済に対 │ │理由がなければ海外旅行に │   │
│   │する先行き不安が市場の │ │出かけて行かない時代が訪 │   │
│   │マイナス面を助長してい │ │れた。(2)   │   │
│   │る。(2)   │ └──────────────────────┘   │
│   └──────────────┘   │
└───┘

                              ↓ ヒント

```
┌─────────────────────────────────────────────────────────┐
│ これからの旅行の形は金銭的にも日数でも柔軟で気軽に旅行    │
│ の過程を楽しむ形になってゆく                              │
└─────────────────────────────────────────────────────────┘
```
  ┌──────────────────────┐   ┌──────────────────────┐
  │これからはお金をかけず、好きな│   │点ではなく、点と点との間の線を│
  │人と好きな期間や回数ででかける│   │旅の主役に置き換えることで、より│
  │Soft Tourismの時代だ。(6) │   │親しみやすく、又来たいと思う米│
  └──────────────────────┘   │国にふれる。(2)   │
                               └──────────────────────┘

                              ↓ 例えば

```
┌──────────────────────────┐
│ USは車でないと訪れ難い       │
│ 魅力的な観光地があちこ       │
│ ち点在している。(2)         │
└──────────────────────────┘
```

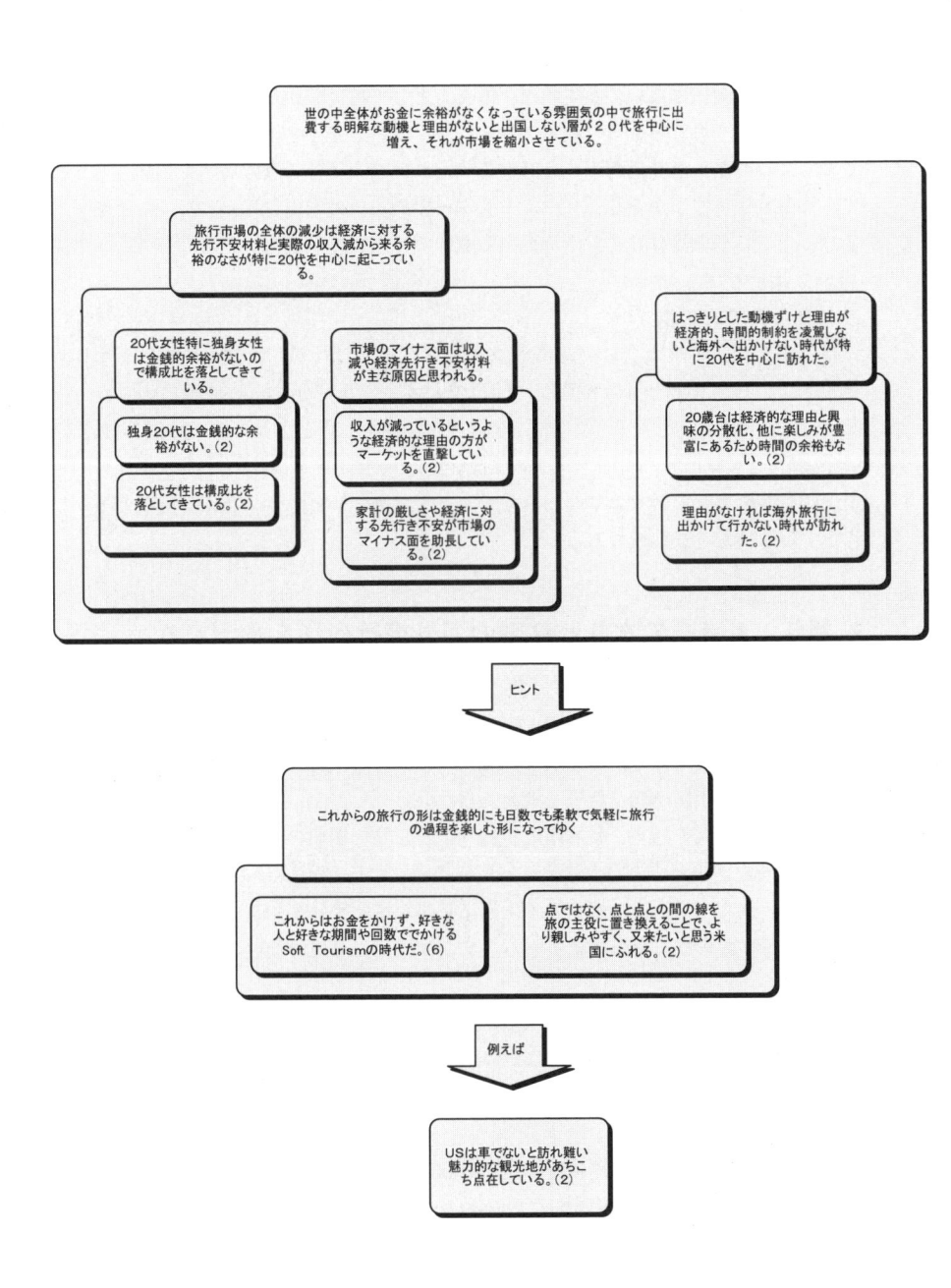

図3　現状把握図解2

2.5. 海外旅行に対する考えの変化

　20才台は経済的な理由からと興味の分散化、他に楽しみが豊富にあるため出かける時間の余裕もないのが現状だ。考え方として時間をかけないですぐに現実化したいという思考をもっている。例えば「グランドキャニオンは凄そうだが行くまでに時間が掛かり過ぎる」と考える。それにバーチャルな臨場感を体験させてくれる電子機器類があり、ゲームセンターであるいは家で見近かに浸ることができる。これら機器は考えてみるとある意味では旅行の敵ともいえる。

これからの旅行の形

　時代の変化と日本人全体の経済的水準を考えるとこれからの旅行の形はお金をかけず、好きな人と好きな期間や回数でかけるSoft Tourismの時代に入ったといえる。例えば今までの点（都市、観光地）ではなく点と点との線（列車での旅、車での旅を楽しむ、カントリーサイドの風景や都市の景観を窓から楽しむ、等）を旅の主役に置き換えることでより親しみやすく、また来たいと思う。特に米国などそれをするには最適な地域だろう。

3. 熟年、若者層の本質と今後の海外旅行の形を予測する

　（本質追及図解　その1）（図4）

　ここでは熟年層海外旅行者の本質とそれに対称的な20代を中心とした若者層の志向と感覚について考えてみよう。またこれからの旅行の形も予測してみたい。

　まず最初に熟年層の経済環境を考えてみたい。

　家族が殆ど成人を過ぎ、家族構成が減りまた、長い期間の生活維持をしてきた努力の結果、生活水準の向上に伴う家庭内のインフラ（Infrastructure）が整ってきている。例えば車、家、家庭内の生活に必要な電化製品等殆どあるのでそれらに支出するのが少なくなってきている。また少子化は可処分な財産を増やしている。

　長い間勤めた組織を無事定年退職し、その後収入は減るが比較的自由度の高く、時間的余裕も作れる職業に再就職したり、また就職しないまでも年金支給という収入も可処分所得を増やしてより多くの所得を旅行に支出できる状態になってきているのではないだろうか。

　次に、熟年層の旅行に取り組む姿勢を予測してみたい。

　まず、「安全」が全てに優先する。危険と思われる所には近付かないし、危険を伴うと予測される体験もできるだけ参加に尻込みをする。体力チェックと共に

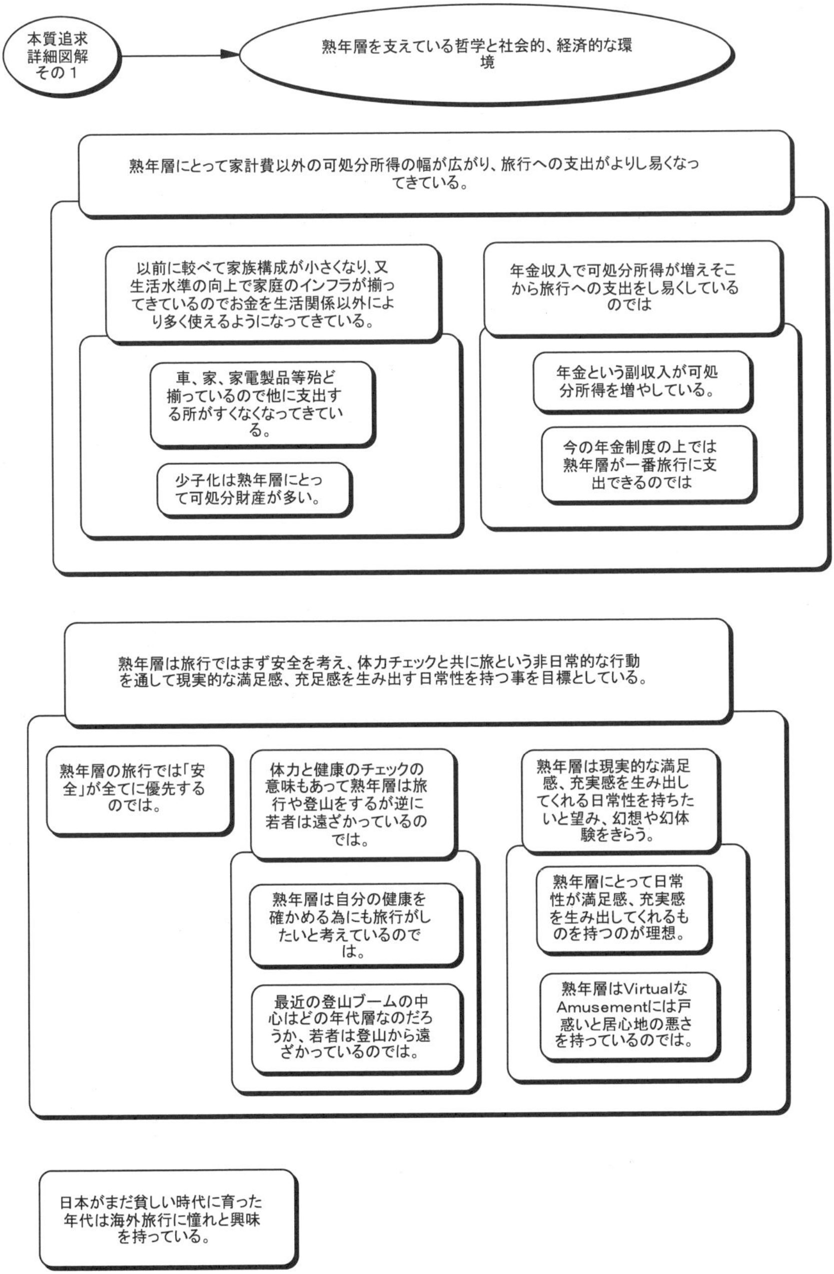

本質追求詳細図解 その1 → 熟年層を支えている哲学と社会的、経済的な環境

熟年層にとって家計費以外の可処分所得の幅が広がり、旅行への支出がより易くなってきている。

- 以前に較べて家族構成が小さくなり、又生活水準の向上で家庭のインフラが揃ってきているのでお金を生活関係以外により多く使えるようになってきている。
  - 車、家、家電製品等殆ど揃っているので他に支出する所がすくなくなってきている。
  - 少子化は熟年層にとって可処分財産が多い。
- 年金収入で可処分所得が増えそこから旅行への支出をし易くしているのでは
  - 年金という副収入が可処分所得を増やしている。
  - 今の年金制度の上では熟年層が一番旅行に支出できるのでは

熟年層は旅行ではまず安全を考え、体力チェックと共に旅という非日常的な行動を通して現実的な満足感、充足感を生み出す日常性を持つ事を目標としている。

- 熟年層の旅行では「安全」が全てに優先するのでは。
- 体力と健康のチェックの意味もあって熟年層は旅行や登山をするが逆に若者は遠ざかっているのでは。
  - 熟年層は自分の健康を確かめる為にも旅行がしたいと考えているのでは。
  - 最近の登山ブームの中心はどの年代層なのだろうか、若者は登山から遠ざかっているのでは。
- 熟年層は現実的な満足感、充実感を生み出してくれる日常性を持ちたいと望み、幻想や幻体験をきらう。
  - 熟年層にとって日常性が満足感、充実感を生み出してくれるものを持つのが理想。
  - 熟年層はVirtualなAmusementには戸惑いと居心地の悪さを持っているのでは。

日本がまだ貧しい時代に育った年代は海外旅行に憧れと興味を持っている。

図4　本質探究詳細図解　その1

旅という非日常的な行為を通して現実的な満足感、充足感を生み出す日常性をもつことを目標としている。具体的な現象としてテロ事件後のアメリカへの旅行が特に熟年男性層が回復してこない。反面、国内での旅行先には観光地ばかりではなく、登山も以前に増して増えている。最近の登山ブームを支えているのは熟年登山愛好家と見られる。熟年層は自分の体力と健康のチェックの意味もあって登山をするが、逆に若者層は遠ざかっているのではないだろうか。その理由は後で述べたい。

　もう一つ熟年層の特徴は、今日、若者層を中心に現在、VirtualなAmusementsに人気が集中しているようだが、熟年層にとってはそれらに対して戸惑いと居心地の悪さをもっているのではないだろうか。熟年層は現実的な満足感、充実感を生み出してくれる日常性をもちたいと願い、機械による人的な操作によって生み出される幻想や幻体験をあまり好まないのではないだろうか。日本がまだ貧しい時代に育った年代は海外旅行に憧れと興味をもっている。

4. 現代の若者志向と感覚を捉える

　（本質追求図解　その2）（図5）

　では熟年層に対比される現代の若者はどうだろうか。ここでかれらの志向と感覚について予測してみたい。

　前章で見られるように海外への旅行が若者層は減ってきている。この原因を彼らの志向と感覚、経験から大胆に予測してみると次のようなことが考えられる。

　まず、20代は非日常性を海外旅行以外に求めているのではないだろうか。例えば、臨場感を満足させてくれる電子機器（High-Vision, TV-game）の発達。海外まで出かけなくとも体験できるVirtual Amusementの数々。都市の再開発から生み出される新しい快適な商業環境と娯楽施設を含めた空間、これらが若者を取り囲み魅力あるものとして迫ってきている。

　もう一つ、彼らの教育体験から考えてみると、外国の歴史、地理、風土に対して興味を抱かせないように思われる教育方法に問題があるのではないだろうか。

　現在、日本国内には社会生活の向上発展で周りには有り余る程の魅力的な体験がある。20代は興味をもったらすぐに手に入れるものを欲しがり、時間がかかり、肉体的、精神的辛抱をそれらを得るまで要求されることを敬遠する。例えば「グランドキャニオンには行ってみたいが、時間が掛かり過ぎる」や「山登りは頂上の景色は綺麗だろうし、さぞ気持ちがいいと思うが、登るには辛く苦しい時間を体験しなければならない」という考えに表れる。20代は日常性の中へ埋没して

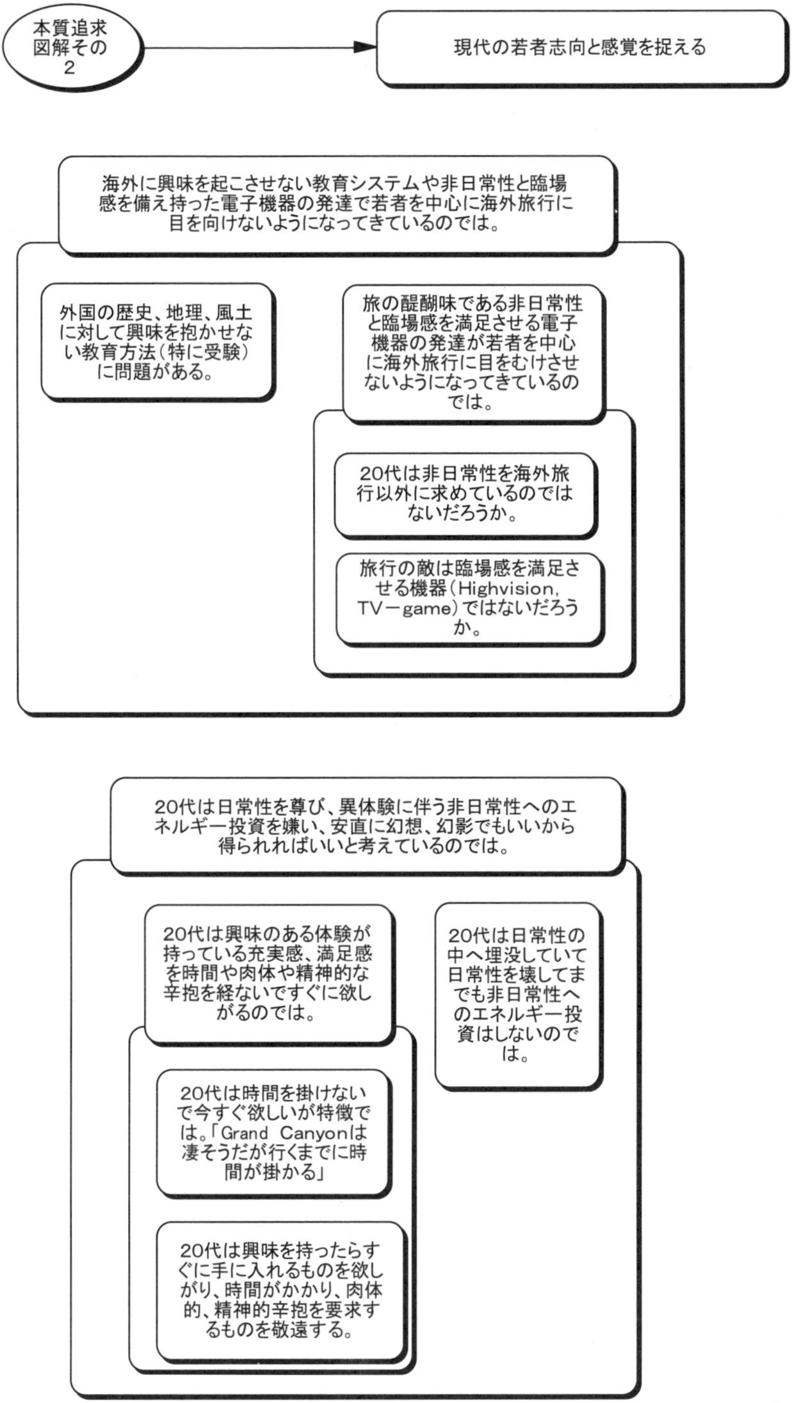

```
┌──────────┐
│ 本質追求  │
│ 図解その  │────────────────▶  現代の若者志向と感覚を捉える
│    2     │
└──────────┘
```

┌───┐
│ 海外に興味を起こさせない教育システムや非日常性と臨場   │
│ 感を備え持った電子機器の発達で若者を中心に海外旅行に   │
│ 目を向けないようになってきているのでは。   │
│   │
│   ┌──────────────────┐ ┌──────────────────────┐   │
│   │ 外国の歴史、地理、風土│ │ 旅の醍醐味である非日常性│   │
│   │ に対して興味を抱かせな│ │ と臨場感を満足させる電子│   │
│   │ い教育方法（特に受験）│ │ 機器の発達が若者を中心 │   │
│   │ に問題がある。   │ │ に海外旅行に目をむけさせ│   │
│   └──────────────────┘ │ ないようになってきている │   │
│   │ のでは。   │   │
│   └──────────────────────┘   │
│   ┌──────────────────────┐   │
│   │ 20代は非日常性を海外旅 │   │
│   │ 行以外に求めているのでは │   │
│   │ ないだろうか。   │   │
│   └──────────────────────┘   │
│   ┌──────────────────────┐   │
│   │ 旅行の敵は臨場感を満足さ │   │
│   │ せる機器（Highvision,   │   │
│   │ TV－game）ではないだろう │   │
│   │ か。   │   │
│   └──────────────────────┘   │
└───┘

┌───┐
│ 20代は日常性を尊び、異体験に伴う非日常性へのエ   │
│ ネルギー投資を嫌い、安直に幻想、幻影でもいいから   │
│ 得られればいいと考えているのでは。   │
│   │
│   ┌──────────────────┐ ┌──────────────────┐   │
│   │ 20代は興味のある体験が│ │ 20代は日常性の   │   │
│   │ 持っている充実感、満足感│ │ 中へ埋没していて │   │
│   │ を時間や肉体や精神的な │ │ 日常性を壊してま │   │
│   │ 辛抱を経ないですぐに欲し│ │ でも非日常性への │   │
│   │ がるのでは。   │ │ エネルギー投資はし │   │
│   └──────────────────┘ │ ないのでは。   │   │
│   ┌──────────────────┐ └──────────────────┘   │
│   │ 20代は時間を掛けない │   │
│   │ で今すぐ欲しいが特徴で │   │
│   │ は。「Grand Canyonは │   │
│   │ 凄そうだが行くまでに時 │   │
│   │ 間が掛かる」   │   │
│   └──────────────────┘   │
│   ┌──────────────────┐   │
│   │ 20代は興味を持ったらす │   │
│   │ ぐに手に入れるものを欲し│   │
│   │ がり、時間がかかり、肉体│   │
│   │ 的、精神的辛抱を要求す │   │
│   │ るものを敬遠する。   │   │
│   └──────────────────┘   │
└───┘

図5　本質探究詳細図解　その2

いて自分の日常性を壊してまでも非日常性へのエネルギー投資はしないのではないだろうか。

5. これからの海外旅行の進む方向は？

（本質追究図解　その3）（図6）

以上のような社会環境を踏まえて今後の海外旅行がどのような方向に進み、どんな形の旅行に人気が集まるのか予想してみたい。

現在日本がおかれている経済の状態から考えると今後もしばらく「安い、短い、近い」旅行が主力となるのではないだろうか。東アジア、特に中国へは熟年層を中心に日本との航空路線が広がるにつれて中国内各地への旅行開発が進んでゆくと考えられる。また、ベトナム、カンボジア方面も人気がより高まってくると思う。海外への旅行が費用からも国内とあまり変わらなくなり、両者が同じ土俵の上にそろそろ乗りかかってきているのではないだろうか。すなわち、国境を越すとか言葉の違う所へ行くという意識が薄れてきて、単に場所にこだわらず旅行を楽しむ気持ちに表れてきているのではないだろうか。

ちょうど、イギリスにおいて、南部を中心とした海水浴と日光浴のリゾート地帯がヨーロッパ特にスペインや地中海地方の旧植民地等へのフライトができ、運賃が手ごろになったら主流がそちらになり、沈下してしまった。似たような現象が日本国内の観光地でも起きつつあり、現に起きてきているのではないだろうか。

これからの旅行は気軽に参加できて、画一的でなく個々の満足度が得られ、また、過程を楽しむものにスポットが当たってくるのではないだろうか。パッケージ旅行においても従来から見られるHard TourismからSoft Tourismの商品に人気が集まってくるのではないだろうか。

あとがき

この卒業論文は2003年に作成したものである。ラベル、図解ともに日本語で作り、それらを英文に直していった。問題提起は内部探検で現状把握はアンケートの答えを用いた。英文による図解はdissertationのいおうとしている処が指導官にはよく理解されたようだ。Solihull College卒業後、Nottingham Trent UniversityでEquine Sports Scienceを学んだが、3年間の多くの課題に数多くのKJ法の技法を使っていった。

英国でのAcademic studyで率直に感じたことは英語で表現することの難しさ

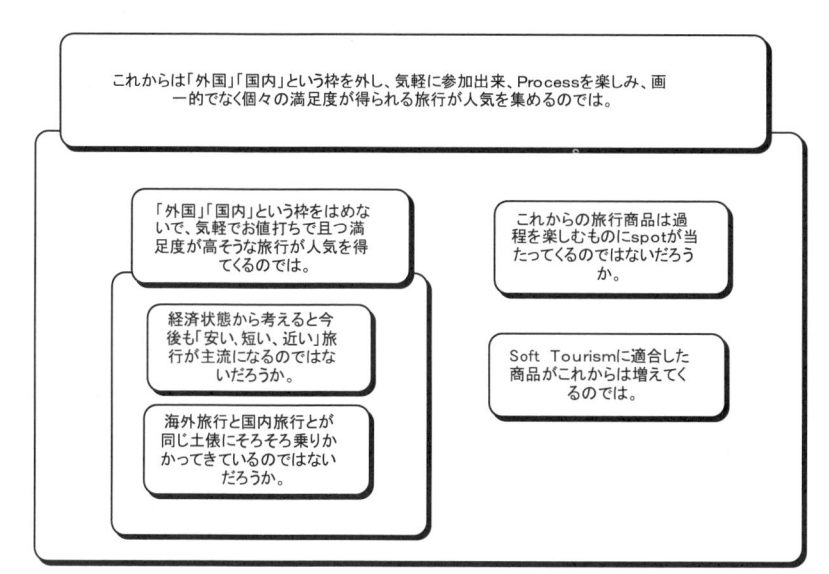

```
┌─────────────────────────────────────────────────────────────┐
│  これからは「外国」「国内」という枠を外し、気軽に参加出来、Processを楽しみ、画 │
│  一的でなく個々の満足度が得られる旅行が人気を集めるのでは。          │
└─────────────────────────────────────────────────────────────┘
```

図6　本質探究詳細図解　その3

と短い時間でのできるだけ多くの資料を読み、ポイントを掴んでまとめておく事が理解度を高める。その場合、KJ法で培った図解化、シンボルつけ、は一目瞭然の言葉通り、とても力になった。特に手順化の段階ではKJ-Pert技法が有用だった。自分なりに工夫した技法については別の機会に発表したいと思っている

Bibliography

Chi, D. (2000) "Study of Senior Citizen Tourism", *International Tourism Review*, Tokyo, JAFIT.

Hiroshi, F. (2001) "Information Technology in the Tourism Industry", *Japan Foundation for International Tourism*, Tokyo, JAFIT.

Hiromi, K. (2002) "Recovery of elderly market", *Travel Journal*, No. 5 (20), pp.7-9.

Japan: Ministry of Justice. (1994, 1999, 2001) *Annual report of statistics on legal migrants*, Tokyo Judicial System and Research Department.

Japan Travel Bureau (2002) Autumn, Winter 'Quarterly Journal of Tourism', Tokyo, JTB.

Japan National Tourist Organization (2003) *Tourism in Japan 2002*, Tokyo, NTO.

Japan Travel Bureau (2002) *JTB REPORT 2002*, August, Tokyo, JTB.
Kayoko, I. (2002) "Market of the U. S. A.", *Travel Journal*, September, pp.9-12.
Masashi, O. (2002) "The recent movement of Senior Tourists", *Travel Journal*, August, pp. 7-9.
Naoya, Y. (2002) "Soft Tourism", *Travel Journal*, September, pp.25-27.
Ryichi, I. (2000) "How Travel Agents can create profitable value-added products", *International Tourism Review*, Tokyo, JAFIT.
Sekizawa, K. (2003) "New wave of today's Tourism", *Travel Journal*, January, pp.11-13.
Yohei, W. (2002) "Active Senior", *World Travel Fair 2002 Official Guide*, Tokyo, JTB.
http://www.jnto.go.jp
http://www.jtb.or.jp

地域社会の活性化とKJ法
——山形県庄内における実践——
笹瀬雅史・佐藤光治・青天目利幸

1. KJ法で地域社会の活性化を！

　1990年代なかばから、川喜田二郎は東北の山形県庄内地方をしばしばおとずれた。そして鶴岡市を中心とする庄内地方の活性化に尽力した。その期間はおよそ数年間にわたった。わたしたちは川喜田と行動をともにする機会をおおくえることができた。そこでの実践と行動から、21世紀における地域社会にとってなにが根本的問題なのか、そこで「野外科学的方法」（フィールドワークとKJ法、および移動大学）がはたすべき役割の重要性についておしえられた。

　本稿では、川喜田とともにおこなった庄内地方での野外科学的方法（以下、KJ法を同義とする）の実践をふりかえりながら、地域社会の活性化に貢献するKJ法の役割についてのべることにする（図1）。

　川喜田が地域社会の活性化のために重要視していたことは、行政および住民が、みずから地域の問題を解決できる力量を身につけることであった。そのために、庄内地域においてKJ法を活用した問題解決を実践していく戦略をとることになった。

　このとりくみは、川喜田の主導のもとに、①地元自治体・住民、②㈱KJ法本部・川喜田研究所（Kawakita Research Institute; KRI）、③参画する同志たち、の三者の協力と連携のもとに推進された。

　そして計画のすすめかたは、おおよそつぎのようなものであった。第一ステップはKJ法の導入である。第二ステップは移動大学の実践。そして第三ステップはKJ法の継続・蓄積という三段構成である。

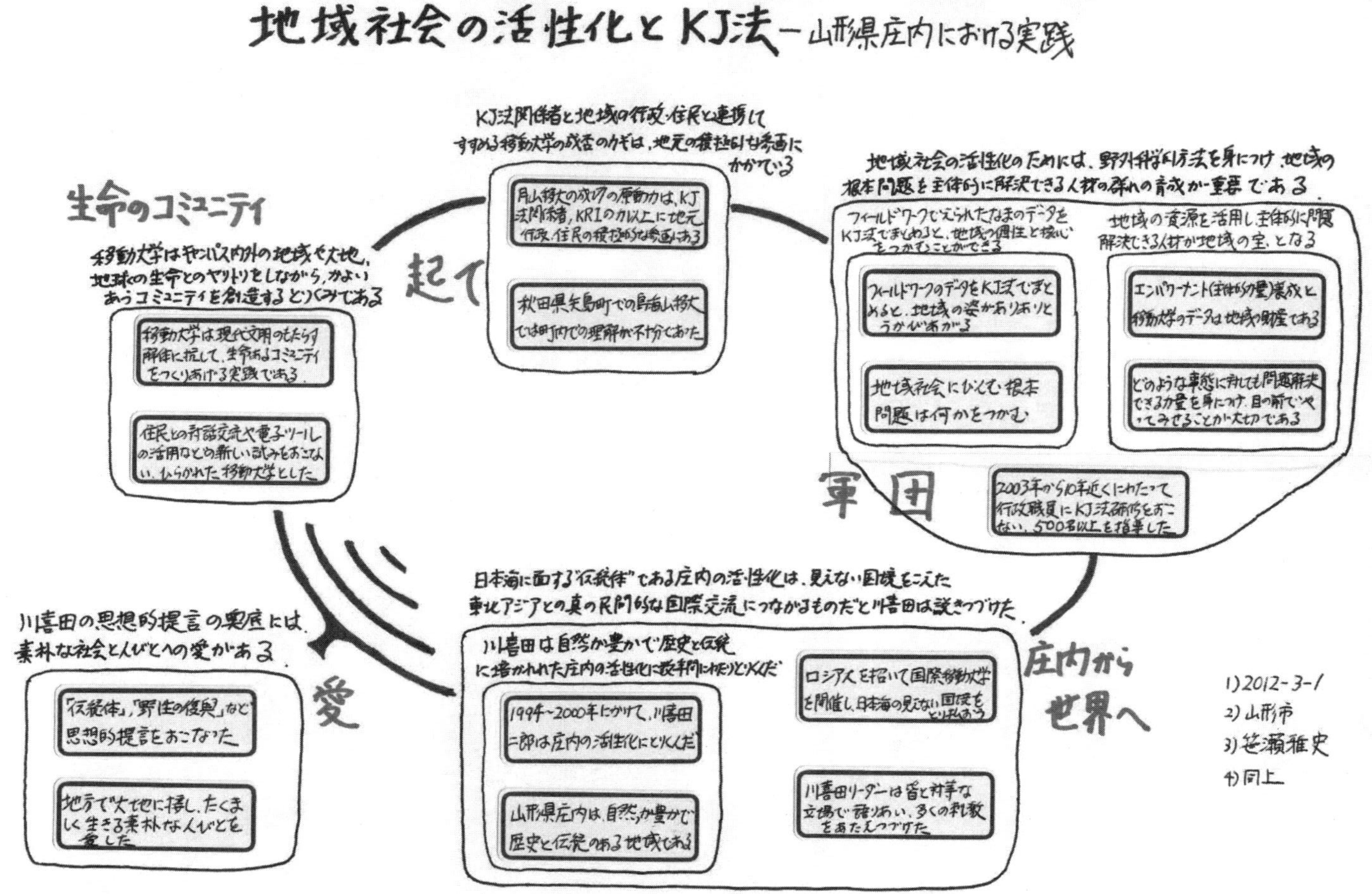

図1 地域社会の活性化とKJ法——山形県庄内における実践

2. 庄内地方におけるKJ法の導入

2.1. 庄内地方

　東北地方の南部で、奥羽山脈の西側に位置する山形県は、人口約116万人で農業を主産業とする。山形県は、内陸の置賜、村山、最上と日本海に面する庄内の四地域に区分される。庄内地方は、西には日本海、北は鳥海山が秋田県境をなし、南は朝日山地が新潟県境をなしている。東は月山を主峰とする出羽三山が内陸との境界をなしている。日本有数の農業地帯でしられる庄内平野は、東西を横断する最上川で、酒田市を中心とする北庄内と、鶴岡市を中心とする南庄内にわけられる。庄内地方の人口は約30万人である。

　庄内の地名の由来は、中世にこの地域にあった遊佐、大泉、櫛引の三荘園のうちの大泉荘の内側、つまり大泉荘内がこの地方全体をさすようになり、その略称が荘内（庄内）というのが定説である。北庄内の最上川河口には北前船が周航し、酒田港を中心とした商業がさかえた。現在は酒田市が中心である。他方で、南庄内では江戸期に酒井家が入国し、庄内藩の城下町を発展させた。その中心が鶴岡市である。

2.2. 鶴岡市とのかかわりがはじまる

　川喜田と庄内のかかわりは、南庄内の鶴岡市ではじまった。そこで重要な契機をなしたのが、富塚陽一・前鶴岡市長と鶴岡市のシンクタンクである「鶴岡総合研究所」（鶴総研）である。

　1994年10月、第12回比較文明学会が鶴岡市で開催された。この学会で川喜田は「創造性・伝統体・民族問題」のテーマで特別講演をおこなっている[1]。これを端緒として川喜田と庄内のかかわりが本格化した。

　富塚氏は、山形県職員から転じて1991年に鶴岡市長となり、2005年の市町村合併後の新鶴岡市長として2009年まで長期にわたって在任した。そして行政手腕のみならず、学問や文化を尊重する市長としてしられている。そのひとつに、住民むけの市民大学である「鶴岡致道大学」がある。1996年に開始したこの市民大学の内容は充実しており、全国的に有名な学者・文化人が講師をつとめている。

　1996年、川喜田はこの鶴総研の顧問にまねかれることになった。鶴総研には、鶴岡市にある山形大学農学部の教員が協力していた。その中心人物は山形大学名誉教授、北村昌美氏である。そして、おなじ農学部の平智氏、鈴木洋氏、江頭宏

---

[1] 川喜田二郎（1996）「創造性・伝統体・民族問題」比較文明学会編『比較文明』11　刀水書房　146-156頁

昌氏、さらに、理学部の原田憲一氏が協力していた。わたしたちが鶴岡市をおとずれ、KJ法の活動を展開することができたのは、北村氏たちの理解とサポートがあったからである。

2.3. KJ法で「住民の声」をきく

1996年8月から1997年2月にかけて、地元の要請をうけて、川喜田とKRI研究員の田野倉達弘氏は、「住民の声による地域診断システム」を鶴岡市で実施した。これが地域活性化のためのKJ法の本格的な実践の開始となった。この事業は、住民のなまの声を統合して地域の活性化にやくだてることと、赤川流域の南庄内市町村の地域連携を推進する具体的な方法をしめすことを目的とした。

KRIが開発したこの方法は、地域住民のなまの声をあつめて総合し、地域の課題とニーズを把握することができる画期的なものである。具体的には、性別、年齢、職業のことなる多様なひとにあつまってもらい、9月14日に13名、15日に16名ずつの2グループで、「くらしと夢をめぐる住民の声」をテーマとして「パルス討論」をおこない、自由に意見をだしてもらった。あわせて29名によってだされた501枚の意見をKJ法図解にまとめている[2]。

そして1997年1月に、鶴岡市においてこの図解をもとに「衆目評価法」を実施した。住民の投票によって得点化され、重要度のランクごとに図解上に色別される（図2）。このステップで地域の個性と住民のニーズの把握が可能になる。そしてこの図解は、データベース化されて地域の診断シートとしてひろく活用できるのである。

1997年3月、川喜田は鶴岡市で学術講演をおこなった。そのときに鶴岡市長富塚氏と懇談した。富塚氏は、川喜田の人物やKJ法の有効性について、よく承知しており、KJ法による地域活性化の推進について理解と協力の意思をしめされた。行政職員がKJ法を習得し、仕事に活用することを積極的にすすめた。じっさいに、1998年3月に、鶴岡市の職員3名が東京のKRIでKJ法の研修を受講している。

3. 移動大学の実践

3.1. 移動大学の方法

第二ステップは地域活性化に貢献する移動大学の開催である。

移動大学とは、1969年に東京工業大学教授であった川喜田が創始した自由で

---

[2] 鶴岡市・川喜田研究所・鶴岡総合研究所（1997）『くらしと夢をめぐる住民の声——赤川流域地域連携構想策定業務報告書——』鶴岡市・川喜田研究所・鶴岡総合研究所

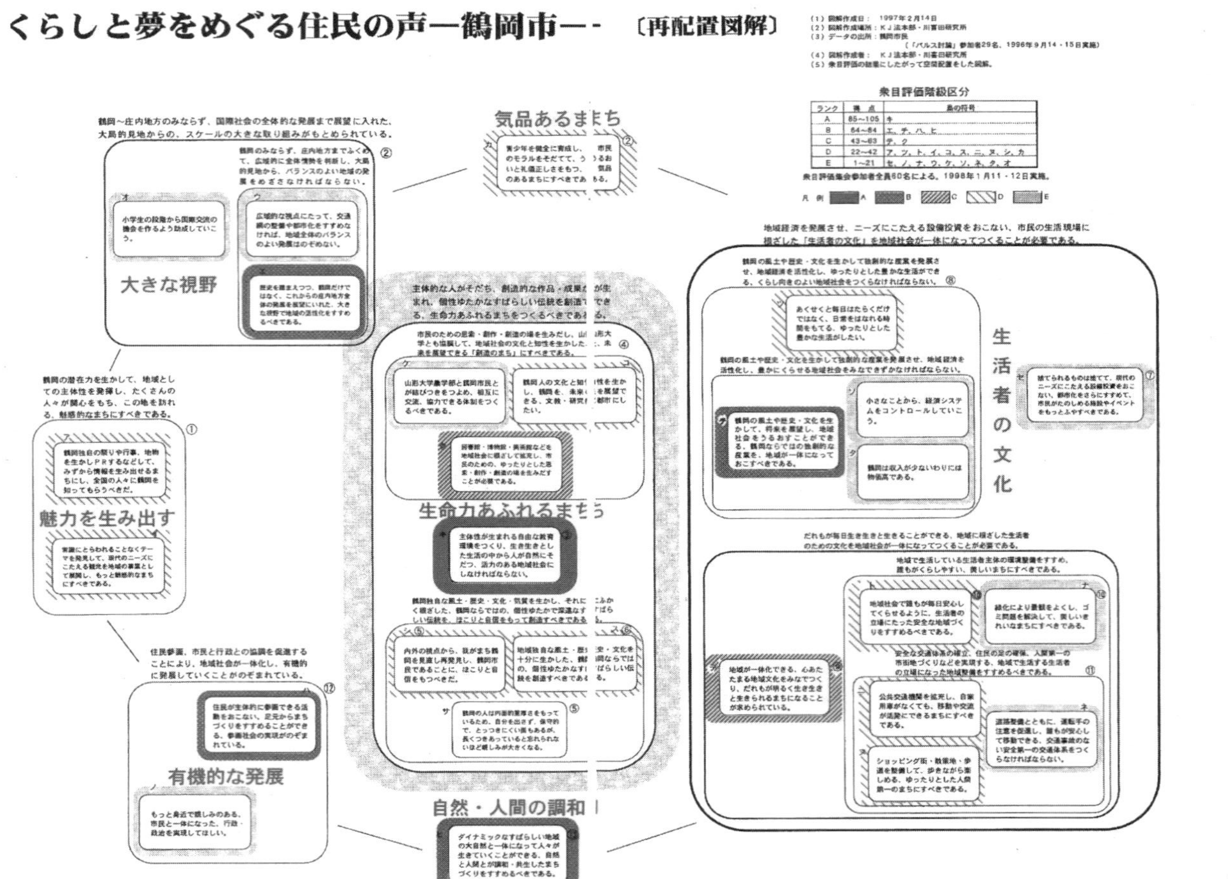

図2 くらしと夢をめぐる住民の声――鶴岡市

ひらかれた大学運動である。川喜田らは、当時全国に噴出した大学紛争の真の原因が、「環境公害」、「組織公害」、「精神公害」の三公害をうみだしている現代文明の体質にあると判断した。そして、その体質改善に挑戦する実践として移動大学を旗あげした。

1969年8月に第1回黒姫移動大学を開催していらい、北海道から沖縄まで全国各地を舞台に連綿としてつづけられてきた（黒姫・琵琶湖・えびの・新潟・愛知・沖縄・湖北・十勝・四国・青森・新潟・多摩・大山・能登・富士・丹後）[3]。

移動大学は地域社会を舞台にして、全国からあつまった参加者が2週間にわたって野外でキャンプ生活をしながら、地域住民とともに集団的に問題解決にとりくむユニークな教育実践である。このとりくみは、地域活性化と生涯学習の方法として現代的に重要な意義をもっている。

移動大学の方法についてのべておく。

① プロジェクト方式

　移動大学は、地元自治体、KRI、参画する同志たちの三者からなる実行委員会を組織してひとつのプロジェクトとして開催する。地元はキャンプ地、補助金、物資の提供、参加者派遣を担当する。KRIは移動大学のノウハウと研修を担当し、有志は実行部隊となる。

② 参加者と組織編成

　移動大学は、年齢・性別・職業をとわず、公募方式でだれでも参加できる。参加者は6名でチームを構成する。そして1チーム6名×6チーム＝36名を1ユニットとよぶ。さらに1ユニット36名×3ユニット＝108名が定員である。参加者は、個人、小集団（チーム）、システム（キャンパス）という組織集団の三段階の組織運営を学習する。そこでトップダウンとボトムアップが可能な組織運営の方法を体験的にまなぶ。

③ スケジュール

　移動大学の期間は14日間で、全日程参加を基本とする。

　1日目（開校式、テント設営、問題解決学概論）→2〜3日目（テーマ設定、問題提起ラウンド）→4〜6日目（フィールドワーク）→7日目（データカード作成、データベース化）→8〜9日目（状況把握ラウンド）→10〜11日目（本質追求ラウンド）→12〜13日目（構想計画ラウンド、公開発表会）→14日目（閉校式）。

④ 野外キャンプ生活

---

[3] 移動大学については、川喜田二郎（1997）『川喜田二郎著作集8　移動大学の実験』中央公論社、がくわしい。

参加者はチーム単位で自炊をしながら野外生活をおくる。テントで風や雨を感じながら大自然に接し、野性をめざめさせる。

⑤ 「W型問題解決モデル」にそった「累積KJ法」とフィールドワーク
移動大学ではW型問題解決モデルのプロセスにそって学習をすすめる[4]。チームはインストラクターの指導のもとに、まず問題意識をだしあってテーマをきめる。そこから、「問題提起ラウンド（R1）」でテーマをめぐって、問題意識や気にかかることをだしあい、全員で問題意識の共有をはかる（図3）。第2段階は「状況把握ラウンド（R2）」で、フィールドワークをもとに状況を把握する。第3段階は「本質追求ラウンド（R3）」で問題状況にひそむ核心をつきつめる（図4）。そして第4段階は「構想計画ラウンド（R4）」で問題解決のための青写真を構想する（図5）。

ひとつのラウンドは、2日間で「パルス討論→探検ネット図解→多段ピックアップ→KJ法→図解化→口頭発表」のプロセスをおこなう。

参加者は3日間のフィールドワークにでて、地域の自然と社会をさぐり、住民から取材する。また、その期間は単独で行動し、キャンプ場にかえらない。フィールドワークの記録はB6版データカードに記載されて、データベース化される。そこでデータの共有化がはかられ、全員で相互利用する。

また、討論も重要視されている。メンバー間で自由闊達に議論をおこなう。年齢もキャリアも多様なメンバーによって長時間にわたって議論がくりかえされる。

ここで移動大学の意義についてのべておきたい。移動大学は、地域・地球的課題をテーマとして集団的な相互研鑽の問題解決学習をおこなっている。学習面では、野外科学的方法が中核である。同時に、キャンプ、自炊による野外生活と組織集団の運営能力を重視している。そこでは全人的な成長をとげることができる。今日的な教育学用語でいえばエンパワーメントの養成（主体的力量形成）に有効な方法であり、「不定型教育」の重要な実践だということができる[5]。

さらに、移動大学の開催は地域にとって意義をもつ。外部参加者と地元住民が地域課題の解決をとおして地域社会の活性化に貢献できる。キャンパスや公開講座での住民との交流も貴重である。さらにフィールドワークのデータカードやKJ法図解はデータベース化して地域情報の財産として活用できる。

---

[4] W型問題解決モデルについては、川喜田二郎（1967）『発想法』中央公論社
[5] 不定型教育や地域社会教育実践については、鈴木敏正（2001）『生涯学習の構造化——地域創造教育総論』北樹出版

図3 R1.庄内を活かすこと、庄内に生きること

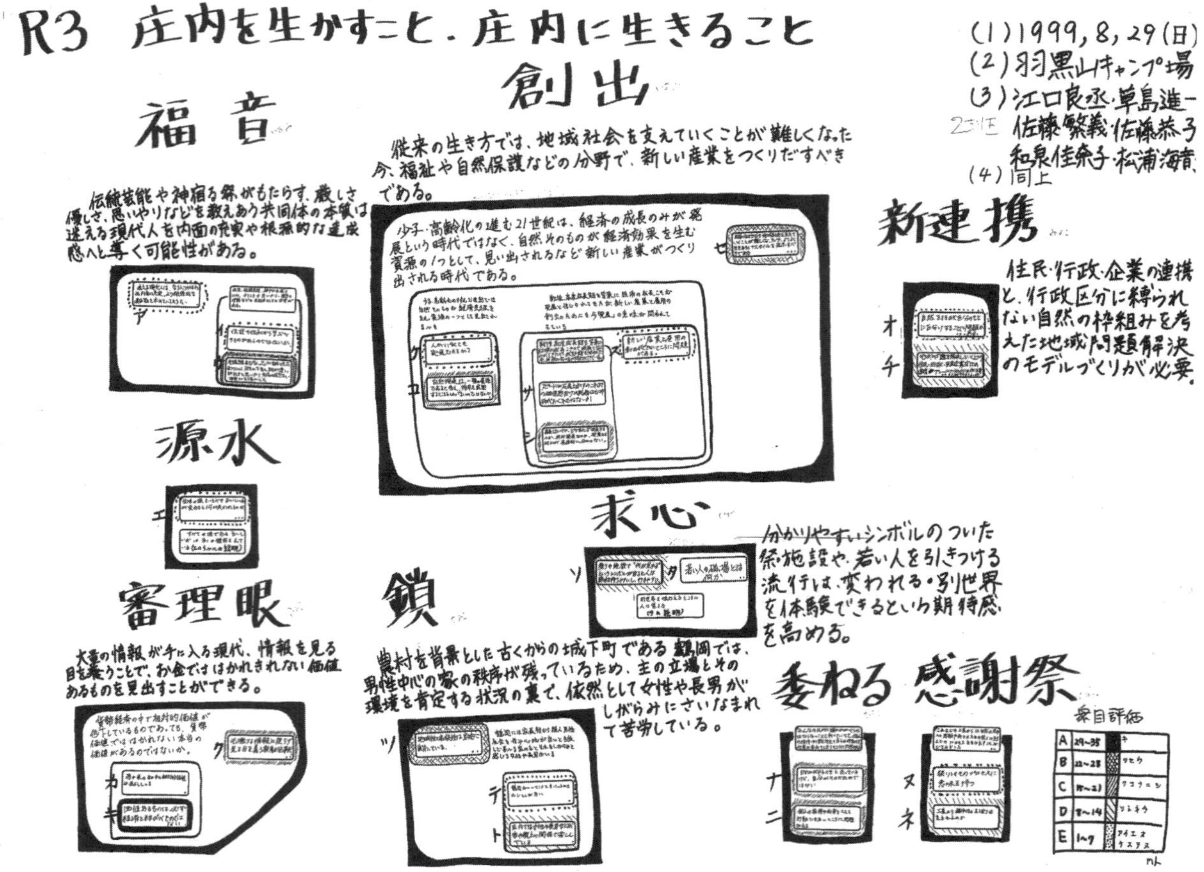

図4 R3.庄内を活かすこと、庄内に生きること

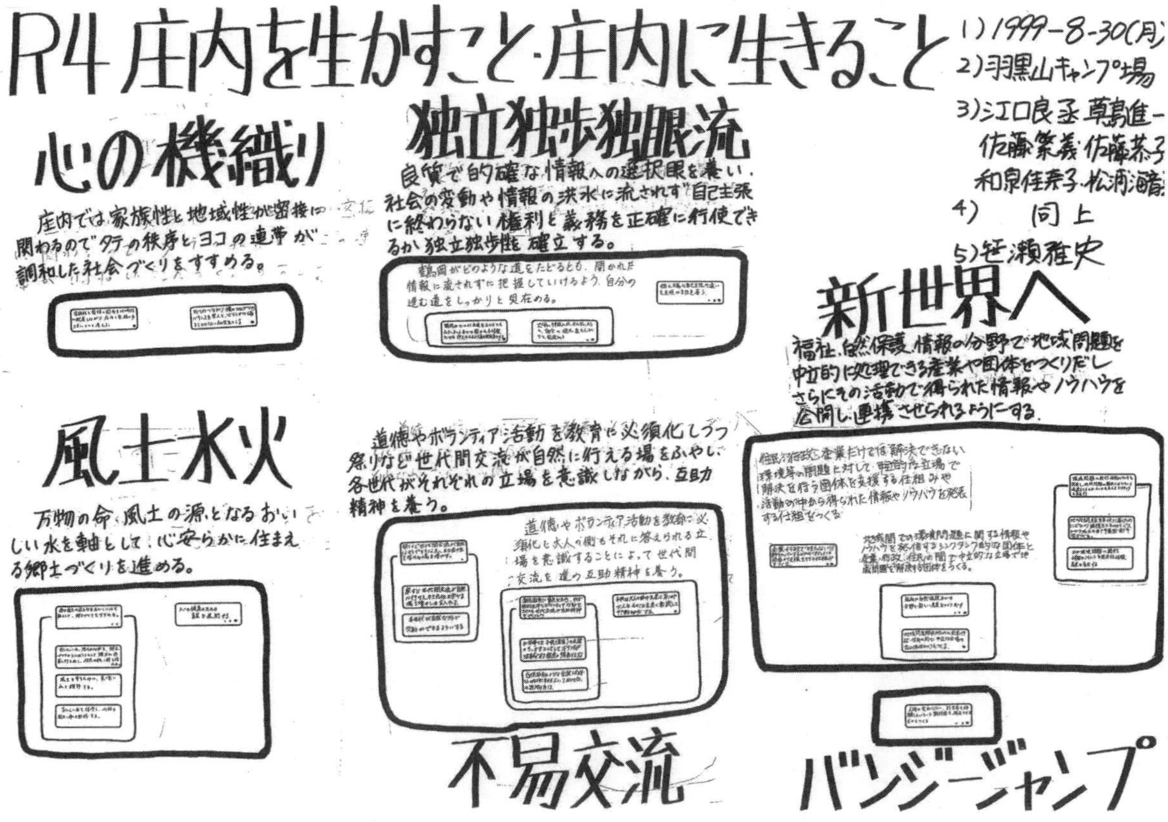

図5 R4．庄内を活かすこと，庄内に生きること

3.2. 鳥海山移動大学とプリテスト（1998年）

　わたしたちが移動大学の準備を開始したのは1997年であった。しかし、はなしは当初の鶴岡市ではなく、秋田県由利郡矢島町での開催へと展開した。それにはつぎの事情があった。川喜田が鶴岡市で富塚氏と会談したことはまえにのべた。このとき、隣接する秋田県の矢島町長の佐藤清圓氏も会談に出席していた。佐藤氏は選挙で初当選したばかりの新町長であった。佐藤氏は、ネパールへの協力活動を通じて面識のある川喜田にまちづくりの助言をもとめていた。そのため1997年1月に矢島町でKRIによる「住民の声による地域診断システム」を実施していた[6]。さらに、そのステップをへて移動大学の開催について同意されたのである。

　KJ法の同志たちもうごきだした。1997年8月、三村修氏ら三名が矢島町を訪問し、キャンプ場下見と鳥海山登山をおこなった。その結果を踏まえて、9月から月に一回のペースでKRIで準備を開始した。準備の過程では6ラウンド累積KJ法をつかってすすめた。川喜田を中心に数名が参加して、毎回あつく議論した。

　1998年3月、6月、7月の三度、矢島町へでかけて町側とうちあわせをおこなった。この6月の訪問では川喜田ら3名は、矢島町のほか、秋田県庁で副知事を訪問した。そして帰途には鶴岡市で市側と会談した。

　移動大学の構想はおおきくふくらんだが、いくつかの困難に直面していた。3月の訪問の時点で、佐藤町長の提案が役場内で十分理解されていなかった。とくに予算措置や人員派遣は困難であった。それでも、キャンプ場提供と清掃管理、電話線確保、公民館利用、広報など最大限の便宜をはかってくれた。同志、KRIでも先行投資が不足して、装備、食糧にしわよせが生じた。

　そして、1998年7月26日～8月8日まで、第17回鳥海山移動大学を開催した[7]。東北の名峰鳥海山の北にひろがる高原にキャンプをはった。緑がこく、山百合の花が咲き、星のきれいなところであった。参加者は31名。北海道から関西まで20歳代から70歳代まで、学生、教員、公務員、弁護士、会社員、経営者など多彩であった。また鶴岡市は2名の職員を派遣した。

　26日昼、参加者はめいめい矢島駅ちかくの日新館にあつまった。はじめて顔をあわせて緊張感がある。青空に鳥海山がくっきりとのぞめた。開校式のあとスキー場へ移動し、テントをはってスタートだ。

---

[6] 矢島町での結果は、田野倉達弘（1998）「地域社会とその環境――秋田県矢島町」『KJ法研究』第21号　21-35頁。

[7] 鳥海山移動大学については、笹瀬雅史・川喜田二郎・田野倉達弘・青天目利幸・三村修（2003）「秋田県矢島町における鳥海山移動大学の実践」『KJ法研究』第22号　74-98頁に報告がある。

メインテーマは、町のエコミュージアム構想を踏まえた「自然と人間の調和」である。各チームのテーマは、「鳥海山と矢島の人々——仕事の可能性を探る」、「矢島の自然と豊かな生活」、「鳥海山って何なの——若者にとって」にきまった。すべて地域の自然と住民生活にかんするテーマであった。

　好天にめぐまれたスタートだった。しかし、その後は曇天でむしあつく、午後は雨つづきとなった。そしてアクシデントやハプニングがつづいた。R1をおえたところで、学生2名が中途退学をもうしでた。つぎに、集中豪雨がおき、鳥海山登山にでかけたメンバーがきびしい状況においこまれた。すこしまちがえれば遭難事故であった。他方で、佐藤光治がフィールドワークで訪問した土田牧場の夫人が過去の移動大学のOGだという感激の場面があった。また、ようすをみにきた川喜田喜美子KRI所長が、食事の貧弱さにおどろき、劇的にこれを改善してメンバーをよろこばせた。

　この移動大学で特筆すべきことが三点ある。第一は、正則なKJ法の指導を徹底したことである。野外生活のムードにながされずに、R4・構想計画まで完徹することである。しかも、フィールドワークを従来の2日間から3日間に延長したうえである。そして全グループがR4まで完成した。これは過去の移動大学で実現できなかったことである。「これではKJ法の研修会だ」との声もあったが。

　第二は、電子環境の到来に対応した、電子メールによるニュースの配信である。電話線を確保してもらい、三村によって情報が克明に関係者におくられた。

　第三は、地元と交流し、移動大学の成果を還元する地域貢献である。13日目の夜、キャンプ場から日新館に移動して「移動大学作品発表会」を実施した。「構想計画ラウンド」の成果を住民にきいてもらい、意見の交流をおこなった。住民をまえにして緊張感ある発表となった。

　もうひとつの目玉企画として、地元住民への公開講演会・シンポジウムを3回実施した。この企画は、川喜田が「衛星グループ」と命名したシニアグループが担当した。それぞれ、①「心の教育と人間のルネッサンス」（丸山晋、浅井孝順、桐谷征一、三村、青天目）、②「自然と共生するまちづくり」（川喜田、田野倉）、③「高度情報化社会による地域社会の創造」（國藤進）の内容で、住民が参加しやすい夜の時間帯に開催した。そこでは30〜40名の参加者があり、質疑応答がおこなわれた。

　シニアメンバーなどの短期滞在者の参画はこころづよかった。また、鶴岡の関係者たちがさしいれを持参してかけつけてくれて感激した。鳥海山移動大学はじつにドラマティックな二週間であった。

3.3. 月山移動大学の成功（1999年）

　鳥海山移動大学がおわると、翌年に庄内で移動大学を開催するための準備がはじまった。1998年11月に、川喜田は鶴岡市をおとずれて、山形県看護協会鶴岡支部の研修でKJ法の講演をおこなった。

　1999年4月に地元の関係者がパルス討論をおこない、メインテーマを「出羽庄内の不易流行」と決定した。また、鶴岡市は地域連携を射程にいれて、南庄内の藤島町、三川町、羽黒町、櫛引町、温海町、朝日村によびかけた。現地では、鶴岡市企画調整課が事務局となり準備にあたった。そして、5月17日に、前記7市町村と鶴総研、KRI、KJ法学会委員会で「月山移動大学実行委員会」を発足した。実行委員長は川喜田である。参画する同志として、三村、青天目、笹瀬、佐藤、志田美和子が中心となった。

　そして1999年8月18日〜31日、羽黒町の羽黒山にて第18回月山移動大学を開催した[8]。キャンプ地は、出羽三山の信仰の歴史がふかく感じられる羽黒山である。

　20歳代から60歳代までの老若男女の32名の参加者があった。職業も学生、公務員、議員、会社員、退職者など多士済々であり、全員が意欲的であった。鶴岡市役所の6名参加をはじめとして、移動大学の成功のため、地元自治体が有形無形の協力をおしまなかった。期間中は職員の伊藤智康氏や住民の澤谷明美氏が常駐して尽力してくれた。おおくの関係者の訪問や支援もいただいた。

　編成された3チームのテーマは、「現代人の幸福感とその背景」、「庄内を生かすこと、庄内に生きること」、「希望がもてる未来の創造」であった。いずれも重要なテーマである。

　前年の移動大学での経験がいかされて、野外科学学習、キャンプ生活、チームワークとすべてがスムーズに進行した。

　とくにフィールドワークは充実したものになった。そこでは自動車による機動性と普及しはじめた携帯電話による情報交換が武器となった。作成されたデータカードは492枚である。

　この移動大学でも鶴岡市内の公共施設で住民への公開講座と発表会を三回実施した。①「21世紀のライフスタイルの創造とKJ法の可能性」（三村、桐谷、青天目、川喜田）は、KJ法が生活や仕事のみならず、教育や精神、宗教の問題解決に有効であることを体験者が報告した。②「地域づくりとKJ法」（川喜田）は、KJ法が住民の声をきき、ボトムアップの地域社会を実現する方法であることを講演した。ちょうどこの8月29日は、移動大学が誕生した1969年から30年目の記念日であっ

---

　[8] 月山移動大学については、川喜田二郎監修（2000）『月山移動大学報告書』月山移動大学実行委員会、が出版されている。

た。そして、最終日には、③「移動大学作品発表会」を開催した。地域問題解決への提言を住民のまえで発表し、意見を交流した。それぞれ35名～70名の参加者をえた。

4. KJ法の継続と蓄積

4.1. 移動大学の地域への貢献

　2000年1月24日、川喜田を鶴岡市にむかえて、月山移動大学の参加者たちが再会し、たのしい時間をもった。この移動大学が地域社会の活性化に、どのような意義をもたらしたのか？。川喜田は以下のように総括した。

　参加者がすくなかったことは残念だが、「大変望ましい成果を得たと思う」。移動大学の歴史で、「月山移動大学が初めて収めた大きな成果が1つある。それは、開催地域の地元からの参加者が、官・民共に相当数あったことである。なぜそれが成果かというと、1969年に当時の大学紛争に端を発したとはいえ元もと発起グループが最初から最も期待したのは、このイベントが地域社会を活性化する発端になることであったからである」。「月山移動大学は画然と新しい一歩を印したといえる」。

　それが重要だという理由は、「地域の活性化に非常に重要な条件は、住民が地域の実態把握と、それに基いて地域活性化の運動に参画する具体的方法に気づくことかと思われるからである。そうして移動大学の参加経験は、この2項目にはっきり自信をもたせるであろう」と評価した[9]。

　もうひとつの成果は、参加者全員の努力が結集した、500枚近いデータカードとKJ法図解である。川喜田はそのすべてをつかってKJ法で状況把握をこころみた。その結果、現時点での庄内平野の「現地の息吹きの全貌を伝える、二度とはえられない足跡」であり、地域社会のための強力なデータベースとして有益なものだと意義を強調した。

4.2. 自治体におけるKJ法の研修と活用

　川喜田がまいた種子は、関係者によってひきつがれる。2009年で退任した富塚前市長は、しばしば職員たちに「KJ法をつかってやってみては」といったという。それが問題解決のカギになるとかんがえていたからであろう。鶴岡市では、はやくは1990年代なかばにKJ法関係者で鶴総研顧問の江頭氏と職員たちが

---

　[9] 川喜田二郎（2000）「月山移動大学の総括と展望」川喜田二郎監修『月山移動大学報告書』月山移動大学実行委員会　8頁

グループでまちづくりのためにKJ法を活用していた。その後も行政で、①住民参加による「都市計画マスタープラン」づくりへの活用、②「緑の基本計画」づくりへの活用、③「鶴岡都市圏の地域連携を考える会」での活用、④「山王町商店街の活性化策検討」での活用など、じっさいの仕事の場面で使用された（図6）。

やがて鶴岡市のみならず庄内全域を対象とした研修会でKJ法の研修がはじまった。2003年に佐藤が、翌年から笹瀬も講師として参加して、庄内の全市町村で構成する「庄内広域行政組合」の職員研修会に協力している。また、市職員で移動大学に参加した五十嵐恭子や青天目が講師にくわわった。

年に一度、3日間の研修で、50名〜70名の自治体の職員に「問題解決の技法（グループ討議）」の題目で研修をおこなう。職員は初対面のメンバーとグループをくみ、テーマをきめてパルス討論をおこなう。探検ネット、多段ピックアップののち、KJ法でまとめて図解化し、口頭発表をおこなうというプログラムである。職員たちは、地域課題や公務労働など、みずからの問題意識をテーマとして真剣にとりくんでいる。

また、佐藤は数年間にわたって行政職員の新規採用職員研修を担当した。そこでは、合宿形式でミニ・フィールドワークによる取材活動をくみこんだKJ法の研修をおこない、成果をあげた。

これらの研修で2003年〜2011年までに500名以上の職員がKJ法を受講したことになる。参加した職員に「KJ法についてしっているか」をたずねると、「やったことがある」ひともおおく、KJ法が有益な方法論としてひろがりつつあるとの印象をもっている。

川喜田は、いつでも問題状況がおこったときに「さればでござる」と、手の下せる方法と力を身につけておくことがたいせつだといった。行政、NPOなどの民間組織、住民をとわず、野外科学的方法をリードできる「オオカミ軍団」の育成をすすめることが重要だ。

5. 川喜田の素朴への愛と国際平和の夢

5. 1. 素朴への愛

地理学者としてスタートした川喜田は、奈良の都介野村調査から1951年にKJ法を考案した。そしてネパール山村への技術協力を展開した。国内では岩手の北上山地安家での仕事、1990年代には京都府美山町や滋賀県近江八幡市と、地方の地域活性化にむかいあった。

川喜田はコミュニティを重要視していた。それは1000人くらいの規模だとい

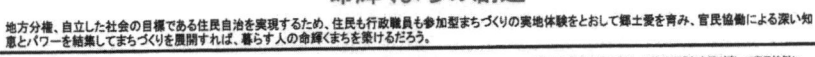

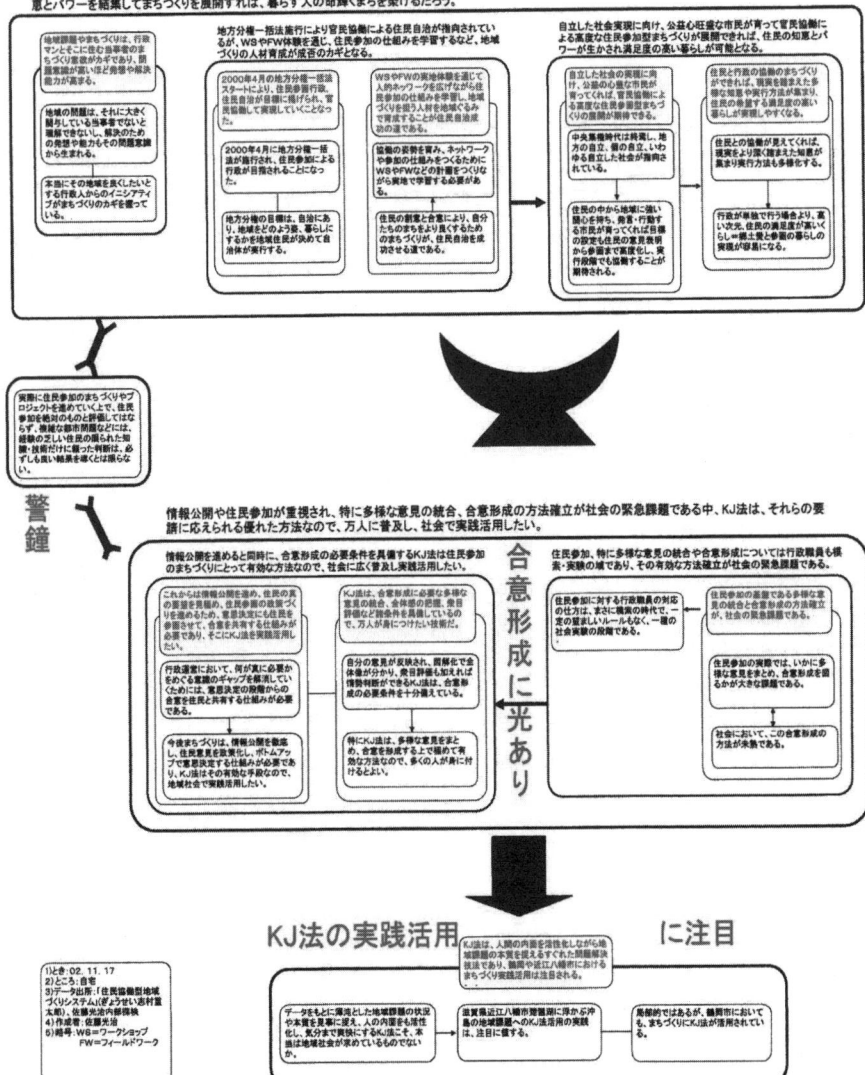

図6　住民参加のまちづくり

う。農村社会学で鈴木栄太郎が指摘した「自然村」とおなじである[10]。そこでは、ひととひとがかよいあい、自然を背景に生産と生活、文化活動がいとなまれ、ゆたかな人生をおくることができる。川喜田は地方や辺境にも存在する小コミュニティにあたたかい目をむけていた。ヒマラヤ山村への技術協力はその典型である。それが世界的に困難なパイオニアワークな事業であるがゆえに、アジアのノーベル賞といわれる「マグサイサイ賞」を受賞したのである。

他方で、文明化と管理社会化が進行するなかで、三公害をもたらす現代文明の体質改善にいどむために移動大学を考案したのも、そこで個人・小集団・組織レベルの血のかよったヤリトリとボトムアップの能力の獲得が重要だとかんがえたからである。移動大学はコミュニティにつながっているのである。

京都という都市でそだった川喜田であったが、幼少のころから植物がすきで、登山・探検をこころざした。旧制高校在学時に北海道の開拓農民であった坂本直行をたずねたときの話をたびたびかたった。また、戦後に大山原野で農業に従事したこと、チベットを愛することなど、一貫しているものがある。川喜田はわかいころに、デカルト主義の誘惑を払拭し、青白きインテリを否定した。そして世界内的にいきること、野性の復興が必要だと力説した。辺境の地や不便な山村で、自然のなかでたくましくいきる素朴なひとびととその精神を川喜田は愛した。

そして、川喜田は実践と思索をかさねるなかから、「晴耕雨創のライフスタイル」、「風土創造と生きる姿勢」、「伝統体」といった現代をいきるうえで重要な思想的提言をおこなってきた。

5.2. 夢とロマン

川喜田は、社会的地位や職業、年齢に関係なく、だれにでもわけへだてなく対等に接する。移動大学の準備段階でおこなわれた議論でも、毎回みんなの輪にくわわって、意見をだし、KJラベルをかくのである。鳥海山、月山の移動大学のとき、川喜田は80歳にちかい高齢であった。わたしたちは、最初と最後くらいに顔をだしていただければじゅうぶんだとおもっていた。しかし、川喜田は2つの移動大学のあわせて28日間、若者たちとキャンプに滞在した。そして、総隊長として統轄するだけでなく、みずから先頭にたってリードした。参加者と議論し、公開講座の講演をおこない、土地のひとたちと交流した。夜は酒を飲んでかたりあい、みんなで歌をうたったこともたのしいおもいでである。さらにおどろくことに、期間中ひとりでKJ法にとりくんでいた。その姿に参加者たちは驚嘆した。また、

---

[10] 鈴木栄太郎（1940）『日本農村社会学原理』時潮社

月山移動大学には女性が参加していたが、川喜田は彼女たちの人気者であった。
　川喜田がよんだ和歌がある。

　　菜の花の尽きし彼方の青き空　白凱々の鳥海山見ゆ

　わたしたちは、鳥海山をのぞむ庄内平野をあるき、ひとびととかたりあい、移動大学のキャンプで奮闘したことや、東京のKRIで議論したことをおもいだす。川喜田は近所の酒屋でかってきたビールの大缶を2つぶらさげてくる。川喜田をかこんで議論はますますもりあがり、延々とつづく。話題は、川喜田が探検した大興安嶺や東北アジアへとひろがる。
　川喜田は、「強い希望を抱いたこと」として、ロシア人をまねいて国際移動大学を庄内平野で開催することを提起する。そのねらいは、両国間の民間的な真の交流に突破口をつくる点にあるという。
　「高田屋嘉兵衛以来、更にまた特に日露戦争以来、日本海のまん中に、眼に見えない心の国境の赤線が引かれている。これを、われわれの側からのパイオニアワークで取り外すには、国際移動大学により、東シベリヤと日本の交流を計るのが、近道であり、かつ本道であるとも考えられる。更にまたこの延長上には、ロシアのみならず中国（旧満州）・モンゴル・北鮮・韓国などを加えた移動大学の開催をも夢見ることができる」[11]
　川喜田は、庄内での地域活性化のための移動大学を実践しつつ、その構想は日本海をこえた東北アジア、シベリヤにまでひろがり、国際間のひとびとの交流と国際平和への貢献にいどむパイオニアワークを後進たちに提起しつづけたのである。

---

[11] 川喜田二郎（2000）「月山移動大学の総括と展望」川喜田二郎監修『月山移動大学報告書』月山移動大学実行委員会　9頁

農村フィールドワーク
高橋芳子

はじめに

　私がKJ法に出会ってから、およそ40年。1959年、地方公務員（生活改良普及員）として就職し、1999年の退職まで40年間勤務した。話題になったコンピュータ2000年問題の直前までである。

　KJ法は就職して10年目ぐらいに『発想法』（本）を通じて知った。世は会社・官庁でKJ法が研修・実践にとりあげられつつある時だった。が、具体的なやり方はわからなかった。私の研修への参加は"広島県みのち"である。その後、時間とお金の都合のつくかぎり川喜田二郎（KJ）先生の講演や小さな研修会に参加し、手さぐりで実践、さまざまな場面で発信してみたが、まわりの反応は、わざわざ紙切れをならべる程のことはない、頭で考えれば十分、それでまとまらないようじゃ能力なしと公言はされなかったが、冷ややかなあつかいであった。

　私の仕事である普及員は1948（昭和23）年GHQにより提案され始まった仕事である。戦前からいた、農業技手といわれた人達が戦後すぐ食糧増産員として農村の指導に動き出した。その後資格をもった人達が普及員として登用され現在に至っている。戦前の指導はサーベル農政といわれていて、威圧的であった。新しい農業改良普及指導は、自主的な農民の育成で、その手法は教育的であると大きく変化した。物から人へまさに農地解放により農村に希望が見えてきた時にこの仕事は始まった。特に農業だけではなく、くらし（生活）をも含めた農村指導がスタートした。

　1948年（昭和23年）スタート時点では、44市町村に140人程度の農業改良普及員とわずか1人の生活改良普及員がいただけであった。指導資料も普及器材も機動力もない、ないないづくしのスタートであった。徒歩、自転車、単車（スクーター）と変っていった。幻灯器、映写機等も少しづつそろえられ、初期には娯楽的なも

のもまじえながら、農業技術・生活技術・農村の民主化についての指導が行われていた。

　私が就職した1959（昭和34）年は、最後の自転車配布があり（みどりの自転車と呼ばれていた）、そして単車(スクーター)の導入が始まった年だった。庁舎はなく、各市町村に間借りしていた。ソロバン、鉄筆、ガリ版、謄写版の時代で、手回し計算機はめずらしく計算尺等も使っていた。

　1954年（昭和29年）頃から、限られた人と経費の中で効率を上げるため重点指導を行うようになった（新知事の政策）。

　当然、民主的な指導では現状をしっかり把握し、それに従って課題を見つけて援助する計画である。方法は問題点から原因を深くさぐっていく方法で、いも掘りと呼ばれていた。面白いところもあったが、私の担当の生活は原因の原因がわからず、形だけの計画書であったような気がする。年に1〜2回本庁からの指導で反省点を見つけ、農家への援助を行なった。政策的に行なわれた婦人実践部落や防災営農推進部落等は、普及計画とはかかわりなく、かなりの成果を上げた。

　生活改良普及員は、1959（昭和34）年時点でも21人であったので、普及計画は農業よりもさらに濃密に指導する対象を決め、農林省のマニュアルに沿う自由度の少ないものであった。（理解しきれていなかった）私の場合、自分で情報を収集していながら、その考察(まとめ)を信じきれないことが多かった。

　そうした状況の中でKJ法に出会った。

エピソード

　KJ先生と直接やりとりした中から印象的なものを三つ。
　① Q．KJ先生、KJ法ってなかなか解かってもらえませんね。どうしたらよいでしょう。
　　A．解かれてたまるか、そんなちゃちなものではない。21世紀になればわかる人も出てくる。それまで勉強しなさい。
　② ある交流会で初対面者のインタビュー実習があった私とKJ先生。その時のシンボルマークであろう。その後KJ先生は私のことを、この人は"ドウ猛"だよといった。最近建築家のル・コルビジェの取材態度を"世界を生のまま全身で捕えようとする柔らかでどう猛な情熱"と表現した人がいる。情報（物）を捕えるにはこんな気持ちが大切と改めて感じ入っている。
　③ Q．KJ先生、SBB（作品売買）についてお金とKJ法なんだか似合わないのではないですか。

A．次元が違うよ。でも今だに私には納得いってない。交換かお布施が似合うのではないかと。

　1959年頃から経済状況は良くなり、所得倍増論や日本列島改造論等次々にわけのわからない中、急成長を遂げて行く時であった。
　農業基本計画が作られ、作物の選択的拡大がいわれ、稲作中心での農業は変化させられ農村からは次・三男が都会に出て行き、喜びと淋しさが同居する時代、ネコの目農政ともいわれ、民主化を装った戦前のサーベル農政に近いものであった気がする。
　現場では普及計画はあっても、計画的にやるより何かに向って走っている日々であった。表面的には変化の大きい農村の本当の実情を掴んだ活動であったかどうか、私自身は疑いをもっている。そういった中での、ささやかな事例によりこれからの農村フィールドワークのあり方を探ってみたい。

体験から（本論）

　事例はN普及所におけるもう一つの普及計画である。もう一つの普及計画というのは主として正普及計画の現状を知る部分を中心に考えたものである。
　項目は下記のとおりである。
1. 我々は所員会で何を基本テーマに話し合いたいと思っているか
   ［ホモサピエンス（人間）としての普及活動のあり方について話し合いたいと思っている］
2. N地区における農家のタイプ（意見別）T.K.J法によるまとめ
3. 本地区の兼業農家はそれぞれに新しい農業（土）へのかかわりを求めている
4. 本地区の専業農家は不安と夢の交錯するきびしい現実から条件をととのえなんとかぬけだそうとしている
5. 水田・米について農家が考えていること
6. 牛（畜産）は農家をささえ盛りたてる、欠かすことのできないペットである（図1）
7. やさいつくりに関する農家の意見
8. みかん農家の意見
9. N地区農業のビジョン
10. 曽木はどんな部落か（図2）

何故牛を飼っていますか（インデックス）

牛（畜産）は農家をささえる大きな盛り立てる欠かすことのできないペットである。
牛を飼うのは、喜びも悲しみも一心同体で親しみが持てるうえ、お金にもなる。
特に優良牛なら楽しみが、さらにふえ30万以上の現金になる。くらしをささえるのに10頭ぐらいは飼いたい。又牛は労力・飼料の面で我が家でできる[外部（営農外）とかかからず]し地力をつくるための堆肥をつくるのに1～2頭、災害も少ないので貯金のつもりで飼っている。

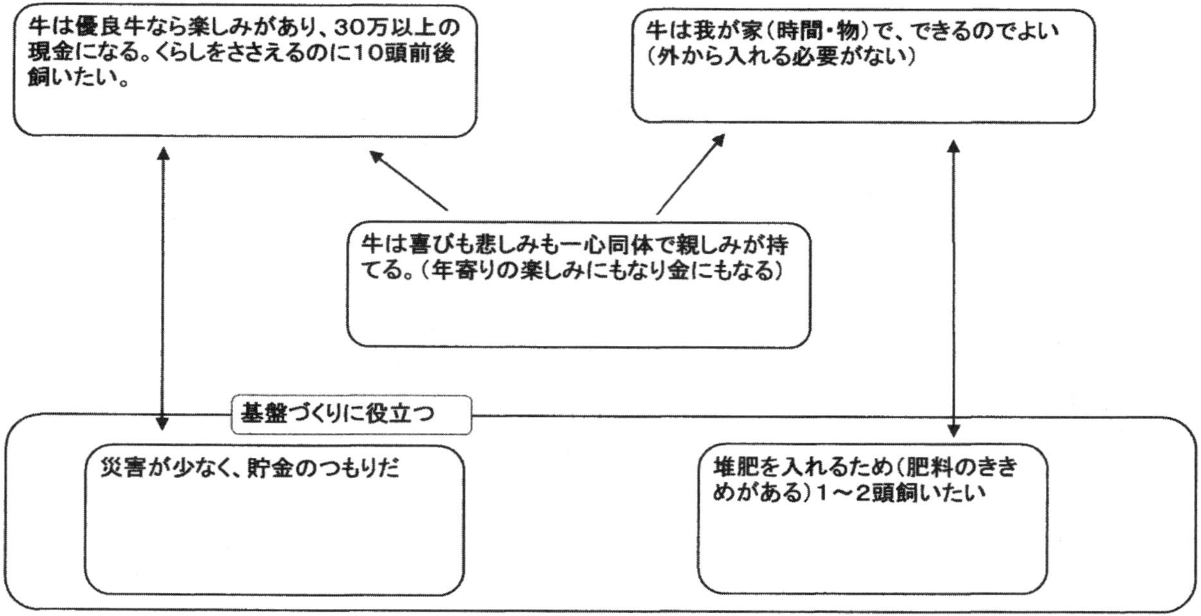

```
                 ┌──────────────────────────────┐
                 │ 牛は我が家（時間・物）で、    │
                 │ できるのでよい              │
                 │ （外から入れる必要がない）    │
                 └──────────────────────────────┘
                              ↕
┌──────────────────────┐                    ┌──────────────────────┐
│ 牛は優良牛なら楽しみが│                    │ 堆肥を入れるため（肥料のき│
│ あり、30万以上の     │                    │ きめがある）1～2頭飼いたい│
│ 現金になる。くらしを  │                    │                      │
│ ささえるのに10頭前後  │                    │                      │
│ 飼いたい。            │                    │                      │
└──────────────────────┘                    └──────────────────────┘
          ↕                                            ↕
      ┌───────────────────────────────────────────────┐
      │ 牛は喜びも悲しみも一心同体で親しみが持      │
      │ てる。（年寄りの楽しみにもなり金にもなる）  │
      └───────────────────────────────────────────────┘
                              │
                    ┌─────────────────┐
                    │ 基盤づくりに役立つ │
                    └─────────────────┘
                              ↕
                ┌──────────────────────────┐
                │ 災害が少なく、貯金のつもりだ│
                └──────────────────────────┘
```

1) 1975. 9月 11月　2) のべおか　3) 所員　4) たかはし他

図1 何故牛を飼っていますか（インデックス）

参考資料
① 農家生活の現況はどうなっているか（46年度作成基本計画書より）
生活の基本的条件が満たされていない現実に目をそむけ、主体性なく新しいものを追いかけてバランスを失っている
② あなたはどんなくらしがしたいか、どんなくらしをよいくらしと思っているか
大自然をいかしたより高いくらしがしたい
女性として家庭的にも社会的にも自分に納得のいく人生をおくりたい
③ 昭和50年度普及計画の考え方（生活）
④ N地区はどんなところか（朝日新聞からのとりまとめ）N地区は迷い迷い歩いている町である。その心はわかりにくいが沈んだところにあたたかいものがある

　どんな職員も新任地においてはすぐにその地区の実情がわかるものではない。道・農家・関係機関の状況がわかるまでには一年はかかる。実情に基づいた具体的な指導ができるにはかなりの時間を要する。そのため新任者は既存の技術の伝達に走りがちである（技術の切り売り）。
　事例は、私自身がN市の状況を知るために始めたことであるが、自分一人でできることには限界があり、情報収集においてみんなの協力を得る必要があった。N市はA社企業城下町といわれている。専業農家は少なく、ほとんどが兼業農家である。この頃の農政は、先に記した通り選択的に作目を決め、拡大つまり専業化の方向にあった。このような中でN普及所では専業農家対象ではなく、兼業農家対象の普及計画となるため、国の一律の目標が示されることは苦しい状況にあり、迷いが多かった。所としては兼業農家が本当は何を考えているか知る必要があった。
　N市においても専業であれ兼業であれ、米は必ず作っていたので米、牛、やさい、みかん作りについて知ることにした。
　やり方はいたって簡単、質問は一つ、なぜあなたは○○を作っているのか（飼っているのか）無作為にその答えを所員一人あたり三戸以上の農家から聞きとって、まとめは手の空いている職員と私（高橋）でまとめていた。枚数もそれ程多くないのでむずかしいものではなかった。
　出てきたまとめは私達を驚かせた。米は自分自身のためと先祖から受けついだ土地を荒らさないために作っているのであり、国が望んでいる高品質・高収量で

曽木はどんな部落か(インデックス)

曽木部落は役場まで30分・伝統の重みがあり、落ちついたまとまりのある、地形は起伏傾斜があるところである。個人のすまいも公的なくらしの機能もよくととのっており、気持ちよくまとまりのある部落でもあったところで、老人女性が中心の現状維持型の兼農家がほとんどである。このように落ちついたまとまりのある部落ではあるが、近年部落の人のは、自然・施設・行事との一体感を失いつつあり、全体から個へ動きつつある。そういったものを反映してか、部落にはくらしや産業のさまざまな面に個性的意欲的な試みがでてきている。

```
                    ┌─────────────────────────────────┐
                    │ くらしや産業のさまざまな面に意欲的な │
                    │ 試みもある                       │
                    ├─────────────────────────────────┤
                    │ 共同で山林を持ち                 │
                    │ 茶振興をしている                 │
                    ├─────────────────────────────────┤
                    │ くらしのさまざまな面に           │
                    │ 意欲的な試みがある               │
                    └─────────────────────────────────┘
                                    ↑
┌─────────────────────┐   ┌─────────────────────────┐   ┌─────────────────────────────┐
│ 部落の人の心は自然・│   │ 役場まで30分・伝統の重み │   │ 個人住宅も公的なくらしの機能も │
│ 施設・行事との      │←→│ があり落ちついたまとまり │←→│ 気持ちよく(すっきりと)ととのった │
│ 一体感を次第に失い  │   │ のある起伏傾斜のある地形 │   │ 部落である                   │
│ つつある            │   │ である部落である         │   ├─────────────────────────────┤
├─────────────────────┤   ├─────────────────────────┤   │ くらしをささえる部落の機能   │
│ 部落の自然・施設・  │   │ 神社 石碑 記念石碑       │   │ (施設)はととのっている       │
│ みんなのもの(心)    │   │ 300〜400年の歴史を持っている │├─────────────────────────────┤
│ でなくなっている    │   ├─────────────────────────┤   │ 住宅は清潔で落ち着き開放     │
├─────────────────────┤   │ 車の往来も少なく起伏傾斜 │   │ 的である                     │
│ 夏は父母の監視つきで│   │ のある地形でまとまりのある│   └─────────────────────────────┘
│ 川で泳いでいる      │   │ 部落である               │
└─────────────────────┘   └─────────────────────────┘
                                    ↓
                    ┌─────────────────────────────────┐
                    │ 老人・女性を中心にした現状維持型 │
                    │ の兼業農家がほとんどである       │
                    ├─────────────────────────────────┤
                    │ 女性・老人が守る経営規模の固定   │
                    │ した兼業農家がほとんどである     │
                    ├─────────────────────────────────┤
                    │ 生産性を重視した農業はやってい   │
                    │ けない                           │
                    └─────────────────────────────────┘
```

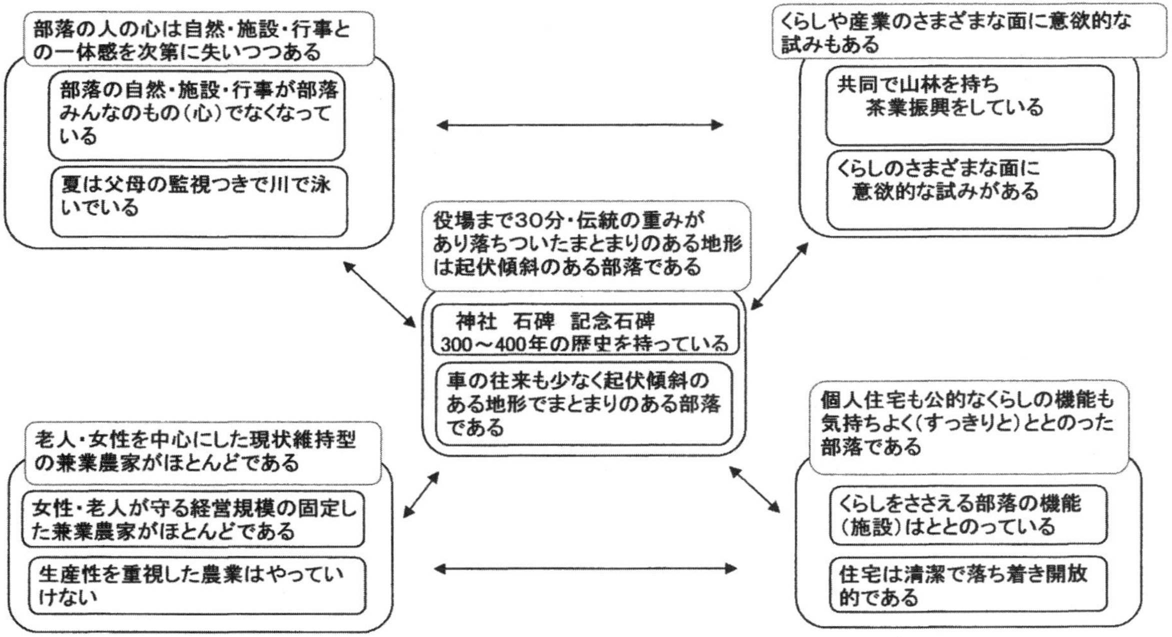

1)1975.6. 2)のべおか 3)所員 SP 4)たかはし他

図2　曽木はどんな部落か(インデックス)

はなかった。牛についてもペット的要素を含み、いざという時の貯えであり、堆肥を確保するためであった。農家が望んでいることと我々が指導目標にしていることにはかなりのギャップがあることが見えてきた。

また集落を単位とする指導、いわゆる村づくり活動も普及活動の重要な柱であったが、どの町の集落も有史以来の集落であるので、なかなかその実態を掴むことは困難で、集落については所員全員でフィールドワークして、さらに県庁から来た人達を現地に案内した時に、その人達の得た情報を加えたり、日常情報等によりまとめていった。記録によるとまとめに実習生の協力も得ている。まとめ方はがっちりしたKJ法ではなく、今見れば花火的ではあるが、専業農家の考え、兼業農家の考え、N地区農業ビジョン、所員会での話し合いのテーマ等々、もう一つの普及計画としてまとめられるものにはなった。本計画がどのように活用されたかは問題が残る。N市勤務中の3年が終わり、その後見とどけることを十分する機会はなかった。

通常一地区勤務は3～5年で、上司が一年に一回変ることもあった。どんな仕事も継続性が大切だが、あまり上手くいった事例を聞かない。新任地ではどの職員も実情の把握が0（ゼロ）から始まるのである。普及員の中には農家から、通り過ぎていく風にすぎないといわれ、感ずるところあり、自営業者になった人もいる。

今考えるに、指摘は当っているといわざるを得ない。多くの力と人がつぎ込まれても、そこに強力なリーダーシップをもつ人がいないと情報は生かされない。大なり小なり他の仕事でもいえるのではないか。

私の試みもそれ程のこともなかったが、自分自身は満足した。10年後ぐらいに、ある部署の上司になった一人から、あの時の結果（資料）が欲しいという申出があった時は感動した。

古いささやかな事例ではあるが、私のその後のフィールドワークには生かされた。どんな課題、小さなテーマであろうと聞くべき人から聞き、知らせるべき人には知らせるという考えで仕事に臨んだ。

情報を一人で集めるよりは、協力者を得て集め、まとめは小人数でやる方が効率がよかった。その後たくさんの情報を多くの人から得る事例に取り組んだ。そしてGKJ法でまとめることもあったが、表札づくりにあたり妥協の産物的ズレがでることを感じ続けた。したがってGKJ法については今も疑問をもっている。

最近実践したダンマパダでこのことを指摘した人がいたが、最終のとりまとめは個人とGの両方で行いよくわかったと感じたのは、やはり自分の図解であった。私のやったことは、農村の情況を知るためにまたビジョンづくりのためにできる

だけ多くの人で現場に出向き情報を収集し、そのまとめは少人数または個人でやるといういたって簡単なことであるが、コンピュータ全盛の時代になりその重要性が大きくなっているのではないかと思われる。

　情報の中でモノとコトに対する情報は事実としてまとめやすい。しかし想い念じ等、人の意見、思いに関する部分は今でもまとめるのに苦労することが多い。KJ法は事実を中心に考える技法であるが、この思いに対するまとめ方がうまくゆけば、民主的な社会の実現にさらに役立つと思う。さらなる研究が必要であろう（日本語の研究）。

おわりに

　簡単すぎる事例だが、事例とその後の私のKJ法へのとりくみからいえることは、KJ先生もいっているように、生の情報（現）を得ること、鮮度が高い方がよい。コンピュータは世界中をかけめぐり集めているが、入ってる情報はすべて過去のことであり感覚としてのとらえ方はできない。五感が感じたものをどこまで言語として表現し得るか大きな問題が残ってはいるが、KJ先生がいってるハット性は大切であろう。それはコンピュータや書籍の中にもないわけではないがやはり現場である。特に農村はその自然景観を含めた情報を発しているので現場に立ち情報を収集することが何よりも大切と思う。さらに情報を収集する人の感性はさまざまである。KJ先生のいう、360°の視点ということになると、より多くの人で収集することがより早道で多様性に富む。昔、「100人に聞きました」というテレビ番組があったが、100人以上の元情報が集れば鮮度と質の高いものになり得よう。

　視点という点でいえば私の事例は為政者という視点で権力的である。そのことを自覚した情報のとりあつかいでなければならないと思う。つまり、どうころんでも不足しているところがあるという自覚である。ここから"まちがいは即あらためる"という姿勢も学ぶことができる。

　誰が何のために集める情報か、コンピュータによる得体の知れない程の情報、この洪水の中でこれからの人は生きてゆかねばならない。自分の感性とはなれて（実感できない）時代の到来である。情報弱者ということばがある、70億の人間がこの地球上にいて、まったくコンピュータと縁のない人間もまだたくさんいる。心を病む人も多くなっている。器機を通じないとコミニュケーションができない人も出てきている。虚の世界が広がっている。

　KJ法は基本的には実の世界であろうと思う。いのちの世界である。創造性が

かきたてられる世界である。そのためには、コンピュータのなかった時にもどってみることも重要ではなかろうか。情報収集のために歩く速度、視点でみると車社会とは、モノのみえ方がかなり違う。こんなところにこんなモノが、こんなところにこんなコトが、見えてくる。

歩いていれば会釈もする、あいさつもする。それが農村であれば粗であるので、ヒトがモノがコトがなぜかなつかしく親しく感じられる。大都会はヒトという情報だけでもあふれかえっている。そのうえモノ、コト消化しきれない情報である。

前記したが、フィールドワークにおいて相手に聞く質問であるが、エピソード②にあるように、初対面の人へのインタビューはやはりむつかしい、捕えてやるぞという心がまえと適切な質問を発することが重要であろう。

また近年のアンケート調査は疑問をもたざるを得ないような答えが用意してある。アンケート調査は、調査する側の能力があらわれる、とてもむずかしいと思う。NHKのアンケート調査等であれ？と思うことはしばしばである。

まとめをキーワード的にいえば、①肉体で情報をつかむ（野生）②みんなの目で（360°）③情報にふりまわされない（スピード）④情報を盲信しない（コンピュータ）⑤情報収集まとめに万能薬はない（KJ法もしかり）⑥日本語の研究である（元ラベル・表現のKJ法は言語情報が主なので）。（図3）

100年前の人間と現在の人間と肉体的に大きな違いはない。100年後も大きく変ることはない。精神面においても大きく変化はしないだろう。悩みの内容（欲）が大きく変るとは考えられない。してみると胃は消化できる良質適量のたべもの、脳は処理できる良質適量の情報こそ必要であろう。

情報洪水の中で断情報は、健康法の断食と同様とるべき対策でなかろうか。現代社会の状況についていこうとすると車のスピード以上の進み方だ。やはり肉体をもつ人間としては早歩き程度であろう。ドンドン進んでくれ、私は私のペースで歩く覚悟が今求められているのではなかろうか。KJ法の思想と技術を教示して下さった先生に心から感謝している。

農村フィールドワークの姿勢は土となれ風となれではなかろうか。

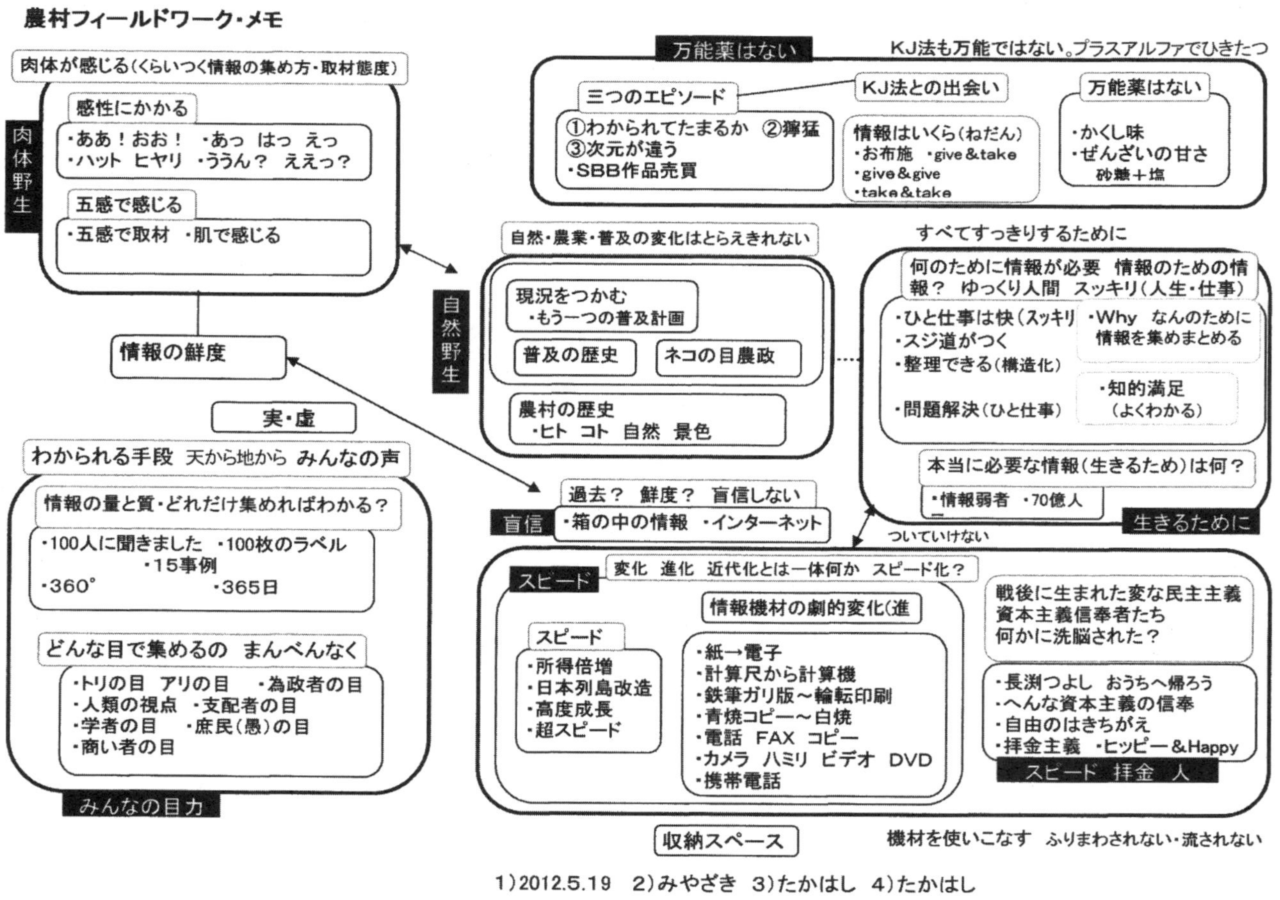

図3 農村フィールドワーク・メモ

内発的地域生成論
―― 集団・組織の創造性の開発による解と合意の創造 ――

山浦晴男

1. まったなしの地域再生

　長崎県の対馬の人から電話が入った。この1年間（2011年8月時点）で人口が1000人減少したというのだ。一瞬耳を疑った。人口34000人（2010年国調）の島の1000人なのだ。高齢化で自然減が400人くらいとして、残り600人が島を出たという。それほどに日本の離島や中山間村地域の多くは、昭和35年前後を境に急速に人口減少に転じ、いまだにその流れが止まらない。

　電話の主は67歳。対馬の人口減少を食い止め、地域再生に残りの人生をかけると語っていた。このような同志が集まることで地域再生は内発的に動き出すのではないかと思う。しかし同志の思いだけではなかなか前進しない。そこにはそれなりの思想と理論、社会技術が不可欠である。

　日本の近代化の歴史は、裏返せば日本文化の解体とコミュニティーの解体の歴史を抱え込んだのかもしれないと思う。人や環境とやり取りしながら成り立ってきたそれまでの生活様式から、人や環境を対象化・専門分化し操作する、あるいはコントロールして制御する精神構造に改変されたかの感を抱くのはわたしだけだろうか。

　恩師川喜田二郎氏は、このことを捉えて機械論的な世界観の起点となったデカルト主義を痛烈に批判したのではないか。そして返す刀で、KJ法の思想と技術をたずさえて生命論的世界観の今日的重要性を説いている。西田幾多郎哲学に発し、今西錦司生物学の系譜につながる川喜田野外科学の核心はそこにある。

　わたしは川喜田氏のもとで20年間、KJ法の研究と普及に携わってきた。KJ法が創造的な問題解決の方法・技術であることから、その後、切れ味を確かめ自らの腕を磨くために、実践の場を求めて野に赴いた。それから20年の武者修行と実戦をへて、川喜田学の系譜に連なる形で地域再生の実践的な方法となる「寄り

あいワークショップ」をほぼ確立するにいたった。

　寄りあいワークショップの手法はまだ研究開発途上であるが、対馬のような同志の思いにこたえられるところまで実践力を内包した方法として確立するに至っている。

　そしてときはまったなし。明治以来の西欧近代化路線一辺倒だったこれまでの反省に立ち、離島や中山間村をはじめ人々が伝統的に暮らしてきた地域で生活を継続できる、新たな地域づくりに取り組むときである。川喜田学の系譜に連なる寄りあいワークショップの理論と社会技術は、必ずや大きな支援の力となるだろう。

2. 外発的地域開発から内発的地域生成への転換

　それにはこの国のこれまでの地域づくりの枠組みを根本から変えなければならないと思う。

　これまでの地域開発は、行政と大学の研究者やコンサルタントといった専門家が連携し、外から計画と行政資金を投入する形が主流であった。地域の資源や環境状況を調査し計画を立案、予算をつけて地域に投入する。しかも国の各省庁の縦割りに連なる形で県、そして市町村も右に倣え。極端にいえば地域の事情とは関係なく事業が投入されてきた面も否めないだろう。

　この間に住民はすっかり受け身となり、陳情型の姿勢がしみついてしまった。行政側も落とし所（答え）をもって地域に臨まないと、自分たちの役割が果たせないとすっかり思いこんでしまっている。研究者やコンサルタントも自分の専門分野の答えをもって臨まないと、自分の存在がないかの如く錯覚している。

　結局地域の実情とは関係なく先に答えがあり、描いた計画で地域開発をしてきたのがこれまでの実態だといわざるをえない。それは高度成長を成功させ、ある一定の水準まで地域を押し上げてきたところまではよかった。しかしある時点から逆に作用し、今日の惨憺たる状況を結果として導いてしまったのではないかと考える。

　いまこそ行政や研究者、コンサルタントは、その姿勢を180度転換せねばならないと思う。住民が主人公で、行政や研究者、コンサルタントは支援者になるという内発的な地域生成論に立たねばならないのだ。

　このような考えを提起すると、すぐにでてくるのは、住民からはなにも知恵はでてこない。衆愚政治に陥るといった論調である。はたしてそうだろうか。そのような論陣をはる人々が、いまの地域の惨憺たる状況を導いた張本人なのではな

311

いのか、と問いただしたいほどである。

　これまでの実践経験からすれば、住民はその地域の暮らしの専門家であることに間違いない。知恵を発揮する道筋がとざされなければ、知恵の宝庫に大変身する。そこからしかこれからの日本の地域再生は始まらないといっても過言ではない。

　それには住民が自らの地域づくりに立ち上がらねばならない。10年先、100年先、自分たちの地域はこのような姿にしたいのだと夢とビジョンを描く。腹を決め、旗を挙げる。そして地域経営の手綱をとる。そのような前提にたって初めて、これまで主導権を握ってきた行政や研究者、コンサルタントの力が改めて必要になるのである。しかし今後は、あくまで支援者としての力である。

　外発的地域開発から内発的地域生成への転換が、これからの地域再生の要諦だと実践現場で痛感している。

3.「組み立て民主主義」の実践方法論の確立

　このような思想の転換を保障し、住民が知恵を発揮する道筋をしめすには、具体的な方法手立てが必要となる。それが最初に述べた「寄りあいワークショップ」とう社会技術なのだ。

　川喜田氏は、著作『パーティー学』(社会思想社、1964年)のなかで、「組み立て民主主義」を提唱した。個々の意見をカードにし、紙切れ法(現在のKJ法の初期の名称)によって組み立てて合意を形成する道筋の可能性を述べている。

写真1　意見地図の作成風景：住民が自分のカードを読み上げ、ファシリテータがそれを受け取って模造紙上に位置づけながら全体像を描いていく(石戸康弘氏撮影)

　寄りあいワークショップは、まさに組み立て民主主義の実践方法論と位置づけることができる。図1を参照されたい。住民の理解を助けるために、じゃんけんの手を順番に展開することから「じゃんけん方式」という名称で方法と手順を説明している。

　入口はワークショップ①で、「住民の声による課題の発見」である。

　住民自ら地域の実態を振り返り、問題や悩み、将来像を互いに批判なしに自由に意見交換。その後、各自が市販のポストイットに意見を記入し、全員で「意見地図」を作成。そのうえでどの意見の部分が重要かを点数で重み付け評価する。

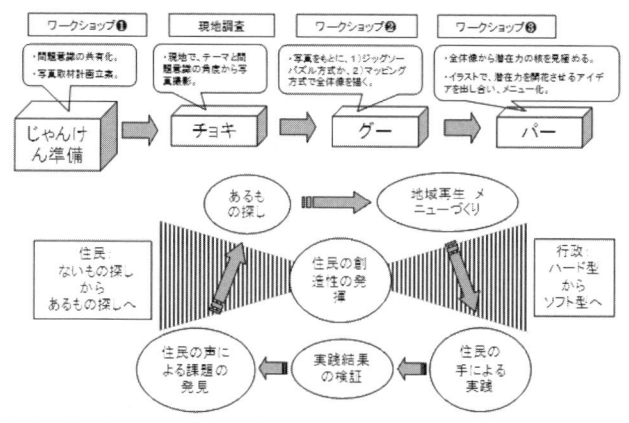

図1 寄りあいワークショップ：じゃんけん方式

結果、得点の高いところが重点課題として浮かび上がる。「じゃんけん準備」の段階に位置づけている。（写真1）

次は現地調査で、「あるもの探し」を行う。

参加住民全員が簡易カメラを用いて、重点課題を解決するために役立つ資源や宝物、改善個所などを写真撮影する。シーンやこと、人、物などを写真に切り取ってくることから「チョキ」の場面と名づけている。

次いでワークショップ②となるが、「あるもの探し」のつづきで、撮影した写真を用いて地域の実態を把握する。

KJ法の原理を応用した写真分析法で「資源写真地図」を住民自身が作成する。資源の再発見や新たな発見を手にすることができる。併せて、住民間での地元認識の共有化がはかられる。個々の写真をジグソーパズルのように組み立て実態を掌握することから、「グー」の場面となる。

次いでワークショップ③で、「地域再生メニューづくり」となる。

重点課題を解決するために把握した地元の資源を使って、どのようなアイデアで地域再生をはかっていくか、メニューをつくる。写真のイメージを発想のよりどころにし、アイデアをイラストや漫画、絵などを用いて描く。併せて解説文を付記する。イラストアイデアカードをもちより、全員で「アイデア地図」を作成する。そしてどこから優先的に行っていくのかの重み付けの投票評価を行う。そのうえで優先度の高いアイデアについて、①難易度 ②実現の目標時期（短中長期の別）③実行主体（住民・行政・協働の別）を見定める。加えて、これら3項目の見定め結果と地域の実情を考慮しながら、④着手順位を見定めることで「実行計

313

画」を立案する。なお、大いにアイデアを広げようということから、「パー」の場面になぞらえている。

これらを受けて、実行リーダーと実行組織を立ち上げ、行政との連携で「住民の手による実践」へと進める。

実践過程では、取り組む姿とそこからもたらされる結果を写真撮影する。一定期間後に写真をもとに写真分析して「検証写真地図」を作成、「実践結果の検証」を行う。そのうえで実行計画の改定版を作成し、2廻し目の住民の手による実践へと歩みを進める。

このような取り組みのサイクル、すなわち「地域再生起動エンジン」を地域のなかに作り込むことで、内発的地域生成が可能になるとみている。和歌山県むら機能再生支援事業では、これまで6年間で42地区に適用しているが、地域再生の軌道に乗った地域は2.5～3割の打率である。目下7年目に入り、打率5割をめざして実践的に精度を高める取り組みをしている。

4.実践物語1：和歌山県田辺市龍神村

龍神村は、田辺市の北東に位置する平成の市町村合併の龍神村全域である。急峻な山間部に位置し、地域のほとんどは森林で占められている。かつては林業が盛んであったが、いまはその面影はごくわずかである。農業では水稲や梅、野菜類の栽培が盛んである。日本三美人の湯として有名な「龍神温泉」があり、観光面でも力を入れている。

優先度の評価順位	アイデア項目	難易度（ABCランク）	緊急度（いつまでにやるか）（〇印の記入）			役割分担・主体（誰がやるか）（〇印の記入）			着手順位	備考
			早く（1年以内）	2～3年以内	ゆっくり（4～5年以内）	住民	協働で	行政		
1	里芋の栽培と焼酎づくり	B		●		●			1	
2	龍神産地直売所	C		●		●	●		2	
3	伝統的な暮らしの再現(体験)	C	●			●			4	高齢者
4	龍神直送便	B		●			●		2	連携先は協議
5	高野・熊野"止まり木"の里づくり	B			●		●		5	
6	農家レストラン	B		●			●		4	内容を詰める必要有り
6	花いっぱい 夢公園づくり	B			●		●		3	
6	まじめにゆず丸ごと加工	B		●			●		1	現在取り組んでいる人と協議

表1　龍神村の実行計画表

しかし人口規模は4200人ほどで、少子高齢化が極度に進んでいる。Ｉターン者やＵターン者も含め、活性化に向けた取り組みを行っているが、それぞれの取り組みの足並みがそろわず、次の一手が打てずに悩んでいた。旧村が一丸となった「龍神村」ブランドを立ち上げ、地域再生をはかりたいという強い思いから、前述した寄りあいワークショップにそって地域づくりに取り組んだ。2008年9月から12月にかけ3回のワークショップを実施。その結果、表1のような実行計画が立案された。

おりしも農水省の「農山漁村地域力発掘支援事業」の追加公募があり、2009年1月にワークショップ参加者全員で地域協議会「みらい龍神」を組織し、申請・採択に至った。申請内容も実行計画の内容をそのまま骨子としている。

実行の優先度と着手順位がともに1位の「里芋の栽培と焼酎づくり」に取り組むこととなった。20名強の住民が里芋の栽培に手を挙げてくれ、耕作放棄地を活用して栽培に着手。ところが採択された支援事業が政府の事業仕訳の対象になり、国からの補助は初年度で打ち切りとなってしまった。しかしみらい龍神の会長は、「里芋を売ってでも資金をつくり、焼酎をつくる。それがだめならみんなでお金を出しあってでも製品化する。それを見せたら、住民はみな変わる」と語り、2010年8月には龍神産による里芋の焼酎を商品化したのである。現在は製品化2年目を迎え、着実に地域再生が立ち上がっている。

この間、農水省の別の予算を活用し、実行の優先度6位で着手順位1位の「まじめにゆず丸ごと加工」のアイデアも実行に移し、「霜降りゆずのコンフィチュール」（柚子の砂糖漬け）を商品化。伊勢丹のアイオンラインでも発売にこぎつけている。

このような取り組みに内発的な地域再生が立ち上がり始めた地域の姿をみてとることができる。寄りあいワークショップによる自覚的な方法論と考え方をもって取り組むことで、地域再生はある程度可能なのだ。このことを勇気づけてくれるのが、龍神村の人たちの実践の物語である。

5.実践物語2：宮城県石巻市田代島

3.11の東日本大震災の被災地、石巻市田代島。本土側は壊滅的な被害だが、田代島は一人だけ行方不明者が出たものの、幸いにもほぼ全員助かった。しかし、基幹産業であるカキ筏は全滅。岸壁の漁具資材もすべて流出。港の防波堤、岸壁はほぼ1メートル近く地盤沈下し、桟橋も使用できない。電話は4月下旬に回復したが、水道は復旧されず井戸水、ガスはプロパンを使用。電気は発電機をもち

あるもの探し	現地・現場・現物	暮し再生メニュー	優先度
三石の水源水は皮膚病に効能、うまい米		風呂利用時の図面の作成、風力でくみ上げ、太陽熱で温泉づくり。モデル水田での水の利用。	第1位 48点
全国でも珍しい猫神社		ペットは猫派と犬派に分かれるが、全国の猫ファンの詣でる神社、招き猫の商売繁盛で詣でる神社に育てる。瀬戸内海の「犬島」（岡山市）と連携・協働の取組み。	第2位 45点
過疎化の原因は、田代に住みたいという人が多いのに、家を売ってもらえないこと。定年組で移住希望者は多い		空家の破損状況を調査し、空家地図を作製。空家を貸したり売ったりしてもよいという人がアンケートでは21人おり、そこからまずIターン者の受け入れの取組みをする。併行して、Uターン者予想スケジュールを作成し、個別帰島プログラムを用意して支援する。	第3位 27点

表2　田代島の暮らし再生メニュー評価結果・ベスト3

込み、時間限定で供給。水道も電気も本格的に復旧したのは7月に入ってからである。

　田代島は、1960年（昭和35年）前後は1000名を超える人々が暮らしていた。男性陣は遠洋漁業や遠洋航海の船乗りで、女性陣が子育てをしながら農業に携わっていた。食料についてはほぼ自給自足できていたという。40年後の2000年代には人口は10分の1の100人前後。平均年齢は高齢化の物差しである65歳をはるかに超えている。

　日本離島センターを窓口に、田代島の島おこしの支援にアドバイザーとしてかかわった。2003年から2005年の3年間にわたる国土交通省の調査・実践プロジェクトである。寄りあいワークショップが形をなす実践的研究のもととなった取り組み地である。

　3年間で7回の住民懇談会（ワークショップ）と1回の拡大交流懇談会（島出身者に呼びかけての懇談会。150名参加）を実施。この取り組みのなかで実行計画を立案した。地域にあるものを探し、現地・現場・現物をおさえ、暮らし再生メニューを14項目作成。住民みんなで優先度評価した上位3項目が表2である。自治区ではこの3項目を実行しようと決定。それを受けて実行リーダーに区長が手を挙げ、

実行組織を立ち上げた。

　実行計画に沿って取り組んだ結果、「猫の島」として全国的に有名となり、地域再生が軌道に乗り始めた。2008年には約3200人だった観光客は、2010年には4倍に近い1万2000人まで増加。観光収入は年間2000万円以上となり、市も本格的に支援しようという矢先に大震災にみまわれた。

　しかし区長を中心に進めてきた島人の内発的な島づくりの思いは、幸いにも途絶えることがなかった。まず地元の漁師たちが復興に活動を始めた。「田代島一口支援基金　にゃんこ・ザ・プロジェクト」(2011年6月10日、ホームページ公開)である。漁船や漁具、養殖カキ筏など漁業に必要な資材購入の資金がどうにも足りない。漁業や観光による収入源を完全に断たれた若手漁師たちがその窮地を救ってもらおうと、主旨は義捐金であるが甘えではなく、投資に近い形での支援基金を立ち上げたのである。

　この思いを後押しすべく、わずか2ヵ月半後の8月29日には、目標の1万5000口（一口1万円）の1億5000万円の支援金が集まっている。

　多くの被災地は、田代島以上の壊滅的な状況におかれ、そのような取り組みをする心の余裕もなく人材もないのが実情だろう。だからこそ、寄りあいワークショップのような方法も役立てながら、住民と行政、全国のNPO関係の人たちと、協働して地域再生に踏み出すことが、大きな力となるのではないか。田代島の人々がそのことを身をもって示してくれているように思えてならない。

　もちろん被災地とは違った意味で、日本の地域はどこも地域再生まったなしの状況である。田代島のように住民自ら立ち上がる方法として役立ててもえる方法だと考えている。

6. 寄りあいワークショップの特徴

　川喜田氏は1960年代後半の学園紛争時に、移動大学という壮大な実験を提唱し、自ら先頭に立って実践した。学園紛争の要因は現代文明の病状にあると見定めてのことだ。精神公害、組織公害、環境公害が要因だとした。当時教鞭をとっていた東京工業大学の教授を辞してまで、打開の糸口を求めて取り組んだのである。

　日本列島を教科書とし、全国から参加者を募って2週間テント張りで地域に入る。現地調査をしてKJ法で実態を解明し、地域の問題を解決する提案をする、という取り組みであった。そこではキャンパスでの個人・集団・組織のあり方、テント生活と環境の関係、地域産業と暮らしのあり方、など、現代文明の問題を実験的に解く試みをした。まさに「地域再生」の先駆的取り組みであった。このよう

組織の連帯感の再生⇒実践共同体の再創造

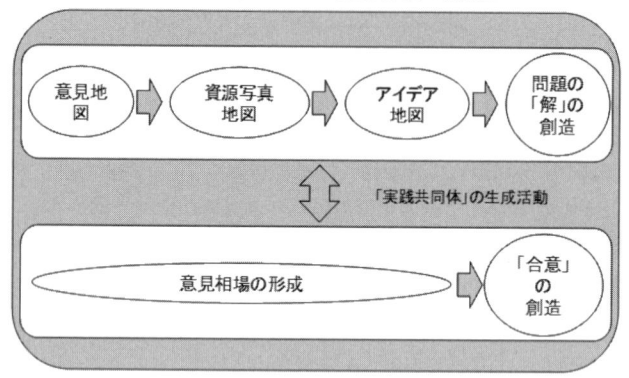

図2 寄りあいワークショップの機能構造

な意味において、寄りあいワークショップは移動大学の住民版だと考える。

　加えて寄りあいワークショップには、地域再生に向けた独自の特徴がある。図1を再度参照されたい。それは、「住民の創造性の発揮」を支援する仕組みになっていることだ。

　これまでの地域開発は、課題の発見からあるもの探しの現地調査、地域再生メニュー作りの計画立案までを、ほとんどのケースにおいて大学の研究者やコンサルタントといった外の専門家が行ってきたことを先に述べた。行政はその計画に事業予算をつけて住民に実行だけをさせるという構図になっていたのである。つまり「創造性発揮の部分」は住民から取り上げ、実行の「作業の部分」のみを住民にさせていたといわざるをえない。

　住民が創造性の発揮の場面を回復し、地域の暮らしの専門家として問題解決行為を行う仕組みであるところに、寄りあいワークショップの真の意味があるのだ。だから内発的な地域生成を導く方法論になりうる。それは集団・組織の創造性の開発の仕組みとなっていることも意味する。社会ではこれまで個人の創造性の開発の議論はなされてきているが、集団・組織の創造性の開発の角度からの議論は少なかったように思う。

　なお地域再生の観点からは、このような集団・組織の創造性の開発によって住民の姿勢を「ないもの探しからあるもの探しへ」と転換する。同時並行的に行政の姿勢を「ハード型からソフト型へ」と転換することを意図している。

　さらには、寄りあいワークショップが問題の「解」の創造と「合意」の創造によって連帯感の創造を導く機能構造をもつ点にも特徴がある。図2を参照されたい。

地域では、問題の解が正しくても関係者の合意が得られなければ、正解にはなりえない。逆に合意が得られても問題の解が正しくなければ、成果は期待できない。両者がセットになって初めて正解となる。企業組織なら合意は未成熟でも問題の解が正しければ、トップの命令ひとつで成果は期待できる。この点が地域組織と企業組織の大きな違いといえよう。ただし長い目でみると、企業組織でも合意形成は従業員の内発的な企業力を引き出すうえで欠かせないのだが。

　寄りあいワークショップは、機能構造的にこのことを可能にしている。第1回ワークショップで「意見地図」を作成し、第2回で「資源写真地図」を作成。それを踏まえて第3回で「アイデア地図」を作成することによって、問題の「解」を創造する道筋を用意している。しかもプロセスが見える化されているので、次の合意の創造の基盤をも提供している。

　併せて、意見地図のどこが重要箇所かを点数で投票する。アイデア地図ではどこから優先的に行うかを点数で投票する。集計の結果合計点の高い順位が判明し、「意見相場」が浮かび上がる。相場は株式などの経済用語であるが、相場が見えれば関係者は買うか買わないか、買うならどのくらい買うか、判断し行動に移る。これと同じように意見においても相場が見えれば関係者の合意が促進され、実践行動を促すことから「意見相場の形成」が可能となり、「合意」の創造の道筋が用意されている。

　このように両者が共在しているがゆえに、寄りあいワークショップは集団・組織の連帯感の再生から実践共同体の再創造を可能にする。だからこそ、事例物語で紹介した龍神村や田代島のような内発的な地域再生の力が発揮されるようになるのではないか。

　移動大学でも2週間のキャンパス生活を共有し、しかも創造的な問題解決の体験をしたメンバーは、同志的な連帯感が極度に醸成されている。日本の地域再生の出発点は、移動大学がもたらす同志的な連帯感に共通する共同体の連帯感の醸成にあるように思う。このような意味からも、寄りあいワークショップは移動大学の住民版だと考えている。

7. 明治以来の近代化の神話の書き換え

　東日本大震災後の4月から8月の新聞記事（朝日新聞と山梨日日新聞）のスクラップから41点のデータ化をはかり、KJ法で分析した。大学での講義の基礎研究のための分析資料だが、その結果浮かび上がってきた論調は、「科学技術による成長神話から新たな価値のよりどころの模索・転換」の必要性に集約される。明治

以降の近代化は、科学技術による右肩上がりの成長を前提として産業社会化に走ってきた。しかし原発事故を伴う大震災を境にその前提が幻想であることに直面し、復興の取り組みとともに新たな価値の拠り所を、地縁・血縁の力に加えて市民レベルで模索する時代に入ったとするのである。

　このことはわたしたちがいま、明治以来の近代化の神話の書き換えに直面していることを意味しているようにわたしには思える。21世紀に向けた神話の書き換えの方向は、論調によれば次のようになる。

　被災地域の復興の方向として、行政と連携しながら地域住民の意思による復興計画と集落共同体の再生が不可欠だとし、そこに向かって被災地域の住民の取り組みの動きがでてきている。

　このことと併せて日本社会の再生の方向として、縄文人・弥生人以来の地球の自然と折り合いをつけながら生き延びてきた生活の智慧の延長線上の産業政策への転換・推進が示唆されている。

　明治以来の近代化の神話の書き換えの方向は、これまで17年間にわたり地域再生にかかわるなかで抱いてきたわたしの見解と軌を一にする。逆にいうなら、東日本大震災を契機に日本社会がそのことを自覚し始めたように思えるのだ。もちろん科学技術を全否定するものではない。

　北海道の奥尻町はかつて1993年に北海道南西沖地震で津波の大災害にみまわれた。5年後には完全復興を遂げたが、復興の公共事業が落ち着くと、あっという間に元の離島に戻ってしまった。若者は高校を卒業すると、仕事を求めて島を出てしまうという。(朝日新聞、2011年4月27日)

　山梨県早川町は平成の合併を拒否し、単独路線を選択した。しかしいまでは日本で一番人口の少ない町になったと総務省の担当者から告げられている。厳しい財政状況のなかで町が最優先で取り組んでいるのは教育環境の充実だ。2011年度当初予算で、教育費は2億円をこえる。小中学校の子供59人に対して一人当たり約362万円。隣の町の2倍強。しかし、人口減少に歯止めがかからないのが実態なのだ。(山梨日日新聞、2011年4月19日)

　山村や離島の人口減少が進む地域は、公共事業と教育事業投資に力を入れても、依然として若者の流出は止まっていない。従来の延長線上の政策では、地域再生は打開できないことは明らかである。

　このことからも明治以来の近代化の神話の書き換えなくしては、日本の地域再生は不可能なところまできているように思えてならない。西田哲学、今西生物学、そして川喜田野外科学に連なる寄りあいワークショップは、神話の書き換えの草の根的な実践方法論ともなるのではないかと思う。

発想法（KJ法）と人類学的フィールドワーク
関根康正

　初めて川喜田二郎先生の謦咳に接したのは、黒姫高原で行われた第一回移動大学であった。1969年の夏のことであった。私は工学部の一回生であったが、大学闘争で前期の授業はなく、ローコストハウス設計の建築家になりたいという夢をもって入った大学で、無為に時を過ごしていた。意識の高い同窓生の中には、大学にいて大学批判はできないと、その特権性を真正面から引き受け、自己否定と称して折角入った大学を辞めていった者もいた。一緒にマルクスの『経済学・哲学草稿』を読もうと誘ってくれた、この友人の行動は私のなかに「特権性を捨てられない者としての私」という深い負い目を生み出し、その後の私の人生に常に影を投げかけてきたのだ。今もなおそうである。後に首相になった菅直人も同じキャンパスで大学改革を唱えて活動していた。こういう雰囲気の中で私も否応なくその闘争の渦の中に徐々に巻き込まれていった。自分と社会の関係はもう十分見えにくくなっていたが、まだどこかに自己改造と社会改革への希望を感じてもいた。それはまさに幻想であったと後に痛いほど悟らされたが。
　第二次大戦後20年以上が経過していた当時は、なおも経済成長を続けていた日本社会であったが、その光の下に容易ならざる混沌の闇が確実に拡がり始めていた。そのことを察知していた人は少なからずいた。しかし、その状況に対して観念的で狭隘なイデオロギーではなく、奥行きと幅広い思想をもって具体的に改革に乗り出す者は限られていた。公害問題に果敢にして持続的に取り組んだ宇井純はその限られた者のひとりだったし、早くから反原発を唱えた核化学者高木仁三郎も稀有な人であった。川喜田二郎もそういう者に列した人だったと回顧できる。宇井は東大の助手に留まることで大学を通じた権力に抗したし、川喜田は東工大教授を辞することで、大学問題に対して根底的な問題提起を行なった。川喜田はただ辞職したのではない。その半年前に野外科学の思想とKJ法という技法をもって移動大学運動という実践を開始していたのだ（川喜田 1971）。大学問題

に現象した、実は深刻な社会問題を、まさに社会を相手に社会に学びつつ問題解決に向かわせようとしたのが移動大学運動であった。移動大学という運動場で川喜田は氏の考え抜かれた思想・方法・技法（川喜田 1964）を教育伝授しようとしたのだった。そのための最初の地に黒姫高原が選ばれた。そこに張られたテント群が野外キャンパスだ。そこに颯爽とそして泰然と立つ川喜田二郎先生には、比喩ではなく、事実後光が差していた。少なくとも私はそれを見てしまった。何を見てしまったのか。混迷の色を濃くする社会に対して本当のことをいう人間に直接出会ってしまったのだ。しかも人類学的思想と方法をもって社会に対峙する人間に。私のもう一人の生涯の師は、その数年後に出会うことになる岩田慶治先生であるが、川喜田二郎に出会うというこの最初の衝撃がなければ、私がその後人類学の道に進むこともなかったろうし、このような文章を書く機会もなかったであろう。

　川喜田の社会改革、社会運動、社会闘争の方向性は、移動大学の八つのスローガンに明確に示されている。

1. 創造性開発と人間性解放
2. 相互研鑽
3. 研究即教育、教育即研究
4. 頭から手までの全人教育
5. 異質の交流
6. 生涯教育、生涯学習
7. 地平線を開拓する
8. 雲と水と

その全てが正確に1970年代以降の将来に向けての危惧として早急に取り組まなければならない課題だった。残念なことに、それらのスローガン（課題）を引き出させた社会の問題はますます絶望的なまでに深刻化して今日の2010年代を迎えてしまっている。2011年3月11日の地震を契機に起こった未曾有の原発事故と放射能汚染は、全人性と人間性を荒廃させる組織公害の深刻化という川喜田の予言を最悪の形で的中させてしまった。今日の私たちの自己のあり方は表面的数値として点検されるばかりでその内発的表現力を失う方向に誘導されている。川喜田のいった人間の全人性の回復とは、真逆方向に進んでいる。だから、1969年の川喜田の問題提起は、40年以上の時間を超えてなおも新鮮であり、それどころか改めて現代の混迷する絶望的なまでに深い闇を照らす光として真摯に再考されなければならない。以下の文章は、ポストモダンといわれて久しい（すでに20年を超えた）2011年という時点から、川喜田の思想と実践の意義を発掘し直す

ための私なりのささやかな試みである。

*

代替可能性とマニュアル的技術化に向かう「脱埋め込み」化ばかりに邁進する偏った再帰的近代化を批判しつつ、同時にタコツボ的な専門馬鹿の壁を打破して専門知を一般人に解放し共有の知にしようと奮闘したのが、チベット・ネパール人類学のパイオニアである川喜田二郎である。川喜田は、技術方法の中に思想を込めることは可能だとの信念の下に、KJ法（言語データ統合法）の開発と

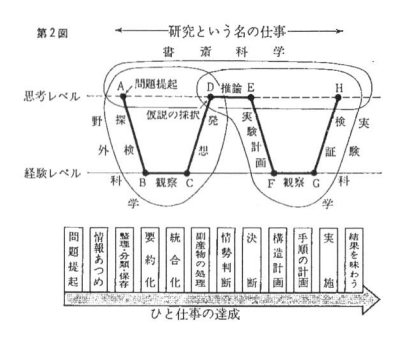

図1 三つの科学と研究という名の仕事（川喜田二郎『発想法』22頁の第2図より引用）

伝達に励み、現代社会にアクチュアルに関わろうとする野外科学を提唱して止まなかった。登山と人類学と技術協力の実践から、野外科学の思想と方法、その具体的集約としての創造性開発の技法としてKJ法が編み出された。そこにおいて、テキストの渉猟を中心にした書斎科学と、実験行為を主にした実験科学とに対比して、フィールドワークを方法の中心にもつ野外科学が明確に位置づけられた。『発想法』（1967年発刊）の刊行が象徴するように、川喜田は敏明にもこの知の方法を1968年という単純近代化から再帰的近代化への世界大の歴史的転換期にちょうどぶつけるように社会に問うたのだった。その時期とは、人類社会の最前線というものが常に未知・未踏であったとしても、未踏に突入するその規模と加速度がかってない急激さをもって増大する転換点であったことは、その時点から半世紀あまり経過した現在、誰もが認めざるを得ない事実となっている。

このようなことをあえて述べるのは、フィールドワークそしてKJ法が、未踏の問題に取り組むときの方法的立場を表明しているからである。未踏の問題とは、妥当で有効な仮説が既成の枠組みからでは思いつけない問題のことである。未踏の時代に対しては、〈知の布置〉自体の変更、いうなれば知のパラダイム転換を要求してくる可能性への対処が求められる。目前で経験している事態は、それまでの既成の概念構造の延長でたてられるような仮説では適切に対処できない問題群である可能性が高いのである。そのことへの強い問題意識が、KJ法そしてフィールドワークに基づく野外科学という技法・方法の根幹を貫いている。したがって、「虚心坦懐にデータをして語らしめる」という既成概念発動の抑止と、「語らしめる」という微妙な表現に込められた対話的な推論過程が思想的態度としてそれらには込められることになる。その意味で、川喜田がチャールズ・パースの

〈推論〉特にアブダクションに注目することは必然であった（パース 1996）。ここを外したら、いずれも知の技法・方法としての独創性や自立性はその瞬間に失われる。

　繰り返すが、野外科学を組み上げる人類学的フィールドワークには未踏の問題解決への意志が込められている。そこにフィールドワークの生命線があるというのだ。現場で全方位に目配りし虚心に枚挙の精神で集めたデータの山から、目前に突きつけられた難問への解決に資する適切な仮説を、試行錯誤をともなう自己発見的（ヒューリスティックな）推論過程を経て、発想していくという衝迫がそこにはある。「データをして語らしめる」その分節と統合の過程において、大小の新たな気づき・発見の累積がそこに生成するはずである。KJ法はそのような過程を集約する推論的統合の技法である。これは推論（インフェレンス）の三つの方法の内の、帰納（インダクション）でも演繹（ディダクション）でもない、発想（仮説の創発・アブダクション）であらねばならないと、『発想法』の冒頭で川喜田はいい抜いたのであった（チャールズ・パースは三つの推論方法は総合的に働くがアブダクションを包括的な位置をもつものとして重要視している）。

　アブダクションは、データの帰納的積み上げによる連続的な階段を順に上って到達する法則定立では収まらない。それは、あるところまでは帰納法と重なるボトムアップの積み上げであるが、どこかでそうした部分情報の堆積が一挙に統合的な視野を獲得する非連続のジャンピング（仮説の創発）がある。しかし、そのジャンピングはけして恣意的なものではない。データの統合の布置という素地に問題解決へ向かう希求が働きかけることで、根拠ある推論が展開するのである。研究的に表現すれば、集積データと問題意識に支えられた研究目的（パースのいう「注意」に当たろう）との対話のなせる技である。それが、「データを語らしめる」という事態である。そのデータ統合のジャンピングの方向が正しいものかどうかは、問う者の「その都度の問題意識」への妥当性として測り出されるしかない。問題意識という概念はもちろん固定的なものではなく、アブダクションとの往還においてその都度自覚し直されるものであり、パース的にいえば推論の出発点になる「前提」に当たろう。それゆえ、妥当性という正しさは推論過程の前提と結論とのレトロスペクティヴな対話となり、その折り合いの良さないし適切さとして自覚されるものとなろう。図1に示されるように、川喜田が研究過程＝問題解決過程の全体を思考レベルと現実レベルとの往復としてのW型でモデル化し、その前半のVを仮説発想の野外科学、後半のVを仮説検証の実験科学として把握した。前半のVは野外科学に相当し、A：問題提起、A－B：探検（調査計画）、B－C：観察（フィールドワーク）、C－D：発想、D：仮説の採択、D－E：推論（仮説を

現実に落とし込むための構想）で構成される。（注：D－Eの推論は頭の中での構想化ということで、B－Cのフィールドワークを踏まえたC－Dこそがパースの推論におけるアブダクションにあたる）。さらに、仮説の正しさの実証は、現実にそれを適用してみての結果を検証する後半のVの部分の実験科学的過程を経て最終的に行われることになる。ここのところは、社会科学においては計画や政策に仮説を落とし込み社会実践する過程に相当しよう。しかし、いうまでもないことだが、物質的な実験の測定とは違って、人間の実践への仮説の適用はそれ自体が正確には一回性のものであり、繰り返しの実験結果の束の平均と誤差というような統計学的処理になじむものと同値にはできない（多数の場所で同じ実践をやってみての比較を統計処理することはできようが、それには個々の前提的文脈の一定の無視を抱え込まざるをえない）。つまり、人間社会を相手にする人類学のような人文学・社会科学の研究実践では、仮説検証過程にも仮説発想過程の一回性の生成の思想が貫かれることを示唆している。その意味で、そこでの仮説の正しさの保証は、問題意識への妥当性にやはり現実には大きく寄りかかっており、それゆえに、フィールドデータに虚心に学び、それを読み込み語らしめる眼力を与える問題意識の不断の研ぎ澄ましと深化という努力の過程（アンリ・ベルクソンが『精神のエネルギー』［ベルクソン 1992］において説く、着想とイマージュとの往還という「知的努力」を想起している）によってその精度をあげていくしかないのであろう。

　未踏の問題は予断を許さない。下手な予断は事態を隠蔽しかえって問題解決を遅延させ悪化させる。例えば、「現代のいじめ」という未踏の問題を想ってみよう。私の世代の子供時代に個人同士のいじめは散発的にあったろうが、クラスやグループという集合的な力学の働く「現代のいじめ」はなかった。にもかかわらず、過去のいじめの延長で事態を安易に捉え、「いじめも人生経験の一部だ」「いじめられる方にも悪い点がある」などと暢気な既成概念でものをいっている教師や親がいる間に、取り返しのつかない事態が日々進行している現実を見ればそのことがわかるだろう。だから、進行中の現場の声や姿を予断を振りかざさず虚心坦懐に聴き見る必要があるのだ。そのことが、要はフィールドワークの根本的態度であり、その実践の必要性を語っているのである。

　未踏の問題を他者という言葉に置き換えれば、人類学の根本態度が、フィールドワークに体現されていることを確認できる。それは、人間社会自体もそれを構成する個々の自己も、基本的に未踏の他者に参入する過程のなかにその生を紡いでいる事実に照応する。このことを見失うと、人は自己に閉塞しその結果として共同性を失い剥き出しになって「生きられる場所」から遠のいていく。現代社会は多くの識者が指摘するように、ネオリベラリズムを標榜する現代社会はその

方向に急速に進んでいる。説明責任と透明性と自己決定というまことしやかな言葉とともに、自縄自縛的なシステムによる日常生活の植民地化が進行している。人の生の再生産には不可欠の恒常性を担保する文化という適度な断続器や顔の見える小社会は、過剰で流動的すぎるコミュニケーションの波頭で破壊され、人々をして剥き出しの生に向かわせる。システムの勝利は、「存在論的安心」の場所の縮減を結果しているというのである。趨勢はまさにそうなのだろう。「存在論的安心」の場所とは、感情が動き、微弱な弱いコミュニケーションが読み取られる場所である。理知的な理解よりも存在の受けとめが先行する場所である。「呪われた部分」(バタイユ 2003) を隠蔽するシステムの強いコミュニケーションの粗野な関係に疲れた者が羽を休める場所である。そこでは言葉よりも想像力、知識よりも感性が意味をもつ。実は、強いコミュニケーションよりも、感情、感性、想像力に親近性を有する弱いコミュニケーションの方が圧倒的に相互浸透力が高く深い。その意味で、他者了解において感情感性の力能ということがもっと問題として検討される必要がある。その力能には、未消化なものが一挙に腑に落ちるというアブダクションのジャンピングの力が秘められているからだ。共感とアブダクション（創造）という興味深い課題がそこにある。

　この点が、フィールドワークが有する単純明快な行為「現場に身を置く」ということが深く関わっている。現場では見る者と見られる者が互いに生身を晒している。この全人性、このことがもつ限りなく深い意味が、すでに了解されるだろう。接触・浸透による感情の生起と共にある他者了解の訪れ、いい換えれば未知・未踏の他者にむけて自己が変容していく経験、分からないままに分かるといった経験が、ちぐはぐであっても我が身の上に起こる。ちぐはぐのままに繋がること、ここにフィールドワークという行為の核心がある。

　このようであるから、この核心をもったフィールドワークの実践は、それがそのままで人がいきいき生きる要諦に触れることであり、そういう場所の創造であり、したがって社会変革の実践となるはずであるといっても、もうそれほど唐突に思い怪しむことはないだろう。認識と実践が分離しないこの地平で、人類学は真の実学となる。したがって、この再帰的近代化への異議申し立ての生き方を含む人類学的フィールドワークは、単に量的調査の補完としての質的調査といったいい方でイメージされる調査法の一分野のような規定には収まらないものであることは、もはや言を俟たない。フィールドワークは、調査資料の収集とその情報処理であるという表現でイメージされる、いつでもどこでも通用するような「脱埋め込み」のコミュニケーションには収まらないし、そのような次元に収めることに根本的に異議を唱えている社会批判の方法的行為なのである。レジス・ドブ

レのいうトランスミッション（ドブレ 2000）やジル・ドゥルーズのいう非コミュニケーションの空洞や断続器（ドゥルーズ2007）の場を目指している実践であるといういい方も可能であろう。

　このように論じてくると、「創造人類学」を提唱する岩田慶治のラディカルさがわかってくる（岩田1982）。そこではもはやはじめからフィールドワークは調査法を超えて設定されているからである。松田素二の解説（松田1989）に従えば、こうなる。岩田は調査する、理解するという基本のモチーフそのものに無理があることを指摘する。フィールドワーカーは解釈や理解を動機として対象社会に臨むのではなく、「外へ出たい・足元を確かめたい・見えないものを見たい・他者に対面したい・相似の表現を作り上げたい」という願望から出発することを指摘した上で、岩田は「とびこむ・近づく・相手の立場に立つ・共に自由になる」という創造のプロセスとしてフィールドワークを呈示する。松田はそれを「分析、解釈、理解から離脱し、出会いと創造を求める方向性」であると評価する。ここに述べられていることは『カミの人類学』を頂点にした岩田人類学を貫く〈地〉と〈柄〉の関係を問い、カミの発端すなわち人間の生の発端を問う知の思想である。その表現・容姿は異なるが、「自然から文化への移行」を掘り起こすレヴィ＝ストロースの人類学における「真正性の水準」の議論との親和性の高い思考でもある。だから、機能主義や解釈主義までの思考では、この岩田のフィールドワーク論のラディカルさには、にわかについてこられないかも知れない。とはいえ、岩田のいうフィールドワークの4段階を、システムによる植民地化への根源的抵抗の構えと読めば、誠に真っ当な主張である。そのような構えこそが人間の生きられる場を構築できるからである。人が生きるとは、認識的理解の構成物というよりも、その本質において出会いと創造以外の何ものでもないのだから。そして、フィールドワークの核心がそこにあることは否定しようがない。

　水清くして魚棲まず。「呪われた部分」には、内奥性の感知には、「弱いコミュニケーション」が似つかわしい。それなしに、人は生きられない。死のない生はないし、悪のない善はない。幻想なき現実もないし、否定なき肯定もない。このことを人の生の未分化に近い発端はありありと見せてくれる。そのような時空で、全人的な出会いの中の可能性すなわち高く深い浸透性が生じ、その地平では相手に拘束されながら共に自由になるということが矛盾なく起こる。フィールドワークは、対象の厚い記述を重ねる過程を通じて、この次元で起こるシンクロニックな出会いを味わう体験の中にその真価がある。

　こうして、語り方の相違はあれども、川喜田の「発想」と岩田の「創造」は合流していると見なせる。二人の友人でもあった和崎洋一は、一生がフィールドワー

クであったような人類学者である。スワヒリのテンベア（放浪）の世界に共振し続けた。長い深いフィールドワークから和崎はテンベアという統合概念をアブダクションによって再発見した、つまり研究のモチーフとして仮説発想した。それは和崎自身の全人性とスワヒリの民の全人的人生を架橋する仮説であった。和崎のフィールドワークはその仮説の精度を上げる不断のテンベアであったに相違ない。日本の人類学の疑いのない財産になっている3人の同世代の人類学者のフィールドワークを通じた人類学探究の人生はそれぞれに個性的ではあるが、その中心点において確かな共通性をもっている。それが、アブダクションという思想的方法である。

　蛇足ながら、現代社会の人類学的フィールドワークの調査地についていい添えるならば、それはもはや遠い空間的僻地にあるわけではなく、目前に不断に到来している時間的他者のうちに存在している。そのように考えることが、未踏性に踏み込むことを真骨頂にしているフィールドワークという実践的方法から導かれる自然な解答である。このことは、地理的辺境がなくなってきたから代替地を求めていっているのではない。もともとそういうことだったのである。

　フィールドワークは誰でもができる、そしてどこまでも行ける、間口が広くしかも奥行きのある、「生きる」意味の創造と強く結びついた、社会の今に関わる実践的方法なのである。川喜田二郎は、この開かれたフィールドワークの思想と技法を、学問を超えて現代世界の一般の認識と実践として共有していくというミッションに生きた人であり、したがって川喜田は死なない存在として有り続ける。

参考文献

岩田慶治（1982）創造人類学入門』小学館
川喜田二郎（1964）パーティー学——人の創造性を開発する法』現代教養文庫
川喜田二郎（1987）『発想法』中公新書
川喜田二郎（1971）『雲と水と：移動大学奮戦記』講談社
関根康正（2011）「むすび：人類学的フィールドワークの原液」『フィールドワーカーズ・ハンドブック』鏡味・関根・橋本・森山共編　世界思想社
ドゥルーズ、G.（2007）『記号と事件：1972-1990年の対話』宮林寛訳　河出書房新社
ドブレ、R.（2000）『メディオロジー入門——「伝達作用」の諸相（レジス・ドブレ著作選）』嶋崎正樹訳　NTT出版

パース、C. S.(1986)『パース著作集2：記号学』内田種臣訳　勁草書房
バタイユ、G.(2003)『呪われた部分 有用性の限界』中山元訳　筑摩書房（ちくま学芸文庫）
ベルクソン、H.(1992)『精神のエネルギー』宇波彰訳　第三文明社（レグルス文庫）
松田素二（1991）「方法としてのフィールドワーク」『文化人類学を学ぶ人のために』米山俊直・谷泰編　世界思想社　32-45頁
和崎洋一（1977）『スワヒリの世界にて』日本放送出版協会

ヒマラヤ技術協力とKJ法
――フィールドワークからアクションリサーチへ――
田野倉達弘

1.登山・探検、フィールドワークから技術協力へ

　私が事務局長をつとめるNPO法人ヒマラヤ保全協会（IHC: The Institute for Himalayan Conservation）は、地域住民が主体になった環境保全活動にとりくんでいる国際環境NGOであり、その中核事業は植林活動である。このNGOは、川喜田二郎教授によって1974年に創設されたヒマラヤ技術協力会を前身とし、38年間にわたってネパール・ヒマラヤで国際技術協力をつづけている。

　先日、私は、映画『秘境ヒマラヤ』（西北ネパール学術探検隊の記録/川喜田二郎隊長/読売映画社）を見る機会にめぐまれた。この映画には、1958年当時のネパール・ヒマラヤの様子が克明に記録されていた。川喜田教授は、この記録に先立つ5年前、1953年に、マナスル登山隊の一員として、ネパール・ヒマラヤのマナスル～アンナプルナ一帯の現地調査（探検）をおこなっていた。その後、次の目標としてヒマラヤのチベット世界を選択し、1958年ドルポへむかい、このとき記録されたのがこの映画である。このとき川喜田教授は、将来、ヒマラヤで国際技術協力をおこなうことを決意していた。そして1963～1964年、第三次東南アジア稲作民族文化調査団を組織し、ネパール西部に7ヵ月間滞在してフィールドワークをおこない、その結果を踏まえて、なるべく奥地でしかし現実的に実施できる所としてネパール西部・シーカ河谷を国際技術協力の事業地にえらびだし、協力活動をおこなうことを村人と約束した。その後1970年のプリテストをへて、1974年に、ヒマラヤ技術協力会（ATCHA: The Association for Technical Co-operation to the Himalayan Area）を発足させ、国際技術協力を具体化した。ヒマラヤ技術協力会は、現地住民への愛情と深い現地認識を基盤としていたが、その視野はひろくヒマラヤを実践舞台とし、そこからくみあげた教訓・哲学を全世界の僻地農村への協力に役立てることを目指していた。ヒマラヤ技術協力会は、その後ヒマラ

ヤ保全協会になり現在にいたっている。

　今こうして歴史的にふりかえってみると、1953年の登山・探検、1958年のフィールドワーク（現地の学術調査）、1974年からの国際技術協力へとつらなっている。これらの仕事をつらぬく本質はパイオニアワークであり、ここには、あらたなフロンティアをたえず切りひらいていく姿勢が常にあった。

　川喜田教授は、1953年にマナスル登山隊に参加して以来、ネパール・ヒマラヤのフィールドワークをつづけ、『ネパール王国探検記』『鳥葬の国』などの紀行やノンフィクションから、『素朴と文明』などの独自の文明論までひろく手がけ、晩年には「没我の文明」を提唱した。その一方で、ネパールにふさわしい形の国際技術協力をすすめ「適正技術」の重要性をといた。ネパール・ヒマラヤでのフィールドワークと技術協力を通して得られた多種多様かつ膨大な情報をまとめ、そこから発想するために考案された「KJ法」はひろく社会にみとめられ、今日の定性的情報処理法・問題解決法の元祖となった。この問題解決法はその後、国際協力の実践を通してあらたな研究をすすめる「アクションリサーチ」へと発展し、あたらしい価値観を生みだしつつある。

　このように、私たちの活動には、「登山・探検」→「フィールドワーク」→「国際技術協力」→「アクションリサーチ」という発展段階がある。アクションリサーチとは、世界内的な立場に立って行動と研究とを一体化させた方法であり、国際技術協力の実践を通してえられる多種多様多量な現場情報を統合・体系化し、よくできたアウトプットをだしていくことを目指している。私は、あらたなフロンティアを切りひらくのはこのアクションリサーチであるとかんがえ、この方法の技術化・思想化つまり体系化という大きな課題に、ヒマラヤ保全協会の事業推進を通して日々とりくんでいる。

2.国際協力プロジェクトを推進する

　ヒマラヤ技術協力会〜ヒマラヤ保全協会のこれまでの活動の歴史は具体的には、第一期「ロープライン」プロジェクト、第二期「植林」プロジェクト、第三期「生活林」プロジェクトに分けられ、現在は、第三期の「生活林」プロジェクトをおこなっている。事業地の位置を図1にしめす。

　国際協力がはじまった当時、ネパール西部ミャグディ郡シーカ村に入っていき、はじめはテント生活をしていた。その後、「そんなところでは何だから、まあこの家をつかってください」と村人にいわれ民家をかりるようになる。つまり、いきなり支援活動をはじめるのではなく、外側から徐々に村人の中に入りこんでい

図1 事業地の位置

く。また、はじめは、村の政治・教育・思想などにはかかわらないようにし、最初はあくまでも技術協力をおこなう。このような意味でも外側から次第に村の内側の世界（社会）へ入っていったわけである。当初、団体の名称を"技術"協力会と命名したのはこのためであった。こうして、合意を形成しやすいところから仕事をはじめ、ハードからソフトへ、環境から社会へといった国際協力活動の適切な方法の基礎をきずいていった。大変合理的でわかりやすい行き方である。

　組織体制としては、ヒマラヤ技術協力会（現NPO法人ヒマラヤ保全協会）、川喜田研究所、KJ法学会（KJ法友の会）といういくつかの組織がつくられ、これらは、NGO・株式会社・学会、あるいは、非政府非営利組織・営利組織・研究組織・人材ネットワークといった異なる性格をもつ諸組織であり、タイプのちがういくつかの組織がつくられ、これらが協力・連携して活動をすすめるといった独自の組織経営方式もあった。こうして私たちは理念だおれになることはなく、また、より大きな組織の下請けになることもなく活動をすすめることができた。

3.森林を再生させ、環境を保全する

　さて、ネパール・ヒマラヤの山村では、人口急増とともに住民による森林伐採がすすみ、土壌流出・土砂災害の多発・水質悪化・野生動植物の減少などがひきおこされ、ヒマラヤの自然環境は急激に破壊されてきている。空からヒマラヤをながめると、今や大半の森林が消失してしまっていることに気づかされる。世界の屋根・ヒマラヤは、世界最大の標高差による幅広い気候帯をもち、

写真1　苗木を育てる苗畑（人物は苗畑管理人のサハビール＝ガルブジャさん）

地球上で最も多様性に富んだ美しい自然環境をもっており、このヒマラヤの貴重な大自然を人類の財産としてまもっていくことは、私たちに課された大きな使命

になっている。

ヒマラヤ保全協会は、ヒマラヤの山村において現地住民の協力のもと、苗畑で苗木を育成し（写真1）、それらをボランティアが植樹、これまでに約80万本の木を植え、約1,800haの森林を再生させた（写真2）。この活動を通して、現地住民にとって森林を保全し自然環境を守ることは、自分たちの生活を豊かにするという理解を促進し、この住民の大きな意識改革により、現地住民と協力して事業をすすめれば、自然を再生させ、かつ持続的な環境保全が実現できることをしめすことができた。

写真2　森林がよみがえった　写真（上）:40年前のシーカ河谷（森林はほとんどすべて伐採されていた／出典：中尾佐助・佐々木高明〈1992〉）写真（下）：現在のシーカ河谷（森林が再生された）

4. 住民の生活に根差した「生活林」をつくる

「生活林」とは、日本でいう里山に相当する林のことである。ネパール・ヒマラヤで、いちじるしい人口増加とともに森林の減少がすすんだのは、そこで暮らす人々が、生活（薪や家畜飼料の採取など）のため森林を伐採しなければならないからである。ネパールには植林の文化が元々なかったため、森林が伐採された後には荒廃地がのこり、地域の環境破壊が深刻な問題になる。森林を利用しそれを減少（後退）させたのは住民であるが、一方で、住民は森林に依存した生活をしているため、森林が後退することにより住民の生活はくるしくなる。そして住民は、森林伐採を奥地へとさらにすすめ、生活がいっそうくるしくなるという悪循環が生じてしまっている。したがって、森林を再生させるとともに人々の生活を改善することが必要になってくる。「生活林」プロジェクトを実施すると以下のような成果（アウトプット）が生みだされる。

(1) 自然環境を保全する

森林は緑のダムといわれるように、森林ができると樹木が土地に根をはり、地下水をはぐくむ。ヒマラヤは南アジアの水源域としても重要であり、森林は、その水資源を涵養するためになくてはならないものである。また、雨季の豪雨のとき、樹木の枝葉がクッションとなり雨滴が表土に直接あたらなくなるので、土壌

流出をふせぐ効果も生じる。水資源の涵養、土壌保全のほかにも、動植物の保護による生物多様性の保全、景観の保護など自然環境を保全するための様々な効果が生み出されている。さらに、自然環境の保全は、エコツーリズムの実践といったあらたな価値も生み出しつつある。

(2) 住民に森林資源を供給する

ヒマラヤで暮らす人々は、森林の中に入り込んだ生活をしており、その暮らしは森林資源に高度に依存している。自然保護だけを目的にするのであれば保護区(保護林)を増やせばよいが、それだけだとヒマラヤ山村の人々は生活していけなくなってしまう。例えば、ネパール全体で消費する全エネルギーの約70%が薪である。家庭での調理用、暖房用の他、レンガ製造などの工業用熱源として薪は使用されている。また、山間部では放牧する草地が少ないため、樹木の葉を家畜飼料として人力であつめて家畜に食べさせている。つまり、彼らは、薪や家畜飼料を森林から絶えずあつめないと日々の生活が成り立たないという、森林に大きく依存したライフスタイルをもっているのである。さらに、森林に溜まる落ち葉は、やせた畑の肥料としても活用され、豊かな森林は水をはぐくみ畑に農業用水を供給する。ヒマラヤには「耕して天に至る段々畑」があり、この段々畑を支える基盤が森林なのである。このように、ヒマラヤの植林活動は、薪・家畜飼料・材木・食料・薬草・堆肥・換金作物・水などの「森林資源」を住民に供給し、住民のもっとも重要な生活基盤をつくることになる。

(3) 住民の生活を改善する

ヒマラヤの人々は、薪や堆肥、家畜飼料を採取するために長時間の重労働にたずさわることを余儀なくされ、特に女性の健康維持と社会参加、教育を受ける機会の減少など社会的な悪影響が出ている。植林により、薪やその他の森林資源を豊富に生み出す森林が集落の近くに再生されると、農業の改善とともに、住民の社会生活も改善できる。私たちは、住民の生活基盤となる森林を「生活林」と命名し、単に木を生産するだけではなく、地域住民の生活を積極的に改善する努力をつづけている。これにより、地域住民が植林活動に主体的に参加するようになってきている。この取り組みは、住民みずからがみずからの森をそだてるといった取り組みであり、住民が主体的に参加しながら、持続的継続的に自然環境を再生・保全していくプロセスである。「生活林」は、人手が入ってこそ健全に保たれる森林であるので、住民の主体的参画があってこそ永続的に森林を保全していくことができる。こうして、森林を利用しつつ育てるという仕組みができあがれ

ば、森林と住民の循環的関係が構築され、自然環境と人間とが共生していく道をひらいていくことができる。

　プロジェクト実施後に得られた現地住民の「声」の一部を紹介する。

　「ご覧の通り見事な森林がよみがえりました。これで、薪・家畜の餌・堆肥・材木などが集落のちかくで容易にとれるようになりました。森をつくりながら、同時にそれを利用するといったサイクルができました。また、水源の涵養もでき、農業用水も確保できます。土壌浸食や土砂崩れも少なくなりました。私たちの生活は高度に森林に依存した自給自足生活であるため、森を再生することは生活基盤をつくることに他なりません。これからは、この森がふたたび後退することのないよう、私たちがしっかり管理し、まもっていきます。住民は、村のルールをまもって、時期と区域を決めて計画的に間伐・枝打ちをおこなうようにしています」（写真2）

5. 事業地を「主体－環境系」としてとらえる

　私たちが国際協力をおこなっている事業地は、中心に集落があってそこで現地住民が暮らし、その周囲に自然環境がひろがるという基本構造をもっている。つまり事業地は「住民-自然環境」という構造になっている（図2A）。

　住民は、事業地の中心にあって事業の「主体」として機能しており、自然環境（簡略に環境とよぶ）は、住民の生活をささえる土台あるいは枠組みとして存在している。つまり、事業地の構造はもっと単純化・抽象化して表現する主体と環境とから成り立っており、「主体－環境」系とモデル化することができる（図2B）。主体と環境とは相互に作用をおよぼしあっていて、環境はたえず主体に影響をあたえ、主体はつねに環境を改善しようとする。主体から環境へはたらきかける作用は「主体性」とよばれ、その逆に、環境から主体への作用は「環境性」とよばれる。このような主体と環境の全体、主体即環境、環境即主体がつくりだすシステムがひとつの地域であり、これは、地域を簡潔にとらえるための手段でもある。そもそも、いわゆる環境問題とは主体と環境との相互

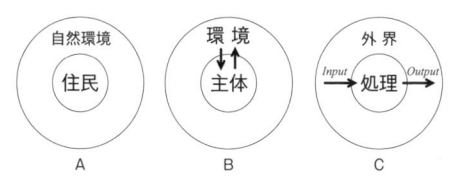

図2　主体-環境系のモデル　A：住民-自然環境（事業地は、中心で住民が暮らしていて、その周囲を自然環境がとりまいている）　B：主体-環境系（住民は事業地の主体であり、自然環境は簡略に環境とよべる）　C：情報処理系（主体である住民は環境（外界）から、情報や資源やエネルギーを取り入れ（インプット）、それを処理して、外界へアウトプット（成果）をだし環境（外界）を改善する）

作用が不調和になり、地域のシステムに矛盾が生じることにほかならない。具体的には、主体である人間の作用が大きくなりすぎ、環境に巨大な負荷を与えているのが今日の状況である。主体と環境との間で、物質・エネルギー・情報の流れがうまくいかず、主体と環境との関係がアンバランスになっているということである。

　この「主体-環境」系のモデルが、事業地（地域）とKJ法、あるいは国際協力活動と研究、アクションとリサーチとを仲介しむすびつける重要な役割を果たす。「主体-環境」系の考え方が本論の中核的な概念である。

　この「主体-環境」系をさらにふかくほりさげてみると、主体である住民は、環境（外界）から資源やエネルギーや情報を取り入れ（インプット）、それらを「処理」して、外界へアウトプット（成果）をだし、環境を改善しようとしていることがわかる（図2C）。国際協力事業では、インプットのことは投入、アウトプットのことは成果とよばれる。インプットは環境性、アウトプットは主体性のあらわれである。この、「インプット→処理（プロセッシング）→アウトプット」の流れは、広い意味の情報処理の流れにほかならず、したがってこれは「情報処理」系とよんでもよい。実際に私たちは、住民参画方式により、フィールドワークで情報をあつめ、それらをKJ法でまとめ（情報処理をし）、適正なアウトプットをだして環境を改善・保全しているのである。

6. アクションリサーチは7ステップからなる

　私たちは、現地事業をすすめる具体的な方法として、住民参画による「アクションリサーチ」を採用しており、それは次の7ステップからなる。

　　（ステップ1）テーマ設定
　　（ステップ2）グループ・ディスカッション
　　（ステップ3）合意形成
　　（ステップ4）フィールドワーク
　　（ステップ5）構想計画
　　（ステップ6）アクション
　　（ステップ7）評価

　ステップ1「テーマ設定」では、現地住民と私たちが一緒になって協議して事業（プロジェクト）のテーマを決め、問題の中心を明確にする。ステップ2「グループ・ディスカッション」では、グループをつくってテーマをめぐりディスカッション（討論）をし、多種多様な情報をあつめる。ステップ3「合意形成」では、ディ

スカッションの結果を統合して「この方向にすすんでいこう」と当事者が意思統一をして方針を確定する。ステップ4「フィールドワーク」では、事業地の観察をし、また住民から聞き取り調査をおこない、現場情報を収集・記録する。ステップ5「構想計画」では、それまでの結果を踏まえて事業（プロジェクト）の構想をねり計画を立案し、目標を明確にさだめる。ステップ6「アクション」では、その事業を実際に実施し、同時に、その事業をすすめる行為それ自体から情報をあつめ調査・研究をすすめる。ステップ7「評価」では、事業終了時あるいは終了後に、目標が達成されたかどうか、その事業がうまくいったかどうか評価する。

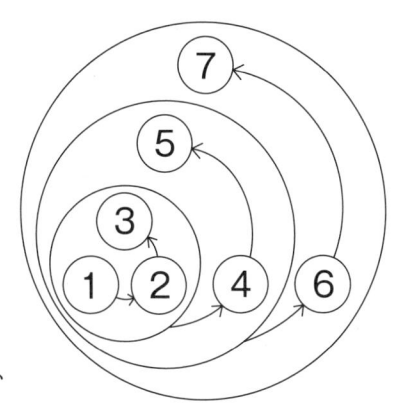

図3　アクションリサーチのモデル　①テーマ設定、②グループ・ディスカッション、③合意形成、④フィールドワーク、⑤構想計画、⑥アクション、⑦評価（各ステップの内部で情報処理（KJ法）をくりかえす）

　このようなステップによりプロジェクト（問題解決）をすすめながら、各ステップの内部において、「主体-環境」系を意識しながらKJ法（情報処理）をくりかえしていく。このアクションリサーチの実践においては問題解決を一般論としておこなうのではなく、国際協力のために各ステップの意味を自覚して、それらを踏みしめて実施することが大切である。アクションリサーチには問題解決と情報処理という2つの側面があり、前者は事業の時系列的（時間的）側面、後者はその空間的側面をあらわしている。これらはすなわち、国際協力事業にはこのような2つの側面が常に存在するということである。問題解決と情報処理の両者を合理的に統合し、国際協力を実りあるものにするために、問題解決の各ステップを明確にし、それらのステップの中で情報処理をくりかえすという仕組みをつくりあげたのである。

　また、ステップ1から3までを実践するとそれらがより高次元のワンユニットになり、ステップ4から5へと転がるようにおのずと展開でき、ステップ5までいくとそれらがさらに高次元のワンユニットになり、ステップ6から7へおのずと転がるように展開していくようになっている。おのずと展開するということが重要である（図3）。

　このような方法をつかってプロジェクトをすすめながら、プロジェクトの先にある、人々をとりまく環境や人々の暮らし、その豊かさ楽しさを提案することが

重要である。これらのビジョンを関係者が共有できればプロジェクトは確実にすすみ、主体も環境も改善される。この意味において、ステップ5「構想計画」は特に重要である。

そして、ステップ6「アクション」では次の3つの基本技術をつかう。
（1）パート法（行動計画を作成）
（2）点メモ花火 → ツイッター（実際の行動と折々の感想を記録）
（3）本多勝一・日本語の作文技術 → ブログ（データベースを作成）

現地事業をすすめ同時に研究もおこなうアクションリサーチでは、現場の情報をいかにすばやく記録し固定化するかが大きな課題になる。この作業がなければ情報はすぐにわすれさられてしまう。いそがしい日々のなかで行動しながらの作業になるので、できるだけ簡単にできる方法がもとめられる。そこで、現場では「点メモ」（キーワードだけの簡単なメモ）だけをつけておき、あとで宿にかえってから、点メモを見ながら現場の状況を想起して、パソコンをつかって正確な記録をつくるというやり方を採用している。点メモとは、その体験の目印となるキーワードや場所の名称などであり、一仕事の目印となるものである。点メモのリストを日々つくっていると成果が見えやすくなり、目印リストが増えれば多果となる。今までの経験では、現場そのものではノートに手書きで点メモだけをつけておき、あとでパソコンをつかうという方法がもっとも効率的だ。パソコンでは、ワープロのアウトライン機能をつかって箇条書きで情報をどんどん記述してまとめ、その後、情報を固定・蓄積していく手段としてツイッターとブログを利用する。ブログ・データベース作成後の全体的な情報処理にはKJ法をつかえばよい。

記録を毎日つけ情報を日々あつめて あらためてながめなおしてみると、事業地の現状や事業地からのメッセージがよくわかってくる。一歩はなれ遠くから見ると未来をしめすベクトルが見えてくる。一つの情報からではわからないことが、多数の情報をならべてみると見えてくるのである。多くの人々は自分の感情を投影して世の中を見てしまいがちだが、そのような偏見からも自由になれる。

アクションリサーチを継続していると、実践や体験のなかで個々の情報を位置づけ、その意味をとらえることができ、事業の実践から知識を抽出できるようになる。意味とは実践や体験の枠のなかでつくられるものであり、こうして、事業の推進を通して情報収集を日々おこない、当事者が記憶や知識を増やしていくことができれば大変よい成果がえられる。こうしたアクションリサーチを実践すると現場の真のニーズがおさえられ、結果として認識をあらたにすることになってくる。

参考文献

川喜田二郎著（1986）『KJ法』中央公論社
中尾佐助・佐々木高明（1992）『照葉樹林文化と日本』くもん出版
本多勝一著（1982）『日本語の作文技術』朝日文庫

チベット二郎先生の思い出
ペマ・ギャルポ

鳥葬の国

　「鳥葬の国」の映写会の時に川喜田二郎先生に初めてお目にかかりました。1968年頃のことでしたが、その時には、初めてチベットの国境に近いネパールへ学術調査に入られた偉い先生、との印象しかありませんでした。しかし、1972年入管より、「留学目的で来日していたチベット人のビザの更新は今回限り」といわれ、インドへ帰らねばならないという大変困った、切羽詰まった状況になりました。その時に本格的に川喜田先生にお世話になりました。

　当時、私たちチベット人留学生男子5名は、我々を日本に呼んで下さった（故）木村肥佐生先生（亜細亜大学教授、『チベット潜行10年』著者）と（故）倉前盛通先生（亜細亜大学教授、『悪の論理』著者）にお世話になっていました。その先生方から「高名で影響力がある方にお願いした方がいい」とアドバイスされ、当時東京工業大学の教授で、川喜田研究室をもっておられた先生に、チベットの事に造詣があり、ただその少し前に映写会でお目にかかったというだけで、その研究室に押し掛けて行くわけにもいかず、木村先生に事前にお願いして約束を取り付けていただいてから伺いました。

　その時の先生のお姿は、今でもはっきりと目に焼き付いております。先生は「そうか、そういうことなら、とにかく戦わねばならないね。ここでギブアップしてはいけない」当時インドの首相を務めていた、インドラ・ガンディー首相はじめ、日本の様々な有力な政治家、国連難民高等弁務官へ手紙を書くようにというアドバイスをいただきました。先生は、自らそのような方の名前や、さまざまなアドバイスをノートにたくさん書き出してくださいました。結果として、この40年間日本で生活できたということは、先生のお力によるもので、ほんとうに感謝してもしきれないほどです。その研究室には、ネパールへ研究調査にも随行され、

先生の第一弟子でもあり、河口慧海研究の第一人者の高山龍三先生（現チベット文化研究会会長）がおられ、川喜田先生の指示で私たちの世話をして下さいました。

ある時、先生と二人だけになれましたので、私が意を決して「『鳥葬の国』という映画はあまり見せない方がいいのでは…… 中国がチベット人は野蛮人といっているので、そう見えてしまうのではありませんか？」と申し上げると、先生は怪訝な顔をされ、「君はほんとにそう思うのか？ なぜチベット人が頭がい骨で作った茶碗を使っていると思うのかね？」と逆に質問をされました。私は「あれはチベット仏教の慣習で、供養のため儀式で使われます。それは私たち自身が、今までその人と一緒に生活をしたが、自分もいずれはこのような姿になるということで自分自身を戒め、現世を一生懸命生きるためです」と返答すると、「そうだろう、立派な文化じゃないか、君たちは自分たちが理論武装しなければだめだと思っているだろうが、すでに立派な文化をもっている」と、常々諭して下さいました。チベット文化は文明に値する、と口癖のようにおっしゃり、常に私たちに勇気や希望を与えてくださいました。

私がまだ亜細亜大学の学生だった頃、日本でのチベットの知名度といえば、かろうじてダライ・ラマ法王のお名前が出るか、ヒマラヤを連想し辺境の地という印象くらいしかありませんでした。どうしてもチベットの本当の姿を知ってほしい、もっとチベットの認知度を高めたいという思いから、まだ学生の身分でしたがチベット文化研究会を立ち上げることにしました。その時にも川喜田先生の元へいろいろ相談に伺いました。

先生は「やりたいようにやりなさい、人間はやらないで後悔するより、やった方がいい」と私を勇気づけてくださいました。当時は、若さもあったからでしょうか、さまざまなアイデアが浮かび、多少突飛なアイデアでも先生のところへもって行くと、いつも決して否定するようなことはおっしゃらず、「いいじゃないか、やってみなさい」と励ましてくださいました。

また、1980年代中頃、チベット文化研究会も設立されてから早や10年以上が経っていましたが、川喜田先生も学術顧問の一人として協力していただき、会の新年会にも毎年のように参加して下さいました。その頃にはチベットも今ほどではないにしろ、かなり知名度が上がっておりましたので、日本のチベットと呼ばれていた東北の村の一区画にチベット村をつくり、チベットの生活習慣を体験できるような、のどかな場所を建設する計画が進んでいました。その『チベット村構想』を計画した時も、真っ先に先生に相談すると快く設立委員会の代表になって下さり、候補地先である岩手の過疎地の村や、新潟の廃校になった学校へも同行して下さり、一生懸命チベット人の面倒を見てくださいました。このように先生に様々

なご協力をいただきましたので、チベット文化研究会にも日本チベット仏教会や、NPOチベット教育福祉基金などの枝ができ、いろいろなプロジェクトが生まれ、成果をあげております。これも偏に先生のおかげと感謝しております。

　また、第14世ダライ・ラマ法王が来日された折、チベット文化研究会の会長はじめ顧問の先生方が法王と謁見されるということがありました。その時に他の方々は、法王とのお話ではわりあい一般的なことを話されていたようですが、川喜田先生だけは歯に衣を着せずにご自分の意見をはっきり法王に申し上げていました。「中国とは話し合いなんかでは事が簡単には進みません。もっと長期的に考えるべきです」などと。

チベットへの想い

　チベット文化研究会では時折川喜田先生に講演会講師をお願いしておりましたが、ある秋の特別文化講座の講師をお願いした時に、『KJ法』の講義をして下さいました。一日目はKJ法の成り立ちを説明されましたが、目をキラキラ輝かせ、70代後半とは思えないほど声に張りがあり、しっかりとした口調で話されていました。「今からお話しするのは、私一人の考えることであると、そういうことでございます。どうぞ皆さんの方は、あんなこといっているけど私は違うぞ、という意見をどんどんおもちいただいて、自由にお考え戴きたいと思います」如何にも先生らしいスタートです。

　そして、「ちいさな集団で我々の祖先が生きていたときが一番民主的だったのです。しかし人類が増加すると都市国家を作り、発展してやがて領土国家になる。その辺から次第に、ボトムアップは閉塞してくるのですね。トップダウンばかりが発達するようになる。これがいわゆる階級社会の発生ということになるわけです。こういう風になりますと、情報のめぐりが悪いものですから消化不良を起こしましてですね、不満や矛盾がたまってくる、すると革命ということになるのです……定量化できない情報でしかも多種多様、これをどうやってまとめるのか、ということですね。それで作ったのが、KJ法（川喜田二郎のイニシャルを取ったもの）です……」と続いてゆきます。今でも先生の力強い声が耳に残っております。

　川喜田先生はとにかく行動力のある方で、フットワークも見事なものでした。先生のところになにかの相談事で伺うと、先生はただ単にアドバイスを下さるのみならずご自身が積極的に動いてくださる方でした。先生の「ペマ君、これはおもしろい。やろうじゃないか、やってみようじゃないか」とおっしゃると、自ら行動に移る方でした。私は奥様や先生の研究所の方々に申し訳ないと思いながら

もしばしばお邪魔し、その都度先生は新潟、千葉、静岡、遠くは岩手の田舎まで私たちと一緒に同行くださり、熱く夢を語ってくださいました。日本にチベット寺院を建立すること、チベット文化村を作ることに関して、私の力不足と運が悪いため実現できなかったことは本当に先生にも大変ご迷惑をお掛けした結果となり、申し訳なく思っています。この計画についても先生はご自分で交通費まで負担されいくつかの候補地など訪問して下さいました。また何度も会議を開き、案を練る際も熱心にメモを取り、KJ法方式でそれをまとめて下さいました。何かに興味を示すときの先生は、いくつになられても子供のように目を輝かせて周囲をも巻き込む力をもっていらっしゃいました。私の方も心得ており、先生の関心を引くために「ヒマラヤ」あるいは「チベット」という言葉を引き合いにしました。先生が名古屋方面の大学に異動されたときも、お電話を差し上げ相談ごとがあることを申し上げたら、相談ごとについて私は先生方はじめ目上の方とは電話では苦手でしたので、名古屋の大学で会ってくださることになり、私はあまり深く考えもせずに出掛けていきました。実際は駅からバスで随分かかる大変遠いところにある大学で、お話に夢中になって終電をのがしてしまい、結局駅のホテルで一泊することになりました。

　先生が入院される前の年あたりに2回ほどお目にかかりご自宅で長時間にわたり日本の現状を憂い、熱っぽく改革について話されました。そしてそれを世に知らせるため、私のほうからある出版社に話をもち掛け、先生のお身体に負担を掛けて取材を進めましたが出版社の事情でそれが実らなかったことを先生にきちんとお詫びができないままになっていました。特に先生は強欲の資本主義とアメリカなどの強引さには警鐘を鳴らしていらっしゃいました。また中国の脅威についても敏感に反応されていました。それと同時に先生の優れたKJ法について先生を中国の大学や研究機関が的確に評価し、先生をお招きして教えを請おうとしたことには、私も中国の鼻を明かしたような気分になりました。多くの人が中国にもち上げられたことに良い気になることがありましたが、先生は騙されることもありませんでした。またシンガポールでもKJ法は注目されており、先生が講演に出掛けられKJ法と仏教の関連性についていろいろヒントを得られたようでした。このように、語れば先生との思い出にはきりがありません。先生が他界されたことは私個人にとってもヒマラヤ地域の人々にとっても大変な損失であり、先生に代われるような人物は二度と現れないだろうと思います。

　先生が他界される4、5年前だったと思いますが私と家内は品川駅でぼんやりとした先生をお見かけしたことがありました。首にめがねをぶら下げたまま駅のプラットフォームに佇む先生に近づきご挨拶をしようと思ったのに、電車が来て

しまい先生は私に気づかず乗車されてしまいました。この時あれほどエネルギッシュだった先生が、なんともお歳を召された雰囲気でいかにも寂しげだったのが、人間の「無常」をいやがうえにも感じた瞬間でした。

　先生が亡くなる前は、面会も限られた方しかできない状態だったので、奥様やお弟子さんのご厚意でお見舞いできたことは私にとっては大変有難いことでした。先生とお会いする時には、いつも新しい夢と希望をいただきました。本当に感謝しております。その精神は永遠に私たちの中に受け継がれています。

チベット文化研究会30周年記念の宴（2003年）にて、川喜田先生と

パリ発黒姫経由ロンドン行の旅
野村俊夫

はじめに

　昨今パリからロンドンに行くには、「パリ北」駅発「聖パンクラス」駅行きの「ユーロの星」号に乗れば2時間半程で到着する。ちょっと眠りに落ちてしまうともう終着駅に着いてしまう（写真1）。遠回りをして空を飛ぶ南周りの列車がもしあるとしても、地球一周は約4万kmだから、「ユーロの星」号のスピードなら12日もすれば着くことになる。然るに、この間を移動するのに半世紀の時が経過したとするなら、天の川に沿って北十字から南十字に向かう銀河鉄道の夜の夢のような遠い旅に違いない。

写真1　聖パンクラス駅に隣接するSt Pancrasホテル

1. 英語での創造性科学の学術交流

　2011年9月11日（日）の午後6時頃品川駅構内を歩いていたら、突然眩暈を経験した。その時は疲れだ、暑さだと自分なりにいい聞かせ、ブリーフケースに入れておいた水を飲んで、暫らく立ちどまっていたら、落ち着いた。翌日のフライトでロンドンに戻り、スーツケースと中身を取り換え、そのままブリストルに向かった。13日の朝、ブリストル大学工学部長と京大の防災関係の研究者とのミーティグを前にして、今度は立っていることもできない激しい回転性眩暈に襲われ、そのままBristol Royal Infirmaryに入院するはめになった。

予期もしない1週間の入院生活とまた1週間の郊外の自宅での静養のあと、ロンドンに戻り、徐々に通常の生活に戻れたのは幸いであった。9月5日の週はずっと京都で業務である産学連携のグローバル展開に関する打合せで忙しく過ごした。2年半前に現職に着任してから年3回は仕事で京都を訪ねる。
　11日の午後に品川で何をやっていたかを話さないと最近の健康状態報告書になってしまう。4時間を充分に使って、品川にある北陸先端科学技術大学院大学の東京サテライトで、國藤進氏と永延幹男氏と共にKJ法関連の"専門用語"の日英翻訳表を作成する集中力のいる作業を行っていたのだ。國藤氏が予め作成していた18ページにわたる表をたたき台として、英語で分かりやすいように変更するのが目的だった。"移動大学"を"the Mobile University"から"the Nomadic University"に変えたことなどはその中の一つである。"おのれを空しくして虚心坦懐にデータをして語らしめよ"は、"forget yourself without prejudice and let the data speak for itself"と比較的西洋的な説明表現に落ち着いた。同様に、"教育即研究・研究即教育"等々の英訳も苦労した中の一つである。
　なぜKJ法関連専門用語の翻訳表を作成するに至ったかの説明は、さらに1年半戻らなければならない。2010年3月に学会発表で訪英中の國藤氏にロンドンで会った時、KJ法は日本的文化に基づいた問題解決学であるが、それは世界に必ずや通用するものであり、英語で紹介するには、この数年間が（関係者多くの定年の時期を考慮に入れると）最後の機会である、と確認し合った。このようなことにyesと答え、実行に移すとは縁以外に何があるか。
　筆者は1969年夏に黒姫移動大学に参画したが、1980年以降UKを主に海外の生活が続いており、時節の挨拶状以外にはKJ法の関係者とは疎遠になっている。2009年7月から、ロンドンに設立された京都大学欧州オフィス（産官学連携担当）に、特任教授として、日英・日欧の科学技術の研究交流、産学連携促進のための職務に当たっている。そんな中、國藤氏とは、東工大、心理研、黒姫移動大学、大学職、専門も情報関係と接点が多く、付き合いが長い。KJ法の国際化は、日本発科学技術のそれと比べても、自然科学と社会人文科学の融合も含み、より挑戦的であり21世紀型だ。
　北陸先端科学技術大学院大学教授で、日本創造性学会理事長を歴任している國藤氏は、国際的な創造性科学の学術交流の活動を行ってきている。この一環として、日英間の学術交流が検討され、黒姫移動大学出身でロンドン在の筆者にも参画の依頼があったのだ。そんな経緯の中、あの品川とブリストルで襲われた眩暈は何だったのだろう。黒姫以来しっかりと閉じ込めていた何かが心の蓋を中からこじ開けた結果だったのかなとも感じている。

KJ法のワークショップをUKで開催することを目標に、機会と参加者、ファンディングの可能性を求めて"営業活動"をした結果、UCL（University College London）人類学科大学院の"Tools and Methods"授業の一環としての3時間のセミナーと、イングランド北西部リーズ市のCreativity Centreでの1日半のワークショップとの機会を2011年10月最後の週に運よく獲得することができた。9月に品川で行った日英翻訳表作成は、このためのプレゼン資料作成に向けての直前の語彙の統一であった。

2. 英国での野外科学的方法（KJ法）のプレゼンテーション

　英国訪問には、いろいろな可能性を検討した結果、國藤、永延両氏の他、丸山晋、近藤喜十郎、三浦元喜各氏の協力を得、KJ法概論、フィールド科学としてのKJ法（南極調査応用）、心理療法応用、KJ法諸応用、グループKJ法に関したプレゼンが行われ、大成功裏に終了したことは報告に値することである（写真2）。

写真2　創造性学術交流の一環とした移動大学メンバーを核とする講演者：時計回りに、三浦・野村・近藤・丸山・國藤・永延（University College London人類学科大学院にて）

　UCLでのセミナーではこんな出来事があった。午前の國藤氏の概論での質問の一つに、"lone wolf（一匹狼）"とは何かがあった。プレゼン資料のあるページの一番下に何気なく書かれていたが、同氏は意識してかその説明を避けたこともあったが、それに気づき質問する学生も鋭い。そのままでは群れに属さ（せ）ない"狼（観察データ）"であるという説明の後、同氏の博士論文を引用して、創造的により高位層の

写真3　リーズのCreativity Centreでの國藤教授による野外科学・移動大学に関する質疑応答

公理系を巧く導入すれば、整合的な関係付けができるようになる、と説明、セミナーに臨席していた学科長も納得していた模様であった。
　午後の部が始まる前に、火災警報が鳴りだしてしまった。訓練用ではなかった。運よく大事には至らなかったが、退避している間にセミナー関係者や教官と交わ

した会話はいろいろ有益であった。その一人、パリ大学で考古学の修士号をとり、現在人類学科でマテリアル・カルチャーの研究を続けている30代のL博士によると、彼も10数年来、カードを用いてフィールドでのデータ取りと整理を行っている。各カードには、日付、図や説明、観察、引用文献、キーワード等が書き込まれているとのことであった。

写真4　Creativity Centreでの講演者と参加者（英国＋欧州他国）

　リーズ市での経験はどうであったろうか。20数名の参加者で企業界からが中心。1日目の内容はUCLでのと同様で、プレゼン内容もロンドンから列車で移動中に大分改善したし、英語でのプレゼンも一度の経験を得た後はかなりの自信をもち、落ち着いてきた。

　KJ法と他のカード手法との比較に関しては1日目に質問が続いた。2日目は午前だけだったが、KJ法の実作業を予定していた。既にカードにデータが書き込まれたものを各参加者に配り、グルーピングと空間配置の模擬実験のはずだった。しかし参加者の理解力とKJ法習得への情熱に即座に柔軟的に対応し、大分挑戦的な内容に変更した。参加者を3グループに分け、日本人インストラクターを配置し、グループごとに創造性活動に関する各自テーマを決め、ブレーンストーミングを行い、図解作成と各グループ口頭発表の1ラウンドを2時間半で完結した。

　ただし、これらはあくまでKJ法がどういったものか、感触を知ってもらうための経験的デモンストレーションである。今後これらを切っ掛けとして、創造性科学についていっそうの学術交流が深まればよいと考える（写真3、4）。

3. KJ法プレゼンからのフィードバック

　ロンドンとリーズでのプレゼンを通じて、プレゼンの仕方や内容に関して多くのフィードバックを得た。日本的組織風土や禅的、俳句のように云々と多くの事の伝達手段を心配していたにも拘らず、コメントの内容は非常に実際的、具体的で、将来の英語でのKJ法のために非常に役に立つ点が多く、ここで少し整理しておくのも有効であろう。今回のワークショップの準備期間内では、英語版を作成するのに時間的に無理もあったことは容赦して頂きたい。

- ラベル作り、グループラベルの作り方で幾つもの指針があった。各点ごとに適切な OK ／ NG の例を加えてほしい。
- グルーピングの仕方で同じキーワードではまとめてはいけない等、指針があった。上記と同様、OK ／ NG の例で示してほしい。
- W 型累積 KJ 法で、4 ラウンドまでの実際的な一貫した例を示してほしい（注：丸山晋氏の心理療法の例がこれに近かった）。
- ミニ移動大学の例（石川県で開催された福井原発後の経済復興への問題解決）に関して、そのコミュニティー的背景や参加者、結果の有効性等、もう少し詳しく説明してほしかった（注：KJ 法が社会的問題解決に実際にどの位役立っているのかどうか、英国では中々想像がつかないことが背景にある）。
- 各ラウンドの KJ 図解が次のラウンドにどう活用され、発展していくか、実例を含んで説明してほしい。

4. 英国人と KJ 法

　英国では Open Space 等々、Post-it Notes と呼ばれる裏側に少し糊の付いた色のついた小さな紙に各意見を書き込み、似たもの同士をまとめ模造紙に貼る、集団ブレーンストーミングのまとめ手法が何種類か普及している（写真5）。そのような方法を用いて企業・組織相手のコンサルを行うメンバーもリーズ参加者に2人いた。

写真5　Post-it Notes を使ったグループ会議のまとめ例
http://www.in-control.org.uk/related-pages/events/past-events/leadership-event-nov-2010/post-it-note-discussion.aspxv

　英国で使われている手法では、特定のテーマを話合うために集まった不特定多数の参加者がサブグループに分かれ、各自の意見を Post-it で表現し、サブグループ内で意見交換し確認し合う。結果のチャートは、その要点が全体グループの前で発表され、写真もウェブ上に公表されるのが常である。別の仕方では、ブレーンストーミングで意見交換をし、アイデアを逐次、模造紙に書き並べ、同様に要点を発表するやり方もある。一番の利点はやはり参画意識の実現だと思う。参加者全員が意見を述べる機会が与えられる。欠点は、方法論として累積的問題解決学としては確立されてないため、議論の内容は個人的経験談から見聞きした

外部情報、課題点や解決策案まで、さまざまな情報が混在していることや、議論が累積しないため、たとえ建設的で有効なアイデアがあっても、後の段階では中々反映されない点であると思う。

既に概要を説明したが、リーズでのワークショップ2日目では、予測していた内容以上にKJ法1ラウンドを実際に体験することができた。テーブルの周りに集まりカードを操作する参加者を見るに、情念の高まりまでも観察できたといっていい過ぎではない。KJ法概論でグループラベルは名詞ではなく、ちゃんと俳句のように文章化するようにと教示されていたが、それを忠実に実施し、文章化をする英国人の流暢な技には驚くものがあった。

非常に興味のある、英国人とKJ法に関する深い洞察と告白の記述が川喜田先生著の『発想法』（中公新書）にあるので以下に引用してみる（p146）：

> ところが、『国富論』も『人口論』も、注意ぶかく読めば、理論に対する例外があるかもしれない事を、経験上暗に許容しているのである。こういうことは、スッキリ好みのフランス人やドイツ人の理論家が耐ええないところであろう。このような「経験から理論まで」の蒸留能力に、無類の自信をもっているのが、アングロサクソン、ことに英国人だと思われる。つまり、「こういう高等な大脳のシワの深さを持っているのはおれたちだろう。くやしければ、やってみろ」というわけだ。
>
> この見地からいうと、KJ法的な発想法は、まさに英国人のこの経験論哲学を実技に移したもののようである。実技に移すことによって、英国人だけの独占的能力と思われたものを、各国民に開放してしまう手法である。

5. カード法のフレンチ・コネクション

UCLで会ったフランス人の人類学研究者L博士のカード法のことは既に述べた。後日、L氏の研究室を訪ねてカード類を見せてもらい確認したが、確かに何百、何千のA5サイズのカードが箱に納められ、山積みになった本・雑誌類に交じって置いてあった（写真6、7）。最近はカードの数が多すぎてしまうため、データ整理のためにFileMaker Pro™を

写真6　フランス版カード用靴箱（1）

使用している。必要に応じてキーワードごとに印字し、関連付けや論理付けをし、学術的発見や論文作成に活用している。ただこの方法は時間が掛かるという短所もあるとのことであった。

願わくはキーワードによる完全一致の検索ではなく、連想検索が可能ならばより有効になるのではと感じた。このようなカード活用は学科内でL博士のみで、他の（フランスで教育を受けていない）研究者は使っていない手法だとのことは興味ある発見であった。

写真7 フランス版カード用靴箱（2）

この延長としてカード法のフレンチ・コネクションをもう少し調査してみた。W嬢は60代のスイス人でやはりパリの大学で哲学の博士号を取得しており、今はオックスフォード在住、筆者の知人である。既に数十年前の事で確かな記憶ではないのだけれど、との断りのもとにインタビューした。W嬢も博士論文はカードを使って執筆したとのことである。図書館で使うB6位の大きさのカードに、文献の引用内容や考察、発見等を書き込む。論文の各章ごとに集めたカードを広い居間全体に所狭しと並べ、眺めながら毎日を過ごした。段々と納得するストーリーがみえるようになると順序付けし、重ねていく。出来上がった各章は"靴箱"に整理して置く。最後に一つひとつ靴箱を開け、タイプライターに向かい、論文として文書化して仕上げる。当時はこのカードの事をfiche（"フィッシュ"：フランス語でインデックス・カードのこと。"マイクロ・フィッシュ"もこの語彙の系統）と呼んでいたとのことである。

友人の男子学生が同じカード手法で修士論文を作成していたけれども、文章化するまでには間に合わず、"靴箱"を修論として提出したとのこと。そこはさすがフランス人、修論パスであったとか。同学生はその後、博士論文として靴箱を展開し、立派な博士号を獲得した優秀な研究員であったとの事である。

このように、L博士とW嬢との例から想像できるように、パリにはノートブックとは異なった、切り離しのできる独立したカードに基づいた研究方法論が戦後しっかりと確立していたようだ。この辺のしっかりした歴史的調査と分析は、今後の宿題として残さなければならない。

6. パリから京都、そしてネパール、黒姫へ

このフランス方式を遠く日本に結び付け、さらに発展させたのは、京都大学人文科学研究所(略称、人文研)であり、桑原武夫氏や梅棹忠夫氏であり、さらには川喜田二郎氏のようだ。

梅棹忠夫氏著『知的生産の技術』(岩波新書)の第2章「ノートからカードへ」と第11章「文章」には、野外研究の流れから(普通の)小さなカードから結局定型となった京大型カードが創出

写真8 黒姫移動大学の風景

された経緯、1950年代の桑原武夫氏を班長とした「ルソー研究」や「フランス百科全書の研究」等の書斎科学の共同研究の方法として発達したカード手法、さらに、紙きれに書かれたバラバラの素材から文章を創出するこざね(小札)法等、多くのカードを用いた知的生産の技術が人文研を中核にして発達された経過が説明されている。桑原教授が共同研究においてカードを使うという考えをどこから得たのかは、確たる発言はないが、渡仏中にアイデアを取り入れた可能性もある。

そのような経過の中、川喜田二郎氏は、既に本誌の他の部分で詳しく取り上げられているように、各カードの中身を「俳句のつもりで書く」ように短く分かりやすくし、それに基づいた発想法的グルーピングと図解作りとW型累積問題解決手法へのイノベーティブな展開を行った。ネパールでのフィールドで1960年代に発展させ、1969年夏の黒姫移動大学以降、多くの移動大学等で実社会の問題解決に応用されてきた(写真8)。

7. 黒姫からロンドンへ

黒姫とその後の移動大学メンバーで、2011年10月にロンドンとリーズでKJ法プレゼンを行った。予想していた心配ごとを吹っ切るように、KJ法の説明はUCL大学とCreativity Centreに集まった参加者、大学院生、研究者等に恰もその日を待っていたかのように理解され受け入れられた。こんな現状を目の前にして、ある英語の諺を思い出したので、それを引用したい。

Selling coal to Newcastle ——ニューカッスルに石炭を売り込むこと。ニューカッスルはイングランド最大の炭鉱町であったため、無駄な試みを戒めることを

いう。ただ、炭鉱夫のストライキ中にアメリカの石炭会社がニューカッスルへの石炭売込みに成功したことや、ニューカッスルでの石炭生産は中止されたため、営業努力を続けた人が結局市場を獲得したという歴史的教訓もその展開に含蓄されている。

KJ法が英語でどのような発展を遂げるかはもう少し時間が必要だ。リーズでのワークショップの結論の一つとして、近い将来英国でのミニ移動大学開催を既に検討し始めていることも述べておこう。

おわりに

こうして、フィッシュ、Post-it、図書カード、京大型カード、KJ法カード、こざね等々と紙切れを用いた野外科学と書斎科学の方法論が世界に確立されてきていた。パリ発京都着、その後ネパール、黒姫を経て、今回ロンドンの経験論哲学の故郷に正式に紹介され直したと考えたいのは筆者のロマンである。これはウィスキー原酒を様々な樽の中で熟成し、適度な年数の間ねかせた後、旨く調合して独特な味と香りを醸し出す製法過程のようにも感じる。

昨年2011年は東北地方太平洋沖地震の影響で、岩手県出身の宮沢賢治の詩が、ロンドンのウエストミンスター寺院等で行われた募金イベントや記念コンサートの場で、日本語で英語で頻繁に読まれたことを想像した方は日本ではあまりいないかもしれない。宮沢賢治著『銀河鉄道の夜』（新潮文庫）から数か所を引用し、川喜田二郎先生の追悼本の本稿を締めたい。

「月夜でないよ。銀河だから光るんだよ」。ジョバンニはいいながら、まるではね上がりたいくらい愉快になって、足をこつこつ鳴らし、窓から顔を出して、高く高く星めぐりの口笛を吹きながら一生懸命延びあがって、その天の川の水を、見きわめようとしましたが、はじめはどうしてもそれが、はっきりしませんでした。けれどもだんだん気をつけて見ると、そのきれいな水は、ガラスよりも水素よりもすきとおって、ときどき眼の加減が、ちらちら紫いろの細かな波をたてたり、虹のようにぎらっと光ったりしながら、声もなくどんどん流れて行き、野原にはあっちにもこっちにも、燐光の三角標が、うつくしく立っていたのです。（銀河ステーション）

赤ひげの人が、少しおずおずしながら、二人に聞きました。「あなた方は、どちらへいらっしゃるのですか。」「どこまでも行くんです。」ジョバンニ

は、少しきまり悪そうに答えました。「それはいいね。この汽車は、じっさい、どこまででも行きますぜ。」(鳥を捕る人)

ジョバンニは困って、もじもじしていましたら、カンパネルラは、わけもないという風で、小さな鼠いろの切符を出しました。ジョバンニは、すっかりあわててしまって、もしか上着のポケットにでも、入っていたかとおもいながら、手を入れて見たら、何か大きな畳んだ紙きれにあたりました。

……
「これは三次元空間の方からお持ちになったのですか。」車掌がたずねました。「何だかわかりません。」もう大丈夫だと安心しながらジョバンニはそっちを見あげてくつくつ笑いました。
……
すると鳥捕りが横からちらっとそれを見てあわてたようにいいました。「おや、こいつはたいしたものですぜ。こいつはもう、ほんとうの天上にさえ行ける切符だ。天上どころじゃない、どこでも勝手にあるける通行券です。こいつをお持ちになれぁ、なるほど、こんな不完全な幻想第4次の銀河鉄道なんか、どこまででもいける筈でさあ、あなた方たいしたもんですね」。(ジョバンニの切符)

カンパネルラはKJのことでしょうか。合掌。

(謝辞) カード法の歴史に関する多くの文献を懇切丁寧に筆者に紹介してくれた永延幹男氏とフランス版カード用靴箱の背景と実例を示してくれたUCL人類学科Dr. Lud Coupayeに深く感謝の念を述べます。

探検から文明論へ
高山龍三

1. 山歩きと探検の青春

　川喜田二郎の青春時代は、よき指導者とよき仲間にめぐまれて、山歩きと探検に没頭していた。小学生のころ、先生につれられて植物の観察に興味をもったという。中学生のとき、同僚の梅棹忠夫らと山岳部で行動し、ある日バスのなかで出会った今西錦司に初めて声をかけ、地図なき山（当時軍事機密のため空白）に行くことをつげたところ、この大先輩もいっしょに行くということになった。硫黄列島、小笠原諸島、白頭山遠征は高校時代、ミクロネシア諸島、大興安嶺探検は大学時代である。仲間のなかで大興安嶺探検を提案した川喜田は今西の反対にあい、一同しゅんとなったところが、あとでひとり今西によばれ、ふたりで密謀をめぐらしたという。いずれも川喜田の先見性、単独性をよく示している。しかし単に行動の人間だけではなかった。三高の校友会雑誌（『嶽水会雑誌』131号 1939）に載せた『絵画におけるリアリズム』（「著作集」別巻所収）は、ふたりの先生、西洋史の鈴木成高と英文学の深瀬基寛から誉められ、学生に紹介されたほどという。川喜田が終生叫びつづけた反デカルト主張をすでに示していた。

2. 発想法の誕生

　川喜田は自ら発想法の成立について、つぎのように述べている。「1951年に発端のアイデアがあり、1953年のヒマラヤ行では、初歩的ながら、すでに自覚的に行使していたのである。研修体系まで整えてその大筋が完成したのは1967年だった」（『ヒマラヤ・チベット・日本』1988　あとがき）。
　1951年といえば、彼が大阪市立大学文学部助教授として、地理学教室を創設しつつあったときで、教室として本格的に地域共同調査を始め、奈良県二階堂（現・

天理市)、都介野（現・奈良市）の調査は、その後体系化される発想法の発端となった。

1953年のヒマラヤ行とは、マナスル登山隊科学班として、植物・農学の中尾佐助とふたりで、中部ネパール・ヒマラヤを広く歩いて調査探検し、さらにチベット人村の集約的調査をおこなったものである。

データをばらばらにし、それを並べ、組み立て、発想をうながし、全体の構想をたて、データにもどって文章化し、研究報告をまとめた。「筆の運びのきわめておそい私にとっては、未曾有の新記録」と本人がいう（『ネパール王国探検記』1957）。

3. ヒマラヤへ

第二次大戦後、まだ国交も開けてなかったネパールに単身のりこんだ西堀栄三郎によって、登山への道が開かれた。マナスル、日本初の八千メートル峰登山というプロジェクトのリーダーシップをとった今西は、この計画を日本山岳会に委譲したが、学術探検を加えることを実現させた。今西自ら偵察隊長として探検調査をおこない、本格的調査を本隊の科学班の中尾佐助と川喜田二郎に託した。川喜田にとって、若いときからの夢でもあったヒマラヤ探検は、1953年、第一次マナスル登山隊参加から始まった。

川喜田にとって初めてのヒマラヤは、『ネパール王国探検記』に詳しい。首都カトマンズからポカラへ、カリ・ガンダキ川を遡って、アンナプルナ、マナスル山群の北を通り、ブリ・ガンダキ川を下って首都にもどった。この間四か月半、全行程徒歩によるエクステンシブ（地域を広く歩いておこなう概括的）な調査と、ブリ・ガンダキ川支流の奥のチベット人村（ツムジェ村、『探検記』では仮名のカルチェ村）に住みこんでのインテンシブ（集約的）な調査をおこなった。

4. ヒマラヤ研究への評価

この調査は、戦後日本の地理学、文化人類学にとって、本格的な海外調査のさきがけともいえるものである。その成果は1955、56年の『民族学研究』誌に、「ネパールにおける民族地理学的諸観察」第一報・第二報として発表された。その英訳が英文報告第三部『ネパール・ヒマラヤの民族』の大半をしめる。これらは国内のみならず、国際的ヒマラヤ研究の場でも、パイオニア的な業績であった。

1952年マナスル偵察隊・53年第一次マナスル登山隊科学班の調査成果は、『ネパール・ヒマラヤの動物と植物』『ネパール・ヒマラヤの土地と作物』『ネパール・

ヒマラヤの民族』の英文報告三部作として、京大生物誌研究会から出版された(1955-57)。探検後二〜四年という速さで、登山とともに学術の面でも、日本の国際的地位を高めることとなった。川喜田はこの第二巻に「植生」(Vegitation)と「作物帯」(Crop Zone)の二論文を寄せている。この二論文は、外国の植物学・生態学・地理学のヒマラヤ研究者によって、現在に至るまでよく引用されている。著作集のために、第二巻第Ⅴ部「ヒマラヤの植生と作物帯」として翻訳された。「(ヒマラヤ)住民の作っている作物帯は合理的にできている。ある高度の住民は、その高度で利用できる温度の分量を最大限有効に生かそうと、そこに適した作物を組み合わせている」(『ヒマラヤ・チベット・日本』1988)という結論になる。

この第一巻と第二巻について、*The Professional Geographer*〔9(4):22, John E.Brush 1957〕に短い書評が載り、「この科学的探検報告は、余すところのない詳細なゲルマン人の伝統」を示し、「川喜田の二論文は気候、植物、作物の地理的知識に大きく貢献した」と書かれた。

民族を扱った第三巻については、米、独、仏三国の専門雑誌に書評が出た。出版の翌年、いちはやく書評を*American Anthropologist*〔60 (5) : 965-967, 1958〕に載せたのは、オーストリア出身ながらインドの民族調査を続け、英領インド政府のNEFA(東北辺境管区、現アルナチャル・プラデシュ)の役人として、アパタニなどの調査をした人類学者C・フューラー＝ハイメンドルフであった。彼はロンドン大学SOAS（東洋アフリカ研究学院）の人類学教授となり、開国後のネパールに入り、シェルパ、ネワール、トルボなど、諸民族を調査研究し、ネパール人人類学者D・B・ビスタらを育てた碩学である。

書評の冒頭、科学的探検における人類学の役割はネパールで必要と述べ、第三巻の大部分を占める人類学者川喜田の論文を紹介、批判する。「生のデータ」を提示したと著者の言を引用するも、その貢献は組織的分析より広域的比較にあり、するどい観察者であるが、急いで歩いたためか誤解、判断ミスがあるといい、カースト表など指摘した。しかし論文後半のチベット人村のより集約的な民族誌については評価した。

ドイツの人類学雑誌*Ethnos*〔24 (3/4) : 234-235, Toni Schmid 1959〕に短評が載った。S・ヘディンの探検隊員で、チベット学者の評者は冒頭に長尾雅人による序言を引用、川喜田を Kausakita と誤り、興味深いページなのに誤植が残念と書いた。同じく*Anthropos*〔55 (1/2) : 284-286, Siegbert Hummel 1960〕に書評が書かれた。評者はチベット学、チベット芸術の専門家。チベット学、仏教学の文献を多数あげて、チベット語表記など指摘した。

英国の人類学雑誌*Man*〔62:31, Kenneth Colin Rosser 1962〕に書評が出た。評

者はネパール、インドで開発に従事し、ネワール研究をした社会人類学者。民族誌的文献の乏しく不適当なヒマラヤ地域にあって歓迎されるとし、集落型とその分類は有用、民族とカーストについては疑問あるも、タカリの記述は価値がある。そしてチベット人村の情報を価値あるものとした。

　収集データの忠実な記載を含んだこの民族地理学的、文化人類学的研究は、ある程度国際的な評価を得たのである。情報の乏しい地域の研究ゆえ、へたな理論化や一般化よりも、生のデータの方が貴重と著者はいう。

　ネパールでも反響があった。地理学者であり、のちに文部大臣、観光大臣になったH・B・グルンが、その博士論文へのコメントを、川喜田に求めてきた。

5.ヒマラヤ研究の展開

　二度目のネパール行は、五年後、1958年、西北ネパール学術探検隊隊長としてであった。第一回のとき踏んだダウラギリ北方のトゥジェ・ラ（峠）を越えて、念願のトルボ地方へ入った。ここは一九世紀末チベットへ仏典を求めて入った河口慧海の通った道でもあった。ツァルカという高度4250メートルのチベット人村に、住みこみ調査をした。そこにはポン教が残り、鳥葬がおこなわれていた。1958年といえば、ダライ・ラマがラサを脱出する前年で、伝統的な農牧チベット人の社会、生活を記録した。そのときの探検隊の行動記録は『鳥葬の国』(1960)に詳しい。その成果は写真をふんだんに入れた一般報告『チベット人——鳥葬の民』（川喜田二郎編著、1960)、『ヒマラヤ——秘境に生きる人びと』（高山龍三との共著、1962)、『民族学研究』誌の「トルボ民族誌」一〜四（1960、61、66）などに発表された。「ネパール・ヒマラヤにおける二、三の生態学的観察」『民族学研究』(25巻4号　1961)、「チベット族の一妻多夫（一)」『民族学研究』(31巻1号 1966)。

写真1　チベット人村でスケッチする川喜田二郎　1958年

三度目のネパール研究は、さらに五年後の1963-64年で、アンナプルナ南麓のシーカ谷とくにマガール村を中心とした地域の集約的調査がおこなわれた。のちのヒマラヤ技術協力のきっかけとなった調査である。その研究成果は『民族学研究』誌の「マガール族の文化変化と山」(1968) その他の論文として発表された。英文報告『丘陵マガールとその隣人たち』(1974) は、本文のみでも484ページにわたる大作で、農牧、労働、宗教、文化変化にわたる詳細な民族誌であり、生態史的アプローチによる文明論的位置づけを論じた。なおその一部が翻訳されて「ヒマラヤの宗教」として、著作集第一〇巻第Ⅳ部に収録された。

　この本については、国際ヒマラヤ学研究誌 *Kailash*〔4 (1)：109-112, A. E. Manzardo 1976〕に、かなり厳しい書評が載った。評者はタカリ研究の文化人類学者。川喜田は人類学者のなかでも広い歴史的視野をもち、そのアプローチはすべてを含み、この地域の諸民族関係に重点をおく有用で比較できるデータを提出した。ただ B. Pignede のグルン研究（1966）、J. T. Hitchcock のマガール民族誌（1961）など、先行研究の引用のないのを指摘した。川喜田は人間と環境の関係を強調、とくに高度との関係を重視、農牧技術がうまく適応しいると記録、作物輪作、鋤耕、織物技術、狩猟技術、労働の分業などに関する詳細なデータの豊かさはこの本の強みである。諸民族が考察され、この点百科事典的な質をもつが、ときに隣人でないカトマンズのネワールやシェルパ（同行者）のデータを入れる。調査期間六か月は日本の教職にあるものには長い方だが、評者は短すぎるととくに宗教研究で批判。文化史仮説に疑問を呈し、毒をめぐる記述の混乱、ネパール語の表記、印刷ミス、繰り返し、本の価格の高いことなど批判した。文末にこの本は文化的詳細なデータの優れた大要であり、比較のために役立つ、この地で働く人たちや興味をもつ旅人たちに有用であろうと結んだ。川喜田はKJ法を駆使して、徹底的に採集したデータを統合し、そこから得られた構造を記述したのに対し、評者は伝統的な、網羅的な、民族誌的なバランスのとれたものを頭に描いていたのではないか。

　『民族学研究』（42巻3号 271-273、1977）誌上で民族学の大林太良が書評を寄せた。豊富な資料と、示唆に富む理論的枠組みによって、高い評価をもつ労作という。またこの著作を中心にした研究に対し、1978年、山岳関係の学術研究に与えられる秩父宮記念学術賞を受賞した。

　1953年、1958年ネパール調査で収集した民族資料約400点は国立民族学博物館に収蔵、58年の写真は約3500点同博物館でデータベース化され、次のサイトで容易に閲覧できる。

　http://htq.minpaku.ac.jp/databases/nepal/

58年の各隊員のデータカード（フィールドノートからパンチカードに手書き）もアーカイブ資料として同博物館に寄贈された。

6.『パーティ学』の波紋

　この奇妙な名の本は、書店の料理コーナーに置かれていたという伝説がある。1964年に出されたこの本は、鶴見俊輔らの「思想の科学」研究会での報告をもとにして誕生した。この本は文庫本ながら、じつに多様な内容をもっていた。

　この一見「奇妙で大風呂敷な内容」のこの本は、出版の当初、あまり反響がなかった。ただ人類学者の梅棹忠夫と同じく石田英一郎が興味を示したという。だがしばらくして、思わぬところから反響があらわれた。それは経営コンサルタントや企業であった。そしてこの当初からの文庫本は、時がたつとともに、ますます重要な意義をもってくることになった。なぜかというと、その後展開をみせる川喜田の思想、著作のプリンシプルは、ほとんどここに見出されること、まえがきにある「省察であるとともに、現在機を見て実験を試みつつある部分」というとおり、その後の川喜田の行動の原点が見出されることである。またこの本の素材は、それまでの学問遍歴・野外調査・体験に基づくものであった。

　作家の小松左京をして「三冊分の内容を、一冊に押しこんでしまいよった」といわしめた本である。まず文明論がある。つぎに人間関係・組織論がある。そして根幹をなすものが、野外科学の方法論である。その後それらの分野にわたって、論文・著作が書きおろされ、思想と方法論と行動が展開されていった。

　『パーティー学』の第一章を中心とする文明論は『可能性の探検——地球学の構想』(1967)、『素朴と文明』(1987) ほかの著作となって展開した。

　『パーティー学』の第七章を中心とした部分は、のちに『チームワーク』(1966)、『組織と人間』(1966)、さらに小林茂・野田一夫との共著『生きがいの組織論——組織のなかの集団と個人』(1968) などとなって展開をみた。小集団は組織と個人をつなぐ絆で、相互研鑽の場であり、個人の組織からの疎外を防ぐ防波堤となるという。小集団のあり方を論じ、「生きがい」なる言葉をはやらせる源となった。

　のちにKJ法となる「紙きれ法」が公表されたのは、「衆知を集める法」からであるが、単行本としては『パーティー学』が初めてである。「発想法」に関心をもった人のなかには、この本から入った人も多く、この本を懐かしむ人も少なくない。この『パーティー学』の第三章を中心として、野外科学（著作集第三巻）、KJ法の諸著作（著作集第四ないし第六巻）に発展していったことは、いうまでもない。

7. 国際的な活動

　1977年9月、ハワイ東西センター主催「再生産できる資源」の国際シンポジウムに招かれた川喜田は、ヒマラヤ技術協力の報告をしたが、そのとき議長から求められてKJ法を用いたという。川喜田は徹夜したというから、大層ご苦労なことであったろうが、またそれはやりがいのある仕事でもあった。国際的な場において、衆知を集めることを試みることができたからである。

　1981年ユネスコMAB (Man and Biosphere) 計画10周年記念パリ国際会議に出席、Key Problem Approachと題して発表した。1983年ネパール、カトマンズでICIMOD (International Center for Integrated Mountain Development) 国際山岳総合開発センターの開所式および第一回シンポジウムに招待され出席した。1993年ネパールにてOur Common Concernと題する討論会に出席、T・ハーゲンらとネパールの近代化と今後を展望した。

　ネパール国より、グルカ・ダクシン・バフ三等勲章 (1978)、ビキャット・トリシャクティ・バッタ三等勲章 (1987)、国家社会のためネパール日本フレンドシップ協会賞 (2007)、ヒマラヤの技術協力を中心に、マグサイサイ賞国際理解賞 (1984) を受賞した。

8. 国際学界での活動

　C・フューラー＝ハイメンドルフは、20世紀なかばから、NEFAのアパタニや周辺の民族を調査し、ついでネパールに入り、シェルパ、タカリーと、東から西へヒマラヤにそって、研究を精力的に進めてきた。これに対し、川喜田は高い方のチベット人から、中間山地のマガールというように、ヒマラヤを縦に切断して、他民族と関連を考慮しながら研究を進めたのである。

　1976年、地理学の先輩であり恩師であった野間三郎に勧められて、東京都立大学理学部に論文を提出し、理学博士号を授与された。その学位論文の要約が『季刊人類学』に寄せた「中部ネパールヒマラヤにおける諸文化の垂直構造」(1977) である。これについて、長年の友人である文化人類学の岩田慶治は次のようなコメントを寄せている。「地理学の領域では、従来これほど社会・文化の構造に踏み込んだ研究はなかったし、人類学の分野では、これほど環境ないし場の生態学的基盤に注目した研究はなかったであろう」。川喜田によれば、勧めもあってこの英文論文をドイツの専門雑誌に投稿したが、なぜか応答がなかったという。

　1978年に日本で国際人類学民族学会議が開かれたとき、川喜田が提案、毎日

新聞社の後援を得て、C・フューラー＝ハイメンドルフ、プリンス・ピーター、C・ジェスト、G・D・ベルマン、今西錦司らヒマラヤ学者を集め、初めての国際ヒマラヤ研究集会がもたれた。比叡山のホテルに招待、一泊の会議をもった。それまで欧米の学者間に、ほとんどコミュニケーションがなかったのを、仲立ちするような国際研究協力の素地をつくった（「ヒマラヤ研究」『民族学研究』33巻3/4号1969）。

1959年米人類学者ソル・タックスにより、ウェンナー・グレン財団の後援で発刊し、国際的全人類学を網羅した*Current Anthropology*誌は、査読コメント付きの専門誌であった。雑誌の冒頭に読者のコメント欄があり、日本人の名がほとんどないなか、「アジアの野外活動の情報は有用」と川喜田は出している〔1 (3)：194, 1960〕。さらに「環境的位置づけ——社会生態学への多次元的接近」〔17 (1)：49-70, Eric Cohen 1976〕に、KJ法の衆目評価法をコメントし、「人類学と開発について」〔19 (2)：408-410, H. D. Heinen 1978〕に、前記川喜田のハワイ東西センターのシンポジウムに提出された「問題解決のKJ法」が参照された。「山地の文化生態学に向けて——中央アンデスとヒマラヤを比較して」〔24 (5)：561-574, David Guillet 1983〕に対し、暖かさの示数、個人主義と自給性、歴史的産物としての文化的エコシステム、アルプス経済と農牧伝統、労働生産性、アクション・リサーチをコメントした。この論文とコメントは、*Mountain Research and Development*〔6 (3)：206-222, 1986〕に再掲された。このように、あまり国際的に発言しない日本の風土にあって、川喜田は積極的に行動した。

米国応用人類学会編集発行の*Human Organization*〔56 (2)：233-237, Raymond Scupin 1997〕に、「KJ法——日本民族学由来データ分析の一方法」という論文がある。著者はミゾーリ州セント・チャールス、リンデンウッド・カレッジ人類学教授、タイで少数民族のイスラム教徒の宗教と民族性の研究に従事している。論文で川喜田の経歴とKJ法の歴史を紹介、川喜田研究所発行の英文*The Original KJ Method* (1991) を参考文献にあげているので、深く研究しているとは思えないが、日本研究の米文化人類学者、Befu HarumiとDavid Plathにコメントを求め、日本的経営のインストラクター、コンサルタントをしているとき、KJ法を知り、川喜田と通信、日本でインタビューしたという。

9.文明論へ

川喜田は自らのフィールド・データに基づいて、壮大なチベット文明論を構築した。「ユーラシアの文化生態学序説」と副題した「チベット文化の生態学的位

置づけ」(1966) である。これは今西錦司博士還暦記念論文集三『人間——人類学的研究』に献呈された論文で、チベット社会の生成と展開に始まり、チベットに相似た社会文化的タイプとそれらの分布および環境的基盤、その隣接諸高文化のタイプ・分布・環境的基盤が簡潔に論じられ、チベットがイスラム、中国、ヒンズーと並ぶ同位社会（今西が提案した概念の人間社会への適用）の高文化として提示される。フィールドから文明を構想することで、「大宇宙は小宇宙に宿っていた」（『ネパール王国探検記』）ということを示した。

チベット文明には欠点もあるが、優れた素質と個性を認めようとする。チベット人は日本人以上に民主主義者とみる（「チベット人のデモクラシー」1955）。チベット人は旅をする文明人といい、国境を超えた世界をつくるインターナショナリストだという（「ヒマラヤの技術協力を通して考えたチベット文明の役割」1986）。そしてチベット問題の根底に、チベット文明の特質を考える。チベット人は聖俗双分的な世界観、死後の世界とか霊界と、物質的な現世とを双分的にみる世界観ないし人生観をもち、さらに聖俗双分的な社会体制をもっていた。階級制的俗界と、僧院の組合せという、相互牽制的かつ相互補足的な機能を演じた体制である。

川喜田の「文明論」に対する関心は、最初のモノグラフ（『ネパールにおける民族地理学的諸観察』など）を書き上げた直後から、ずっと続いている。史学研究会の『史林』誌に寄せた「ヒマラヤ及びチベットにおける文化接触」(1957) に始まり、大阪市大文学部の『人文研究』誌の「東亜の文化生態学についての方法論的反省」(1957) で、その文明論的視座のデッサンが描かれた。後者はのちに日本の文化人類学界初のリーディングス『文化人類学』(1967) に収録された。

アジア文明論の枠組みは、「チベット文化の生態学的位置づけ」(1966) ののち、高山龍三との共著『アジアを見直す』(1968) となって、より体系的に、より具体的に展開した。後者は東洋史家の岩村忍によって、欠点を指摘されたり、批判を受けながらも、「構想雄大な野心作」という書評を受けた。

三〇年にわたるアジア文明論の集大成は、「日本文化論」を後半にすえた『素朴と文明』(1986) である。ここでは「文明をとらえる地図」の必要を説き、「仮説の発想」を勧める。文化の発展段階として「三段階二コース説」なる仮説を提示する。素朴文化から、半素朴・半文明ともいうべき亜文明をへて、文明へのオートジェニックなコースと、近隣の文明の衝撃を受けて、素朴文化から重層文化をへて、文明へのアロジェニックなコースの二つである。また生態学的・文化史的・発展段階的を併用した「生態史的アプローチ」を提案する。第二部「日本誕生」は副題にあるように日本民族・日本文化成立の生態史的考察である。筑波大学時代にいくつかの「生態学的日本史」の論文を発表しているが、この本のために書

き下ろした。『素朴と文明』はのち文庫（1989）に収録された。

環境考古学の安田喜憲は『比較文明』（1987）の書評で詳しく紹介した。地理学にこだわり続ける著者の立場をよく理解し、梅棹の文明論との異同を指摘した。また文化人類学の岩田慶治は『季刊人類学』（1987）の書評で、本を読んでの究極の感慨として「川喜田二郎のなかに世界が映り、世界のなかに無数の川喜田二郎が映っている」魅力的で面白い本、また「川喜田さんと対座して語りあってみたくなる」本であるという。

写真2　村人と川喜田二郎　峠の下で出会った　1958年

第 III 部

考 察
―― 分岐と多様性そして融然へ ――

考察 ──分岐と多様性そして融然へ──
永延幹男・丸山 晋

1. 緑の新大陸のパイオニアワーク

　川喜田二郎は、野外科学的方法（広義のKJ法）（FS-KJ法）を「緑の新大陸の発見」になぞらえた。KJ法によって「渾沌をして語らせて、混沌から秩序を創る」という理念（図1：川喜田二郎（1986）『KJ法──渾沌をして語らしめる──』中央公論社）により、「新大陸のパイオニア探検」を実践・提唱してきた。

　本書は、この川喜田の意思を継いで執筆者総数26名の論考で編纂した。本書の執筆者は、この新大陸に上陸し、それぞれがパイオニアルートを開拓してきた。第二世代の開拓者によるパイオニア報告である。じつに多様性に富んでいる。一つの源から多様性へ分岐する現実態の姿でもある。

図1　混沌をして語らせて秩序へ（川喜田、1986）

　これらの「パイオニアワーク」は、無明の霧が立ちこめる混沌たる新大陸の奥地へ道筋を切り開いていく。丸太小屋を建て、開墾の鍬を振り、新たな作物の種子を蒔き、豊かな実りの大地を産み出す。混沌たる密林を鉈一本で切り開き進む。幌馬車のキャラバン隊は地平線を越えて荒野を目指す。帆を張り直した船は新たな陸地を求め水平線を越える。深い思索精神を懐く者は、天空の星を見つめ、風と雲と水のごとく旅立つ。

　執筆総数22題目は多様性に満ちている。当初、全体の体裁を整えて、かつ総

括的に纏めることを検討した。しかし、「パイオニアワーク」にあふれ個性に満ちた各執筆者の論考を、無理に纏めることなく、このまま活かす編集方針とした。各論考には、各執筆者が切り開いた貴重な探検報告と、未来を萌芽する展望が含まれている。萌芽の群生は、それぞれに相互の交流をはかりながら育ち、新たな生態場を育んでいくだろう。

川喜田の師の今西錦司は京大山岳部時代「処女峰主義・未踏峰主義」を掲げていたという。それは学問の世界に焼きなおせば「パイオイニアワーク」ということである。その精神は川喜田にもしっかり受け継がれ、われわれ執筆者にも伝わっていると思う。学問するとはすべからくフロンティアを切り開くことに他ならない。それは創造性の発揮でもある。

川喜田はアカデミズムを尊重するが、アマチュアリズムにも同等の価値を置く。そのバランスの良さは川喜田の特徴でもある。その姿勢は本書の編集にもうかがえる。それは「野外の知」を愛する精神である。その「野外の知」を基盤とした移動大学は、大学紛争時代(1970年前後)に生まれた。一方では大学の粉砕が叫ばれ、これは若者の異議申し立てと呼ばれた。他方では大学の改革つまり再生が唱えられる中で、後者の運動の旗手となった。

いわばその時そこで種蒔がなされた。本書の執筆者の多くが移動大学の出身者である。したがって本書は移動大学の果実であるといってもよい。そのスローガンの中に「異質の統合」「生涯教育」ということがあった。それはＫＪ法そのものであるが、本書の各論考は「知」を刺激してやまない。本書は「知の万華鏡」なのである。

2. 多様性への分岐・形成

ここでは、全体に共通する要点をつぎの四点から述べる。

第一に、「多様性への分岐・形成」である（図2参照）。

執筆題目22編による分類図解(図2)を作成した。22編は本文記載順に番号をふっている。Ⅰ部とⅡ部に分けた。

Ⅰ部では、基調論考4編を纏めた。まず巻頭論考ともいうべき川喜田二郎論(1.岡部)。引き続き、野外科学研究の史的展開（2.米山）、探験・自然研究での活用（3.永延）および移動大学の実践と未来展望（4.國藤ら）と時系列に配列した。FS-KJ法の知的山脈の全体像を知る手がかりとなるだろう。

Ⅱ部では、FS-KJ法と関連づけられている18編の凝縮論考を並べた。これらをつぎの6項目へサブグループ化した。

⑴ 「原初意識回帰へ」4編：本然論の試み（5.桑原）、移動大学の原初意識論（6.川井田）、絵イメージ論（7.井上）、そして仏教論（8.桐谷）。これらは各編とも掘り下げられた深い構想力をもつ。
⑵ 「身心生態へ」3編：看護の場（9.小島）、脳の創造性（10.笠松）、そして精神生態（11.丸山）。これらは医学者らによる研究分野での実践に基づく。
⑶ 「生涯全人教育へ」3編：幼・老稚園の実践（12.浅井）、高校・大学教育（13.水谷）、そして国際研鑽（14.近藤）。ここでは幼稚園児から青年、社会人および老年までの生涯にわたる実践に基づく。
⑷ 「地域生態場へ」3編：地域活性化（15.笹瀬ら）、農村フィールドワーク（16.高橋）、そして内発的地域活性（17.山浦）。これらは地域フィールドでの実践事例に基づく。
⑸ 「国際人類生態へ」3編：人類学的フィールドワーク（18.関根）、ヒマラヤ技術協力（19.田野倉）、そしてチベット文明（20.ギャルポ）。これらは執筆者らの国際的なフィールドワークの長年の研鑽を基盤とする。
⑹ 「ちきゅう文明へ」2編：個人史が文化史的な凝縮（21.野村）、そして人類史的な文明論（22.高山）。グローバルな地理的および歴史的展開が融合する。

以上22編は、FS-KJ法と連繋づけられた内容である。FS-KJ法という源は同一であっても、それぞれが多様性へ分岐し、独自性を形成している。執筆者総数26名の一人ひとりも極めて多様だ。後述する執筆者一覧に、各人の略歴とFS-KJ法との関わりあいを記述している。多様性あふれる執筆者紹介は、本文同様にFS-KJ法とヒトとの繋がりの縁、ネットワークの豊饒さを感じる。

3. 多様性を貫く等価性

引き続き、第二の要点は「多様性を貫く等価性」である（図3・図4参照）。

執筆者およびその論考は多様性に富んでいる。「なぜにこうも多様性があるのだろうか？」それは、執筆者がどういった社会的立場であろうが、FS-KJ法は思考の基本的方法だからといえよう。加えて、FS-KJ法の思潮および技法が多様性を育む共通の土壌をもつからだ。その共通の土壌から、さまざまな種子が芽吹き育ちつつある。つまり新たな生態群落が形成されつつある。この群落がどう育つかは各論考から読み取れるだろう。

ここでは、多様な論考が育ってくる共通の土壌の特性について触れておこう。
物事の始まりは問題が発生することだ。この問題を核にしてさまざまな情報

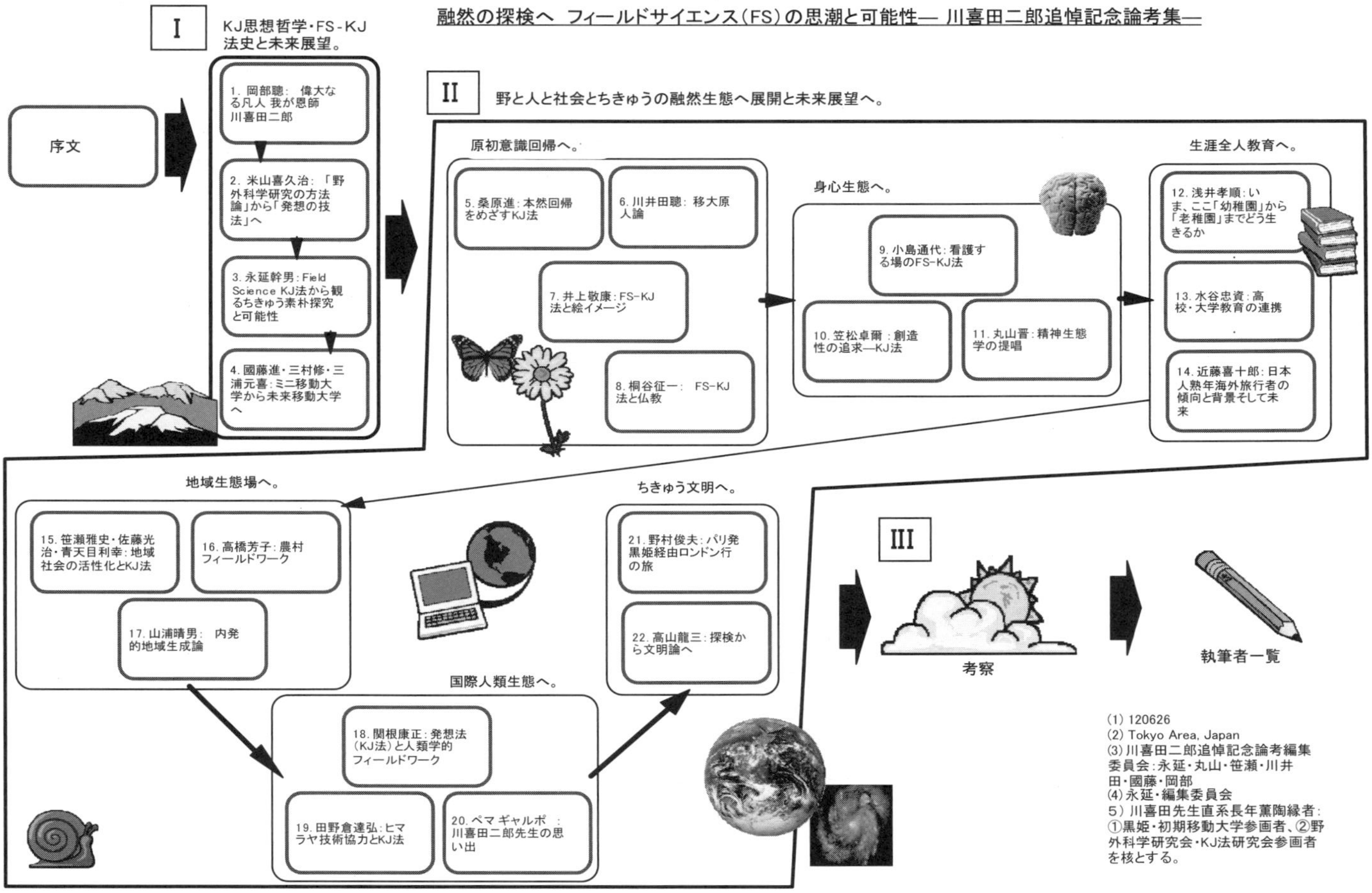

鼎然の探検へ ― フィールドサイエンス(FS)の思潮と可能性― 川喜田二郎追悼記念論文集

I KJ思想哲学・FS-KJ法史と未来展望。

- 1. 岡部憲一・偉大なる凡人柔の恩師川喜田二郎
- 2. 米山喜久治：「野外科学研究の方法論」からの発想の技法へ
- 3. 永延幹男：Field Science KJ法ならちきゅう未来科学探究と同可能性
- 4. 國藤進・三村修・三浦元喜・三移動大学から未来移動大学へ

II 野とんと社会とちきゅうの鼎然生態へ展開と未来展望。

原初意識回帰へ。
- 5. 桑原滋・未然回帰をめざすKJ法
- 6. 川出田聡・移大原人論
- 7. 井上敬康・FS-KJ法と体験イメージ
- 8. 桐谷征一・FS-KJ法と仏教

身心生態へ。
- 9. 小島通代・看護する名場のFS-KJ法
- 10. 並松卓章・創造性の追求―KJ法
- 11. 丸山喜吉・精神生態学の提唱
- 12. 浅井博順・いまここ幼稚園から子種園まてどう生きるか
- 13. 大谷忠雄・高校・大学教育の連動
- 14. 近藤善十郎・日本人海外旅行者の傾向と背景そして来来

地域生態場へ。
- 15. 笹瀬雅史・佐藤光治・青天目利孝・地域社会の活性化とKJ法
- 16. 高橋秀子・農村フィールドワーク
- 17. 山浦晴男・内発的地域生成論

国際人類生態へ。
- 18. 関根康正・発想法(KJ法)と人類学的フィールドワーク
- 19. 田野倉達弘・ヒマラヤ技術協力とKJ法
- 20. ベマギャルポ・川喜田二郎先生の思い出

ちきゅう文明へ。
- 21. 野村敏夫・パリ発黒姫経由ロンドン行の旅
- 22. 高山龍三・探検から文明論へ

III 考察

執筆者一覧

(1) 120626
(2) Tokyo Area, Japan
(3) 川喜田二郎追悼論考編集委員会：永延・笹瀬・丸山・川井
(4) 永延・編集委員会・岡藤
(5) 川喜田先生直系名年薫陶縁者：①黒姫版・初期移動大学薫陶者、②野外科学研究全KJ法研究会参画者を核とする。

図2 本論考集の内容構成図解。序文。I 部：基調論考4編。II 部：6項目小見出し分類。計18編。III 部：考察。加えて、執筆者一覧

が集まる。さらに関連ありそうな気にかかる情報も集める。つまり「探検」段階での情報集めだ（図3：川喜田二郎（1967）『発想法』中公新書）。FS-KJ法はこの問題提起から始まる。しかも探検的アプローチとなる。探検の5原則：「360度の視角から」「飛び石づたいに」「ハプニングを逸せず」「なんだか気にかかることを」「定性的にとらえよ」だ。これらの原則は相対的に区分をしているが、相互に浸透し相乗効果をもたらす。

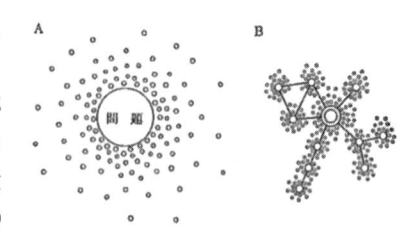

図3 「探検」段階での情報集め（川喜田、1967）

探検的な情報に基づき、6ラウンドW型累積KJ法作業へ（原則として）つなげる。W型（思考レベルと事実レベルの往復）をとりながら、ラウンド（R）1問題提起→R2状況把握→R3本質追求→R4構想計画→R5具体策→R6具体策と場面転換を累積して問題解決を図ろうとする。

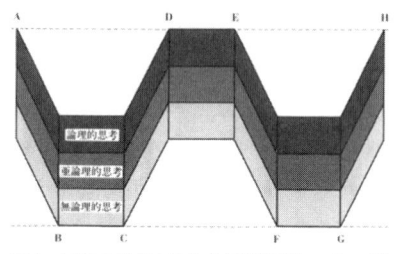

図4 三種の思考を加えたW型累積モデル（川喜田、1986）

これらのラウンドは、それぞれに情報に対する意識の持ちようが相対的に異なり、ひいては言語処理の方法も相対的に異なり、ひいては行動の姿勢も遷移するのだ。たとえばイメージが湧きやすいように職業で例えれば、R1（宗教家・芸術家の如く）→R2（科学者の如く）→R3（哲学者の如く）→R4（政治家の如く）→R5（工学者の如く）→R6（技術者の如く）などとなる。

個人の強みがどこにあるか、あるいは社会的な職業として、どのラウンドに焦点を置くかで情報の処理方法が相対的に異なる。しかし、ひとつの問題意識にそって各ラウンド間には密接な繋がりがある。事実、個人レベルでも、濃淡は別にしても、この累積的思考と行動を知らず知らずにとっているはずだ。

さらに、このW型問題解決モデルは三種の思考の重層性をもつと考えると理解しやすい（図4：川喜田二郎（1986）『KJ法——渾沌をして語らしめる——』中央公論社）。すなわち、深層から表層にかけて、「無論理的思考」「亜論理的思考」および「論理的思考」となる。つまり、無意識の情念や直観に基づく無論理から、格言レベルの中庸的論理、および科学的合理性に基づく論理までの重層的な思考だ。これらは相対的に重層化しているが、相互に交流している。

以上、探検アプローチを踏まえ、ラウンドごとの姿勢をとり、および重層思考

が融然化した方法論の土壌から、多様な執筆者による多様な論考が産まれ育った。この土壌には、多様な執筆者による多様な論考を貫く普遍的な等価性があるからだ。新大陸は豊饒な土壌をもつ。この土壌からさらに豊かな生態場が形成されていく可能性を秘める。

4. 知的生産の技法の遷移

　さらに第三の要点は、「知的生産の技法の遷移」である。
　本書編集委員の永延・丸山・川井田の3者は、2012年1月22日に日本科学未来館（東京、主催：日本科学未来館・国立民族学博物館、後援：文部科学省）で開催中の展覧会「ウメサオタダオ（梅棹忠夫）展 ——未来を探検する知の道具——」に出かけた。川喜田と旧制中学時代から智友であった梅棹（1920-2010）は、京大型カード法・こざね法を駆使した知的探検の啓蒙者として著名だ（梅棹忠夫（1969）『知的生産の技術』岩波新書）。川喜田とともに京大探検学派・今西錦司門下の一人だ。ウメサオ展では、梅棹による知的生産の方法論と道具とその成果が余すところなく展示されていた。
　「百聞は一見に如かず」われわれは、本書の編集に活かす視点から同展を鑑賞した。梅棹の知的生産については多くの著作・論評がある。ここではFS-KJ法との観点からみる。
　偶然にも、ずばり「梅棹の知的生産の技術と、川喜田のKJ法とは、どういう関係があるのですか？」と、展示説明ツアーのガイドへ質問する人がいた。ガイドの返答はあまり参考となるものではなかったが、その質問者に興味をいだいた。「移動大学出身者かな？」と思い声をかけた。カフェで取材した。
　国際金融アナリストで関連著作をもつ関井裕二さんだった。移動大学ともKJ法とも直接に関係はない。ただし、グローバリゼーションが拡大する今日、膨大なマネーが高速で動き回る国際金融市場を洞察すると、その対極に思える今西探検学派によるフィールドワーク論や知的技法を重視することが大事だと感じている。そのためにウメサオ展を見学にきた。そして素朴な問題意識から前述の質問を投げかけたという訳らしい。
　われわれは、このハプニングを逸せずにあらためて自覚した。知的生産の方法論の展開史におけるFS-KJ法の本質的な核心性だ。紙カードによる手作業から、グローバリゼーションの電子超情報ネットワーク社会に推移する時代の史的変遷にあっても、貫かれる核心性だ。なお付け足すと、いま「ハプニング」と呼んだ。しかしこれは、ウメサオ展の場であるがゆえにおのずと発生した時間を超えての

本質的な意味の凝縮だと、われわれは直観した。

　梅棹は、発想の体系的技術におけるKJ法につき、こう述べている。「じつは、この方法は、かなりまえから、わたしたちの仲間のあいだで、すこしずつ開発がすすんでいたものであった。ところがそれを、理論においても実技においても大発展させて、たいへん洗練された技法までもっていったのが、KJ法の創始者として有名な、東京工大教授の川喜田二郎君であった。……（中略）……わたしがここに紹介したこざね法というのは、単数個人用の、いわば密室むき知的生産技術であって、川喜田君の体系でいえば、比較的素朴で、初歩的な技法に属する。かれの体系のなかでは、「KJ法B型による文章化」とよばれているものと、ほぼ同じである。KJ法については、かれの著書『発想法』（中公新書）をよまれることをおすすめする。」（前掲『知的生産の技術』206頁）。

　梅棹はカード法やこざね法を駆使し、「知の巨人」と形容されるほどに知的成果を産んでいる。展示物からもこのことがよく感じとれた。しかしここでは手作業の技法論の問題ではない。つまりここで重要な点は、知的宇宙観に貫かれている意味だ。それは今西フィールド探検学派に貫かれる知的探検心をルーツとする。もちろん探検は固定的にみるのではなく、時代性や主体性に応じてダイナミックに遷移していく。つまり探検という用語で貫かれる意味だ。探検はどの領域にあっても根源的なアプローチである。川喜田によるKJ法は、フィールド探検学派による知的生産の実践・経験を踏まえてより進化してきた遷移の形態とみられる。

　本書の執筆者で、梅棹『知的生産の技術』を通じてKJ法へ縁ができた方も多い。

　事実、著者の永延も「そうだった！」と思い起こすハプニングがまたもやウメサオ展でおきた。永延は隙間なくウメサオ展を鑑賞するため3回出かけた。「知的生産の技術」コーナーのパネルボックス内に読者反響の手紙が山積みされていた。3回目のときに、パネルの右側に掲示されていた手紙コピーに何気なく目がとまった。差出人名はなかったが、自分の手紙だとすぐに気づいた。2回の観察ではもれ落ちていた。まるで、もっとも目立つ場所にあったがゆえに盲点となり隠された、ポーの短編推理小説「盗まれた手紙」のストーリーだ。

　主催側として展示場におられた、梅棹秘書を長年務められた三原喜久子さんに、「これはわたしが学生時代に出した梅棹先生宛の手紙だが、よくぞ長年保存、しかも今回展示していただいていますね」と事情を話した。三原さんからは後で、「よもや、お手紙を書かれたご本人がおいでになるとは、想像もいたしませんでした。それより、ご自分のお手紙を発見された永延さまが、いちばんおどろかれたのではないでしょうか。」という文面とともに、手紙の全文コピーを送っていただいた。1974年12月9日付の3頁の手紙で、「『知的生産の技術』からフィールドワー

ク記録と発想技法の重要性を教えられ、著者の梅棹先生にはたいへん感謝している。」といった内容であった。

　要するに当時、多くの若者は地球ネットワーク情報化時代が到来する予感がしていた。ただし、現在のような超高度技術システムに支えられたコンピュータやソーシャルネットワークを媒介とした情報化時代へ進化・遷移するとは想像できなかった。そういう見かたをすれば、近未来ではさらに超常的進化を遂げるだろう。とはいえ、40年前の紙キレ発想法の内容は古めかしくない。むしろ斬新な問題意識が息づいている。

　川喜田（1967）著『発想法』および梅棹（1969）著『知的生産の技術』から刺激をうけ、情報化時代への遷移を予感した人は多いはずだ。そして本書の執筆者の多くがそうであるように、「移動大学」へ縁ができた方々は、さらなる知的探検へ踏みこむこととなる。

　事実、当時医学生だった著者の丸山は、大学紛争におけるコンセンサスの取り方のむずかしさを強く感じていた。そこで、1973年の第11回角田浜（新潟）移動大学へ参加し、野外科学的方法の重要さを学び知った。翌年1974年の第12回多摩（東京）移動大学のスタッフとして積極的に参画した。以来、自分の専攻分野である精神医学・精神保健学にKJ法を導入し研究方法の基盤とした。それは学位論文「KJ法的精神療法の研究」として成果をあげた。移動大学を縁として、知的方法論を自分の専攻分野へ応用している好事例だ。同様に、移動大学の出身者の多くの方々が、ここで得た思潮と知的方法をみずからの思索や仕事に活かされている。本書の各論考はそうした数多い事例のなかの一部である。

5.「表札づくり」のX（志）

　さらに加えて、第四の要点は、「知の多様性」の源流探査である。
　FS-KJ法は素直な手順をふめば誰しもが使えるように系統づけられている。動的な進化もふくめて全体的な系統として理解されるべきだ。その中で「眼目はどこか？」と問われたとする。それはこれだと焦点を絞りにくい。それでも強いて上げれば、それは「表札作り」のプロセスだろう。ここがひとつのクリティカルパスとなろう。「表札作り」については、川喜田の多くの著作から学ばれることを推す。

　ここでは、本書論考群の「知の多様性」が産まれる源流を探る視点から、「表札作り」のプロセスを再考する。

　〈「KJ法作業（志とは何ぞや？）」という川喜田ノートメモ：（1997年5月13日

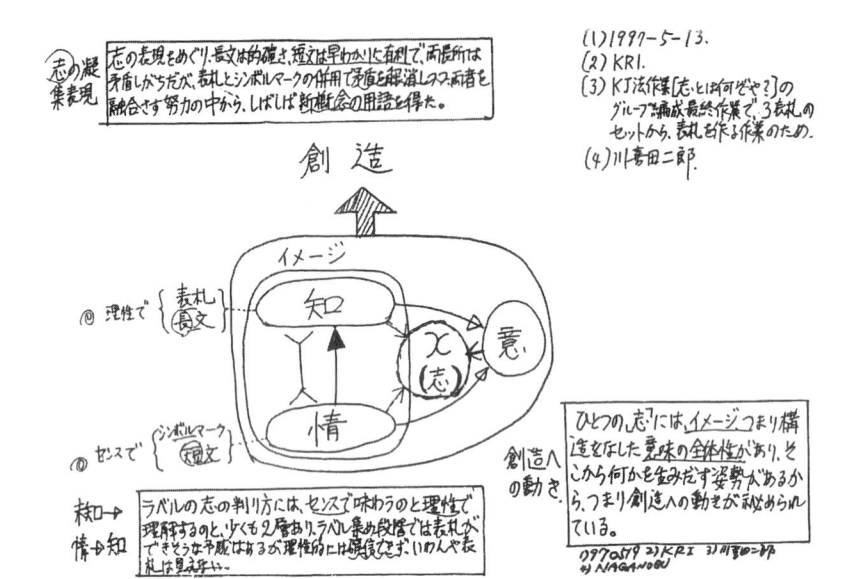

図5　KJ法作業の表札作りにおける「X（志）」についての川喜田ノートメモ：（1997年5月13日川喜田作成）

川喜田作成）〈図5〉〉を同年5月19日に著者らはその写しと説明をうけた。また、表札作り作業について折に触れての対話も数多い。これらを素材とする。川喜田は「表札作り」についてかなり活字化している。それでも、「表札作りとは何か？」を、さらに掘り下げようと探究しつづけていた。活字化になっていないノートメモ段階も相当に多い。ここで素材にするノートメモもその一つだ。ノートメモの四注記のデータ出所は、「KJ法作業（志とは何ぞや？）のグループ編成最終作業で、3表札のセットから、表札を作る作業のため」と記録している。

「表札作り」には「志（こころざし）」という用語が登場する。この「志」をめぐって、「知」「情」「意」という用語を構造的に関連付けて、「表札作り」作業のプロセスを捉えようとする。これは、「表札作り」作業のさいばかりでなく、「思考するとは何か？」を思考するさいに大きなヒントとなる。

「表札作り」には、そのグループとなっている元ラベル群が集まってきた「志」を掴むことだ。しかしそれは一筋縄ではいかない。そこで「X（志）」とおく。「X（志）」は、「知」「情」「意」という用語で示される関係の働きで浮かび上がる。

「情」と「知」は基本的に対立する。同時に「情」は「知」へ生起する。この「情」と「知」との関係を括れば、そこから「イメージ」が湧いてくる。他方、「情」と「知」

378

はそれぞれに「意」へ働きかける。こうした「情」と「知」と「意」のそれぞれが「X（志）」へ働きかける。「X（志）」は三者の中心に位置し、括られたイメージにも重なる。これが「X（志）」をめぐる関係で、これが創造へ止揚する。

「志」について、川喜田はさらに文章メモを加えている。

未知→「情」→「知」において、「ラベルの志の判り方には、センスで味わうのと理性で理解するのと、少なくとも2層あり、ラベル集め段階では表札ができそうな予感はあるが理性的には核心できず、いわんや表札は見えない。」と、「ラベル集め」から「表札作り」の段階の説明をする。

創造への働きにおいて、「ひとつの「志」には、イメージ、つまり構造をなした意味の全体性があり、そこから何かを生みだす姿勢があるから、つまり創造への動きが秘められている。」と、イメージの核心性を重視する。

「志」の凝縮表現において、「「志」の表現をめぐり、長文は的確さ、短文は早わかりに有利で、両長所は矛盾しがちだが、表札とシンボルマークの併用で矛盾を解消しつつ、両者を融合さす努力の中から、しばしば新概念の用語を得た。」と、理性で表札・長文を、センスでシンボルマーク・短文を、併用・融合することを教える。

以上の解説だけでは、いきなり「表札作り」は上達しないかもしれない。しかしここで言わんとしていることは、理想的には、思考する手段として〈「情」「知」「意」そして「X（志）」〉をフルに活用するということだ。

FS-KJ法の「表札作り」では、〈「情」「知」「意」そして「X（志）」〉という用語で表現される身心機能をフルに使い、言語（あるいは図絵）とその関係構造で表現することが鍵となる。原初的で素朴な思考法といえよう。したがって、〈「情」「知」「意」そして「X（志）」〉というフルの身心機能が融けこんだ土壌を耕すことは、おのずと豊かな多様性を産むことに通じる。

6. 分岐と多様性そして融然へ

FS-KJ法の基本データは、作業者の問題意識を核として、探検の5原則的視点から集まってきた要素化されたカード（ラベル）情報である。要素化された情報はバラバラな分割した状態に見えるが、元の意味を内在しているという意味において分岐した状態とみる。したがって、この情報収集の段階ですでに多様な意味が集まってくることになる。多様というよりむしろ混沌とした分岐だ。ここで、作業者（グループも含む）の個性を帯びた基本データが集まる。

加えてFS-KJ法の作業者は、前述したように、6ラウンドW型累積KJ法のう

ちどれかに重点を置いたアプローチをとる姿勢をもつ。6ラウンドのプロセスでは、「思考」と「事実」のW型往復運動ばかりでなく、三種の思考の重層性（「無論理的思考」「亜論理的思考」および「論理的思考」）によって、情報の要素化およびその組み立てはいっそう多様性（あるいは複雑性）を増す。まだ言語にならない直感的・経験的イメージの「無論理的思考」から、無論理と論理の中庸的思考（たとえば格言の応用）の「亜論理的思考」、そして科学検証的な論理構成による「論理的思考」まで、思考の幅は深く広い。ここで、さらに作業者（グループも含む）の個性が帯びた思考アプローチがとられる。

さらに「表札作りのX（志）」における〈「知」「情」「意」〉の連動性により、思考の源泉はいっそう噴出する。ここでは、「表札作り」のプロセスについてのみ記述したが、他のプロセスにおいても同様に思考の連動性の働きを感じる。たとえば、最終段階「表札」で束ねられたラベル群による図解配置作業では、思考の空間認識とその配列プロセスに強い思考の連動性を感じる。「図解配置」では、「表札作り」とはまた異なった思考の連動性がある。

以上要約したように、FS-KJ法は、多様性を産みだす作業プロセスが根源的に備わっている。したがって、例えば本書の多様な執筆者による論考のような編纂内容となる。そこには、多様性の等価性がある。多様性を貫く等価性は、手作業としての系統的な方法論・技法化があることから産まれる。これらの多様性はなぜか、融然としている。

もちろんこの系統的方法は完成された静的状態ではない。川喜田がいうように「緑の新大陸を発見」し、いまようやく「新大陸へ上陸」し、開墾が始まったばかりといえよう。本書は、その開墾の状況を報告し、発見者「川喜田二郎」への追悼記念としたい。

編集後記
川喜田二郎記念編集委員会
(永延幹男・丸山 晋・笹瀬雅史・川井田 聰・國藤 進・岡部聰)

　川喜田二郎が亡くなった後に刊行された『川喜田二郎の仕事と自画像——野外科学・KJ法・移動大学』(川喜田喜美子・高山龍三編著(2010)、ミネルヴァ書房)は、表題どおり川喜田の生涯を振り返り、全仕事を要約し、自画像を描き出した著作である。この著作には、多分野にわたる友人や弟子たちの見た姿、多彩な生涯とその業績、行動に対する評価の論考が集約されている。ただし、これらの多くは主に川喜田の生前に書かれたものである。行動する川喜田と対話しながらの様なライブ感覚の文章である。

　本書は、川喜田が亡くなった後に、長年にわたりご縁があった方々によって新たに執筆された追悼の記念論考集である。すでに川喜田はいない。直接に対話しながら思索を深め、論考の草案を練り、新たに教えをこうこともかなわない。各々の執筆者が、川喜田に教えられ、ともに考え、ともに行動し、ともに可能性を探った、さまざまな場面を吟味しながら、おのれの発想で思索し、筆を運ばれたものだ。もはやライブではなくデッド感覚の知的宇宙観となる。しかし、この知的宇宙観において、川喜田が遺した思潮と志がいっそう蘇る。

　あるとき川喜田が詠んだ俳句を締め括りとする。

　　ふと見れば東雲ありて霧晴ぬ

　無明の霧の中に朝日は昇る。いざ可能性の探検へ。

執筆者一覧（論考掲載順）

岡部　聰　（おかべ・あきら）／編集委員

　1947年生まれ。1966年東京工業大学入学、川喜田教授に師事。4年間にわたり、全人格的教育を受ける。1969年移動大学設立事務局長、黒姫移動大学実現。1970年東京工大ヒマラヤ遠征隊、技術援助プロジェクトリーダー。1971年トヨタ自動車入社、アジア・中近東を中心に新興国を担当。2001年取締役、2007年専務取締役、豪亜本部長、中南米・アフリカ・中近東本部長を歴任。2012年東海東京証券取締役副会長。

米山喜久治（よねやま・きくじ）

　1944年生まれ。1969年東京工業大学参画会（リーダー川喜田二郎教授）メンバー。移動大学（黒姫、琵琶湖、愛知、十勝、多摩、大山）。八王子ゼミナール（第1、2回）。KJ法学会（第1、2回）。東創懇（第1、2回）参加。1974年東京工業大学大学院博士課程修了。工学博士。明治学院大学助教授、北海道大学教授を経て、2007年北海道大学名誉教授。著作として、KJ法に学びゼテティクス（Zetetics）にヒントを得た『探究学序説』（文眞堂・1993）等。

永延幹男（ながのぶ・みきお）／編集委員長

　1976年能登移動大学・1977年第1回KJ法学会よりFS-KJ法を研鑽し活用。大学時代のちきゅう探験旅行を経て、南極海の環境生態学者（(独)水産総合研究センター）へ。東京大学大学院農学系研究科博士課程修了。農学博士。南極海洋生物資源保存条約委員会の日本科学者代表として長年、南極海全体にわたる計9回のフィールド調査を含め国際的調査研究を推進。探験調査研究を踏まえ、FS-KJ法はヒト文明史の知的基盤として進化する可能性を覚える。

國藤　進　（くにふじ・すすむ）／編集委員

　1947年山口県生まれ。1969年黒姫移動大学参加。1970年伊良湖移動大学に参画。同年川喜田二郎・牧島信一編著『問題解決学』（講談社）の一部執筆。東京工業大学制御工学科修士課程修了。博士（工学）。1974年入所の富士通㈱国際情報社会科学研究所を経て、1992年北陸先端科学技術大学院大学情報科学研究科教授を経て、現在知識科学研究科教授兼副学長。2008年より毎年一回、合宿形式のミニ移動大学主催。日本創造学会会長等を歴任。

三村 修 （みむら・おさむ）

　大学時代に「知的生産の技術」でKJ法を知り、1971年（横浜市立中学校教員23歳）四国移動大学参加。77年富士、88年鳥海山、99年月山の各移動大学でインストラクターや研修リーダー。KJ法友の会会報初代編集長。職を辞し、2002年北陸先端科学技術大学院大学知識科学研究科修士課程に学び、05年同修了。修論「KJ法における作法の研究」。同大学非常勤講師として、國藤進教授主宰ミニ移動大学で企画・運営・指導。みむら創造技法研究所代表。

三浦元喜（みうら・もとき）

　1974年愛知県生まれ。2011年筑波大学大学院工学研究科博士課程修了。2001年より北陸先端科学技術大学院大学知識科学研究科助手。國藤研究室にて複数のKJ法ワークショップを経験し、テーブルトップシステムやデジタルペンを用いたKJ法支援システムの研究に従事。國藤研究室主催の三回のミニ移動大学（白山里、和倉）に参画。現在、九州工業大学大学院工学研究院基礎科学研究系准教授。PBL（Project-Based Learning）教育や大学院教育にてKJ法を活用中。

桑原 進 （くわはら・すすむ）

　1937年、新潟県生まれ。東京教育大卒。63年日本専売公社入社、主に教育研究分野勤務。76年KJ法基礎コース、77年同上級コース、78年同研究会第3班、79年同取材学コース受講。KJ法をさらに深めるため、その淵源への思索に乗り出す。思索は、http://homepage3.nifty.com/mondai-hiroba/ に逐次発表。主な論考に『統合の知と技』『万物創造の原理KJ法』『KJ法の世界観』（私家版）などがある。

川井田 聰 （かわいだ・さとし）／編集委員

　1944年鹿児島市生まれ。1971年十勝移動大学参加。1972年小笠原移動大学スタッフ。1974年大山移動大学参加。小笠原移大でデータバンクを担当し情報メディアを深く考察。1990年頃より国際移動大学を企画立案。1999年国際移動大学を、地球移動大学と改称し、開校の構想計画を川喜田先生とともに練る。先生のご生存中に地球移動大学開校の夢は果たせなかったが、先生との一対一の対話は私の人生のうちで、大変貴重かつ至福の時であった。美術・骨董商。

井上敬康（いのうえ・たかやす）

東京に生まれ、武蔵野美術大学に学ぶ。昭和52年川喜田研究所KJ法入門コース受講（インストラクター・牛島弘善氏）、同年基礎、53年取材学、同年後期師範科（インストラクター・山浦晴男氏）と受講。昭和56年川喜田研究所公認KJ法新宿塾認可、活動開始。総合研修所アストック創設、ジャパニーズ・メンタルマネージメントシリーズの開催とライフプラン研修を指導。バブル崩壊とともに教育事業を撤退。現在、㈲アストック代表。

桐谷征一（きりや・せいいち）

1940年生まれ、石川県金沢市出身。立正大学大学院文学研究科仏教学専攻博士課程中退。中国仏教史専攻。「中国石刻経研究」にて文学博士。現在、立正大学大学院文学研究科講師、日蓮宗勧学院講学職、東京豊島区雑司が谷本納寺院首。KJ法には1979年入門。自己の専攻する人文科学研究の領域（仏教学・仏教史）に研究方法論としての成果を確認し、またKJ法と人間形成との関係に注目して、広く教育方法論、会議方法論としてのKJ法を研究、実践している。

小島通代（こじま・みちよ）

1938年新潟県生まれ。看護師・保健師。東京大学医学部衛生看護学科（当時）卒。保健学博士。1970年代からKJ法研修コースを受講し、看護の現場でKJ法に助けられて局面を越えることが多かった。KJ法がいつか私のライフスタイルになった。東京大学医学部附属病院看護部長（1986～1992）。東京大学教授（看護学 1992～1999）。FS-KJ法は生きた看護を救い出し、解き放つ力をもつと最近ますます感じている。FS-KJ法の真価に近づいて、次の世代に引き継ぎたい。

笠松卓爾（かさまつ・たくじ）

1963年、大阪大学医学部卒。同年9月、東京都立大学・大阪府立大学合同東ネパール学術調査隊に参加し、シャルプー峰登頂。1965年、大阪大学大学院医学研究科博士課程進学。大脳生理学専攻。69年9月、カリフォルニア大学ロスアンジェルス校医学部解剖学科に留学。以来、西独（当時）および米国にて大脳視皮質細胞の神経可塑性と視皮質細胞ネットワーク統合機序の研究に従事。医学博士。2005年末、スミス・ケトルウエル視覚・眼科学研究所を退く。米国在住。

丸山 晋（まるやま・すすむ）／編集副委員長

1942年生まれ。1968年東京慈恵会医科大学卒業、医学博士。国立精神・神経センター精神保健研究所部長、淑徳大学総合福祉学部教授を経て現在ルーテル学院大学総合人間学部教授。専攻は精神医学・精神保健学。KJ法関係では、1973年第11回角田浜移動大学参加、翌年第12回多摩移動大学スタッフ。KJ法学会設立に参画。川喜田研究所研究第3班所属。著書に『人間ルネッサンス』（共著、プレジデント社、1984年）、「精神保健とＫＪ法」（啓明出版、2003年）など。

浅井孝順（あさい・こうじゅん）

1940年東京生まれ。ジャノメミシン工業勤務時にKJ法に出会う。愛知移動大学、四国移動大学、鳥海山移動大学他に参加（坂部チームでインストラクター体験）。1979年から足かけ7年間、家族で伊豆下田にて自給的農の生活。1986年より東江幼稚園副園長。1994年学校法人東江寺学園設立、理事長に就任。1991年より学園の母体である宗教法人（天台宗）東江寺住職。2011年より住職を交代し、前住職となる。

水谷忠資（みずたに・ただし）

1973年に川喜田二郎著『発想法』に出会う。1974年愛知県立丹羽高等学校教諭（英語）として赴任。1977年度より同校で「創造思考クラブ」を設立。1980年川喜田研究所主催前期基礎コースよりKJ法研鑽。1996年20周年記念KJ法経験交流会で、「創造思考クラブ18年間の歩み」を発表。2008年度より名古屋外国語大学外国語学部英語教育学科教授。2011年度より「日本の中学校、高等学校の英語の授業が抱える問題」についてKJ法を使用してゼミで研究。

近藤喜十郎（こんどう・きじゅうろう）

1941年、名古屋市出身。北海道大学卒。1977年よりKJ法を基礎・取材・師範コースおよび研究第4班で研鑽。2000年、事業を終了し英国へ留学し、英国馬術の実践と研究を2大学で研鑽。実業界と英国留学でKJ法を活用。研究資料の解読、アイデアのまとめ、攻めるべきポイントの把握にとても力となった。特に図解化、シンボル化は国際的な聴講者の理解を深めるのに有用。㈱ミヨシヤドットコム取締役。

笹瀬雅史（ささせ・まさし）／編集副委員長

　1961年愛知県生。北海道大学大学院修士課程修了。現在、山形大学教授。生涯スポーツ専攻。山岳部で活動し、1993年山形大学コーボルト会（中国・パキスタン）、1998年北大山の会（ネパール）の登山隊で海外行。1995年から本格的にＫＪ法を研修。鳥海山、月山の移動大学に参画。川喜田が提唱する人間・社会・自然を連続的にとらえる生命論的世界観と、その認識の方法であるＫＪ法に共鳴。低山歩きとフィールドワークにＫＪ法を実践している。

佐藤光治（さとう・みつはる）

　1962年、山形県鶴岡市出身。公務員（鶴岡市役所）。98年、ＫＪ法入門コースを受講。98年、鳥海山移動大学に参加。99年、ＫＪ法6ラウンド後期コース受講、月山移動大学（前半）にスタッフ参画。2000年、第24回ＫＪ法学会にて初発表。KJ法は、悩み性の私にとって、生きていく拠り所となっている。2002年、川喜田先生とご一緒した、近江八幡市、琵琶湖沖島でのＫＪ法研修会は、私の無形の宝物であり、地域活性化は生涯のテーマでもある。

青天目利幸（なばため・としゆき）

　1939年東京生まれ。元横浜市立中学校社会科教員。1996年から1997年にかけて川喜田研究所の研修を受講する。それまでの集団主義的な教育や一斉授業、市の研究会での研修にあきたらず、自立した個人が集団を形成できるような教育を実現する事を念頭におきKJ法に取り組んできた。98年の鳥海山移大、99年の月山移大にインストラクター参画。その後、企業の研修会や大学生のサークル活動、庄内市町職員政策課題研修会などでKJ法の指導にあたる。

高橋芳子（たかはし・よしこ）

　1939年宮崎県日南市生まれ。1959年、宮崎県職員として就職。『発想法』（本）に出合い、各種ＫＪ法研修に参加。主に"花火"を仕事・ボランティア活動に利用。10年続けた子供キャンプでは、子供自身の心の探検に活用し、図解づくりを、共に苦しみ楽しんだ。ラベルの一枚も見捨てない（無視しない）、この（KJ法の）民主的なやり方が一番気にいっている。退職後は諏訪KJ法勉強会（堀田俊夫主宰）に参加し、本質さぐりを楽しんで今に至る。

山浦晴男（やまうら・はるお）

1948年長野県生まれ。中央大学卒。第1回黒姫移動大学参加。1971年から20年間川喜田研究所でKJ法の研究と普及に従事。1991年情報工房設立。現在同代表、千葉大学大学院特命教授、東京農工大学大学院・北陸先端科学技術大学院大学非常勤講師、看護質的統合法（KJ法）研究会顧問、地域生存支援LLP組合員。『住民・行政・NPO協働で進める 最新 地域再生マニュアル』（朝日新聞出版、2010）、『質的統合法入門 考え方と手順』（医学書院、2012）ほか。

関根康正（せきね・やすまさ）

1969年、東京工業大学一年次時に黒姫移動大学に参加し、川喜田先生に出会う。東京工業大学大学院土木工学研究科修士課程修了、ロンドン大学SOAS大学院修士・博士課程修了（Ph.D. of Social Anthropology）。専門は、南アジア社会の文化人類学。現在は、グローバル都市のストリート現象と、南アジア系移民社会を研究し、「ストリートの人類学」を開拓中。東京工業大学、学習院女子短期大学、筑波大学、日本女子大学を経て、2011年より関西学院大学社会学部教授。

田野倉達弘（たのくら・たつひろ）

現在、特定非営利活動法人ヒマラヤ保全協会事務局長。東北大学大学院理学研究科地学専攻博士課程修了。理学博士。KJ法入門コース、KJ法基礎コース、情報力強化コース、6ラウンド累積KJ法コース、2ラウンド累積KJ法コース、丹後移動大学、鳥海山移動大学などに参加。応用地質コンサルタント、川喜田研究所主任究員、ネパール青年海外協力隊員、ネパール国立大学理工学部地質学科講師、ヒマラヤ保全協会スタッフをへて現職。

ペマ・ギャルポ（Pema・Gyalpo）

1953年チベットのニャロン（現在の中国四川省）生まれ。59年ダライ・ラマ法王に従いインドに亡命、難民キャンプで少年期を過ごす。65年来日。亜細亜大学法学部卒業。80年ダライ・ラマ法王アジア・太平洋地区担当初代代表などを経て、現在岐阜女子大学名誉教授、拓殖大学海外事情研究所客員教授、桐蔭横浜大学・大学院教授などを務める。最近の著書に『ワンチュク国王から教わったこと』（PHP研究所）等がある。

野村俊夫（のむら・としお）

　1949年生まれ。69年第1回黒姫移動大学に参画。80年に東京工業大学システム科学科専攻博士課程修了（理学博士）。80年以降、カナダ、アメリカ、イギリスの大学や企業の研究所で研究・教員職。91年からオックスフォード・サイエンス・パークにあるシャープ欧州研究所に勤務、IT & Systems部門の研究ダイレクター。2009年よりロンドンに新設された京都大学産官学連携本部の欧州オフィス代表（特任教授）、大学発イノベーションのグローバル化を推進。

高山龍三（たかやま・りゅうぞう）

　1929年大阪生まれ、大阪市大・大学院で、川喜田先生に師事、西北ネパール学術探検隊に参加、東京工大文化人類学研究室勤務、東海大助教授、大阪工大教授を経て、京都文教大教授を定年退職。現在、チベット文化研究会会長。主にヒマラヤ・チベットの民族誌研究、近年は河口慧海の研究に従事。先生との共著『ヒマラヤ』『アジアを見直す』、共編著『川喜田二郎の仕事と自画像』、近著『河口慧海への旅　釈迦生誕地に巡礼した人びと』。

清水弘文堂書房の本の注文方法

電話注文　03 - 3770 - 1922
FAX 注文　03 - 6680 - 8464
E メール注文　mail@shimizukobundo.com
(いずれも送料300円注文主負担)

電話・FAX・E メール以外で清水弘文堂書房の本をご注文いただく場合には、もよりの本屋さんにご注文いただくか、本の定価 (消費税込み) に送料300円を足した金額を郵便為替 (為替口座 00260 - 3 - 59939　清水弘文堂書房) でお振り込みくだされば、確認後、一週間以内に郵送にてお送りいたします (郵便為替でご注文いただく場合には、振り込み用紙に本の題名を必ずお書き添えください)。

融然の探検　フィールドサイエンスの思潮と可能性

発　　行	2012年8月5日
編　　者	川喜田二郎記念編集委員会
	永延幹男　丸山晋　笹瀬雅史
	川井田聰　國藤進　岡部聰
発 行 者	礒貝日月
発 行 所	株式会社清水弘文堂書房
住　　所	東京都目黒区大橋1-3-7-207
電話番号	03-3770-1922
Ｆ Ａ Ｘ	03-6680-8464
Ｅ メール	mail@shimizukobundo.com
Ｈ　　Ｐ	http://shimizukobundo.com/
印 刷 所	モリモト印刷株式会社

乱丁・落丁本はおとりかえいたします

©2012 The editorial party of FS-KJ　ISBN978-4-87950-609-2　C3030　Printed in Japan.

カバーデザイン	深浦一将
編集協力	窪田　暁
DTP	中里修作